ECONOMIA AZIENDALE

Volume I

Enrico Cavalieri - Rosella Ferraris Franceschi

ECONOMIA AZIENDALE

Volume I

Attività aziendale e processi produttivi

a cura di Enrico Cavalieri

Quarta edizione

G. Giappichelli Editore – Torino

VIA PO, 21 - TEL. 011-81.53.111 - FAX 011-81.25.100
http://www.giappichelli.it

ISBN/EAN 978-88-348-1422-2

Composizione: Compograf - Torino

Stampa: Rotolito S.p.A. - Pioltello (MI)

Indice

Prefazione

*Nel momento in cui vede la luce una nuova opera, che tratta i fondamenti dell'*Economia Aziendale, *viene spontaneo domandarsi quale obiettivo intenda realizzare e quale contributo offrire alla conoscenza delle logiche di comportamento e delle dinamiche operative dei sistemi aziendali.*

In effetti, una semplice riscrittura delle opere classiche dei Maestri non presenterebbe alcun interesse scientifico, ma, soprattutto, sarebbe anacronistica in relazione al profondo ed intenso cambiamento che ha caratterizzato il più recente periodo di storia economica e che ha coinvolto non solamente i macrosistemi, ma anche le modalità con le quali le aziende sono chiamate ad interpretare la loro funzione produttiva.

Sicché, studiare le aziende, oggi, ricercare uniformità e principi di comportamento, comprendere come possono strutturarsi ed operare, significa affrontar temi più complessi e sentieri più articolati, ma – soprattutto – differenti rispetto a quelli che caratterizzavano i sistemi aziendali dei trascorsi decenni.

In quest'ottica di cambiamento epocale emerge, innanzi tutto, l'esigenza di condurre il lettore alla percezione del nuovo «disegno» generale del sistema aziendale, *quale sembra delinearsi pur nella varietà infinita dei percorsi che ogni singola azienda può seguire per realizzare il successo.*

In questa analisi, la dottrina dei Maestri fondatori dell'Economia Aziendale si ripropone e si rinnova alla luce di quanto emerge dall'osservazione della mutata realtà.

La ricerca e la definizione dei fondamenti di economia dei sistemi aziendali passa necessariamente attraverso la selezione dei temi affrontati e trattati e la sintesi espositiva. Ci rendiamo conto che molti argomenti di grande respiro teorico e di rilievo operativo sono stati presentati ed esposti nelle loro linee essenziali e non hanno potuto avere l'adeguato sviluppo che, per essi, sarebbe invece auspicabile.

La trattazione dei differenti temi, poi, non ha colto le componenti di na-

*tura soggettiva nel modo e con la forza che sarebbe necessario utilizzare. L'economia delle aziende si estrinseca nella soluzione di problemi complessi che implicano la considerazione di fattori economici ed extraeconomici. La concezione dell'*homo oeconomicus, *che seleziona ogni sua azione solo in termini di convenienza, è pura astrazione. Nella realtà, chi opera e sviluppa scelte economiche porta con sé l'intera gamma dei suoi atteggiamenti, pensieri, convinzioni, esperienze.*

Degli aspetti sociali, morali, etici, politici, umani, filosofici, ecc., ben presenti nel comportamento dei soggetti, e quindi nell'operare delle aziende, non ci siamo occupati se non marginalmente. Siamo però consapevoli che la loro influenza è determinante nelle selezioni tipiche dei processi decisionali.

L'opera è stata suddivisa in due volumi che colgono differenti approcci allo studio dell'Economia Aziendale. Differenti, ma complementari, ove si pensi che:

– *il primo approccio orienta l'operare d'azienda per processi produttivi e* segnala le condizioni che debbono verificarsi affinché le organizzazioni possano alimentare circuiti di creazione del valore;

– *il secondo approccio orienta l'operare d'azienda per nuclei di attività e* segnala i comportamenti che i soggetti possono adottare per realizzare un adeguato equilibrio strategico.

Appare evidente, a questo punto, quali possono essere le finalità per le quali quest'opera di Economia Aziendale è stata pensata e realizzata.

Innanzitutto, abbiamo voluto proporre al lettore elementi utili a riconoscere le aziende *tra le molteplici organizzazioni che svolgono attività economica, considerando che la denominazione «azienda» può essere assegnata solamente alle unità che possiedono determinate qualità o caratteristiche di base.*

Successivamente, abbiamo cercato di fornire una visione d'assieme, sufficientemente esaustiva, delle condizioni di vita e di sviluppo delle aziende e dei comportamenti necessari per realizzare tali condizioni.

Abbiamo, infine, cercato di indurre chi studia l'azienda per aspetti o per parti o chi svolge in azienda particolari attività settoriali a confrontarsi con la conoscenza del tutto, onde riportare il giudizio su ogni singola attività alla logica dell'intero sistema aziendale e dei sistemi di grado più elevato (gruppi, reti) ai quali lo stesso sistema aziendale può appartenere.

Avendo scelto di realizzare un lavoro d'impostazione generale, ci siamo anche preoccupati di svilupparlo senza trascurare opportune sequenze di-

dattiche, presentando i problemi per approssimazioni successive fino a comporli – poi – in schemi universali, di grande sintesi, capaci di cogliere tutti gli aspetti trattati.

Il testo è arricchito da esempi, appendici e letture. Queste ultime hanno lo scopo di cogliere – con riferimento agli argomenti di volta in volta presentati e discussi – alcuni riferimenti alla realtà o al recente pensiero di altri studiosi. Per loro natura tali letture sono destinate ad essere sostituite, nel corso delle successive edizioni, con altre che presentino maggiore attualità.

Ci auguriamo che quest'opera possa trasmettere al lettore un modello di azienda assai vicino a quelli che si possono riscontrare nella realtà. Un modello che ponga in evidenza il crescente ruolo dei soggetti e dei rapporti interpersonali per la sopravvivenza ed il successo dell'azienda, che osservi ed accetti – come logica conseguenza – le molteplici modalità organizzative ed operative attraverso le quali tale successo può essere di fatto realizzato. Speriamo di aver delineato e fatto emergere tanto i pregi, quanto i limiti dell'azienda, i suoi grandi meriti come sistema di creazione di ricchezza e le sue non trascurabili contrapposizioni non solo tra capitale e lavoro nella ripartizione del valore aggiunto, ma anche tra etica e creazione del valore nei comportamenti strategici ed operativi.

Certamente l'azienda che oggi produce beni e servizi per soddisfare bisogni umani presenta caratteri assai diversi da quelli degli anni '50-'70 del secolo scorso: è chiamata a competere su scala globale, a rispondere tempestivamente al cambiamento, a differenziare le sue produzioni in relazione alle esigenze della clientela, a porre la qualità delle sue performance come condizione dalla quale non si può prescindere in nessuna fase del processo produttivo.

In sintesi, conoscenza, flessibilità e qualità totale sono diventati i caratteri distintivi dell'attività delle aziende. Le nuove sfide, che interessano quanti esercitano il governo aziendale, sono condizionate dalla capacità di navigare nella complessità, utilizzando in modo sempre più ampio la professionalità e l'esperienza dei soggetti e tutte le forme della conoscenza, e sono poste sotto il dominio dell'incertezza. Un giorno scriverò un elogio dell'incertezza, perché da essa dipendono tanto la possibilità di esaltare il sottile ed affascinante gioco del rischio, quanto la tensione continua ai comportamenti virtuosi nella speranza di realizzare un eventuale ed auspicabile successo.

ENRICO CAVALIERI

Prefazione al primo volume

Il primo volume introduce il lettore alla conoscenza delle aziende attraverso l'analisi dei processi e delle combinazioni produttive. Lo scopo è quello di far comprendere come si sviluppano le attività tipiche delle organizzazioni produttive e di osservare come, a seguito di tali attività, si producono flussi di valori che in vario modo esprimono creazione di ricchezza.

Dopo una lunga sezione introduttiva nella quale vengono trattati alcuni temi di natura istituzionale concernenti l'oggetto e le forme dell'attività economica ed i caratteri delle organizzazioni produttive e delle aziende, l'analisi si sviluppa con riferimento ai processi di investimento e di finanziamento di quest'ultime. Dalla dinamica integrata di tali processi e cioè dalle loro sistematiche interrelazioni scaturisce la possibilità di mantenere, nel tempo, il sistema aziendale in condizioni di equilibrio economico, finanziario e strategico.

Lo studio delle modalità di formazione e di determinazione del reddito prodotto dall'attività aziendale, così come lo studio dell'efficienza interna con la quale si svolgono i processi consentono di sviluppare opportune valutazioni sull'andamento economico dell'azienda.

Lo studio delle relazioni e delle compatibilità tra gruppi di investimenti e di finanziamenti, delle modalità attraverso le quali si generano e si determinano i mezzi finanziari di origine interna, così come lo studio dei flussi monetari attraverso i quali necessariamente transita la maggior parte delle operazioni consentono di sviluppare opportune valutazioni delle condizioni di equilibrio monetario e finanziario dell'azienda.

Sezione I

L'azienda: caratteri discriminanti, criteri di gestione, strutture e problemi di governo economico

Rosella Ferraris Franceschi

SOMMARIO: 1. Le unità elementari del sistema economico: gli individui, le aziende. – 2. L'azienda come fenomeno oggettivo vista nei suoi caratteri fondamentali. – 3. I fattori aziendali. – 3.1. Fattori produttivi. – 3.2. Gli elementi intangibili della gestione: la conoscenza, le esperienze, le motivazioni. – 4. Le condizioni indicative della funzionalità aziendale. – 4.1. Il tempo. – 4.2. Il rapporto di coordinazione ed il sistema delle operazioni. – 4.3. La relazione di «combinazione» tra i fattori. – 4.4. La relazione di «composizione» che lega condizioni produttive e modalità interne di gestione con le circostanze esterne di mercato e di ambiente. – 5. La finalità generale della creazione di valore (equilibrio economico durevole ed evolutivo). – 5.1. La creazione di ricchezza o di valore ed il processo di trasformazione produttiva. – 5.2. L'equilibrio economico nei suoi caratteri di durata e di sviluppo. – 6. La prospettiva di osservazione rivolta ai soggetti che operano nelle aziende: i criteri discriminanti. – 6.1. La visione sistemica. – 6.2. L'autonomia. – 6.3. L'economicità. – 7. Aziende, non aziende, classi di aziende. – 8. La struttura e le funzioni di governo economico. – 8.1. Funzioni di governo e «figure» aziendali. – 8.2. Le divaricazioni tra «figure» aziendali: soggetto economico e giuridico, soggetto economico di diritto e di fatto. – 8.3. La determinazione del soggetto economico: la teoria dell'interesse prevalente. – 8.4. Le strutture di governo economico nelle aziende societarie: i sistemi di «*corporate governance*». – 8.5. La «*corporate governance*» nei paesi europei. – 8.6. La situazione italiana dopo la riforma del 2003. – 8.7. Alcuni spunti critici.

1. Le unità elementari del sistema economico: gli individui, le aziende

Il concetto di azienda rappresenta una delle pietre angolari della nostra disciplina perché è indispensabile a definire la sua identità e portata scientifica. Nel costruirlo non possiamo non tenere conto del linguaggio comune che costituisce nelle nostre materie lo strumento fondamentale per l'espressione delle conoscenze raggiunte. Quello che conta è il linguaggio scientifico, tuttavia, nell'elaborazione di un concetto di tale importanza non possiamo tralasciare di documentare alcune consuetudini linguistiche e i significati cari all'uso corrente.

Ogni unità economica dispone di caratteristiche proprie e presenta manifestazioni tipiche tanto che, se il processo di osservazione a cui viene sottoposta non è abbastanza attento e profondo, non risulta agevole l'individuazione di quei caratteri di natura economica, che possiamo considerare come le «stratificazioni inferiori dell'azienda», ciò che forma, cioè, il denominatore comune a qualsiasi tipo di unità, qualunque sia il settore in cui opera, la forma giuridica con la quale viene costituita, la dimensione, la struttura.

Il termine «azienda» viene usato in molti contesti, in modo proprio ed improprio; oggi sempre più di sovente esso vale ad esprimere un'attesa di rigore gestionale o amministrativo e di ordine organizzativo, il riferimento a criteri di efficienza ed efficacia che sottintendono un'istituzione dove è marcata la tendenza ad evitare le interferenze di aspetti impropri nella gestione e nella soluzione dei problemi. Quando si parla di Stato o di istituzioni pubbliche come aziende, quando ci si riferisce alla «aziendalizzazione» della pubblica amministrazione molte volte lo si fa per esorcizzare i fantasmi dello spreco di risorse, della mancanza di controlli efficaci sull'attività economica svolta, del clientelismo, degli stravolgimenti nella visione collettiva dei problemi, di una gestione, insomma, ispirata a criteri che elevano a sistema gli interessi particolari di singole persone o le distorsioni di «un'organizzazione disorganizzata» ispirata al modello burocratico.

Anche se tutto questo non basta a definire un concetto che deve essere provvisto del necessario rigore scientifico, tuttavia offre spunti interessanti per capire alcuni dei caratteri di cui è provvista un'azienda, i requisiti che le vengono richiesti, i criteri di gestione necessari per il raggiungimento delle sue funzioni istituzionali.

Iniziando ad osservare la molteplicità di quelle che possiamo semplicemente considerare come le unità economiche del sistema generale [1], possiamo anzitutto notare che alcune di esse sono composte da aggregati di persone, mentre altre sono da ricondurre ad individui singoli.

L'unità formata da un individuo è la più elementare forma di svolgi-

---

[1] «Il sistema economico della collettività non può essere conosciuto perciò se non si conosce come le unità che la compongono attuano o possono attuare, nella divisione del lavoro, la produzione, lo scambio integratore della produzione, il consumo. Invero, dal coordinamento, attuato in un modo od in un altro a seconda dei regimi politici ... delle attività economiche delle unità particolari, risulta il sistema economico generale». A. AMADUZZI 1978, p. 14.

mento dell'attività economica, anche un uomo da solo può compiere le funzioni della produzione, dello scambio, del consumo. Per svolgere le suddette funzioni economiche, però, l'individuo spesso intravede l'opportunità di aggregarsi insieme ad altri e provvedere all'organizzazione di un'azienda la cui attività serva a dare risposta alle necessità di tutti coloro che, a vario titolo (prestatori di opera, comproprietari, finanziatori, dirigenti), partecipano a tale attività. Si realizza, in tal modo, una forma di azione economica diversa da quella isolata, tipica dell'individuo, essa fa capo, appunto, ad un istituto aziendale.

In un sistema progredito l'economia dell'azienda si differenzia da quella dell'individuo e insieme a quest'ultima fa parte del sistema economico generale del quale ambedue rappresentano le unità elementari[2].

Da un altro lato osserviamo che le attività individuali non possono essere considerate aziende poiché l'azienda implica quanto meno l'azione unitaria e solidale di un gruppo di persone a vario titolo interessate alle sue vicende[3].

Le unità elementari del sistema economico generale vanno a formare, allora, due classi diverse poiché accanto alle economie individuali operano le economie delle aziende. Infine, l'azione economica di una collettività viene ad essere funzione dell'attività svolta dalle unità che la compongono, mentre l'attività di queste ultime si pone in stretta dipendenza dal tipo di coordinamento attuato nel regime di attività economica generale[4].

Solo le unità economiche formate da aggregati di individui possono as-

---

[2] «... l'azienda può essere intesa come una unità elementare dell'ordine economico-generale, dotata di vita propria e riflessa». E. Giannessi 1960, p. 46.

[3] «La concreta economia di azienda non può mai essere risolta negli scopi, nei mezzi e nelle azioni di individui indipendenti. Gli uomini soli non vivono; la considerazione della vita degli individui nasconde molti processi economici, essenziali per il divenire delle produzioni e dei consumi, dei risparmi e degli investimenti. Insomma, la finzione dell'economia degli individui non stretti nei vincoli delle aziende e la finzione di una unitaria economia sociale, intesa come economia dell'umanità, non sono fatte per accrescere significato alle nostre ricerche o per semplificare le nostre costruzioni teoriche o per comprendere la complessa realtà o per risolverne i problemi». G. Zappa 1956, I, p. 63.

[4] A. Amaduzzi 1978, pp. 15-16.

sumere caratteri aziendali. Anche se questa è una condizione necessaria, non è tuttavia sufficiente a definire la portata del fenomeno aziendale in quanto anche nelle organizzazioni non sempre accade che l'insieme delle relazioni che legano tra loro le persone operanti al loro interno e vincolano ognuna di esse all'unità, lasci prefigurare l'esistenza del *rapporto* che è da ritenere un ulteriore tratto indispensabile nell'unità aziendale e quindi un elemento caratterizzante la stessa.

In una famiglia, così come in una comunità, lo spirito di vicendevole aiuto e di solidarietà ci sembra dominante e non del tutto compatibile con la tendenza ad offrire una prestazione all'aggregato (un servizio, alcuni beni, i propri diritti di disponibilità) esigendone in cambio una controprestazione di entità correlata alla precedente e quindi determinabile o variamente misurabile[5]. La famiglia è una entità sociale, in ogni società ed in ogni tempo essa rappresenta una forma di aggregazione fondamentale mediante la quale l'uomo tende al mantenimento vitale della specie. In quanto tale essa non è un'azienda, sebbene sia evidente che in essa si tende al soddisfacimento dei bisogni e delle aspirazioni e quindi si realizzano funzioni economiche.

Nelle unità aziendali il complesso delle relazioni operanti all'interno tra le persone che fanno parte a vario livello dell'organizzazione risulta ugualmente ispirato a valori umani e sociali, ma nella classe di esse denominata «impresa»[6], *il rapporto delle singole persone con l'unità risulta regolato da un principio dominante che è il criterio di scambio.* Infatti, in questi casi, la relazione suddetta è il frutto di una serie di atti di negoziazione fondati sulla determinazione quantitativa o meno di un valore che rappresenta il corrispettivo per la prestazione che il singolo soggetto rende all'unità. Questo criterio è la base per la formazione di un sistema operativo orientato alla creazione di ricchezza ovvero, secondo una formulazione più ampia e precisa, di valore[7].

---

[5] «Le altre istituzioni sociali – la famiglia, le chiese, i partiti, gli stati, i sindacati ecc. – oltre che per una struttura operativa più semplice, si distinguono per il carattere giuridico-morale del legame che unisce volontaristicamente tutti i soggetti appartenenti ...». U. BERTINI 1977, p. 20.

[6] Si veda più avanti la caratterizzazione dell'impresa: par. 7, p. 66.

[7] M.E. PORTER 1980; M.E. PORTER 1987. Si veda anche: M. SAITA 1993, pp. 3, 10, 42 ss.

Le unità economiche aziendali sono sottoposte ad influssi del sistema politico, economico generale, ambientale. Le aziende sono anche molto diverse tra loro, le loro manifestazioni le più varie o multiformi, le strutture di cui si avvalgono per operare le più difformi.

Possiamo allora procedere individuando alcuni tratti comuni a tutte le unità aziendali cioè gli elementi che rimangono indifferenti rispetto alle mutevoli condizioni di spazio e di tempo, di sistema o regolamento economico, di attività tecnica svolta.

Analizzata nei suoi andamenti reali attuali e passati desunti dall'osservazione storica, l'azienda è una unità in continua trasformazione. Vista in due momenti diversi del tempo essa non è mai uguale a se stessa, talvolta sotto la spinta dei cambiamenti esterni del mercato o dell'ambiente, talaltra per scelta propria essa si forma e si trasforma di continuo, assume aspetti, forme, obiettivi nuovi: è innegabile però che proprio nella costante dinamica consiste il senso della sua esistenza.

Malgrado questo carattere dinamico che ritroviamo nei tratti multiformi della sua gestione, nel processo di conversione in cifre dei suoi andamenti economici e finanziari e nella sua varia organizzazione, l'azienda si presenta sulla scena economica come un'istituzione sociale provvista di tratti di unitarietà e di caratteristiche di funzionamento generalizzabili che consentono di distinguerla dalle altre forme di istituzioni economiche e di delineare, con scopi normativi i criteri che sovraintendono alla sua gestione.

2. L'azienda come fenomeno oggettivo vista nei suoi caratteri fondamentali

Nell'apprestarci a considerare il sistema di condizioni necessarie a delineare i caratteri dell'azienda dobbiamo occuparci degli *elementi, mezzi o fattori che compongono la sua struttura* in quanto variamente e opportunamente combinandosi secondo relazioni sistematiche, di ordine o di proporzionalità, generano la dinamica degli andamenti economici, finanziari, tecnici, patrimoniali, organizzativi mediante la quale l'unità tende al raggiungimento della sua finalità primaria consistente nella creazione di ricchezza o di valore.

L'uomo è il centro motore dell'azienda a cui offre le fondamentali motivazioni di esistenza ed al contempo gli strumenti mediante i quali la stessa può operare [8]. Senza bisogni umani da soddisfare non avrebbe senso ipotizzare un'attività produttiva. Senza il contributo umano, in termini di lavoro e di risorse a disposizione della combinazione, mancherebbero gli strumenti operativi per poter condurre l'attività quali che siano i bisogni da soddisfare.

Si può osservare che l'uomo rappresenta il primo e più importante dei fattori aziendali [9].

L'uomo, tuttavia, è concetto generale ottenuto astraendo dalle peculiarità degli interessi, funzioni, comportamenti dei singoli individui quali emergono nella realtà operativa alcuni caratteri generali reputati a tutti comuni e quindi difficilmente riconducibili a entità concrete. Collegare l'azienda all'uomo non può avere il significato di postulare una coincidenza tra gli obiettivi a cui la prima tende e quelli di particolari individui o gruppi ad essa interessati (portatori di capitali di rischio, finanziatori, *manager*, dipendenti, fornitori, clienti, ecc.). Nessuno di questi individui o gruppi, in particolare, può assommare in sé i caratteri astratti della categoria «uomo» che, invece, si riferisce a tutti. Nessuno di questi gruppi coincide con l'azienda che, invece, può scaturire solo dall'incontro tra di essi.

Il fenomeno aziendale è la risultante di un processo costante di composizione degli interessi particolari di singoli individui o di gruppi i quali devono rinunciare alla loro personale posizione per realizzare, invece, la vita dell'aggregato. Infatti, l'unità aziendale deve la sua esistenza e la capacità di durare nel tempo ad *andamenti propri*, diversi e distinti da quelli delle persone o categorie di persone che l'hanno costituita ed in essa operano [10].

---

[8] L'uomo, sostiene Zappa, è al tempo stesso condizione e fine dell'azienda, G. ZAPPA 1956, I, p. 45.

[9] «Sul piano etico il lavoro ha un indubbio carattere di preminenza, riconducibile alla natura del portatore di cui è espressione. Promana, infatti, dalla persona, la quale rimane inserita nell'ambito aziendale per dare la propria attività. Sul piano degli andamenti concreti, lavoro e capitale sono ugualmente necessari, complementari. Senza il lavoro il capitale resterebbe inoperoso, sterile. Senza quest'ultimo, in dosi più o meno elevate e in forme diverse da caso a caso, non è pensabile di svolgere il processo produttivo». R. CORTICELLI 1995, p. 33.

[10] «L'oggetto dell'azienda ... è sempre di natura economica, indipendentemen-

Perciò l'azienda deve essere osservata da una prospettiva oggettiva, in quanto costituisce un fenomeno dotato di esistenza propria, sganciato dalle specifiche e mutevoli motivazioni che muovono i soggetti individuali o i gruppi d'interesse. Agli occhi dell'osservatore che dall'alto, in prospettiva obiettiva, analizza il dinamico compiersi delle operazioni ed i risultati che da queste scaturiscono, l'azienda si presenta come un complesso di andamenti tutti collegati tra loro in virtù di un elemento unificante, in modo da costituire *un sistema*[11].

Partendo dall'assunto comune alle scienze sociali secondo il quale la realtà dei fenomeni osservabili è sempre di tipo umano, restano da definire le vie, le forme ed i tempi secondo i quali alcuni elementi o fattori, in origine di pertinenza di una persona o di un gruppo, si trasformano in fattori aziendali, cioè entrano come parte integrante nella dinamica aziendale fatta di andamenti propri. Ciò consente di capire dove corre la linea di demarcazione tra l'uomo e l'azienda.

Dall'uomo si dipartono le *scelte* relative al tipo di produzione da realizzare in senso operativo per raggiungere lo scopo ultimo di creazione di ricchezza, da lui scaturiscono tanto le *energie intellettive e fisiche* quanto i *mezzi economici* necessari alla realizzazione di ciò che è stato programmato, quanto, infine, le *decisioni* concernenti l'impiego delle risorse sulla base di un processo di programmazione attento al rapporto conveniente tra mezzi a disposizione e scopi economici produttivi.

Si può asserire che il contributo umano assume aspetti specifici adeguati all'attività da condurre nel senso che assume aspetti e forme diverse predisponendo e portanto alla disponibilità dell'azienda fattori produttivi di varia natura tutti legati da un rapporto di *utilità strumentale* alla funzione economico produttiva. Infatti, le caratteristiche qua-

te dai "superiori fini" perseguiti dai soggetti che considerano l'azienda medesima come lo strumento del loro sistematico operare in campo economico: operare che si ricollega al soddisfacimento diretto e indiretto dei bisogni umani la cui appagabilità richieda consumo e quindi produzione di beni economici. La funzione strumentale dell'azienda ne riflette l'oggetto, il quale deriva contenuto e natura economica dai problemi di produzione e di consumo determinati dall'umano operare in campo economico». G. FERRERO 1967, pp. 14-15.

[11] A. AMADUZZI 1956.

litative, quantitative, spaziali e temporali che contraddistinguono i differenti fattori si rivelano suscettibili di essere tra loro combinate e finalizzate allo scopo primario dell'unità aziendale che in qualsiasi tipo di sistema economico coincide con la creazione di ricchezza o di valore nel tempo.

L'uomo, quindi, mette a disposizione dell'azienda una serie di *fattori produttivi* e predispone, con le sue conoscenze, capacità, esperienze e motivazioni, le *condizioni favorevoli alla vita dell'unità*.

I primi sono gli elementi della struttura aziendale e sono legati ad essa e tra loro da relazioni di *utilità, complementarità o funzionalità, disponibilità di diritto o di fatto* [12].

Le seconde riguardano le *condizioni interne di funzionamento e le circostanze esterne d'ambiente o di mercato* alle quali l'unità sceglie di sottostare adoperandosi, in quanto soggetto attivo, per modificarle. La scelta si risolve nel fronteggiamento delle circostanze richiamate quando queste rappresentano forze di senso negativo, o, nel caso contrario, nello sfruttamento dei loro aspetti positivi, quindi si sviluppa nella creazione di un insieme di rapporti o relazioni *interne ed esterne* che fornisce impulso dinamico ai differenti aspetti della struttura: organizzativo, tecnico produttivo, patrimoniale e finanziario, consentendo in questo modo di raggiungere lo stato di ordine necessario al funzionamento per raggiungere gli scopi istituzionali attraverso gli obiettivi specifici della gestione.

L'azienda non è la fabbrica, lo stabilimento o l'ufficio dove si realizza l'attività produttiva. Un'azienda consiste nel sistema di relazioni che si instaurano tra i fattori ad essa destinati e vincolati e l'insieme vasto e complesso delle condizioni e circostanze interne ed esterne. Essa nasce nella mente dei suoi ideatori per prendere corpo nel sistema dinamico di relazioni operative che rappresentano le sue forme di vita. L'essenza dell'azienda non è l'atto produttivo bensì l'idea di essa che si esprime nel sistema degli assetti che la caratterizzano.

È indubbio, come sosteneva Zappa, che l'uomo è al tempo stesso origine e fine dell'unità aziendale. Quest'ultima, tuttavia, non si identifica con esso ed esiste come fenomeno oggettivo caratterizzato da andamen-

---

[12] A. Amaduzzi 1978, pp. 93-95.

ti, obiettivi, criteri propri che si pongono al di là dei soggetti che in essa prestano le loro energie fisiche e intellettuali ed operano le scelte. In quanto tale deve essere analizzata da una *prospettiva oggettiva* mediante l'osservazione attenta del complesso degli andamenti reali che presenta.

Gli andamenti delle unità aziendali – di tipo economico, finanziario, patrimoniale, tecnico produttivo, organizzativo, ecc. – scaturiscono dall'insieme dei comportamenti messi in atto dai soggetti che operano al suo interno. Ciò significa che accanto alla prospettiva di osservazione di natura oggettiva che analizza l'azienda come un «fenomeno economico» un'altra ne esiste – che si richiama ai soggetti che guidano la combinazione produttiva – e, quindi, a rigor di logica può essere definita soggettiva. *L'analisi soggettiva* del fenomeno aziendale apre la via alle indagini dedicate agli aspetti «*manageriali*», ai comportamenti di chi guida l'azienda, di chi si adopera per definire e raggiungere obiettivi di natura strategica ed operativa. La metodologia di ricerca applicata in quest'ultimo caso non pone in primo piano le analisi e determinazioni quantitative, cioè le rilevazioni nel senso tradizionale del termine, bensì è quella tipica degli studi che conducono alle teorie delle funzioni amministrative di derivazione nordamericana cioè al *management*.

Il nostro scopo non è soltanto di tipo esplicativo, in quanto non si esaurisce nella interpretazione e conoscenza del fenomeno aziendale, per importante, rigorosa e profonda che sia. Accanto a questa preme la necessità di dare indirizzi per affrontare i problemi concreti della gestione. Tali esigenze sono di ordine normativo, ad esse si può dare risposta definendo i principi o i criteri ai quali i soggetti possono ispirarsi nel guidare le unità economiche aziendali verso mete operazionali utili all'uomo ed alla collettività.

Ciò implica di condurre l'analisi sia nella prospettiva oggettiva sia in quella soggettiva.

3. I fattori aziendali

3.1. *Fattori produttivi*

La vita dell'azienda non coincide con quella dei suoi promotori, né di alcuno dei fattori, considerati isolatamente o per gruppi, che operano in essa, tale vita scaturisce dall'insieme degli andamenti economici, finanziari, tecnici, patrimoniali, organizzativi e decisionali che si determinano a seguito di una relazione combinatoria tra i fattori produttivi, di un rapporto di composizione delle forze interne ed esterne, di una relazione sistematica tra le operazioni [13] che puntualizzano la sua dinamica.

I *fattori produttivi* rappresentano gli elementi caratteristici della struttura patrimoniale, tecnica ed organizzativa, le «pietre» delle quali essa si compone. Una volta disegnate le «pietre» nei loro caratteri dovremo analizzare il sistema di relazioni, cioè il modo in cui le stesse devono essere collocate perché la struttura possa prendere forma e risultare funzionale.

Gli accennati fattori vengono per solito raggruppati in alcune classi, intitolate a categorie di elementi originari o derivati, sulla scorta delle quali viene costruita la teoria aziendale nelle sue varie formulazioni.

Nella concezione degli economisti classici i fattori produttivi vengono individuati come risorse disponibili per la produzione o anche come i beni ed i servizi destinati a produrre reddito. In questo senso essi sono rappresentati dalle «risorse naturali», il fattore «terra», dal «capitale», dal «lavoro». Tra i fattori produttivi vengono talvolta annoverati elementi immateriali come «l'organizzazione» o il «tempo» [14].

In economia aziendale, sono rilevanti due classi di fattori produttivi primigeni, *il lavoro ed il capitale* [15]. Quando ci si riferisce al fattore «ri-

---

[13] E. Giannessi 1960, pp. 51-56.

[14] «Secondo una celebre tripartizione che ci è stata tramandata dai classici (il primo ad adottarla fu G.B. Say), i fattori della produzione sono la "natura", il "lavoro" ed il "capitale". Invece della parola "natura" alcuni economisti usano la parola "terra", nel senso lato di fattori naturali che sono un insieme di materie e di energie: l'estensione e la fertilità dei terreni coltivabili, le materie racchiuse nel sottosuolo, il clima, i fiumi, le cascate d'acqua e cosi via ... Dei vari fattori naturali alcuni sono liberi, altri, limitati in quantità, hanno un valore economico» C. Bresciani Turroni 1960, p. 195. Si veda inoltre, tra i molti, sull'argomento: A. Marshall 1959, p. 137 e G. Del Vecchio 1961, p. 104. Si veda inoltre: G. Catturi 1990, p. 55 ss.

[15] «I fattori della produzione d'impresa ... si potrebbero sempre includere in tre note grandi classi: natura, capitale e lavoro ... Poiché i fattori naturali ... quando sono gratuiti, sogliono essere trascurati nella determinazione degli oneri attinenti alla produzione e poiché i fattori naturali onerosi richiedono "investimenti di capitali", tutti i fattori produttivi sono sovente compresi nelle sole classi del capitale e del lavoro» e più avanti: «Solo il lavoro ed il capitale mobilitano, se così si può dire, le forze naturali». G. Zappa 1956, I, pp. 231 e 233.

sorse naturali» lo si fa per una tradizione di analogia con l'economia generale, in quanto, come vedremo, questa nozione è per i nostri scopi conoscitivi e normativi generica ed insufficiente.

La differenza di impostazione è da ricondurre alla disparità degli scopi che le due dottrine, operanti nello stesso campo economico, ma interessate ad oggetti sperimentali e conoscitivi diversi, cioè, a differenti prospettive di osservazione, pongono alle loro ricerche.

La costruzione di una teoria e quindi di un concetto che ne rappresenti la forma espressiva, d'altra parte, deve sempre essere finalizzata agli obiettivi da raggiungere. Ebbene, in economia aziendale una rilevanza notevole è da attribuire al linguaggio quantitativo, cioè alle problematiche della rilevazione o ragioneria accanto alle altre poste dalla gestione o tecnica economica e dall'organizzazione [16]. Ogni teoria o concetto deve perciò risultare completo, quindi coerente ed applicabile ad ognuna delle tre aree di ricerca alle quali s'intitolano i grandi gruppi di problemi aziendali. È questo il caso del concetto di fattore produttivo che nel nostro campo di studi deve rispondere a criteri un po' diversi rispetto a quelli sui quali gli studiosi di economia politica hanno formato le classi omogenee dei fattori originari che compongono la struttura delle istituzioni.

Mentre per gli economisti è «fattore produttivo» qualsiasi elemento disponibile per la produzione o, in senso più esteso, che permetta di ottenere un risultato economico, gli aziendalisti debbono accogliere, accanto alla precedente, un'altra condizione per l'appartenenza alla classe: *l'attitudine degli elementi ad essere tradotti in quantità monetarie reali*; ciò allo scopo di ridurre a termini comparabili, mediante espressioni tendenzialmente omogenee – i valori monetari – i singoli elementi qualitativamente diversi che partecipano al processo economico produttivo.

La rilevazione o ragioneria è conversione in cifre degli andamenti aziendali e riconversione di esse in dinamica economica [17], quindi è in

---

[16] «L'amministrazione economica, complesso di azioni coordinate degli organi dell'azienda per il suo esercizio, si svolge in tre momenti capitali, la gestione, l'organizzazione, la "rilevazione"». G. ZAPPA 1956, I, p. 93 ss.

[17] «La ragioneria, come dottrina, studia la conversione della dinamica aziendale in cifre e la riconversione di queste in andamenti economici. Essa è integrata dalla tecnica e dall'arte contabile: la prima detta le norme di comportamento indispensabili per l'applicazione delle premesse della ragioneria al processo di conver-

primo luogo misurazione e valutazione cioè espressione secondo quantità monetarie del valore dei vari elementi e fattori eterogenei che, in modo difforme, concorrono alla realizzazione del processo economico globale [18].

In base a quest'ultimo criterio non avrebbe senso considerare come un fattore originario a se stante l'elemento «risorse naturali» nei casi in cui esso rappresenti un bene liberamente disponibile. Se, invece, esso è oggetto di scambio, influisce sul processo economico e risulta opportuno vincolarlo all'attività aziendale, allora viene acquisito dall'unità mediante l'apporto diretto oppure mediante un rapporto di scambio che prevede l'erogazione di mezzi finanziari che rappresentano in definitiva una aliquota di capitale [19]. In quest'ultimo caso il fattore, elemento negoziato, entra a far parte della combinazione con una utilità economica specifica, può essere espresso in termini quantitativi considerando la sua diretta o indiretta derivazione numeraria o monetaria, ma al pari di altri beni può essere ricondotto al fattore primigenio «capitale».

In termini generali, i requisiti necessari perché una condizione produttiva possa, a pieno titolo, essere considerata come fattore, assumendo come *premessa di base la sua caratteristica di mezzo economico, cioè di elemento negoziabile*, possono essere così sintetizzati:

– *l'influenza esercitata sui processi economici che si realizzano in azienda*;

– *l'opportunità di rimanere vincolato alla combinazione aziendale per un periodo più o meno lungo (ma sempre e comunque definito);*

---

sione e riconversione della dinamica aziendale; la seconda indica, caso per caso la soluzione più conveniente dei problemi che la ragioneria e la tecnica contabile fanno sorgere nella rilevazione e interpretazione dei fatti che caratterizzano la gestione». E. GIANNESSI 1960, p. 465.

[18] «La definizione delle quantità del sistema economico-aziendale è premessa indispensabile in quanto porta alla conoscenza dei caratteri di esso e consente di aprire lo studio teorico sulle relazioni logiche che possono essere poste fra differenti quantità e fra classi di quantità in gioco nel sistema aziendale». E. CAVALIERI 1974, p. 126.

[19] «... le forze produttive naturali non appaiono come fattori della produzionc che quando la loro captazione o il loro uso imponga costi particolari». G. ZAPPA 1956, I, p. 233.

– *nel caso dell'impresa l'esigenza di rimunerare gli oneri sostenuti per la sua acquisizione entro un periodo di tempo prefissato; nel caso di unità che svolgono funzioni aziendali per adempiere a scopi assegnati quali quelli sociali, assistenziali,* ecc.*, la possibilità reale di rinnovare tale elemento facente seguito al valore dell'attività svolta individuato sulla base dell'apprezzamento degli utenti dei beni e servizi prodotti.*

Dalla serie di condizioni enunciate scaturisce una conseguenza di un certo rilievo ai fini della rappresentazione degli andamenti aziendali mediante il processo di conversione in cifre e di riconversione sul quale si fonda il bilancio di periodo. Qualsiasi elemento che adempia a tali condizioni, essendo in definitiva pervenuto all'azienda per via di scambio, può, infatti, essere espresso in termini quantitativi, di valore, mediante il *medium* monetario, il comune indice di misura che permette di ricondurre a quantità omogenee le varie grandezze fisicamente eterogenee.

Di fattore produttivo si tratta se e nella misura in cui l'elemento negoziabile può essere rappresentato secondo quantità monetarie determinate in vario modo: per via oggettiva, nel caso di scambio diretto, in base a procedimenti di stima, nel caso di apporto di beni in natura ovvero quando si intenda attribuire un valore agli elementi in un momento qualsiasi della vita aziendale diverso da quello della costituzione [20].

---

[20] «Ai beni di natura monetaria seguono i beni di natura produttiva che derivano dagli investimenti tipicamente monetari in fattori specifici. Il valore di tali ultimi beni ha pertanto la sua origine nel valore della moneta che fu data in pagamento o nel valore dei debiti che furono temporaneamente contratti». A. AMADUZZI 1978, p. 105. Il Caramiello, in materia di valori dei fattori produttivi che siano al contempo elementi del capitale, osserva: «Supponiamo che in sede di costituzione di una societa commerciale un socio liberi in contanti la quota sottoscritta e l'altro socio, invece, ne effettui la liberazione con apporto di merci ... La valutazione del bene apportato dal secondo socio, viene effettuata per stima delle unità monetarie che in quelle particolari condizioni spazio-temporali, possano ritenersi equivalenti al bene in oggetto. Le caratteristiche fisiche del bene, il grado di utilita strumentale in rapporto alle operazioni aziendali da svolgere, la capacità di contrattazione delle parti in causa, sono alcune delle condizioni che influenzano più o meno intensamente, il processo di stima ... è facilmente comprensibile come la variazione delle anzidette condizioni determinerebbe inevitabilmente una diversa valutazione del bene di cui trattasi». E più avanti: «Se l'ingresso nella combinazione aziendale dei relativi fattori è dovuto, come generalmente accade, ad acquisto, esso è conte-

Gli elementi immateriali organizzazione, tempo, conoscenze, capacità, competenze, pur raffigurando condizioni che in modo innegabile influiscono sullo svolgimento della gestione in quanto la capacità combinatoria[21] dei vari fattori risulta, dalla loro incidenza, accresciuta o diminuita, secondo l'impostazione ricordata non possono essere considerati alla stessa stregua dei fattori produttivi sinora delineati. Essi, infatti, non possono essere ricondotti a condizioni produttive a se stanti suscettibili di essere tradotte in quantità monetarie, oggettive o stimate indicative della loro partecipazione al processo economico. Per evidenziare appieno la loro funzione nella gestione aziendale, la via più opportuna consiste nell'individuarli come *elementi intangibili*, cioè come condizioni interne di gestione, come modalità di svolgimento dell'attività decisionale ed operativa, come complesso di relazioni mediante le quali la struttura aziendale assume varie configurazioni e nell'analizzarne gli effetti sul sistema e sui fattori produttivi in senso stretto.

Le grandi classi dei fattori originari o primigeni, *lavoro* e *capitale* han-

---

stuale all'uscita, dalla stessa combinazione, di un determinato insieme di valori numerari: questi, in definitiva, misurano il valore attribuibile al fattore specifico acquistato, cioè il suo costo. Di qui la denominazione di costi anticipati che frequentemente è attribuita ai valori non numerari … Il valore non numerario che ne deriva non presenta almeno in questo momento, le incertezze che presentava il valore non numerario di apporto già considerato; esso può essere a fondata ragione ritenuto un *valore a diretta derivazione numeraria*, mentre per l'altro la derivazione numeraria era supposta quindi indiretta». C. CARAMIELLO 1969, pp. 55 e 58.

[21] Sul concetto di capacità combinatoria riportiamo quanto osserva il Giannessi: «I fattori produttivi considerati nella loro individualità, non hanno un significato utile per la formazione, la sopravvivenza e lo sviluppo della vita aziendale. Perché questo accada occorre che essi trovino impiego secondo un determinato, reciproco rapporto in cui l'economicità totale sia maggiore e si sostituisca alle utilità individuali. Il fenomeno è dovuto al fatto che l'economicità totale non è la somma, ma la componente delle utilità individuali. Ciò significa che un fattore dotato di un grado "x" di utilità può non trovare nell'azienda piena utilizzazione se gli altri fattori non posseggono utilità "y", "z", ecc. capaci di combinarsi con essa nel modo più conveniente. In questi casi non c'è soltanto dispersione della parte marginale dell'utilità "x" che non viene impiegata, ma anche, come logico corollario, dispersione dell'utilità totale. In altri termini, il fattore che trova impiego nell'azienda perde il suo carattere generico per assumerne un altro sotto il quale, almeno finché dura la vita dell'azienda stessa deve essere considerato». E. GIANNESSI 1969, p. 513.

no carattere complesso, essendo formate da elementi che in vario modo concorrono alla vicenda aziendale. Perciò, servono alcune precisazioni.

Il fattore *lavoro* raccoglie contributi diversi, inoltre la sua osservazione rivela l'esistenza di aspetti statici e dinamici.

In relazione ai primi emergono alcuni importanti caratteri qualitativi, quantitativi, sia in termini fisici che di valore, e temporali. Poiché le caratteristiche attinenti alla qualità ci consentono di specificare, a scopi conoscitivi e normativi, le diverse forme di contributo offerte dalle energie umane, osserviamo che nell'azienda esse riflettono le vie, i modi, i livelli secondo i quali le persone esplicano la propria attività.

Esiste *un lavoro indipendente o di governo*[22] ed uno *dipendente o subordinato*. Quest'ultimo, infine, può essere considerato nei due differenti livelli, *decisionale o direttivo, esecutivo od operativo*[23], anche se la distinzione tra questi ultimi non è proponibile in termini netti ed assoluti secondo fondamenti scientifici, data la particolare natura del fattore considerato.

Il momento decisionale della scelta, infatti, se questa viene analizzata in attinenza anche alle modalità di svolgimento dei vari compiti, mal si presta ad essere collegato unicamente alle funzioni svolte a livelli direttivi e ritenuto inesistente o quasi nelle funzioni di esecuzione. La distinzione proposta viene formulata perciò per esigenze normative, quali sono imposte dalla necessità di risolvere problemi concreti della vita aziendale, e condotta secondo parametri convenzionali dei quali è evidente la validità relativa.

---

[22] M. Cattaneo 1969, p. 6. Il Masini, mentre definisce gli atti ed i gruppi di compiti relativi al governo economico, osserva: «I compiti di governo economico menzionati spettano tutti al soggetto economico definito sopra secondo gli interessi convergenti nell'impresa e sono svolti anche per mezzo di organi efficacemente rappresentativi del soggetto economico nella sua complessa composizione». C. Masini 1979, p. 295.

[23] «Un aspetto significativo dell'azienda moderna è rappresentato dal sempre maggiore grado di interdipendenza tra i vari soggetti e forze. I subordinati della linea gerarchica formale devono sempre conformarsi alle richieste dei superiori, ma anche a questi non è consentito discostarsi molto ed a lungo dai desideri degli inferiori se vogliono raggiungere gli obiettivi prefissati. ... Nessun soggetto è dunque completamente autonomo, nelle combinazioni economiche come nella società». G. Padroni 1979, p. 6. Inoltre: R. Corticelli 1979, pp. 6-7.

L'attività di governo viene svolta nell'azienda dal soggetto economico cioè dalla persona o dal gruppo che – in base ad un diritto conferito dalla proprietà o da norme legislative, secondo una delega formale oppure di fatto – prende le decisioni fondamentali operando le scelte necessarie a dare un indirizzo strategico alla gestione[24]. L'insieme delle relazioni tra soggetti che svolgono attività di governo e finalità dell'azienda consente di individuare *l'assetto istituzionale* di essa.

Nell'aspetto dinamico la nostra considerazione del fattore lavoro umano in una prospettiva qualitativa, sarà rivolta all'insieme delle relazioni che guidano il comportamento degli individui o degli organi che rappresentano le unità elementari dell'organizzazione. Se in ogni azienda viene costituito un certo numero di organi (unità operative, centri, uffici, reparti, ecc.) posti a differenti livelli ad ognuno dei quali competono funzioni e responsabilità determinate, sarà, infatti, rilevante l'insieme delle relazioni e dei criteri che definiscono le modalità organizzative prescelte. Essi agiscono in modo da condizionare in senso positivo o, in certi casi, negativo il funzionamento dell'intero sistema. Tali modalità esprimeranno la *struttura organizzativa* prescelta, i criteri in base ai quali sono stati formati gli organi, definite le loro funzioni e le responsabilità, lo *stile di direzione* attuato con le relative deleghe di potere e di responsabilità, infine i *meccanismi operativi* preposti al trasferimento delle informazioni, al processo decisionale, al controllo messo in atto[25]. Ci sembra, anzi, che il sistema di relazioni esprimenti lo schema organizzativo adottato sia un elemento particolarmente indicativo della funzionalità dell'azienda e quindi determinante per l'interpretazione e valutazione dei suoi andamenti, tanto che, in special modo in organizzazioni complesse la considerazione del solo aspetto statico del fattore lavoro (numero di dipendenti per tipo di funzione o di mansione svolta) presenta un significato assai scarso e deve essere integrato dall'analisi qualitativa, cioè dall'aspetto dinamico intitolato all'assetto organizzativo.

Al secondo fattore primigenio che abbiamo citato, il *capitale*, può essere ricondotta una serie di *beni o servizi, mezzi economici ad utilità materiale o immateriale*, acquisiti dall'azienda non in funzione delle caratte-

---

[24] Sul punto: U. Bertini 1991, p. 16 ss.

[25] G. Padroni 1979; A. Rugiadini 1979.

ristiche qualitative o fisiche intrinseche, bensì per l'utilità economica che sono in grado di rendere una volta inseriti nella combinazione produttiva. Si tratta di fattori produttivi «derivati» dal capitale.

Assume rilievo, a questo punto, l'esigenza di specificare, all'interno della classe, le singole categorie di elementi che la costituiscono. A questo scopo la fondamentale distinzione da proporre è quella che vede da un lato *fattori generici*, cioè mezzi monetari e finanziari atti ad essere scambiati e trasformati in elementi economici e tecnici utili nel processo aziendale e *fattori specifici*, investimenti, appunto, di tali mezzi in *beni economici*, vincolati all'azienda per periodi diversi, cioè in condizioni produttive aventi utilità materiale (impianti, immobili, terreni, merci, materie, ecc.) oppure in, condizioni produttive ad utilità immateriale (brevetti, concessioni, licenze, imposte, noleggi o affitti di beni, consulenze e servizi vari resi da terzi non vincolati all'azienda da un rapporto di subordinazione).

I fattori specifici, così come tutte le condizioni che rientrano nella classe dei fattori di produzione, pervengono all'azienda fondamentalmente a titolo oneroso. Quelli corrispondenti a forme produttive ad utilità materiale si configurano come investimenti di aliquote di capitale, considerato nella sua espressione monetaria o finanziaria, in beni acquisiti a titolo di proprietà. Il motivo per cui il soggetto aziendale ha deciso di vincolarli all'attività risiede tuttavia nell'utilità economica, cioè nel *servizio* che si ritiene essi possano rendere alla combinazione produttiva entro un intervallo di tempo più o meno lungo, ma comunque definito. Gli investimenti di aliquote di capitale in forme produttive specifiche ad utilità immateriale corrispondono, invece, a servizi acquisiti in via diretta come tali, cioè derivanti da unità economiche o individui che operano all'esterno dell'azienda [26].

In termini aziendali la diversa natura delle due categorie considerate più che alla forma di utilità che i singoli fattori esplicano può essere, in modo assai più opportuno, ricondotta alla scelta formulata dal soggetto

---

[26] R. CORTICELLI 1979, p. 14: «Soltanto si fa notare che mentre, ad esempio negli ultimi casi richiamati, vengono acquistati e immessi nell'azienda a titolo di proprietà gli elementi che originano dati servizi, nel caso a cui adesso ci riferiamo questi vengono acquistati come tali, promanando da formazioni operanti all'esterno o da elementi utilizzati in affitto».

per l'acquisizione del servizio che un investimento è in grado di rendere in quanto quest'ultimo, a ben vedere, rappresenta il vero fattore della produzione[27].

Il soggetto economico, in relazione alla combinazione produttiva da attuare, tenendo conto della natura e della partecipazione dei servizi resi dai vari fattori al processo globale, in particolare considerando che alcuni di essi devono essere disponíbili in modo costante ed in quantità minima indispensabile, mentre altri possono essere considerati collaterali, accessori o la loro disponibilità rendersi necessaria per un tempo limitato, ha la facoltà di scegliere la modalità di approvvigionamento che risulta la più conveniente. Egli può, entro certi limiti, decidere quali elementi specifici vincolare alla combinazione mediante l'acquisto del bene da cui sono originati a titolo di proprietà e quali, invece, acquisire direttamente come servizi. Resta inteso che per alcuni fattori, ad esempio le imposte, generalmente considerate come la rimunerazione di un servizio reso dall'organizzazione pubblica, non è consentita alcuna alternativa di scelta.

È comunque da sottolineare il grande ventaglio di opportunità che derivano alla combinazione produttiva dalla decisione sulle modalità di approvvigionamento di un bene o di un servizio: a titolo di proprietà e per un tempo in pratica indefinito, a titolo di semplice possesso e per un tempo strettamente connesso all'utilizzo, a titolo di prestito sulla base di condizioni contrattuali molto varie.

Da ciò scaturiscono combinazioni produttive sempre diverse per i fattori che accolgono, considerando sia la loro entità, sia valutando i costi che le contraddistinguono, sia l'impegno finanziario che l'azienda as-

---

[27] L. De Minico 1935: «Dal punto di vista dinamico, l'aspetto di maggior rilievo di un investimento è costituito dal flusso di servizi, considerato nella sua struttura di comportamento e nei suoi elementi dimensionali. I costi sopportati per una installazione sono sostenuti al fine di acquisire all'impresa un volume di servizi da utilizzare entro determinati vincoli di tempo e di intensità ritmica» (pp. 3-4). Si veda anche: D. Amodeo 1956, p. 462: «Chi si approvvigiona di macchine, non mira alla disponibilità delle macchine come entità fisiche materiali, bensì alla disponibilità dei servizi, o dei contributi produttivi di quelle macchine, così come chi paga un premio di assicurazione contro i danni, tende a beneficiare dei servizi eventuali dell'impresa in caso di sinistro». Inoltre: R. Corticelli 1979, pp. 14-15.

sume nel tempo nei confronti dei terzi con la loro acquisizione. Si distinguono in proposito tendenze a formare combinazioni produttive rigide o combinazioni elastiche secondo i differenti tipi di costi che sono generati dalla scelta di acquisto del fattore produttivo, a titolo di proprietà oppure a titolo di utilizzo del servizio che il bene è in grado di rendere.

Sono queste le scelte che portano le aziende ad attuare politiche di decentramento produttivo o, in senso ancora più ampio, politiche di *outsourcing*.

3.2. *Gli elementi intangibili della gestione: la conoscenza, le esperienze, le motivazioni*

Dalle precedenti considerazioni in materia di fattori aziendali scaturiscono alcuni problemi quando si intendano individuare gli elementi che compongono il capitale e che interagiscono con esso, siano essi a pieno titolo fattori produttivi dell'azienda, siano invece circostanze o condizioni produttive che, pur esercitando un influsso non temporaneo né trascurabile sull'intera vicenda economica, non sono negoziabili e quindi non possono essere tradotte in quantità mediante l'unità di misura monetaria[28] né possono essere oggetto di rilevazione come componenti dello Stato patrimoniale o del Conto economico.

L'influenza che modalità o condizioni produttive interne ed esterne esercitano sull'azienda e la loro incidenza sul grado di economicità della gestione è un dato di fatto, una convinzione generalmente condivisa. Ad esempio, un'azienda non viene costituita semplicemente perché una persona o un gruppo dispone del capitale sotto forma di mezzi finanziari o di fattori specifici utili alla sua istituzione, bensì in quanto viene perce-

---

[28] G. ZAPPA 1956, I, p. 264. L. GUATRI 1950, p. 175: «Queste "condizioni", "forze", "energie", operanti per la realizzazione di produzioni economiche, questi fattori in breve, trovano espressione nei costi monetari, che attribuiscono loro, almeno formalmente, omogeneità»; p. 176: «La nozione di fattore, è per l'azienda, dunque, parzialmente indeterminata. Secondo i caratteri scelti nella composizione delle classi, assumono i valori in esse contenuti diverso grado di omogeneità, ed in conseguenza variamente rimane definita la nozione del fattore che ciascuna di esse rappresenta».

pita ed attentamente valutata, fino dalla fase che precede l'investimento, l'esistenza di condizioni di ambiente e di mercato attuali e potenziali favorevoli allo svolgimento dell'attività.

Sulla base di tali circostanze viene operata, nella fase iniziale, la scelta fondamentale di investimento alla quale seguono le decisioni di fase istituzionale, attinenti alle specifiche condizioni a cui l'unità decide si sottoporsi, cioè al settore produttivo in cui entrare, al tipo di azienda a cui dare vita, alla combinazione economica da realizzare, alla determinazione del fabbisogno finanziario di essa e delle forme di relativa copertura, alla forma giuridica, all'ubicazione[29]. Già dalle scelte compiute nella fase iniziale il capitale rivela la sua natura di *strumento* utile per l'attività economica svolta in forma aziendale, esso è condizione necessaria ma non sufficiente per il funzionamento dell'azienda poiché questa è soggetta a quella serie di forze interne e vincoli di mercato o di ambiente che determinano in misura prevalente, in modo talora diretto, talaltra indiretto, l'efficacia delle operazioni e dei processi produttivi nei quali il capitale svolge il suo ruolo trasformandosi in fattori generici e specifici.

Anche se non sono quantificabili come valori, le condizioni circostanti esterne a cui l'azienda sceglie di sottostare così come le modalità di svolgimento delle funzioni ed operazioni della gestione e le conoscenze interne, il *know how,* che definiscono il livello qualitativo di tali funzioni ed operazioni sono, in qualunque caso, determinanti per lo svolgimento del processo di trasformazione economica e per i risultati raggiunti, perciò devono essere analizzate e seguite come *condizioni immateriali o intangibili.*

Un tempo l'economia aziendale, pur riconoscendo l'incidenza di tali risorse, non le annoverava tra gli *input* come una classe di elementi identificabili e separati nella combinazione aziendale, tanto che l'interesse che esse suscitavano negli studiosi era senz'altro limitato. Oggi, nell'era

---

[29] La problematica dell'azienda può essere intesa come un sistema di funzioni e di rischi. L'indagine relativa ad esso viene condotta con riferimento alle varie fasi che l'unità, considerata in senso oggettivo, attraversa nel corso della sua vita economica. Per l'approfondimento della problematica relativa alla fase pre-aziendale, a quella istituzionale, dinamico probabilistica o gestionale e terminale si consulti: E. GIANNESSI,1960, p. 305 ss.; C. CARAMIELLO 1968; U. BERTINI 1969, p. 97 ss.; F. PODDIGHE 1984.

della conoscenza, si è giunti alla convinzione che ad esse debbono essere dedicati studi e ricerche specifici, pertanto le risorse intangibili rappresentano una categoria di condizioni produttive alle quali da parte della dottrina viene dedicata una attenzione sempre maggiore.

L'azienda non è un congegno meccanico che trasforma o adatta quantità di fattori per ottenere quantità di prodotti. In essa gli aspetti tecnici sono integrati e sovente subordinati a quelli economici nei quali domina la componente qualitativa, immateriale. Non avrebbe senso, allora, considerare la struttura aziendale costituita solo da un complesso di relazioni tra fattori produttivi, lavoro, elementi generici e specifici, dotati di utilità materiale o immateriale, trascurando, nell'analisi delle condizioni che identificano le unità come sistemi, le circostanze esterne di gestione le quali raffigurano altrettanti aspetti immateriali non quantificabili, una serie di forze che scaturiscono dall'ambiente in senso generale e dal mercato, da combinare in modo conveniente con quelle interne promananti dalle categorie di fattori produttivi considerati.

La vita aziendale è fatta di moto, il suo schema portante è rappresentato da una combinazione di operazioni e processi produttivi che in ogni momento si compie e si rinnova. Qualsiasi tentativo di isolare, per via di astrazione, dal movimento continuo alcuni fattori per considerarli come elementi portanti di una struttura di per sé difficile da fissare, in quanto mutevole e soggetta ad elementi molteplici di incidenza, impone di compiere semplificazioni notevoli. Le ultime assurgerebbero a livelli eccessivi e quindi inaccettabili nel caso in cui tra gli elementi che incidono sul processo globale venissero presi in considerazione soltanto alcuni tra gli attori principali, in definitiva quei fattori che essendo stati ottenuti mediante un atto di scambio, risultano quantificabili perché rappresentabili in termini di valore mediante il prezzo-costo pagato all'atto della loro acquisizione o mediante il valore di stima che viene loro attribuito.

Una condizione astratta più o meno generale, una norma di politica economica o monetaria, una legge favorevole o avversa, una decisione sindacale, un accordo tra aziende concorrenti, un avvenimento politico possono provocare sulle vicende economiche dell'unità effetti ben più travolgenti di quanto non lo siano quelli che scaturiscono dai fattori che operano al suo interno e ne rappresentano la struttura, sempre che l'impostazione e la gestione dell'attività venga condotta con criteri improntati alla correttezza e funzionalità economico aziendale.

La necessità di percepire e rappresentare la reale essenza dinamica della vita aziendale impone quindi di interpretare operazioni e risultati come il frutto della composizione continua delle *circostanze esterne* che prendono forma in forze ambientali positive o negative con i *fattori produttivi* e con le *condizioni o modalità interne: elementi solo qualitativi a carattere immateriale e quindi intangibili.*

Se si è convinti che le circostanze di mercato e di ambiente influenzano l'efficacia del processo economico, rappresentando una rilevante categoria di elementi che chiameremo «*input*» poiché non possiamo comprenderli nel concetto di fattore produttivo, a maggior ragione si dovrà dare il giusto rilievo alle *risorse immateriali, intangibili, invisibili* su cui l'azienda può contare. Esse sono costituite da condizioni che non sono di immediata percezione, le conoscenze, le capacità professionali, le esperienze, le motivazioni, che sovraintendono allo svolgimento della gestione, quali il modo in cui vengono svolte le funzioni *manageriali*, ad esempio quella di programmazione e pianificazione, quella di controllo, quella di direzione e di comunicazione, la qualità del processo tecnico di produzione. In sintesi, esse corrispondono ad aspetti qualitativi, cioè al livello delle conoscenze, al grado di motivazione, alle modalità di comportamento del personale tecnico, amministrativo, del *management*[30].

Le *risorse invisibili* rappresentano un importante elemento di differenziazione che si riflette sui risultati che l'azienda è in grado di raggiungere. Ciò risulta di facile intuizione se, per un momento, vogliamo soffermarci su un'ipotesi astratta ed immaginare due aziende sottoposte allo stesso sistema di condizioni esterne, identiche quanto a configurazione degli investimenti in fattori specifici, alla disponibilità di mezzi generici ed al fattore umano di tipo esecutivo, ma diverse per la qualità ed il tipo della struttura organizzativa adottata oppure per la motivazione, le conoscenze e l'esperienza che sorreggono i suoi dirigenti, il tipo di relazioni instaurate con i clienti, i fornitori, i soggetti esterni. È evidente che i risultati che saranno ottenuti si presenteranno diversi e ciò non dovrà essere posto in relazione con gli effetti provocati dai fattori produttivi, bensì dalle risorse intangibili.

---

[30] Tra gli altri si veda: H. ITAMI 1988.

4. Le condizioni indicative della funzionalità aziendale

4.1. *Il tempo*

Lo scopo dell'azienda è di natura economica, esso non coincide con la produzione intesa come trasformazione fisica, cambiamento di stato dei beni né come trasferimento di essi nello spazio e nel tempo.

Nella produzione economica che l'azienda realizza l'aspetto più rilevante non è quello tecnico, bensì quello economico dell'accrescimento di utilità e dello scambio. Il passaggio da un concetto di produzione intesa in senso tecnico ad un altro di ordine economico si ha in quanto le operazioni di trasformazione vengono effettuate, nelle aziende che operano per il mercato o *imprese*, in vista del collocamento sul mercato di vendita del bene o servizio ottenuto, nelle *aziende no profit*, cioè in quelle organizzazioni produttive che non operano per il mercato, invece, in funzione dell'aumento di utilità per l'utilizzatore finale.

Produzione economica indica, allora, non tanto la trasformazione subita dal bene, quanto, invece, *l'accrescimento di utilità nel prodotto o nel servizio*. Quest'ultima trova la sua espressione in termini quantitativi da un lato nel valore di scambio o di mercato, dall'altro nell'apprezzamento di valore espresso dagli utenti, dai beneficiari del beni o servizi che si utilizzano o che l'azienda *no profit* cede o produce. L'attività di trasformazione produttiva rappresenta perciò solo un mezzo, uno strumento di cui l'uomo si serve per raggiungere gli scopi coerenti con la soluzione del suo problema economico i quali possono essere sintetizzati, relativamente all'attività svolta nelle aziende, nella conservazione e produzione di ricchezza o di valore.

Il *tempo* è un elemento determinante per distinguere le attività aziendali rispetto a quelle produttive generiche che vengono svolte in campo economico dalle molte unità che a vario titolo ed in varie forme operano per il soddisfacimento dei bisogni umani.

Se si pone mente al complesso di interessi, interni ed esterni, che l'azienda coinvolge – dei conferenti il capitale a pieno rischio, dei dipendenti, portatori di energie intellettuali ed operative, dei finanziatori, fornitori, clienti, degli enti ed organismi che rappresentano la collettività – se, inoltre, si riflette sul tempo occorrente per portare alla condizione di funzionamento una azienda industriale, commerciale, bancaria, al periodo ulteriormente necessario perché la stessa possa affermarsi sul mercato e conseguire risultati positivi, quindi rimunerare i fattori produttivi in essa operanti, se, infine, si aggiunge la considerazione che tra questi fattori molti sono stati acquisiti per utilizzarli nel lungo periodo, ma, al pari degli altri devono essere rimunerati, risulta del tutto priva di senso l'ipotesi che una combinazione aziendale possa essere istituita per adempiere ad una funzione momentanea od occasionale quale quella che trova i suoi limiti in un periodo di tempo prescritto a priori o comunque definito.

In effetto, l'azienda, una volta istituita, è destinata a durare, essa rappresenta una fonte di produzione di ricchezza che ha bisogno del tempo per affermarsi e solo nel tempo trova il modo di esprimere le sue possibilità[31].

Ciò consente di individuare nel fattore *tempo* una delle condizioni essenziali del fenomeno aziendale necessarie a caratterizzarlo rispetto ad altri tipi di attività economiche: artigiane, speculative, isolate, asistematiche, nelle quali viene svolta la funzione di produzione mediante processi tecnici o economici che possono essere anche del tutto analoghi.

4.2. *Il rapporto di coordinazione ed il sistema delle operazioni*

Analizzate le differenti categorie di «*input*» aziendali – fattori produttivi, risorse intangibili, condizioni e circostanze esterne – è opportuno affrontare il tema delle relazioni che legano questi ultimi tra loro, allo scopo di individuare il complesso di condizioni necessarie a garantire il funzionamento, vale a dire la piena funzionalità economico aziendale del sistema. Tale insieme di relazioni sarà il fondamento per la definizione dei caratteri che servono a identificare l'azienda come fenomeno oggettivo, quindi come sistema economico e sociale aperto e dinamico.

Le relazioni che avvincono gli elementi della struttura sono infatti indicative del grado di aziendalità con cui opera l'unità produttiva ben più di questi ultimi visti singolarmente nelle loro caratteristiche fisiche o quantitative; esse ci consentono di individuare i tratti caratteristici del-

[31] Si ricordi la concezione dello Zappa di azienda come «istituto economico destinato a perdurare» G. Zappa 1956, I, p. 37, inoltre: E. Giannessi 1969, p. 511 ss.; D. Amodeo 1970, p. 12.

l'azienda tanto che la presenza, ad esempio, di un rapporto di coordinazione in una combinazione dinamica costituisce la premessa indispensabile per lo svolgimento della funzione aziendale in qualsiasi sistema economico.

L'*azienda è un complesso di relazioni*, come già abbiamo osservato, essa non è un congegno meccanico che trasforma quantità di fattori in quantità di prodotti. Sono quindi i rapporti instaurati tra le diverse categorie degli «*input*» aziendali, e non i soli fattori produttivi, a dar vita al sistema di operazioni della gestione. L'azienda ha il carattere dinamico tipico dei sistemi sociali per i quali non è concepibile una condizione di stasi. Anche se lo svolgimento dei differenti processi richiede elementi strutturali adeguati, questi non esprimono altro che la configurazione elementare, l'aspetto statico di un fenomeno che è dinamico e risiede in una combinazione di processi, sintetizzabile nel complesso di relazioni che si instaurano e costantemente si rinnovano tra i diversi elementi componenti il sistema.

Il *sistema operativo* si riscontra nelle operazioni prodotte dall'azione delle persone sui fattori produttivi che rappresentano altrettanti strumenti, entro i limiti astratti e qualitativi posti da un complesso di condizioni interne e circostanze esterne di gestione, quando l'accostamento tra i ricordati elementi avviene secondo un preciso scopo economico: la creazione della ricchezza o del valore[32].

In effetto, la vita aziendale non sorge solo quando sono disponibili determinati fattori produttivi e vengono intraviste condizioni favorevoli per la gestione economica dell'unità, bensì quando è possibile, dalla combinazione di questi elementi far scaturire fatti, negozi, rapporti, in

---

[32] «L'azienda, comunque, non sorge per effetto della sua costituzione giuridica, nel senso che ... essa può anche "nascere morta" cioè non in condizioni di funzionare. Non basta che le persone, operando sui beni, diano luogo ad una organizzazione qualsiasi, occorre che esse agendo sui beni e trasformandoli, diano luogo ad operazioni e queste, erette a sistema, dimostrino di possedere un certo ordine vitale, quindi a carattere dinamico e, possibilmente evolutivo». E. GIANNESSI 1969, p. 494, e inoltre: «... L'azienda, nella sua universalità, non mira al conseguimento del "profitto", ma alla creazione, al mantenimento e, tutte le volte che è possibile, allo sviluppo di una fonte produttrice di ricchezza: il che è quanto dire l'azienda ha per scopo l'azienda, cioè se stessa» (p. 501).

sintesi, operazioni tutte legate tra loro da un *rapporto di coordinazione* in modo da formare un sistema.

D'altra parte, le operazioni aziendali si rivelano coordinate non soltanto perché sono disposte in una successione temporale (ad esempio, un'operazione d'acquisto è legata a quelle di trasformazione produttiva e di vendita), o in un ordine spaziale, bensì perché risultano tutte indirizzate alla funzione economica dell'azienda consistente nella produzione di ricchezza o di valore.

Ciò è evidente fino dalla costituzione della combinazione aziendale quando i promotori dell'attività formulano il loro programma d'azione che trasferiscono, poi, in termini quantitativi elaborando i piani nei quali le iniziali prospettive di andamento vengono tradotte in cifre[33].

Il rapporto di coordinazione è presente già al momento in cui lo svolgimento dell'attività aziendale è solo ipotizzato, ma si fa evidente e strettissimo nel momento dell'attuazione dei piani. Allora ogni operazione scaturisce logicamente da altre ed altre ne origina in una connessione costante di ordine spaziale e temporale, ma anche, in particolar modo, relativa ai sottosistemi che rappresentano gli aspetti tipici della realtà aziendale partendo dai quali la gestione può essere indagata, primi fra tutti quello economico e finanziario, tecnico, organizzativo, ecc.

Si determina così una vera e propria rete di operazioni strettamente collegate le une alle altre secondo linee orizzontali e verticali, tutte rilevanti per la vita della combinazione tanto che non avrebbe alcun senso attribuire maggiore importanza, ad esempio, alle operazioni di vendita rispetto a quelle di approvvigionamento o di trasformazione, ad operazioni amministrative rispetto a quelle tecniche, alla pianificazione rispetto al controllo, ad operazioni di rilevazione dei costi per la formulazione

---

[33] «Il momento della "comprensione" dell'ambiente futuro conduce alla formulazione delle *prospettive*, intese come gli strumenti di cognizione pregiudiziale volti ad illuminare il futuro nelle sue componenti più significative.

Il momento della "enunciazione" delle vie possibili e convenienti per il raggiungimento di una posizione aziendale compatibile con la condizione dell'equilibrio economico conduce alla formulazione dei *programmi*; intesi come gli strumenti di ricerca e di concretizzazione delle linee decisionali stabilite dal soggetto preposto alle scelte. Il momento della "misurazione" delle suddette vie conduce alla formulazione dei *piani*; intesi come gli strumenti di sintesi dei valori relativi alle operazioni contenute nei programmi». C. Caramiello 1971, p. 35.

delle decisioni rispetto a quelle di rilevazione dei dati di bilancio o viceversa.

Il rapporto di coordinazione può trovare espressione in una *relazione di causa ad effetto* o anche in una *relazione di complementarità*. Esso è sempre presente anche quando, nel corso del funzionamento, le operazioni si intrecciano, si accavallano, si susseguono in modo tale e con tanta rapidità da rendere problematica l'individuazione puntuale delle relazioni di causa ad effetto che pure legano tra loro operazioni anche di natura diversa. Quando, ad esempio, le acquisizioni relative ad un ciclo di trasformazione produttiva si intrecciano con quelle preparatorie dei cicli successivi, esse richiedono correlate operazioni finanziarie che impegnano per un periodo di tempo di varia durata l'azienda nei confronti di terzi. Quando poi i beni o i servizi ottenuti nei vari cicli di produzione vengono immessi sul mercato, venduti in quantità diverse ed i mezzi finanziari rientrano in periodi diversi mediante le entrate che misurano i ricavi, pronti ad essere in parte utilizzati per il pagamento di debiti, in parte reinvestiti, non è agevole seguire le linee che congiungono da un lato singole operazioni finanziarie dall'altro quelle economiche e i due rami tra loro fissando precise correlazioni sulla stessa linea e tra linee diverse mediante il nesso dei rapporti di causa ad effetto.

Nella realtà, anche un problema relativamente semplice come quello delineato presenta aspetti dai quali si può desumere che nel quadro di un fondamentale rapporto di causa ad effetto la coordinazione delle operazioni avviene sulla base di una relazione più complessa di quella elementare considerata in termini assoluti: *il rapporto di concausa ad effetto molteplice*.

Pertanto, se cercassimo di individuare il rapporto che lega i fattori causanti alle risultanti ci troveremmo di fronte all'impossibilità di tracciare singole linee di relazione tra causa ed effetto. È l'intero complesso dei fattori causanti a determinare un complesso di risultati il quale si presenta come una molteplicità di situazioni ciascuna delle quali non è riconducibile ad una causa precisa, ma all'intera rete.

Se, infatti, un'operazione di vendita è stata conclusa, ciò è avvenuto perché esiste una correlazione economica di tipo causale tra questa e le precedenti operazioni: di acquisizione dei fattori produttivi, cioè di investimento, di combinazione di quelli, di trasformazione produttiva, di distribuzione sul mercato, di programmazione e di controllo dell'attività. Da un altro lato, se le vendite sono state possibili ciò è dovuto anche al fatto che è stata reperita la copertura finanziaria indispensabile per far fronte alle operazioni di acquisto almeno nella fase precedente e sono state scelte e predisposte le forme di finanziamento adeguate.

La coordinazione ha alla sua base un *rapporto temporale di successione e avvicendamento.* Le operazioni sono tutte legate tra loro nel tempo, anzitutto perché esse vengono dapprima ipotizzate, poi pianificate, infine attuate, in modo tale che è possibile individuare o ricostruire i vari stadi del passaggio dall'ipotesi alla decisione, alla sua realizzazione nelle operazioni. In questo senso si può affermare che esiste nell'azienda un sistema di ipotesi il quale precede il sistema operativo[34].

Così come nello stadio preparatorio, anche nella fase della realizzazione il *legame temporale* è il più evidente in quanto ogni provvedimento risulta chiaramente legato a precedenti decisioni od operazioni ed a sua volta è situato in posizione antecedente rispetto ad altri. Basti pensare al rapporto temporale di successione esistente tra l'acquisto di una partita di materie prime, la lavorazione di essa, la vendita del prodotto finito, il reinvestimento dei mezzi finanziari derivanti dalla vendita.

Oltre al collegamento di ordine temporale è presente nel rapporto di coordinazione anche una *relazione di tipo spaziale.*

Allo stesso momento vengono compiute nei diversi reparti aziendali operazioni di trasformazione relative a prodotti la cui lavorazione si trova a differenti stadi di avanzamento, vengono presi provvedimenti in merito alla distribuzione delle varie linee di prodotto, agli aspetti finanziari ed organizzativi, attinenti cioè al coordinamento dei ruoli svolti dal personale, delle funzioni e servizi.

Di importanza decisiva per la nostra analisi appare il *collegamento tra le varie operazioni nel ramo economico e finanziario della gestione.*

Al di là dei legami temporali, spaziali, economici, finanziari che emer-

---

[34] «... il piano non considera soltanto una combinazione di fattori secondo un modulo dinamico quanto più economico possibile, ma anche un sistema operativo che, una volta messo in moto, è *inarrestabile*, almeno dal lato economico, salvo il caso in cui si verifichino eventi predeterminati o di forza maggiore, e *indissolubile*, nel senso che le operazioni comprese in un piano costituiscono già, prima di essere attuate, un sistema»; «Dal sistema delle ipotesi iniziali che costituiscono il piano deriva il sistema delle operazioni che si identifica, nella sua sintesi suprema, con la vita dell'azienda». E. GIANNESSI 1969, pp. 521 e 522.

gono tra le singole operazioni ed i gruppi di esse, identificabili e separabili dal contesto aziendale unitario per soli scopi strumentali, ad esempio didattici, il rapporto costante di coordinamento che esiste tra le operazioni dell'intero complesso emerge in tutta la sua rilevanza se viene riguardato alla luce del carattere teleologico dell'attività aziendale.

La finalità generale dell'unità, che trova espressione nello scopo economico di produzione della ricchezza e creazione di valore rappresenta infatti una condizione di esistenza comune a tutte le operazioni ed a tutti gli andamenti che da queste scaturiscono. Ogni decisione, operazione, andamento, malgrado la varia natura e le situazioni particolari di tempo e di spazio, deve sempre essere finalizzato allo scopo della convenienza economica generale.

In funzione del rapporto di coordinazione esistente tra i gruppi di operazioni, variamente identificabili in base alle diverse possibili prospettive di osservazione dei problemi, si può allora affermare che la vita aziendale è caratterizzata da un *sistema di operazioni* nel quale esiste un nucleo comune che è rappresentato dal fine economico.

Tale sistema decisionale ed operativo[35] sta ad indicare che la vita dell'azienda è ininterrotta, dal momento della sua costituzione a quello della dissoluzione, le operazioni e gli andamenti che da queste derivano sono tutti avvinti singolarmente gli uni agli altri e tutti insieme al complesso di cui fanno parte da una relazione che la dottrina definisce *ordine sistematico*[36].

Da ciò consegue in primo luogo che la considerazione isolata di singoli andamenti o di un gruppo di essi è sempre artificiosa e rischia di falsare il significato del complesso. È questo il caso, ad esempio delle operazioni amministrative che conducono alla rilevazione di un risultato economico relativo ad un intervallo di tempo convenzionale – il periodo o esercizio amministrativo – compiute per rispondere ad esigenze di ordine esterno, giuridico e fiscale, oltre che per disporre di adeguate infor-

---

[35] «L'azienda è anche un sistema operativo nel senso che le operazioni da cui essa è composta non sono slegate, non hanno cioè vita autonoma, ma sono avvinte da una serie di nessi e connessi, di rapporti di causa ad effetto, di concausa e di effetto molteplice in cui non sempre è possibile effettuare una consapevole discriminazione». E. GIANNESSI 1969, p. 520.

[36] E. GIANNESSI 1960, p. 53 ss.; R. CORTICELLI 1979, p. 24.

mazioni sulle posizioni raggiunte. Tali rilevazioni, infatti, danno origine a valori incerti e affetti da soggettività in quanto sono scaturiti dalla separazione artificiosa delle operazioni appartenenti ad un periodo di tempo rispetto a tutte quelle che compongono la gestione aziendale. Per tale motivo non possono offrire una misura obiettiva del risultato, la quale potrà essere nota in modo certo solo al momento della cessazione dell'attività. Dalle rilevazioni periodiche, del tipo del bilancio di periodo, allora, scaturisce una misura del risultato economico e del capitale di funzionamento che è il frutto di molte ipotesi e stime, cioè un incrocio, tra dati certi, incerti, stimati, futuri, un compromesso tra gli andamenti della realtà passata, di quella presente e le ipotesi formulate in relazione alle possibili situazioni future.

4.3. *La relazione di «combinazione» tra i fattori*

Il soggetto che istituisce un'azienda, in concreto, predispone un insieme di elementi e condizioni operative: fattori produttivi, risorse invisibili, condizioni e modalità atti ad essere legati tra loro da una serie di relazioni di vario tipo, in modo da permettere la formazione di un sistema operativo come quello a cui si è fatto riferimento poc'anzi.

Le relazioni che stanno alla base della vita aziendale, oltre a quella di *coordinamento* necessaria per ipotizzare ed attuare il sistema delle operazioni, sono relative agli aspetti fondamentali per la realizzazione di questo, cioè alla *combinazione* degli «*input*» delle differenti categorie evidenziate e alla *composizione* delle forze ambientali con quelle interne d'azienda. Esse devono essere attuate in modo tale da consentire un armonico rapporto con l'esterno, cioè il raggiungimento di uno *stato di ordine*. Nell'azienda ogni operazione e decisione deve essere accuratamente programmata ed impostata sì da evitare situazioni di caos decisamente contrarie allo scopo economico e unitario a cui l'unità tende. Quando tali situazioni di caos si manifestano, esse devono essere attentamente analizzate alla ricerca delle cause che le hanno determinate per rimuoverle prontamente.

Stato di ordine non significa immobilismo una volta che tale obiettivo sia stato raggiunto, vuol dire, invece, monitoraggio costante, controllo e ricomposizione attenta delle relazioni tra i diversi elementi ogni volta che fatti interni o circostanze d'ambiente tendano a minacciare le relazioni sistematiche e i coordinamenti effettuati, vuol dire anche miglioramento delle condizioni esistenti ogni volta che se ne intraveda la possibilità.

Per essere meglio analizzato il fondamentale stato di ordine che deve guidare la vita della combinazione può essere scomposto in categorie sottostanti oppure osservato da differenti aspetti, in armonia con gli elementi e prospettive aziendali che coinvolge[37].

In questo senso, allora, mentre l'analisi del sistema di operazioni ci rivela la presenza di un *ordine sistematico*, l'insieme delle relazioni ipotizzate ed attuate tra i fattori della produzione ci consente di evidenziare l'esigenza di un *ordine combinatorio* e l'azione delle forze che scaturiscono dall'interno dell'azienda, genericamente dai fattori e dai comportamenti, insieme alle altre proveniente dall'ambiente attesta l'opportunità di instaurare tra queste ultime un rapporto dal quale scaturisca un *ordine di composizione*.

I beni ed i servizi presenti sul mercato come elementi isolati, al momento in cui vengono acquisiti per entrare a far parte dell'unità aziendale perdono tale loro primitiva caratteristica per divenire fattori aziendali. Ciò in quanto la scelta e l'acquisto sono stati guidati dal criterio dell'utilità economica del fattore, cioè sono avvenuti in base all'esigenza di realizzare una combinazione economica che, alla luce della funzione aziendale e delle condizioni circostanti, viene reputata la più conveniente[38].

Le caratteristiche qualitative, quantitative e temporali proprie dei singoli fattori devono risultare coerenti ed adeguate al tipo di combinazione che s'intende realizzare. Da ciò si può dedurre che i fattori entrano nella combinazione non in funzione dell'utilità che singolarmente possono rendere, bensì in vista dell'economicità globale del complesso operativo che, mediante il loro impiego, è possibile predisporre. Oltre a ciò si

---

[37] Lo stato di ordine «... può essere visto sotto tre aspetti che permettono di cogliere e analizzare in modo appropriato le manifestazioni di vita del complesso in atto ... combinazione dei fattori ... sistema operativo ... composizione di forze» R. CORTICELLI 1979, p. 4.

[38] «L'azienda è una combinazione di fattori perché questi trovano in essa il loro impiego più conveniente, quando per convenienza si voglia intendere una maggiore aderenza al fine perseguito». E. GIANNESSI 1969, p. 513; E. GIANNESSI 1960, p. 51 ss.

deve osservare che i differenti fattori produttivi devono essere posti, gli uni rispetto agli altri, in un rapporto tale da garantire lo stato di ordine richiamato, indispensabile requisito per il corretto funzionamento dell'unità.

Al momento in cui i promotori ipotizzano il rapporto iniziale tra ogni fattore produttivo e i rimanenti, oltre che tra l'intera combinazione di questi ed il complesso delle risorse immateriali o intangibili, essi devono tener presente che lo stato di ordine viene raggiunto solo se e in quanto ogni elemento, con i caratteri che qualificano il suo impiego, concorre insieme agli altri alla funzione economica fondamentale.

Una macchina non entra a far parte della combinazione perché è tecnicamente la più perfetta disponibile sul mercato oppure perché ha la capacità produttiva più elevata nell'unità di tempo ovvero perché il prezzo d'acquisto è il più basso, bensì perché, ad un giudizio di convenienza globale che prenda in esame la situazione aziendale presente e quella futura, risulta essere la più adeguata a combinarsi in senso qualitativo, quantitativo e temporale con gli altri elementi – materie prime, lavoro umano, modalità di gestione, conoscenze ed esperienze, *know how* produttivo – per ottenere il prodotto idoneo per tipo, qualità e quantità, ad essere offerto sui mercati interni o esteri sui quali l'azienda intende inserirsi. In definitiva, perché i risultati ipotizzabili dalla combinazione prospettata appaiono, ad un'analisi della situazione attuale e delle prospettive future, i più convenienti.

Nei casi in cui la combinazione realizzata non risponda al criterio di ordine richiamato, possiamo trovarci in presenza di squilibri nella partecipazione dei vari fattori con preminenza ora dell'uno ora dell'altro di essi e inevitabile dispersione di utilità economica.

Se l'economicità del sistema non è, come già abbiamo osservato, la somma, bensì la *risultante delle utilità dei singoli elementi variamente combinate*, non è difficile comprendere come la parte di lavoro meccanico che non può combinarsi con il fattore lavoro umano per carenze quantitative di questo (insufficienza nel numero di ore lavorative necessarie al funzionamento dell'impianto a pieno ritmo, cioè all'utilizzazione della capacità produttiva offerta) oppure qualitative (inadeguata specializzazione o preparazione degli addetti al funzionamento) si risolve per l'azienda in uno spreco di utilità che viene a riflettersi sui risultati e si esprime in termini di costi come troppo elevata incidenza dei componenti di costo a carattere tendenzialmente costante (nel caso in discorso: il costo dell'impianto rappresentato dalla quota di ammortamento da imputare al periodo in cui avviene la trasformazione) sul costo unitario del prodotto o della classe di produzione.

Sul tema delle relazioni da instaurare tra i fattori della produzione in modo da raggiungere una combinazione produttiva funzionale, caratterizzata da uno stato di ordine, molti sono i problemi da affrontare, alcuni di essi impongono almeno un accenno.

Una prima questione riguarda il modo in cui la combinazione può essere ipotizzata ed attuata; anzitutto, se possano essere definite alcune relazioni matematiche che consentano di formalizzare il rapporto tra le quantità dei singoli fattori espresse in termini fisici o monetari. Ciò sarebbe oltremodo utile ad orientare il giudizio di convenienza relativo all'inserimento di ognuno dei fattori nella combinazione ed insieme a questo il giudizio rivolto a determinare la variazione dei rimanenti ogni volta che condizioni interne o esterne impongano di variare la quantità impiegata di un fattore «x».

Quanto al primo problema delineato dobbiamo osservare che la relazione oggetto di analisi può essere ricercata solo tra gli elementi appartenenti alla prima categoria, quella dei fattori produttivi in senso stretto, in quanto suscettibili di quantificazione. Inoltre, la stessa si configura, al di là di ogni dubbio, come una relazione di proporzionalità. Si deve, però, anticipare che quest'ultima non può essere definita o quantificata in senso assoluto o relativo, sì da poter elaborare alcune uniformità di comportamento globali o parziali a contenuto prescrittivo, in quanto la suddetta relazione rimane valida solo in senso generico e limitatamente a singoli casi, momenti o situazioni.

Si noti che il rapporto di proporzionalità nell'impiego dei fattori intende escludere qualsiasi possibilità assoluta o relativa di fissare i termini specifici di una corrispondenza di quantità, ad esempio, tra impianti, materie prime, lavoro umano, servizi necessari o complementari.

I termini del problema non cambierebbero neppure se al dato quantitativo che in termini monetari esprime il valore dell'investimento nei fattori, venisse sostituita una quantità non monetaria misurata mediante un indice fisico o convenzionale.

Nella vita aziendale non ha senso individuare un fattore solo mediante una quantità: il suo costo. Quest'ultimo non può rappresentare appieno il contributo del fattore che è legato, invece, in modo determinante anche alle sue caratteristiche qualitative. Non è la stessa cosa operare in campo alberghiero con un immobile completamente rinnovato e ammodernato oppure con una struttura che non risponde alle esigenze dei potenziali clienti, allo stesso modo non è proprio analogo il risultato di una combinazione produttiva operante nel settore citato ed ubicata in una zona alla moda, rispetto ad una seconda situata in una località poco frequentata!

La ricerca di una relazione quantitativa definita, anche se di semplice proporzionalità, imporrebbe di sorvolare sui caratteri qualitativi dei singoli fattori che, invece, sono determinanti nell'impostazione della combinazione.

Inoltre, la ricerca di una relazione avente un ampio campo di validità, quale quello che si estende all'azienda astrattamente considerata nei suoi aspetti generali imporrebbe di prescindere dal complesso di circostanze della gestione, dalle tipicità dei differenti settori produttivi che, invece, influenzano in modo marcato la qualità e quantità dei fattori impiegati nella combinazione.

In un'azienda meccanica il peso degli elementi che compongono la struttura tecnica permanente, gli impianti, è senza dubbio maggiore rispetto a quello esercitato da fattori analoghi in aziende operanti nel settore commerciale o della distribuzione nelle quali, molto spesso, è prevalente il peso relativo degli investimenti in beni destinati alla vendita che esercitano la loro utilità economica nel breve andare: le merci.

Ciò è sufficiente a far comprendere come non possano essere fissate a priori relazioni assolute di proporzionalità, definibili in termini di misura, tra gli elementi che formano la combinazione aziendale. In particolare, né relazioni valide per tutti i tipi di aziende, né limitate a settori economici, ma neppure definibili a priori all'interno di una stessa azienda in differenti momenti di tempo finché questa è soggetta sempre al variare di condizioni e circostanze esterne derivanti dal mercato o dall'ambiente.

Dobbiamo escludere perciò la possibilità di tracciare una relazione combinatoria espressa in termini quantitativi che risulti valida a livello assoluto in campo economico aziendale: la multiformità delle situazioni e circostanze attesta in misura sufficiente l'irrazionalità, cioè la mancanza di significato logico concreto, di qualsiasi tentativo condotto in tal senso.

Se prendiamo in esame due aziende collocate nello stesso settore economico[39], con caratteristiche merceologiche di prodotto analoghe ed operanti sugli stessi mercati, dobbiamo rilevare che in esse la combinazione produttiva viene influenzata senz'altro dalla *dimensione* che, malgrado l'identità del settore, può essere talmente importante da vanificare le analogie riscontrabili nei processi economici caratteristici.

Oltre a ciò, un altro aspetto riguarda il differente rapporto esistente in due unità produttive diverse tra i capitali propri conferiti all'azienda, intesi come mezzi di finanziamento, e capitali attinti al credito. Poiché tali fonti di finanziamento vengono necessariamente a correlarsi con gli investimenti effettuati nei fattori produttivi specifici anche tale diversità rappresenta un ulteriore elemento sufficiente a rendere difformi i giudizi relativi alla convenienza della scelta di una combinazione produttiva, quindi le proporzioni d'impiego dei singoli fattori, così come le loro caratteristiche intrinseche.

Il mutare delle circostanze di mercato può, ad esempio, richiedere di apportare variazioni al volume di produzione attuato, ma anche di differenziare alcune linee di prodotto oppure di inserirne di nuove. Ciò configura una serie di condizioni di variabilità della combinazione la quale, perché possa continuare a rispondere alle esigenze di economicità globale deve essere costantemente controllata e, se necessario, riveduta.

Sebbene una combinazione produttiva già realizzata in azienda rappresenti un vincolo considerevole e non siano agevoli né privi di oneri i provvedimenti che portano alla variazione della qualità e quantità dei fattori produttivi impiegati[40], molte e frequenti sono le influenze esterne che impongono tempestive variazioni le quali si risolvono in provvedi-

---

[39] «Le aziende con combinazioni simili di processi economici caratteristici, operanti negli stessi mercati od in mercati strettamente collegati, formano un settore economico. Questo è una realtà di relazioni dinamiche». C. Masini 1978, p. 413.

[40] In tema di rapporti tra i fattori produttivi il Corticelli mette in evidenza quelli effettivi e potenziali: «I primi caratterizzano la combinazione produttiva del momento. I secondi ne esprimono l'elasticita strutturale, quindi operativa. Entrambi possono essere opportuni o no, rispetto alla situazione in cui l'azienda deve svolgere la propria attività e a quelle nelle quali si troverà a operare nei momenti e periodi successivi». R. Corticelli 1979, p. 16.

menti di adattamento oppure, talvolta in interventi innovativi radicali. Dai diversi andamenti della domanda dovuti ad oscillazioni oppure a cambiamento dei gusti o delle abitudini dei consumatori, all'influsso del progresso scientifico e tecnico che propone nuovi processi produttivi, nuovi impianti, nuovi prodotti, nuove modalità di comportamento amministrativo, alle decisioni sindacali, norme legislative, manovre di politica economica e monetaria, tutto, influendo sulle generali condizioni di economicità dell'azienda indirettamente o per via diretta può riflettersi sulla combinazione produttiva.

Quanto finora argomentato ci dimostra, inoltre, che il modulo di combinazione è sempre dinamico e che le condizioni della sua variabilità possono esser fatte risalire a cause ordinarie, i cosiddetti *interventi sostitutivi* oppure a cause straordinarie, come quelle che impongono *provvedimenti modificativi.* Mentre nel primo caso gli interventi non provocano variazioni sostanziali, quelli del secondo caso comportano, invece, interventi radicali che si risolvono in vere e proprie variazioni dei fattori nel modulo combinatorio che possono essere di ordine qualitativo e quantitativo e possono avere rilevanza maggiore o minore.

Poiché i parametri specifici delle variazioni non possono essere generalizzati in senso matematico né in generale né in relazione ad una stessa azienda nel tempo, l'unico punto fermo da fissare, in attinenza con l'ordine combinatorio che lega i fattori della produzione, consiste nel riconoscere l'esistenza di una *relazione di proporzionalità generale* e, come conseguenza, il carattere reciproco delle variazioni a cui i fattori sono sottoposti per l'influsso di condizioni interne o esterne.

Analizzando il modo in cui il mutamento di un fattore si riflette sugli altri e sulla combinazione nel suo insieme, in particolare, dobbiamo sottolineare che *ogni variazione qualitativa o quantitativa (che non sia semplicemente sostituzione) in uno dei fattori provoca sempre variazioni negli altri (n – 1) elementi della combinazione in modo tale da richiedere l'impostazione di un nuovo rapporto combinatorio.*

Mai il rapporto di proporzionalità che è stato instaurato originariamente in una combinazione potrà essere considerato stabile o a priori durevole, esso presenta caratteri dinamici in quanto è sempre soggetto all'influsso di circostanze esterne o interne rispetto alle quali la combinazione complessiva deve essere verificata e risultare conveniente.

4.4. *La relazione di «composizione» che lega condizioni produttive e modalità interne di gestione con le circostanze esterne di mercato e di ambiente*

L'impostazione di un sistema di relazioni adeguate riguarda anche gli elementi della seconda categoria di «*input*» aziendali, cioè le conoscenze, motivazioni, esperienze e modalità interne di gestione e le condizioni o circostanze esterne di mercato e d'ambiente. Da tale insieme scaturisce una ulteriore classe di condizioni necessarie per il funzionamento che può essere identificata in prima approssimazione come l'esigenza di comporre l'azione esercitata dalle forze esterne favorevoli o contrarie con quella delle forze interne promananti dai fattori e dalla combinazione, del pari positive o negative.

Se i rapporti con l'esterno si realizzano in maniera caotica e l'azienda non è in grado di predisporre una tempestiva risposta cioè un'azione di fronteggiamento delle forze esterne o interne negative quando queste si manifestano ovvero di sfruttamento delle opportunità favorevoli al momento in cui si presentano, se, addirittura, l'unità non è in grado di percepire con il necessario anticipo l'azione di circostanze negative e di fronteggiarle prima che esercitino i loro effetti dannosi, la sua funzione economica viene messa in serio pericolo e la fonte produttrice di ricchezza rischia la dissoluzione.

Lo stato di ordine risultante dalla composizione degli effetti esercitati da forze di origine interna o esterna è stato definito dalla dottrina *ordine di composizione*[41].

Esso rappresenta una condizione dinamica di funzionamento assai problematica da raggiungere e mantenere, nello stesso tempo ha rilevante importanza in quanto la funzione di creazione della ricchezza e del valore in larghissima parte dipende dal rapporto con il mercato e con l'ambiente.

Si parla di solito di forze esterne ed interne, ma, dobbiamo chiederci, il campo di validità della classificazione proposta è veramente in linea con il significato ad essa attribuito? Cioè, esistono forze che promanano soltanto dall'azienda, al di là di ogni dubbio classificabili come interne, ed altre alle quali l'azione aziendale è del tutto estranea, da considerare quindi come il frutto dell'ambiente?

---

[41] Si veda in proposito: E. GIANNESSI 1960, p. 54 ss.; e 1969, p. 540 ss.

A noi sembra che se le cose stessero veramente nei termini suddetti assai scarsa sarebbe la possibilità da parte dell'unità produttiva di fronteggiare i fatti esterni quando essi hanno senso contrario alle esigenze di convenienza economica. Oltretutto, tale possibilità sarebbe sovente legata al caso e strettamente dipendente dall'entità o intensità della forza contraria. L'immagine di un'azienda che vive nell'ambiente economico e generale in posizione passiva, attendendo il manifestarsi di forze negative per poi fronteggiarle è molto lontana dalla realtà, non solo da quella contemporanea, ma anche da quella economica di epoche precedenti. Questa azienda avrebbe scarse probabilità di successo e quindi avrebbe una vita breve.

Assai più funzionale rispetto alle situazioni reali è l'immagine di un'azienda che opera nell'ambiente economico e fisico, ma non è separata da questo, anzi mantiene con esso strettissimi collegamenti in quanto, se vuole sopravvivere, deve essere in grado di percepire tempestivamente o addirittura in via anticipata i cambiamenti in atto, talaltra di «creare» essa stessa i cambiamenti, comunque analizzando con cura qualunque sintomo o indice di variabilità, senza però pensare di poter disporre di tempo per dare la sua risposta, in quanto l'andamento sempre più rapido dei cambiamenti ambientali e la conseguente imprevedibilità degli eventi sovente creano situazioni nelle quali qualunque risposta, anche la più sollecita, rischia di essere inesorabilmente in ritardo rispetto ai ritmi di cambiamento che conseguono alla turbolenza dell'ambiente.

Se per alcuni aspetti, primo fra tutti la piccola dimensione di molte aziende, si può accogliere l'idea dell'esistenza di forze ambientali aventi origine esterna sulle quali la singola unità ha ben scarso potere di intervento – si pensi ai grandi rivolgimenti sociali, alle crisi economiche generali, alla situazione politica del paese in cui è situata l'unità, agli avvenimenti internazionali che coinvolgono paesi in cui si trovano i mercati di approvvigionamento o di vendita, agli andamenti avversi dovuti a fattori fisici o climatici – non altrettanto si può dire ad esempio per le forze del mercato oppure per quelle che di solito vengono considerate di origine interna. Solo procedendo per astrazione e semplificando in maniera estrema il problema si potrebbe proporre una classificazione rigida tra forze di origine interna o esterna.

Nella realtà, riuscirebbe oltremodo difficile schematizzare l'azione di forze che, ad esempio, si originano per intero all'interno dell'unità produttiva.

Un elemento materiale, concreto della combinazione quale può essere un impianto, un immobile, un terreno non può esercitare di per sé alcuna forza. Se esso è stato acquisito ed inserito nella combinazione in funzione del servizio che è in grado di rendere, è evidente che qualunque effetto negativo del quale il primo è la causa appare sempre mediato dalla decisione delle persone che hanno formulato il giudizio di convenienza relativamente alla predisposizione della combinazione produttiva ed al suo inserimento in essa. La forza allora non promana tanto dal bene concreto quanto dall'insieme di conoscenze, dalle predisposizioni, in sintesi dalla capacità di scelta dei soggetti che impostano e guidano le operazioni di gestione.

Tali soggetti sono coloro che prendono le decisioni svolgendo le varie funzioni amministrative e definendo le linee politiche da seguire nelle diverse aree presenti nell'unità aziendale. In quanto portatori di decisioni, a pieno titolo, essi rappresentano una forza, ma può essa essere considerata di origine interna?

In particolare, nel caso oggi normale in cui le funzioni decisionali vengano delegate in larga misura dal soggetto economico a *manager* professionisti e l'azienda operi avvalendosi della cosiddetta «tecnostruttura», osserviamo che è determinante in essa la presenza di persone che portano il loro bagaglio di conoscenze, motivazioni, esperienze insieme ai tratti caratteristici della loro personalità e che sono comunque vincolate all'unità da un rapporto giuridico di tipo contrattuale che può essere anche rescisso. Difficilmente nelle nostre economie si riscontrano casi di fedeltà all'azienda che durano un'intera vita.

I *manager*, i dirigenti sono una forza interna che, però, non è immutabile nella sua composizione perché è destinata a rinnovarsi, né è statica socialmente e culturalmente poiché le persone vivono al contempo dentro e fuori dalla combinazione. Allora i mutamenti sociali, politici, culturali oltre che direttamente, dall'esterno, si riflettono sull'azienda per il tramite del fattore umano in essa presente, sia a livello manageriale che operativo.

Così come è problematico fissare una linea di demarcazione precisa che delimiti in qualsiasi momento il confine tra l'azienda e l'esterno, allo stesso modo è impossibile separare rigidamente le due categorie di forze individuandone il senso, favorevole o contrario, e la direzione univoca dell'influenza esercitata, dall'interno o dall'esterno.

D'altra parte, ciò risponde ad una tendenza in atto nei nostri anni: l'azienda si è trasformata da fenomeno chiaramente economico, provvisto di confini abbastanza agevolmente definibili, quale era considerata nei primi decenni del secolo XX, in un fenomeno assai più ampio nel quale emergono funzioni e responsabilità ambientali e sociali e per il quale le relazioni con l'ambiente si risolvono sempre più spesso in un interscambio costante [42].

Se si considera il fattore lavoro nella totalità delle sue manifestazioni occorre tener conto del rapporto costante con *associazioni ed organizzazioni sindacali* che rappresentano per l'azienda importanti interlocutori sociali.

In questo caso, a maggior ragione, appare difficile separare in una stessa persona l'aspetto facente capo al suo impegno nell'azienda da quello individuale connesso alle esigenze o vicende personali. Ancora una volta perciò, possiamo affermare che si tratta di *forze intermedie* in quanto l'azienda è collegata all'ambiente, non solo dai rapporti tradizionali di approvvigionamento di fattori, di reperimento dei mezzi finanziari, di vendita, cioè attraverso i canali delle relazioni che instaura con fornitori, clienti, finanziatori, pubblici poteri, bensì anche mediante gli elementi della sua interna struttura, in modo particolare il fattore lavoro umano nei diversi livelli direttivi ed esecutivi. La distinzione tra forze interne ed esterne è quindi estremamente relativa ed il suo accoglimento o meno dipende dal grado di semplificazione che si ritiene accettabile senza correre il rischio di falsare il significato della realtà.

Da un altro lato si parla di forze positive e negative. Anche a questo proposito sono ragionevoli i dubbi sulla univocità degli effetti che esercitano sulle aziende.

Considerata nelle sue prime manifestazioni una diminuzione della domanda può essere percepita come forza negativa, mentre un aumento del prezzo di mercato può provocare iniziali effetti positivi. Ma la vita

---

[42] L'evoluzione degli studi relativi alla pianificazione ed alle strategie si è orientata nell'ultimo decennio verso lo studio della turbolenza ambientale e dei sistemi di management che l'azienda mette in atto in relazione ai diversi gradi di complessità o di novità delle situazioni. Ciò avvalora ampiamente questo nostro assunto. Si veda: H.I. ANSOFF 1987, p. 7 ss.; L. ZAN 1992, M. LACCHINI 1988; V. CODA 1988.

aziendale non si conclude nel breve periodo, essa è sempre proiettata nel medio/lungo andare. Ciò significa che, se opportunamente percepita e fronteggiata, anche una forza di senso contrario può rappresentare per l'azienda un'opportunità favorevole, se non altro perché possono aprirsi gli spazi lasciati da altre aziende che non hanno saputo mettere in atto provvedimenti adeguati.

Il rischio di inversione di tendenza esiste anche per le forze inizialmente positive. Interessante in proposito è il caso offerto da periodi di congiuntura favorevole ritenuti durevoli durante i quali le aziende tendono ad aumentare gli investimenti in beni della struttura permanente, seguiti da momenti di depressione in cui l'aumentata incidenza dei costi a carattere costante sui costi unitari di prodotto, che consegue alle decisioni adottate nel periodo favorevole precedente, crea per le unità più deboli difficoltà economiche che, unite ad altre, non di rado possono condurre ad esiti negativi.

Dobbiamo allora affermare che l'azienda è soggetta al manifestarsi continuo di forze le quali, fin dal momento in cui si presentano esercitano effetti favorevoli o sfavorevoli, e sulle quali l'azienda può e deve intervenire anche anticipatamente, per mitigare o addirittura invertire la tendenza negativa [43].

Molte delle cause di dissoluzione aziendale sono forse da attribuire all'incidenza di forze esterne di senso negativo o piuttosto al fatto che queste non sono state tempestivamente percepite e fronteggiate in maniera adeguata? Oppure, addirittura, a carenze già presenti nella combinazione al momento in cui la forza si è manifestata? O alla discrasia che si è determinata tra tempo di reazione dell'azienda e tempo di azione dell'ambiente? Un'azienda che non rafforza se stessa attuando provvedimenti adeguati per il fronteggiamento del rischio economico generale a cui è costantemente soggetta si trova in condizioni sfavorevoli ogni volta che dal mercato promana una forza negativa che, in caso contrario, sarebbe in grado di affrontare. Tuttavia, un'azienda che opera in un ambiente turbolento come quello odierno non può pensare di generalizza-

---

[43] «Nella realtà esistono solo "forze" le quali però, a seconda delle circostanze interferenti, possono avere momentaneamente effetti positivi o negativi, considerati questi in relazione al fine che l'azienda persegue». E. GIANNESSI 1969, p. 544.

re a qualunque situazione la logica della reazione ad un'azione esercitata dall'esterno. Proponendosi di aspettare che la forza si manifesti per reagire, essa arriverebbe inesorabilmente in ritardo in molte situazioni. Tale tipo di comportamento potrà essere adeguato nei casi in cui il ritmo ambientale lo consenta, in altri casi l'azienda dovrà porsi, invece, al passo con la variabilità esterna, senza attendere il manifestarsi dell'«azione» esterna, anzitutto cercando di percepire i «segnali deboli», ma comunque rafforzando la sua posizione economica e patrimoniale e adeguando le sue strutture e capacità ad una gestione creativa ed all'impatto con l'imprevisto.

Il *management* rappresenta l'elemento di raccordo tra l'esterno e l'interno. Il livello al quale opera, il modo in cui attua il processo decisionale, le modalità organizzative, di direzione, di pianificazione e di controllo, la sua capacità creativa, l'«intuizione strategica», il sistema di idee che porta in azienda rappresentano tutti elementi atti o meno a garantire la cosiddetta composizione armonica delle forze in funzione della convenienza delle scelte e quindi della funzionalità aziendale.

Nei rapporti armonici che si instaurano tra le modalità di gestione interna appartenenti all'area delle risorse intangibili, da un lato, le condizioni e circostanze esterne, dall'altro, possiamo individuare il campo di realizzazione dell'*ordine di composizione* come ulteriore condizione necessaria per un funzionamento dell'azienda che conduca al raggiungimento della finalità generale consistente nell'equilibrio economico durevole ed evolutivo.

L'area delle relazioni mediante le quali si raggiunge l'ordine di composizione rappresenta il campo di azione del *management* nel quale oggi si esplicano le *strategie*[44]. Queste ultime definiscono le linee di azione che si ipotizza di seguire partendo dall'identità dell'azienda nei suoi rapporti con l'ambiente, mettendo esplicitamente in evidenza che cosa essa fa o vuole fare, il perché ed il come intende farlo[45]. Col trascorrere dei decenni già nel XX secolo l'attenzione alle relazioni con l'ambiente è an-

---

[44] Negli studi nordamericani la strategia è stata vista come «... l'idea unificante che collegava sia le aree funzionali di un'azienda fra loro, sia le sue attività all'ambiente esterno». C.A. Montgomery, M.E. Porter 1993, p. 2. Sulle varie concezioni e modelli di strategia si consulti: H. Mintzberg 1994.

[45] V. Coda 1988, pp. 24-25. K.R. Andrews 1980, p. 18.

data aumentando a causa dell'accentuata turbolenza di quest'ultimo che richiede da parte del *management* l'esame sempre più attento delle prospettive di lungo termine, cioè delle dinamiche ambientali e delle «capacità» aziendali, allo scopo di attuare un sistema di gestione flessibile e tempestivo che sia in grado di affrontare, con il necessario spirito creativo, cambiamenti radicali e del tutto imprevedibili invece della consuetudine ormai obsoleta di limitarsi allo sfruttamento delle opportunità di tempo e di luogo.

A questo si aggiunge la tendenza all'analisi sistematica in economia aziendale dei valori umani e sociali come le motivazioni, la «cultura», le esperienze, cioè le «risorse invisibili» accanto a valori esclusivamente economici, del tipo dei costi dei fattori produttivi, dei ricavi, dei risultati parziali o globali nei quali qualche tempo fa si sostanziava la ricerca orientata prevalentemente agli aspetti quantitativi.

5. La finalità generale della creazione di valore (equilibrio economico durevole ed evolutivo)

5.1. *La creazione di ricchezza o di valore ed il processo di trasformazione produttiva*

Il senso dell'attività aziendale consiste nel realizzare in modo economico la funzione produttiva, distributiva, di consumo. Intese nell'aspetto fisico o tecnico – cioè come mutamento di stato di elementi o trasferimento di essi nello spazio e nel tempo – queste funzioni risiedono in un processo di trasformazione dei fattori acquisiti o disponibili in prodotti da immettere sul mercato, nell'ottenimento dai primi di servizi e nell'offerta di questi ad individui, istituzioni, altre aziende, clienti. L'aspetto fisico o tecnico corrisponde ad una prospettiva parziale, esso è solo una classe dei fenomeni che si realizzano nella complessa attività economica di gestione aziendale, da considerare accanto ad altre per interpretare la realtà nella sua completezza.

La trasformazione dei fattori in prodotti – beni o servizi – secondo determinati processi di ottenimento e lavorazione è senza dubbio l'aspetto più appariscente tra quelli individuabili nella vita aziendale. Dell'attività globale esso, tuttavia, rappresenta un aspetto a cui corrisponde un insieme di scelte ed operazioni che solo per via di astrazione possono essere isolate dal contesto globale degli andamenti. In quanto vincolate da regole e rapporti di tipo tecnico le scelte compiute in questo ambito hanno la caratteristica di lasciare all'intuito o al ragionamento dell'operatore un margine, in sostanza limitato [46] alle alternative rese possibili dalle cosiddette «funzioni di consumo» [47].

La produzione intesa in senso tecnico, a ben vedere, pur costituendo la motivazione originaria e generica della presenza delle unità aziendali in un sistema economico, non raffigura l'aspetto essenziale per l'identificazione dei caratteri di quelle né, tanto meno, l'elemento fondamentale che esprime le condizioni della loro esistenza nel tempo. Si noti, anzitutto, che attività produttiva è anche quella svolta da altre unità operanti in un sistema, prive dei caratteri di aziendalità, quali ad esempio le attività artigiane, quelle speculative, perciò isolate, quelle asistematiche. La trasformazione, intesa sia come mutamento di stato fisico di beni sia anche nel senso più lato di cambiamento delle condizioni relative alla disponibilità di essi, pur riassumendo l'insieme delle scelte ed operazioni più evidenti svolte dalle aziende nella molteplicità dei settori in cui esse operano, è soltanto il mezzo, l'oggetto mediante il quale l'unità realizza la sua funzione primaria e fondamentale, la sola che esprima in modo rigoroso ed esplicito l'accrescimento di utilità economica del quale la trasformazione rappresenta il primo passo.

La *finalità di ordine generale* che offre la motivazione sostanziale della presenza delle aziende nella sfera sociale, qualunque sia il sistema economico politico in atto, è di tipo economico, essa è espressa dalla *creazione di ricchezza* nel senso più ampio [48] e quindi dalla *creazione di valo-*

---

[46] P. ONIDA 1951, p. 240. L'autore distingue un problema tecnico da uno economico in funzione dello scopo e dei mezzi disponibili, esiste un «... problema di tecnica quando si ha un solo scopo e una molteplicità di mezzi ... si pone, invece un problema di economia quando sono molteplici sia gli scopi che i mezzi». Sulla distinzione tra scienza, tecnica ed arte operativa si consulti: E. GIANNESSI 1969, p. 481 ss.

[47] E. GUTENBERG 1974, pp. 303-337.

[48] E. GIANNESSI 1981, pp. 4-5: «L'azienda, essendo un fenomeno unitario, deve avere un solo fine e questo è la produzione della ricchezza. Qualunque sia il regime politico al potere, oligopolistico (cosiddetto occidentale) o socialista (cosiddetto orientale) e le forme particolari che ambedue assumono in concreto, nessun soggetto ... sarebbe disposto ad investire una determinata quantità di ricchezza per ri-

re per l'azienda stessa e le differenti categorie di portatori di interessi comunque coinvolti. L'attività aziendale può essere intesa nel suo reale significato solo se la funzione tecnica di scelta attinente ai processi di trasformazione viene inserita in quella più ampia e complessa, di ordine economico, mirante alla creazione della ricchezza e del valore.

Gli «*input*» aziendali sono di vario tipo: i fattori della produzione, le condizioni e modalità di gestione interne, le circostanze ed i vincoli esterni. La funzione economica consiste nella trasformazione degli «*input*» in «*output*» cioè non solo nella elaborazione dei fattori, ma anche di modalità, vincoli, stimoli e condizionamenti interni ed esterni in modo da ottenere i prodotti da immettere sul mercato, confrontarsi con le forze interne e con quelle ambientali positive e negative, sì da pervenire a risultati economici durevoli.

5.2. *L'equilibrio economico nei suoi caratteri di durata e di sviluppo*

La funzione fondamentale svolta dalle aziende in un sistema economico consiste nella *creazione di ricchezza o di valore* per l'azienda stessa e per le differenti categorie di portatori di interessi, essa non è limitata ad un periodo definito, bensì, in armonia con una delle principali condizioni che identificano il fenomeno aziendale nel vasto campo delle unità produttive, *si estende nel tempo.*

In altri termini, la funzione di creazione di valore può essere ravvisata nel raggiungimento, conservazione, miglioramento di posizioni di *equilibrio economico durevole ed evolutivo*[49].

---

cavarne un'altra minore. Il problema non è solo economico, come volgarmente si crede ma anche sociale. La ricchezza, per venire distribuita, deve essere prima prodotta». Si veda inoltre: A. Amaduzzi 1978, pp. 74-75; V. Coda 1963, pp. 1-5; G. Ferrero 1980, pp. 24-26; C. Masini 1979, pp. 14-15; P. Onida 1973, pp. 43-44; G. Zappa 1956, I, p. 216 ss.

[49] E. Giannessi 1960, pp. 72-73 «... basta osservare il comportamento del fenomeno aziendale per dedurre che questo non può avere né uno scopo transeunte come quello del conseguimento del lucro, né uno scopo indeterminato come quello del soddisfacimento dei bisogni, ma solo uno scopo durevole e definito capace di imprimere all'attività ... un carattere inconfondibile ... Lo scopo indicato ... è dato dal conseguimento di un determinato equilibrio economico promanante dalla combinazione di particolari fattori e dalla composizione di forze interne ed ester-

In prima approssimazione ciò potrebbe essere ritenuto equivalente all'affermazione che se la finalità generale a cui l'azienda deve tendere consiste nella creazione di ricchezza, la via da seguire passa attraverso il rapporto più conveniente e adeguato tra un sistema dei costi e un sistema dei ricavi, cioè tra l'insieme dei valori economici che esprimono in termini quantitativi gli investimenti attuati nei vari fattori aziendali e il complesso di valori relativi alle vendite di beni e servizi al cui ottenimento è centrata la funzione produttiva in senso tecnico.

Raggiungere e mantenere condizioni di equilibrio economico durevole ed evolutivo implica che l'azienda, nel corso della sua intera gestione o ad intervalli più limitati di tempo, si propone lo scopo di tenere vincolati a sé i fattori produttivi che presentano una utilità rimunerandoli in modo adeguato alla loro natura e funzione ed al contempo di raggiungere un risultato economico positivo che consenta di rimunerare il soggetto economico per l'opera svolta ed i conferimenti all'unità.

Sicuramente ciò adombra l'esistenza di uno scostamento favorevole fra il sistema dei costi sostenuti e quello dei ricavi che lasci un *margine evolutivo* il quale rappresenta un importante incentivo per la continuazione dell'attività qualunque sia la destinazione programmata per esso. Tuttavia, la tendenza ad esprimere in termini quantitativi, mediante un indice sintetico chiamato «*reddito*» o «*risultato economico*», le posizioni di equilibrio raggiunte dalla combinazione trova molte limitazioni ed incontra parecchie incertezze.

Anzitutto dobbiamo considerare la complessità e multiformità degli andamenti aziendali, che soltanto a prezzo di rilevanti semplificazioni possono essere ricondotti ai soli valori economici e finanziari della rilevazione sistematica, indi la congiunzione stretta delle operazioni nel tempo la quale richiede di operare tagli arbitrari all'interno di operazioni in corso di realizzazione e corrispondenti valori per poter assegnare un valore all'indicatore economico del reddito. Non si parli poi della accentuata dinamica degli andamenti a causa della quale una serie di dati relativi ad un fatto amministrativo possono non corrispondere più alla realtà nel momento stesso in cui vengono rilevati e, infine, si consideri il fatto che il significato delle operazioni in atto al momento presente varia in

---

ne, avente un carattere durevole e, sotto un certo aspetto, anche evolutivo». Si veda anche: R. CORTICELLI 1979, p. 83 ss.

funzione delle possibilità di evoluzione prospettate per il futuro le quali sono sostanzialmente incerte. Tutto questo ci induce a porre alcuni ragionevoli dubbi sulla capacità dell'indicatore rappresentato dal reddito o risultato economico a rappresentare le posizioni di equilibrio raggiunte.

Nel breve periodo, il risultato economico in discorso non può avere una significatività tale da essere ritenuto fondamento sufficiente per un giudizio sulle posizioni di equilibrio economico raggiunte dall'azienda. Esso rappresenta un elemento necessario di tale giudizio, ma non sufficiente poiché quest'ultimo deve tener conto di altri aspetti ed andamenti, interni ed esterni, presenti, passati, futuri.

Oltre a ciò, tale indicatore non parla un suo chiaro linguaggio, come potrebbe sembrare visto che si tratta di cifre espresse in moneta, bensì deve essere attentamente interpretato [50].

Può accadere che la combinazione presenti un risultato di periodo soddisfacente, ma che questo sia il frutto di politiche e decisioni di acquisto, di produzione o vendita attuate in periodi precedenti, mentre per il futuro sono presenti elementi di incertezza collegati ad andamenti congiunturali generali. Può essere anche che risultati negativi attribuibili a più di un periodo aziendale siano conseguenti a decisioni tese all'attuazione di linee politiche che implicano cambiamenti rilevanti delle strutture, dei processi interni o dei rapporti esterni le quali abbisognano di un certo tempo per dare i propri frutti.

Inoltre, cause di risultati sfavorevoli possono essere, ad un'analisi attenta, ritrovate in carenze interne all'azienda, di ordine finanziario, produttivo, organizzativo, manageriale oppure nell'influsso di fattori esterni sui quali i *manager* non possono esercitare un controllo diretto e tempestivo, ma riescono ad intervenire solo manovrando opportune leve sì da innescare un meccanismo di azione/reazione che, soltanto con il tempo, conduca ai risultati auspicati.

Da tutto ciò emerge la complessità del concetto di equilibrio economico e, di converso, i limiti connessi all'attitudine del risultato quantitativo, il reddito, che, pure, ne rappresenta un elemento importante, ad

---

[50] Sull'interpretazione dei dati e dei valori e sul processo di conversione della dinamica aziendale in cifre e di riconversione di queste in andamenti si consulti: A. CECCHERELLI 1970, p. 311 ss.; E. GIANNESSI 1960, p. 491 ss.

esprimerlo sinteticamente. La rappresentazione delle posizioni raggiunte dall'azienda si avvale del reddito oltre che dell'intero sistema di rilevazioni le quali indicano le vie seguendo le quali il risultato è stato ottenuto, ma questo non basta. Deve essere integrata quanto meno da considerazioni di ordine qualitativo e temporale attinenti alle possibilità che si intravedono in relazione agli andamenti di mercato ed alle modalità di svolgimento delle funzioni amministrative, vale a dire alle capacità del *management* di percepire tempestivamente i sintomi di cambiamento e di impostare linee politiche adeguate nel quadro di una strategia globale.

L'equilibrio economico è una condizione inderogabile per la sopravvivenza della combinazione, in esso si riassumono tutti i diversi aspetti della gestione. Perciò è arduo pensare di ricondurlo ad un valore che esprime lo scostamento del sistema dei ricavi da quello dei costi.

Le posizioni di equilibrio economico traggono origine da una molteplicità di cause ed effetti riconducibili ai rami fondamentali ed a quelli collaterali della gestione. I valori che di solito vengono considerati nella determinazione della misura che può essere attribuita al reddito o risultato economico sono, lo ripetiamo, relativi agli elementi quantificabili del processo produttivo. Tale espressione quantitativa, benché importante, è insufficiente ad esprimere le posizioni di equilibrio raggiunte poiché si dovrebbe tenere conto non solo delle condizioni produttive immateriali interne, organizzative e manageriali che tanta parte hanno nella vita delle combinazioni, ma anche delle relazioni in cui l'azienda si trova con il mercato e con l'ambiente sociale[51].

L'equilibrio economico presenta aspetti diversi. Può essere riguardato dal lato del risultato che l'azienda deve raggiungere, in questo aspetto implica la capacità di reintegrare il valore (reale o monetario) delle risorse acquisite ed impiegate nel processo di produzione economica ottenendo un margine positivo che garantisca adeguate possibilità di sviluppo. Relativamente alle aziende che operano per il mercato esso si presenta come *redditività*, cioè come rapporto favorevole tra sistema dei ricavi e sistema dei costi attribuiti alla competenza di un periodo di tempo (un esercizio) oggetto di rilevazione. Considerato nell'*aspetto finanziario e monetario* es-

[51] «Il reddito di periodo non è idoneo a rappresentare lo stato di equilibrio dell'azienda; può essere uno degli elementi del giudizio, ma non l'unico ed assoluto elemento di giudizio». E. GIANNESSI 1960, p. 74.

so richiede una situazione di solidità patrimoniale e finanziaria collegata alla disponibilità dei mezzi finanziari e della liquidità commisurati ai tempi ed all'entità dei fabbisogni. Visto, infine, dalla *prospettiva strategica dei rapporti con l'esterno*, equilibrio economico significa per l'azienda operare sul mercato in posizioni di soddisfacente *competitività* e porsi *nei confronti della collettività come un agente che svolge un'azione positiva*[52].

L'equilibrio economico esige una attenta verifica; non è detto, però, che tale verifica possa esaurirsi nel monitoraggio della relazione tra costi di acquisto dei fattori produttivi e ricavi di vendita di quei prodotti che i fattori hanno concorso ad ottenere. In tal modo verrebbero trascurati molti dei differenti aspetti che lo compongono.

Esistono, inoltre molte organizzazioni (cooperative, pubbliche amministrazioni, fondazioni, associazioni) di grande rilievo economico che svolgono processi produttivi del tutto identici a quelli tipici dell'impresa operando su mercati particolari ove la competizione è fortemente attenuata o si presenta in modo indiretto, ove i prezzi di vendita non esistono o non si presentano come valori economici dell'*output* (prezzi contrattati, ticket). Ciò può valere anche per i fattori produttivi che possono essere acquisiti all'economia dell'azienda senza sostenere costi o a prezzi definiti «fuori mercato». Si tratta, come è noto, di «aziende *no profit*» che non operano per il mercato, ma non è detto che questo sia condizione sufficiente perché venga meno la necessità di rispettare la finalità generale di creazione di valore per l'unità stessa e per le differenti categorie di portatori di interessi coinvolte.

In tali contesti il confronto tra costi e ricavi diventa impossibile, ma non per questo scompare l'esigenza di verificare le posizioni di equilibrio economico.

La creazione di ricchezza o di valore è sempre la finalità fondamentale anche per le unità che operano nelle situazioni descritte. Il valore dei fattori e dei prodotti che non viene espresso dai prezzi di mercato in regime di competizione potrà allora essere variamente ricercato e definito mediante apprezzamenti di valore espressi dagli utenti, dai beneficiari dei beni o servizi che si utilizzano o che l'azienda cede o produce.

È sempre necessario, comunque, che il valore dell'*output* sia superiore al valore reale dei fattori utilizzati per portare a compimento la fun-

---

[52] V. CODA 1988, p. 4 ss.

zione primaria di produzione economica. Pertanto, è condizione essenziale e necessaria che le scelte della gestione siano sempre guidate da criteri economico aziendali nelle diverse organizzazioni produttive e nelle differenti forme di competizione.

In quanto condizione necessaria per la sopravvivenza dell'azienda, l'equilibrio economico deve essere mantenuto e migliorato nel medio e nel lungo andare. Il breve periodo è scarsamente significativo[53], in particolare, la mancanza in esso del risultato favorevole può anche non dipendere da cause patologiche che incrinano l'edificio aziendale, bensì da circostanze occasionali e temporanee connesse alle linee politiche messe in atto dalla combinazione. Cose analoghe possono dirsi circa l'esistenza di un risultato favorevole in un periodo amministrativo.

L'equilibrio economico ha un significato solo se proiettato nel tempo, sì da esprimere lo stato del sistema di azienda nelle sue condizioni globali ed insieme le capacità evolutive di esso.

Sappiamo bene che esigenze poste dal legislatore ed esigenze conoscitive di ordine interno rendono necessario dedicare un'analisi attenta ad ogni periodo della gestione o esercizio singolarmente considerato. Tuttavia, non si deve dimenticare che tale risultato parziale presenta una natura di dato approssimato e strettamente dipendente dalle esigenze che stanno alla base della sua determinazione.

L'azienda è una combinazione che coinvolge molte categorie di persone (portatori di capitale di rischio, lavoratori dipendenti con compiti diversi, finanziatori, creditori, fornitori, clienti e interlocutori pubblici, rappresentati dai vari membri ed organi della collettività), in quanto opera nel sistema economico generale, essa è il punto d'incontro di varie classi di interessi che devono trovare adeguata composizione affinché l'unità possa continuare a svolgere la sua funzione economica[54]. Occorre quindi sotto-

---

[53] A. AMADUZZI 1978, p. 192 ss. E. GIANNESSI 1982: «... entro limiti di lungo andare, l'equazione economica esprime condizioni essenziali di equilibrio e si riconnette con le possibilità stesse di evoluzione del sistema d'azienda»; R. CORTICELLI 1979, p. 93 ss.; R. FERRARIS FRANCESCHI 1984, p. 97 ss.

[54] Amaduzzi, esaminando il problema della composizione degli interessi di varie categorie di persone nel bilancio di esercizio distingue tra interessi di persone dell'azienda conformi alle condizioni di equilibrio e interessi di persone dell'azienda contrari ad esse. A. AMADUZZI 1949, pp. 57-92.

lineare che *le posizioni di equilibrio economico possono essere sintetizzate in un giudizio di convenienza economica che prende lo spunto dai risultati quantitativi raggiunti, ma si estende all'intero sistema*, esse attengono al modo in cui viene svolta la fondamentale funzione di creazione di ricchezza, pertanto, non possono essere ristrette entro limiti di tempo definiti a priori dal soggetto economico, né finalizzate all'interesse della persona o del gruppo che, direttamente o per delega, governa la combinazione.

L'azienda è un istituto che permane pur nel succedersi degli uomini, dei soggetti che la governano ed apportano risorse ed energie e nel mutare delle condizioni interne ed esterne della sua gestione, essa è da vedere come fenomeno oggettivo, svincolato, nelle sue manifestazioni economiche, dall'economia delle persone che operano al suo interno. Queste ultime si avvicendano [55], il soggetto economico può cambiare nel tempo, i metodi e gli strumenti impiegati mutano con il progresso scientifico, le tecniche amministrative e gestionali si modificano perfezionandosi e adattandosi alla accresciuta e sempre nuova complessità dei problemi.

L'azienda perdura, in essa il processo dinamico, cioè l'insieme delle operazioni tese a realizzare le varie combinazioni economiche, è nettamente prevalente sulla sua struttura anche se questa rappresenta un indispensabile strumento e gli elementi che la compongono sono provvisti di una concretezza e visibilità tali da porre in ombra, per l'uomo della strada, l'aspetto delle relazioni dinamiche. Un'azienda è un sistema nel quale il processo dinamico è continuo e integrato, basta pensare che le operazioni aventi origine nel passato si realizzano nel presente e si proiettano nel futuro in un ciclo ininterrotto.

Lo scopo più ampio e generale dell'azienda – vista come fenomeno oggettivo, nella globalità dei suoi aspetti e andamenti – consiste nel raggiungimento, conservazione, miglioramento di posizioni che attestano l'esistenza di un equilibrio economico durevole ed evolutivo nei suoi diversi aspetti.

Quest'ultimo esprime l'unica condizione globale la cui graduazione è

In materia di categorie di persone interessate all'azienda e sul problema della partecipazione al governo d'azienda si veda: V. CODA 1967, p. 5 ss. Inoltre, C. MASINI 1979, p. 309.

[55] «... il sistema d'azienda, come fenomeno economico, sta al disopra delle persone che operano in esso». E. GIANNESSI 1960, p. 72. Si veda inoltre: P. ONIDA 1973, p. 39 ss.; G. ZAPPA 1956, I, pp. 37-38.

in grado di riflettere il modo in cui l'azienda assolve a quella funzione di creazione di ricchezza o di valore che ad essa viene delegata nei sistemi economici contemporanei.

La funzione aziendale deve ritenersi assolta quando l'unità è in grado di garantire la continuità della sua vita nel tempo. Ciò si realizza nella misura in cui essa può alimentare, al tempo opportuno e nel modo adeguato:

a) nel caso dell'impresa, il reintegro del valore delle risorse acquisite e impiegate, cioè il rinnovo degli investimenti attuati nei fattori produttivi mediante il flusso di ricavi che scaturisce, nella successione dei cicli economici, dalle operazioni di vendita dei prodotti che fattori e condizioni produttive hanno concorso ad ottenere; nel caso delle organizzazioni *no profit* il rinnovo degli investimenti anche mediante le attività di sovvenzione, donazione, volontariato previste;

b) il mantenimento e miglioramento del livello di condizioni produttive intangibili;

c) circuiti produttivi tali da realizzare beni o servizi graditi ai potenziali utilizzatori e tali da soddisfare le altre categorie di interessi;

d) la rimunerazione dei portatori del capitale di rischio coerentemente con la forma giuridica prescelta o, nel caso di attività *no profit*, l'apprezzamento positivo espresso dagli utenti dei beni o servizi prodotti.

Le condizioni di funzionamento necessarie perché tale primaria funzione sia efficacemente assolta pur nella sua ampiezza e complessità sono: la realizzazione di una conveniente combinazione di fattori e risorse, la composizione armonica delle relazioni con il mercato e l'ambiente ed il rapporto di coordinazione sistematica tra le operazioni.

L'equilibrio economico, che consegue all'attuazione del fine di creazione di valore, deve essere anche *evolutivo*. In corrispondenza con il carattere dinamico dell'unità esso deve trascendere sia i limiti connessi a posizioni contingenti, sia a posizioni statiche.

Il concetto di equilibrio potrebbe far pensare ad una precisa relazione tra elementi collocabile in un punto «x» dello spazio e del tempo ad indicare un traguardo ottimale, raggiunto il quale l'azienda potrebbe arrestarsi e garantire semplicemente il mantenimento delle posizioni ottenute. Nulla di più errato.

L'influsso delle condizioni di mercato e d'ambiente continuamente mutevoli, così come le modalità interne di comportamento, tendono in modo costante ad alterare gli elementi che contraddistinguono le diverse situazioni. Se la realtà economica è in continuo movimento altrettanto deve dirsi di quella aziendale. In essa non esistono momenti di stasi i quali vengono soltanto ipotizzati dall'uomo a scopi strumentali. L'equilibrio economico, quando esiste, deve riflettere gli andamenti della realtà, non le ipotesi convenzionali, una volta raggiunto, deve essere costantemente monitorato e riveduto alla luce delle nuove circostanze o modalità che identificano le nuove situazioni e, possibilmente, migliorato. La tendenza allo *sviluppo* è quindi un altro tratto dominante. Naturalmente quest'ultimo è da intendere come sviluppo in termini di crescita economica qualitativa, non banalmente quantitativa come quella relativa alla dimensione.

Entro i limiti in cui risulta evidente che nei sistemi ad economia di mercato o mista l'unità produttiva che non raggiunga posizioni di durevole economicità è destinata inevitabilmente a dissolversi oppure a perdere alcuni suoi tratti individuali determinanti (in special modo a mutare la configurazione della «volontà» in essa presente, cioè il suo soggetto economico) possiamo rilevare che la suddetta condizione di equilibrio risulta strettamente collegata con quella dell'*autonomia* consistente nella facoltà di scegliere tra la serie di alternative rese possibili dalle situazioni interne d'azienda ed esterne di mercato o d'ambiente quella che, in termini attuali e prospettivi, viene reputata la più conveniente e adeguata.

Procedendo per deduzione dal carattere primitivo dell'autonomia, possiamo concludere che per la realizzazione di essa nei suoi vari aspetti, il più importante dei quali è senz'altro l'autonomia di volere, è indispensabile per l'azienda l'esistenza di un proprio capitale o patrimonio in quanto da ciò discende la garanzia della possibilità reale di pervenire sul piano economico e finanziario, su quello della posizione nel mercato e nella società, a risultati indicativi delle richiamate posizioni di equilibrio economico evolutivo e durevole[56].

---

[56] «Per autonomia dell'azienda ... dobbiamo intendere il suo carattere di sistema compiuto, capace di realizzare l'attività di produzione e di consumo per la quale venne istituito, una volta che si verifichino le condizioni di funzionalità del sistema. L'azienda ... è "autonoma", in quanto le componenti del suo sistema sono tali da assicurarle ... la realizzazione delle finalità per cui sorse». Così il Cassandro il quale distingue tra autonomia dell'azienda ed autonomia del suo soggetto economico che intende come «... maggiore o minore libertà di scelta nella condotta aziendale da parte del soggetto dell'azienda». P.E. CASSANDRO 1982, pp. 40-41.

Dal Documento elaborato dal Gruppo di studio dedicato a «Oggetto dell'economia aziendale» e presentato al 1° Convegno Nazionale SIDREA, tenuto a Siena nei giorni 8 e 9 maggio 2008, riportiamo:

«Nell'ambito del mondo della produzione assumono preminente significato le organizzazioni produttive che possiedono i requisiti necessari per essere considerate "aziende".

... *le aziende, di ogni natura e dimensione, rappresentano unità del sistema economico generale predisposte e strutturate tipicamente per lo svolgimento dei processi finalizzati alla produzione economica.* Ciò non toglie che le "asserzioni relative" enunciate dagli studi di Economia aziendale possano essere utilmente applicate in altre organizzazioni produttive che aziende non sono, ma che svolgono al loro interno attività economiche di produzione assimilabili a quelle che caratterizzano l'intera attività delle aziende.

Premesso che l'azienda è sempre un fatto di produzione economica i caratteri distintivi che qualificano l'azienda possono essere così individuati e definiti:

- coordinazione sistemica (sistematicità)
- economicità
- autonomia» (pp. 10-11).

6. La prospettiva di osservazione rivolta ai soggetti che operano nelle aziende: i criteri discriminanti

Avendo tratteggiato gli aspetti essenziali dell'azienda, vale a dire il suo oggetto, lo scopo a cui tende, le condizioni che si ritengono necessarie per il suo positivo funzionamento, tentiamo ora di definire in termini sintetici quei criteri che possono essere impiegati dai soggetti che operano nelle aziende sia allo scopo di dare risposta al problema normativo del comportamento ovvero per la predizione di andamenti e comportamenti futuri sia per verificare da altra prospettiva le teorie proposte e quindi per discriminare il fenomeno aziendale tra i molti fenomeni della vita economica, cioè per individuare le aziende rispetto alle non aziende formando così grandi classi di unità operanti in campo economico.

Avvalendoci di un complesso di principi o criteri che ispirano le scelte, il comportamento dei soggetti che guidano, amministrano le aziende sarà possibile capire se un istituto di istruzione, una clinica, un'impresa minore, la bottega di un ceramista, una USL, la Regione Toscana, un supermercato, l'attività di un agente di Borsa, la IBM, la Fiat, la Nestlé essendo gestite con criteri economico aziendali siano da considerare a pieno titolo aziende oppure non aziende, cioè alcune delle tante forme di attività economica mediante le quali l'uomo soddisfa i propri bisogni.

L'azienda è un modo di essere e non è sufficiente dichiarare che una qualsiasi unità economica è un'azienda perché ciò si realizzi. Azienda può diventare qualsiasi unità economica facente capo ad un gruppo di persone, soltanto, però, se in essa vengono seguiti i criteri di gestione e di comportamento suscettibili di condurre alla sua finalità generale.

La dottrina economico aziendale si è impegnata ad approfondire la concezione obiettiva dell'azienda delineando le finalità di essa, gli andamenti e le condizioni necessarie per il suo funzionamento. E ciò è quanto anche da noi è stato fatto.

È tuttavia, necessario integrare il primitivo approccio di tipo oggettivo, dedicato all'analisi degli andamenti aziendali, con la prospettiva che possiamo definire «soggettiva» centrata direttamente sui soggetti a cui spettano decisioni e scelte le quali sono in grado di far diventare azienda una organizzazione che disponga di un apprezzabile margine di autonomia. Si tratta della prospettiva di analisi «manageriale» la quale viene curata dall'economia aziendale ormai da tempo a seguito dell'influsso degli studi nordamericani[57].

È importante soffermarci sui criteri a cui tali soggetti ispirano le loro scelte, decisioni ed operazioni per comprendere come il complesso di strutture logiche a cui nelle pagine precedenti si è fatto cenno, formato dalla finalità generale a cui seguono obiettivi specifici di gestione, trovi attuazione concreta e conduca ad un sistema di condizioni di funzionamento che può essere tracciato con riferimento allo stato di ordine nella sua triplice configurazione ed alla proiezione nel tempo.

Considerato nell'aspetto «soggettivo» il processo della gestione aziendale è unitario e si sviluppa nel tempo con la continuità che già abbiamo riscontrato nell'analisi degli andamenti e che caratterizza tutta la vita aziendale.

Esso si sviluppa, nella sostanza, in una *fase decisionale* nella quale, in armonia con la finalità generale, vengono delineati gli obiettivi strategici ed operativi della gestione e si programma l'attività, in una *fase di attuazione* o di esecuzione, nella quale si sviluppa concretamente quanto è stato programmato e si attuano le linee di azione, infine in una *fase di controllo* nella quale si verifica la coerenza e la validità del processo valutando la corrispondenza tra decisioni ed operazioni ed intervenendo tempestivamente per apportare le necessarie correzioni nel caso di scostamenti, quando cioè gli andamenti decisi e pianificati non risultino in linea con quelli reali dell'azienda, del mercato, dell'ambiente.

In presenza degli elementi indispensabili per poter disporre in una unità economica di una rete strutturale tecnica ed organizzativa, i criteri di scelta e comportamento dei *manager* che favoriscono l'instaurarsi del complesso di relazioni dinamiche alle quali è legato il raggiungimento della finalità generale di creazione di valore e consentono di tracciare una linea di demarcazione tra aziende e non aziende sono, in estrema sintesi, i seguenti: *la visione sistemica, l'autonomia, l'economicità.*

6.1. *La visione sistemica*

Se – come già affermato – l'azienda esiste laddove un aggregato di persone opera esprimendo una volontà unitaria indirizzata al raggiungi-

---

[57] R. Ferraris Franceschi 1998, p. 253 ss.

mento di uno scopo comune di creazione di ricchezza, se le relazioni che vincolano le persone tra loro ed all'organizzazione sono regolate da criteri di coordinazione, di combinazione, di composizione, possiamo asserire che l'azienda è un *sistema di elementi* tutti avvinti tra loro da relazioni di funzionalità predisposte o stimate in base alla situazione presente o passata, sempre dinamiche e rivolte al futuro. Esse rappresentano le relazioni di base del sistema e si estendono nel tempo.

Sistema è una combinazione di parti o elementi riuniti in un tutto in funzione di un elemento unificante che rappresenta il nucleo [58]. L'azienda appartiene alla categoria dei sistemi sociali, ha carattere dinamico ed aperto.

La carenza di un rapporto sistematico come quello che da tempo ormai si è ravvisato nell'istituzione aziendale [59] farebbe venire meno l'aspetto di unitarietà del fenomeno e l'ordine che regola tutta la vita di esso, ci si troverebbe di fronte ad una serie di decisioni ed operazioni slegate e quindi non concretamente indirizzabili ad un fine unico comune.

Ben inteso, l'attività di produzione può essere svolta anche mediante azioni isolate, ma ciò accade al di fuori delle unità aziendali, può attenere alle attività individuali oppure alle organizzazioni, comunque, tale modo di procedere è lontano dalla forma aziendale per la quale *una visione sistemica è aspetto necessario, sostanziale.*

La convinzione che l'azienda è un sistema si fonda sul collegamento nello spazio e nel tempo delle decisioni ed operazioni attinenti a tutti gli aspetti presenti nella sua vita e quindi sulla necessità di avvalersi di una mentalità sistematica che consenta una visione globale nell'affrontare i problemi posti dalla condizione dinamica che in queste istituzioni è uno stato naturale. Ciò implica, ad esempio, di evitare di dare ad alcune ope-

---

[58] L. von Berthalanffy 1951, p. 303.

[59] Sulla concezione dell'azienda come sistema si veda A. Amaduzzi 1978, p. 20 «L'azienda è un sistema di forze economiche che sviluppa, nell'ambiente di cui è parte complementare, un processo di produzione, o di consumo o di produzione e consumo insieme ...» le forze suddette «... debbono essere determinate e coordinate nella loro struttura, nel modo economico più conveniente, in conformità e di pari passo con le operazioni che l'azienda deve compiere per il raggiungimento dei suoi fini»; U. Bertini 1994; G. Ferrero 1980, p. 137 ss.; Giannessi 1960, pp. 53, 271 ss., 549 ss.; C. Masini 1970, pp. 18-19. U. Bertini 1977, p. 33 ss.

Si rinvia altresì al vol. II, cap. I.

razioni relative a sottosistemi particolari un'importanza preminente rispetto ad altre che, sulla scala delle priorità per il raggiungimento della finalità generale si collocano allo stesso livello. Il sottosistema della distribuzione o delle vendite non può ad esempio essere preminente rispetto a quello della produzione o degli approvvigionamenti e viceversa. Il sottosistema della finanza non può essere preminente rispetto a quello della ricerca e sviluppo. Ciò richiede di analizzare congiuntamente le conseguenze di decisioni ed operazioni diverse e separate, ma tutte collegate in vista del fine comune.

La visione sistemica, allora, è da ricondurre ad una forma mentis [60]. Essa è la *condizione primaria* che trova rispondenza nel criterio sintetico, di visione globale, di funzionalità integrata che sovraintende alle decisioni attinenti ai vari momenti, parti o aspetti di cui si compone la vita aziendale.

La presenza del criterio sistemico nell'approccio ai problemi è condizione necessaria per poter garantire un certo «grado di aziendalità» negli andamenti oggettivi dell'unità che conseguono ai comportamenti dei soggetti a cui spettano le scelte, quindi perché si possa parlare di criteri economico aziendali della gestione.

6.2. *L'autonomia*

Per l'azienda l'*autonomia* è da vedere come una *condizione primitiva* in quanto offre la garanzia che le scelte e le operazioni siano tutte collegate tra loro dalle relazioni di funzionalità tipicamente orientate alla finalità generale della creazione di valore.

L'intervento o anche il semplice influsso di terzi portatori di interessi estranei a quelli che l'unità riconosce come propri [61] rappresenta per la delicata combinazione aziendale un fattore di disturbo che tende ad allontanarla inevitabilmente dal raggiungimento dei risultati che conducono alle posizioni nelle quali in senso oggettivo, si riassume l'equilibrio economico durevole ed evolutivo.

---

[60] Sulla forma mentis sistematica e la sua traduzione in pratica si consulti: P. CHECKLAND 1981.

[61] Per la distinzione logica tra «fini generali» dell'uomo e «fini assegnati» alle istituzioni formate dagli aggregati umani si veda: E. GIANNESSI 1969, p. 569 ss.

Per i soggetti a cui competono le decisioni di governo aziendale l'*autonomia è un criterio fondamentale e la sua presenza è irrinunciabile*. Operando in un sistema economico direttamente sul mercato ed a stretto contatto con l'ambiente nelle sue varie manifestazioni l'azienda è costantemente sottoposta al mutare delle condizioni circostanti. Le decisioni da prendere e le operazioni da realizzare devono avere i caratteri della tempestività, della flessibilità, in sintesi, della convenienza per tenere conto in modo adeguato della vasta gamma di influssi, vincoli, stimoli che provengono dall'esterno. Se manca la libertà di decisione è innegabile che le risposte agli impulsi esterni non potranno ispirarsi alla convenienza per l'azienda, ma dovranno tenere conto anche delle esigenze di altri soggetti e istituzioni e ciò si rifletterà in senso negativo sull'equilibrio economico dell'unità aziendale.

Sia chiaro che autonomia non vuole significare libero arbitrio da parte dell'azienda o dei suoi operatori, cioè distacco da vincoli ambientali e responsabilità verso l'uomo o la società. Ciò porterebbe soltanto ad ipotizzare una situazione di lontananza dalle reali condizioni in cui si svolge la vita delle istituzioni economiche. L'autonomia decisionale consiste allora nella facoltà di indirizzare le decisioni e le operazioni verso la finalità generale ed unitaria rappresentata dall'equilibrio economico durevole ed evolutivo, tenendo conto delle condizioni di mercato e di ambiente, senza condizionamenti né costrizioni ad assoggettarsi alle volontà di un potere estraneo, nella scelta delle forme di convenienza, delle vie e modalità di risposta.

Senza la garanzia di una sufficiente autonomia decisionale nei confronti di qualunque entità di potere estraneo, l'azienda perde la sua natura di istituzione economica dotata di andamenti propri per acquisire quella di puro strumento a disposizione di tale entità per la realizzazione di un oggetto, le funzioni di produzione, scambio, consumo. In sostanza, l'oggetto dell'attività aziendale diventa il fine ultimo dell'unità con la conseguenza di trasformare in modo radicale i suoi tratti caratteristici e gli andamenti.

In questo caso, tipico dei sistemi ad economia collettiva nei quali la proprietà dei mezzi di produzione spetta allo Stato, l'azienda perde fisionomia ed andamenti suoi propri per diventare una «unità di trasformazione» delle quantità che le vengono assegnate.

Nel quadro della finalità unitaria generalmente accolta dall'economia aziendale l'autonomia dei soggetti che operano in azienda è libertà di decidere gli obiettivi strategici ed operativi, le vie per il loro raggiungimento, cioè predisporre le risorse alla luce del contesto umano, sociale, politico, economico, fisico e territoriale in cui l'azienda è collocata e del quale è parte integrante.

Abbiamo avuto modo di osservare che la premessa necessaria perché il criterio dell'autonomia nelle scelte da parte dei soggetti decisori in azienda possa trovare lo spazio che razionalmente gli compete è che l'azienda sia in grado di operare con una equilibrata struttura finanziaria nella quale esista un rapporto adeguato tra capitale di rischio e mezzi finanziari attinti alle banche, ad istituti finanziari, altre aziende, comunque concessi dai terzi finanziatori. In caso contrario, quando il capitale di prestito risulti eccessivo rispetto ai mezzi propri è evidente il rischio che il finanziatore intervenga sulle decisioni aziendali per raggiungere obiettivi estranei alla finalità della combinazione.

Il criterio di autonomia si trova in una strettissima relazione con l'equilibrio economico. Infatti, se l'azienda viene governata secondo tale criterio esistono le premesse logiche perché possa pervenire all'equilibrio economico. Se vengono raggiunte posizioni di equilibrio economico queste portano con sé conseguenze di ordine finanziario e decisionale tali da favorire l'attuazione di un comportamento autonomo da parte dei responsabili delle scelte di gestione.

In sintesi l'autonomia decisionale è da intendere come *autonomia progettuale,* cioè capacità dei soggetti responsabili di attuare proprie scelte anche in presenza di pressioni o condizionamenti esterni.

Non è da dimenticare, però, che l'autonomia assoluta non esiste, anzi, il concetto di autonomia è sempre permeato da un sensibile grado di relatività. È sotto gli occhi di tutti la crescente diffusione delle *reti aziendali*, aggregazioni di aziende sulla base di un sistema di relazioni, in cui le differenti unità sono partecipi di un disegno strategico comune al quale è affidato il raggiungimento delle finalità aziendali.

In tale caso ogni unità della rete rappresenta un nucleo produttivo che ha scelto di muoversi ed operare all'interno di un disegno strategico che la sovrasta ed al quale contribuisce mantenendo una propria autonomia progettuale economica, compatibile con la relazione che la unisce alla rete, insieme ad un'ampia autonomia giuridica.

Una stretta relazione può essere evidenziata tra *l'autonomia e il tempo* intendendo con questo l'attitudine a perdurare, ad estendere la propria vita[62]. È necessario, infatti, che l'azienda mantenga la sua autonomia anche nel tempo e se ciò implica, da un lato, la necessità di non affidarsi ad interventi di sostegno e di copertura esterni i quali possono avere soltanto carattere temporaneo e non garantiscono la durata, dall'altro rende indispensabile rifiutare interventi duraturi che sono lesivi dell'autonomia dell'unità e portano con sé la conseguenza di stravolgerne la fisionomia.

Alcune vicende dell'economia del nostro paese nei decenni trascorsi, in relazione alle imprese a partecipazione statale, hanno dimostrato appieno la fondatezza dell'assunto evidenziando casi fortemente patologici di aziende dell'area pubblica tenute in vita artificiosamente mediante il reintegro costante della dotazione proveniente dall'allora Ministero del Tesoro al fine di far fronte alle rilevanti perdite. Decisioni politiche di questo tipo non portano a nessuno sbocco valido in senso economico poiché, ponendo a carico della collettività anche quelle istituzioni a cui, invece, spetta il compito di creare ricchezza, non solo non intervengono sulle cause che stanno all'origine di tali situazioni, ma hanno il solo esito di aumentare in modo quasi insostenibile il già rilevante peso degli oneri che il sistema economico contemporaneo si trova a dover sopportare.

6.3. *L'economicità*

Abbiamo sinora parlato di equilibrio economico come finalità generale e complesso di andamenti aziendali in prospettiva oggettiva. L'economicità è il criterio a cui devono ispirarsi i *manager* per raggiungere le posizioni di equilibrio richiamate, essa rappresenta il criterio primario e inderogabile che deve guidare l'azione dei soggetti che operano nelle aziende.

Agire secondo il principio di *convenienza economica o di economicità* implica tenere l'occhio fisso al rispetto di tutte quelle che sono state delineate come le *condizioni di funzionamento* per l'azienda: stato di ordine tra i fattori produttivi, tra le forze aziendali ed ambientali interne ed esterne, tra le operazioni, proiezione dell'unità nel tempo. Significa, infine tendere al raggiungimento del *sistema di condizioni finalistiche* nel

---

[62] Tale attributo è noto anche come «durabilità». Si veda: AIROLDI, BRUNETTI, CODA 1989, p. 328.

quale possono essere meglio identificati, perché disaggregati, i vari aspetti sintetizzabili nell'equilibrio economico: *risultati economici e finanziari, posizione sul mercato* e *capacità di competere, grado di consenso di cui l'azienda gode nell'ambiente, potenzialità di sviluppo*.

L'economicità non coincide semplicemente con il criterio di razionalità, quale potrebbe ravvisarsi nel principio dell'impiego di mezzi minimi per il conseguimento di un risultato oppure della massimizzazione del risultato in presenza di mezzi prefissati. La complessità della gestione che si svolge da un lato tra decisioni ed operazioni, parallele, concomitanti ed interagenti, dall'altro tra aspetti qualitativi, quantitativi e temporali di un medesimo problema, rende semplicistico un simile criterio per l'economia delle aziende. Poiché non è pensabile l'individuazione, tra le molte scelte che si rendono possibili, di un'unica alternativa che obiettivamente risulti ottimale, è necessario impostare l'applicazione del criterio di economicità verso le alternative che, di volta in volta, alla luce degli aspetti e dei parametri più significativi, vengono ritenute soddisfacenti [63] in quanto risultano favorevoli nei confronti di tutto il complesso di elementi che identificano il problema o la decisione in oggetto.

Economicità viene fatta coincidere con «convenienza» delle scelte e delle operazioni. Si tratta però soltanto di una tautologia, in quanto il secondo termine non ci permette di capire molto di più del primo rispetto al quale viene sottolineata la corrispondenza semantica. L'economicità come norma di comportamento conveniente attiene al perseguimento dei fini economici, cioè passa attraverso la capacità di tenere avvinti all'azienda sia i fattori produttivi sia i conferenti il capitale di rischio realizzando obiettivi strategici vincenti. Nelle imprese l'economicità può trovare una parziale verifica nell'andamento dei valori reddituali e finanziari.

Il criterio, però, implica anche la considerazione del sistema globalmente e negli elementi che lo compongono, significa percepire nel processo decisionale l'esistenza dei fenomeni dell'incertezza e del rischio come entità connaturate alla vita aziendale, attivare la capacità di anticiparli o di fronteggiarli, secondo i casi, infine, tendere alla flessibilità e all'elasticità delle decisioni. L'attuazione del criterio di economicità si pro-

---

[63] In tema di razionalità assoluta o relativa delle decisioni si consulti: J.G. MARCH, H.A. SIMON 1971, p. 176 ss.

pone come condizione aprioristica la valorizzazione o la rimunerazione di tutti i fattori e le forze che concorrono alla funzione economica, ma i suoi effetti devono estendersi all'intero sistema di azienda che è proiettato nel futuro.

Si tratta di un criterio assai complesso. La sua complessità ci appare generata dalla multiformità degli aspetti da considerare, dalla loro correlazione e interdipendenza. Esiste un problema tecnico con aspetti propri e vincoli spesso anche rilevanti, una decisione su di esso, se vuole essere conveniente per l'azienda, deve, tuttavia, tenere conto dell'aspetto economico, di quello finanziario, patrimoniale, tecnico, organizzativo, qualitativo, immateriale, temporale.

Abbiamo già discusso della non verificabilità del criterio economico generale noto come criterio della massimizzazione del risultato per l'imprenditore. Dobbiamo richiamarlo a questo punto per ricordare che, così come non abbiamo potuto ravvisare in esso una validità sul piano di una condotta razionale, perché di razionalità in senso assoluto non è realistico parlare, allo stesso modo non possiamo ravvisare una coincidenza con il criterio complesso dell'economicità mediante il quale si garantisce il raggiungimento della condizione finalistica di equilibrio. Infatti, nella misura in cui si afferma che le scelte e le operazioni ad esso ispirate sono globali, rivolte, cioè all'intera azienda e miranti, nel rispetto della convenienza, alla composizione degli interessi facenti capo alle differenti classi di soggetti in essa presenti, si esclude una prevalenza dell'attenzione dell'azienda verso l'obiettivo del «profitto» per l'imprenditore, in quanto le scelte che presentano convenienza per l'intera unità aziendale, vista in prospettiva sistematica, non possono essere orientate in via prioritaria ad una soltanto delle categorie di interessi, che convergono sull'azienda: quella dei conferenti i capitali di proprietà. La proprietà, quando svolga funzioni di soggetto economico nell'impresa e si assuma la responsabilità di definire gli indirizzi strategici della gestione, deve comunque tenere conto della necessità di soddisfare anche gli interessi delle altre categorie di soggetti interessati alla vicenda aziendale: gli *stakeholder*.

È innegabile che il fenomeno aziendale quale si ritrova nell'economia contemporanea si avvale per mantenersi in vita del contributo delle molteplici e varie categorie di persone che in modo diverso cedono ad essa beni, risorse, energie. Il criterio dell'economicità viene ricondotto in dottrina ad altri criteri con esso coerenti: quello di *efficacia strategica* e l'altro di *efficienza operativa* che ne chiariscono puntualmente ruolo e portata[64].

7. Aziende, non aziende, classi di aziende

Il tema della classificazione delle aziende, cioè del loro raggruppamento in classi, al fine, come sostenevano due grandi Maestri dei nostri studi, il Besta e lo Zappa[65], di poterle meglio analizzare e studiare fino nei dettagli, rappresenta un tema istituzionale che nel nostro campo, nel quale l'evoluzione dell'azienda oggetto degli studi è costante, marcata e profonda, deve essere affrontato con prudenza e le conclusioni sottoposte a verifica tenendo conto dei mutamenti nella realtà economica che sono costanti.

Le classi vengono costruite usando parametri tra i quali i più frequenti sono il fine, il soggetto, la dimensione, l'oggetto tipico dell'attività produttiva, la forma giuridica assunta, l'indipendenza o meno del soggetto economico formale per la presenza di accordi, reti, gruppi.

Una classificazione che viene riproposta dal tempo del Besta si basa sulla convinzione che le istituzioni aziendali perseguano scopi diversi. Si riuniscono in una classe le aziende di erogazione che – si dice – perseguono in via diretta il fine del soddisfacimento dei bisogni umani, in un'altra classe, invece, le aziende di produzione o imprese che soddisfano i bisogni in via indiretta per il tramite della produzione e distribuzione della ricchezza.

Su questa classificazione è stata costruita una rete concettuale assai radicata in una parte della dottrina, arrivando fino ad ammettere una diversità di criteri di gestione di concerto con questa diversità dello scopo. In particolare, per le aziende di erogazione si ritiene che si potrebbe pre-

---

[64] Si veda *infra*, *Organizzazioni produttive, aziende e imprese: considerazioni di carattere istituzionale*, cap. I, p. 106 ss.

[65] G. ZAPPA 1956, I, p. 178: «La conoscenza, non in tutto inadeguata, sia pur preliminare, di molti fenomeni si ottiene non tanto con la definizione quanto con la enumerazione di caratteri essenziali espressi talora soprattutto mediante le classificazioni». F. BESTA 1932, I, p. 30 ss.

scindere dall'economicità, dalla visione sistemica, dall'autonomia decisionale, le quali invece sarebbero attuate nelle aziende di produzione, essendo sufficiente per le prime conseguire il fine del soddisfacimento dei bisogni umani.

Ora, anche prescindendo dalla evidente distanza di questo assunto dalla realtà – è innegabile, infatti che in mancanza di ricchezza o di valore costantemente prodotti non ha senso pensare di soddisfare bisogni umani illimitati e ricorrenti nel tempo – la nostra osservazione deve soffermarsi sulla duplicità di scopo che viene posta come un postulato dal quale discende la teoria dell'azienda di erogazione e di produzione o impresa.

Il soddisfacimento dei bisogni è al contempo la causa prima e lo scopo a cui tende qualsiasi forma di attività economica svolta sia da individui sia da aggregati di essi. Le unità economiche aziendali si riconoscono come tali per la proiezione nel tempo lungo, per l'esistenza di una relazione quantificabile tra gli elementi della loro struttura, per la presenza di uno stato di ordine che è garanzia di aziendalità e che solo consente il raggiungimento dello scopo e per una finalità generale ed unitaria che consiste nell'equilibrio economico tendenzialmente evolutivo e durevole.

Se un'azienda è un istituto destinato a durare non ha senso definire «aziendale» una forma di attività nella quale il soddisfacimento dei bisogni, non trovando la sua base naturale nel valore creato che si ravvisa nei vari aspetti dell'equilibrio, venga ottenuto facendo leva su aiuti, sovvenzioni, sussidi o dotazioni non solo erogati all'inizio dell'attività o per particolari motivi – il che è ampiamente giustificabile – ma costantemente rinnovati da enti e istituzioni sovrastanti o comunque esterne che intervengono a sanare i guasti di una gestione non ispirata a criteri aziendali. Tanto vale, nel caso in oggetto, ipotizzare lo svolgimento di un'attività economica non aziendale, poiché mancando la finalità generale, che rappresenta il principale tratto discriminante del fenomeno, viene a cadere anche il resto del sistema delle condizioni di funzionamento.

Un'azienda non ha molte alternative: o crea valore nel tempo, ed in tal modo è in grado di dare una risposta piena alle esigenze di chiunque entri in rapporto con essa, oppure distrugge ricchezza, ed allora non soddisfa né bisogni aziendali, né individuali, né collettivi. Non è accettabile una duplicità di scopi per un fenomeno che ha una sola finalità generale la quale rappresenta anche la condizione necessaria per poter continuare a svolgere la sua funzione e quindi ispira i criteri della gestione.

In presenza dello scopo unitario rappresentato dall'equilibrio economico durevole ed evolutivo, la distinzione potrebbe essere mantenuta solo se risultasse basata sulla diversità delle modalità economiche con cui vengono svolte le funzioni istituzionali.

Ebbene, nelle manifestazioni della gestione di aziende appartenenti a differenti settori economici esistono delle diversità (si possono riscontrare anche tra aziende di dimensione diversa), ma non sono tali da incidere sulla finalità generale dell'equilibrio economico e sul sistema di condizioni di funzionamento. Non possiamo accogliere la convinzione del Besta «... quanta differenza corre tra la coltivazione di un podere e l'effettuazione degli affari in banca e l'esercizio dell'una o dell'altra industria e la esazione delle imposte e l'adempimento dei pubblici servizi»[66], secondo cui i fenomeni di tipo tecnico produttivo dando l'impronta alla gestione, incidono sugli andamenti economici e inducono diversità sostanziali e profonde ad esempio tra andamenti di aziende agricole e siderurgiche o meccaniche, bancarie e commerciali.

La differenza nelle manifestazioni attiene agli aspetti tecnici, assai appariscenti, ma non incide sulla sostanza degli andamenti economici i quali presentano uniformità valide in tutti i tipi di aziende che vengono analizzate nella realtà. Su tale convinzione è costruita l'intera dottrina dell'economia aziendale.

Le diversità di andamento dell'azienda e di comportamento dei soggetti in essa operanti derivano piuttosto dalla compresenza nel vasto campo delle unità economiche di *fini originari* e *fini assegnati.*

I fini primigeni sono quelli dell'uomo e consistono nel soddisfacimento dei bisogni del vivere. Accanto a questi esistono fini delegati o assegnati.

Ogni istituzione ha un suo sistema di fini assegnati che, per essere tradotto in pratica, esige il conforme e coerente adattamento dei criteri che sovraintendono alle scelte ed alle operazioni. Ed è l'adattamento specifico ai fini assegnati la causa che genera gli obiettivi della gestione, cioè quelli che informano gli andamenti, le norme di comportamento, le modalità esecutive con cui l'amministrazione deve essere condotta[67].

---

[66] F. Besta 1932, p. 28. E. Giannessi 1980, pp. 140-141. R. Ferraris Franceschi 1994, p. 67.

[67] E. Giannessi 1969, p. 576.

Ciò non sposta i termini del nostro problema e non mette in discussione il sistema di andamenti e criteri discriminanti che deve caratterizzare una unità economica per poterla considerare un'azienda e assegnarle una funzione nella vita sociale.

I fini assegnati sono di ordine generale e particolare. Il fine generale assegnato all'azienda consiste nella creazione di ricchezza o di valore sostenibile. L'azienda ha responsabilità sociali in quanto opera nella collettività, non ha, invece, fini sociali diretti che spettano allo Stato, agli Enti da esso delegati, alle istituzioni sociali. La sua finalità principale risiede nella tendenza a «perdurare», cioè a continuare ad assolvere al suo scopo di fonte di creazione di ricchezza o di valore. Il valore creato è tale, però, solo se si tratta di "valore sostenibile", cioè non può né deve contrastare con le esigenze degli *stakeholders* o con il benessere sociale. Il fine particolare dell'azienda attiene alla sua attività specifica di produzione.

L'attenzione per la funzione sociale che compete all'azienda si è fatta sempre più viva dalla seconda metà del secolo scorso. L'azienda contemporanea si differenzia vieppiù da quella del passato per la vasta apertura sociale che la pone in un costante rapporto dialettico con le altre componenti del sistema economico.

Da una visione dell'azienda come fenomeno «privatistico» in quanto strettamente dipendente dalla persona o gruppo che in essa investe energie e/o capitali si è progressivamente giunti a percepire il ruolo importante di questa «cellula» per il sistema economico e la società intera.

Il superamento di molti schemi dell'economia di mercato e la globalizzazione dei processi economici hanno contribuito ad accentuare il nuovo corso.

Attestati di questo cambiamento li troviamo ad esempio nell'attenzione crescente che il legislatore nazionale e comunitario ha riservato ai temi aziendali nella seconda metà del secolo XX, intervenendo sulla disciplina amministrativa, contabile, di controllo e vigilanza delle unità aziendali.

Dal codice civile del 1942 con le sue scarne disposizioni in materia di bilancio alla legge n. 216 del 1974, la cosiddetta miniriforma delle società per azioni, alla normativa comunitaria in materia di conti annuali delle società, recepita dal legislatore nazionale nel 1992, appare con evidenza la crescente importanza assegnata alla funzione sociale delle aziende. Da un altro versante, i movimenti di opinione sotto l'impulso delle associazioni dei consumatori in Europa e negli USA hanno contribuito a discriminare nettamente le aziende che ispirano la loro «filosofia» a principi socialmente validi ed accettabili dalle comunità sociali (politiche del personale, rispetto dell'ambiente, rifiuto di forme socialmente e moralmente non condivisibili di perseguimento del «profitto») dalle aziende che trascurano gli aspetti sociali ed etici significativi.

Oggi sempre più si sente l'esigenza di chiedere alle aziende di dimostrare il loro grado di responsabilità sociale anche attraverso la comunicazione della loro «filosofia di gestione» mediante documenti espliciti che attestino la presenza di orientamenti condivisibili dagli *stakeholder,* cioè dagli esponenti delle varie categorie di interessi che convergono sull'azienda. Tali documenti rappresentano atti di comunicazione volontaria, poiché nessun obbligo è stato definito finora dal legislatore, e possono essere: il bilancio sociale, il bilancio ambientale, il bilancio di sostenibilità, il bilancio di missione.

Per questi motivi, nel campo economico partendo dal parametro del fine da raggiungere e dei criteri da seguire nella gestione, possiamo ravvisare due grandi classi di istituzioni: le *aziende* e le *non aziende.*

Dobbiamo ricordare che un uso terminologico ormai corrente nelle nostre discipline associa al termine *azienda* quello di *impresa* ad indicare manifestazioni economiche analoghe che non si diversificano per il fine, né per i caratteri e criteri discriminanti, bensì per il ruolo che la seconda si riserva sul mercato.

L'impresa è, in breve, un'azienda che si colloca sul mercato operando in condizioni di competizione. Tale ruolo può non essere altrettanto preminente in tutte le istituzioni aziendali operanti nella realtà.

Nella nostra economia basata sulla divisione del lavoro e sullo scambio i consumi vengono soddisfatti mediante beni che vengono attinti al mercato, l'uomo non produce direttamente i beni che intende consumare, ma consuma beni che altri hanno prodotto e produce beni che altri consumeranno. Si attua quindi una separazione tra funzione di produzione e funzione di consumo, si realizza una produzione specializzata, a lavoro diviso ed in forma organizzata. La funzione di produzione si attua in aziende che possono essere distinte da quelle nelle quali i consumi trovano appagamento.

È utile, allora, distinguere tra unità che svolgono la funzione di produzione per il mercato e unità che esercitano tale funzione per adempiere alle esigenze di consumo poste dall'ordinamento sociale, con fini assegnati coincidenti con l'assistenza, sociali, morali?

Queste ultime svolgono forme di produzione economica anche se non esclusivamente mirate alla cessione di beni o servizi contro un corrispettivo costituito dai prezzi-ricavo che si formano sul mercato, ma integrate da processi di consumo in senso economico, ossia di cessione di risultati dell'attività economica senza il corrispettivo diretto rappresentato dal prezzo-ricavo del mercato, cioè senza un valore tendenzialmente oggettivo [68]. Anche tale valore, tuttavia, dovrà essere adeguatamente individuato e definito mediante apprezzamenti espressi dagli utenti dei beni e servizi che l'azienda produce e cede. Queste ultime istituzioni quindi devono *rispondere agli stessi criteri, di visione sistemica, di autonomia, di economicità, che guidano la gestione di tutte le aziende*, esse sono note nella dottrina tradizionale come «aziende di consumo» o «aziende composte». Troppo spesso si è ritenuto che esse potessero continuare a garantire l'importante funzione del consumo trascurando ogni principio economico. Non è questa la realtà, anche le aziende di consumo, se vogliono adempiere alla loro funzione devono raggiungere fini generali economici sia pure coordinati ad esigenze specifiche collegate all'esistenza dell'individuo o della collettività [69].

---

[68] E. BORGONOVI 1996, p. 48 ss.

[69] G. ZAPPA 1956, I, p. 182: «Troppo sovente nelle aziende di erogazione ogni principio economico pare negletto così negli investimenti o in genere nel procacciamento dei redditi e delle entrate come nei consumi» cfr. anche: p. 184: «Non crediamo di poter seguire la concezione per la quale le sole aziende di produzione sarebbero costituite per fini economici. Anche le aziende di erogazione vogliono raggiungere fini economici, sia pure accomodati ... a esigenze di esistenza individuale o collettiva»; E. GIANNESSI 1969, p. 587: «L'azienda, ... in quanto costituita ... da un aggregato umano, ha un proprio fine. Questo fine per il quale è stata creata e che rappresenta la ragione stessa della sua esistenza, è dato ... dalla conservazione e dalla produzione della ricchezza, cioè, dal conseguimento di un determinato equilibrio economico evolutivo a valere nel tempo ... Così stando le cose resta solo da dimostrare che il fine economico dell'azienda non contrasta con le finalità etiche, politiche, sociali perseguite dallo Stato, ma ne costituisce, anzi, la condizione primaria e indispensabile».

Per scopi strumentali, quindi, si può accettare la classificazione [70] tra *aziende orientate alla produzione per il mercato* o *imprese* ed *aziende rivolte al comsumo, tale distinzione, però non può derivare dalla finalità generale né dai criteri della gestione.*

Le classi di aziende che possiamo proporre ci servono a distinguere nel vasto mondo aziendale le organizzazioni produttive che si rapportano al mercato e che, di conseguenza, determinano in modo oggettivo (sulla base di scambi monetari) il valore creato, dalle altre unità che, pur avendo identiche finalità generali, non operano per il mercato.

A titolo esemplificativo possiamo distinguere, in tal senso, le *imprese* dalle *associazioni*, dalle *fondazioni*, dalle *pubbliche amministrazioni* largamente intese.

Avendo accolto la premessa che le aziende sono unità che svolgono processi di produzione economica, siamo convinti che molte siano le organizzazioni produttive che realizzano attività e processi assimilabili a quelli che caratterizzano l'intera attività delle aziende. Pur non trattandosi di aziende, nel caso di attività isolate, asistematiche, artigiane, ecc. è indubbio che anche a queste possono essere utilmente applicate le conoscenze elaborate dell'Economia aziendale.

Ed a questo punto la nostra classificazione può procedere per altre vie che non siano lo scopo fondamentale né il sistema dei tratti e criteri discriminanti in quanto essi sono identici per tutti i tipi e forme di aziende.

Possiamo analizzare le aziende tenendo conto del settore economico in cui operano oppure della dimensione o della natura del soggetto responsabile della loro guida amministrativa oppure dalla forma giuridica assunta.

Tralasciando di approfondire il primo carattere che ci porta a formare classi di unità fin troppo facilmente individuabili anche in via intuitiva: aziende industriali, commerciali, di servizi e via elencando, in relazione al secondo carattere avremo *aziende di piccola, media, grande dimensione*, determinate in base a parametri che possono essere anche molto diversi a seconda degli scopi per cui la classificazione viene effet-

---

[70] «La realtà della complessa e multiforme vita delle aziende non è fatta a compartimenti stagni, a chiuse caselle. Le diverse classificazioni delle aziende non si escludono reciprocamente ...». G. ZAPPA 1956, I, p. 179.

tuata: il numero dei dipendenti, il fatturato, il valore aggiunto, la quota di mercato, la capacità di incidere sull'ambiente[71].

Sulla base del terzo parametro saremo in presenza di *aziende private* quando il soggetto giuridico è una persona di diritto privato, ad esempio persona fisica, il titolare nelle aziende individuali, i soci nelle società di persone, oppure persona giuridica nella società per azioni. Si parla invece di *aziende pubbliche* quando il soggetto economico è un istituto di diritto pubblico ma anche quando il servizio che offrono è di natura pubblica.

La materia dell'azienda pubblica è stata oggetto in questi ultimi cinquant'anni di evoluzioni profonde che hanno portato la dottrina assai più vicina alla realtà di quanto non lo fosse in precedenza. Sono state costituite, infatti, imprese con soggetto economico pubblico per la gestione di particolari attività e servizi, le quali a pieno titolo ricadono nel campo scientifico dedicato all'azienda, accanto ad esse permangono le amministrazioni pubbliche, cioè le attività economiche poste in essere per il perseguimento di determinate finalità, alle quali i principi e criteri della economia aziendale debbono del pari essere applicati. Questo ci mostra i limiti di ogni classificazione quando questa viene attuata soltanto in base ad un elemento, ad esempio la natura del soggetto economico senza tenere conto dell'oggetto, della funzione pubblica alla quale l'attività economica è riferibile.

8. La struttura e le funzioni di governo economico

8.1. *Funzioni di governo e «figure» aziendali*

L'azienda è un sistema dinamico, essa vive di relazioni e di scambi con il mercato e l'ambiente economico sociale che impongono un costante monitoraggio delle circostanze esterne oltre al governo dei collegati andamenti passati, presenti, futuri e delle condizioni di gestione, al fine di indirizzare le decisioni nel modo più consono alla funzione di

---

[71] La problematica della dimensione aziendale non è di facile soluzione se si pensa di affrontarla semplicemente ricorrendo all'applicazione di un parametro. Si veda: M. CATTANEO 1963, M. CATTANEO 1970, p. 170, E. CAVALIERI 1981.

produzione di ricchezza o di valore che all'azienda compete nella società.

Di estrema importanza per l'andamento delle aziende sono le modalità con cui vengono assolte le funzioni della gestione. Queste ultime trovano la loro espressione nelle *decisioni* mediante le quali le vie intraviste divengono percorribili e nelle *operazioni* che consentono la realizzazione delle decisioni strategiche ed operative. Le funzioni della gestione si presentano con aspetti anche molto diversi se si considera l'ampiezza delle scelte che da esse scaturiscono, la sfera aziendale coinvolta, il tempo impegnato.

Si possono individuare *funzioni generali di governo o di indirizzo,* queste presentano una forte valenza strategica in quanto tracciano le vie lungo le quali l'azienda tutta dovrà muoversi nel presente e nel futuro, prospettano le nuove capacità da predisporre per creare situazioni adeguate ai cambiamenti tecnici e scientifici, per mutare i processi produttivi in corso, per entrare su nuovi mercati. Le funzioni di indirizzo strategico fondamentale competono a chi in azienda detiene i massimi poteri decisionali.

Accanto o, talora, in successione rispetto a queste esistono *funzioni di gestione* che competono alla direzione ed agli organi di *management.* Si tratta di funzioni che trovano sbocco in scelte, decisioni, operazioni aventi del pari una forte valenza strategica poiché la gestione strategica è una «qualità», una modalità piuttosto che un contenuto, essa è una mentalità orientata al dinamismo, un *modus operandi* rivolto al nuovo ed interessato a proiettare l'azienda verso l'esterno piuttosto che ad adattarla ai cambiamenti provenienti dal mercato recependoli o fronteggiandoli quando questi si manifestano. Le scelte, decisioni, operazioni che abbiamo indicato come strategiche devono essere accompagnate da scelte e decisioni di ordine operativo che si concentrano sull'utilizzo delle capacità aziendali predisposte, per guidare passo per passo l'azienda verso l'efficienza [72]. Gli organi a cui queste ultime competono sono organi di *management* di livello sottostante rispetto ai primi. Ciò non implica, tuttavia, alcuna gerarchia di importanza nel sistema delle scelte, decisioni, operazioni, in quanto tanto quelle strategiche fondamentali di indirizzo

---

[72] V. CODA 1988. Si veda la distinzione tra gestione strategica e gestione operativa.

o di predisposizione, tanto quelle operative sono altrettanto indispensabili perché l'unità produttiva possa continuare ad esistere.

È agevole osservare, inoltre, che esistono soggetti che decidono – o piuttosto hanno la facoltà di decidere – di esercitare concretamente il loro potere di governo o di indirizzo assumendo su di sé sia il rischio economico sia le conseguenti responsabilità patrimoniali ed accanto a questi esistono soggetti portatori di deleghe formali in virtù delle quali assolvono le funzioni spettanti ai primi pur senza assumerne il rischio. Infine si trovano soggetti che di fatto esercitano tale potere senza averne pieno titolo, magari con il semplice supporto di una delega informale, tacita, quindi senza assumere né il rischio economico né la responsabilità patrimoniale.

A questo proposito si può rilevare che la convergenza tra responsabilità delle scelte e assunzione del rischio economico che da queste ultime scaturisce su un medesimo soggetto nell'esercizio di una funzione non è un fatto naturale né un dato scontato. La realtà aziendale è sempre multiforme e talora contraddittoria nelle sue manifestazioni. Il contributo che viene dato all'azienda da un soggetto, da una «figura» non è sempre e comunque direttamente ancorabile alla funzione che in linea di diritto viene assegnata a tale soggetto. La divaricazione tra l'essere e il dover essere in campo economico e sociale è un fatto frequente che impedisce di giungere a ipotesi di soluzione univoche e generalmente valide nel tempo. Molte posizioni assunte in passato risentono fortemente del peso di componenti ideologiche e sociali del tutto allineate con le concezioni dominanti nel tempo in cui sono nate.

Il tema a cui ci accostiamo trattando delle funzioni generali di indirizzo e quindi dei protagonisti della vita aziendale può essere definito come l'assetto istituzionale, la *struttura di governo* che caratterizza la singola azienda. Due sono allora gli aspetti che si intrecciano: quello *statico della struttura* caratterizzata mediante gli organi di governo formale e collegata in larghissima parte alla forma giuridica che si decide di scegliere per l'azienda in quanto questa sostanzialmente definisce le prerogative degli organi, e quello *dinamico del funzionamento* cioè delle funzioni decisionali realmente svolte dagli organi in via formale o informale.

Le «figure» centrali per la vita dell'azienda in tutte le sue forme ed espressioni economiche, sia di impresa che produce per il mercato, sia di sistema che esercita l'attività di produzione economica per dare risposta ai bisogni ritenuti di interesse generale per la comunità[73] sono state definite: *soggetto economico* e *soggetto giuridico*.

È necessario partire da un'analisi del soggetto individuale o collettivo a cui – nei nostri sistemi economici e nelle aziende contemporanee – viene riconosciuto il diritto di esercitare la funzione d'indirizzo, cioè la funzione di governo e che tale funzione effettivamente esercita: il *soggetto economico*.

Il soggetto economico è una figura astratta, perciò non è facile identificarla in senso reale. Eppure in qualsiasi azienda, qualunque sia la dimensione o il settore produttivo è di importanza decisiva capire chi la governa, chi ha il potere di apportare le modifiche di forma o di struttura che gli andamenti della gestione rendono utili o necessarie, chi ha il potere di scioglierla.

Occorre inoltre individuare il *soggetto giuridico*, la persona fisica o altro sulla quale ricade la responsabilità giuridica degli effetti che l'attività aziendale produce nel suo operare, la persona cioè titolare dei diritti che l'azienda acquisisce nei confronti dei terzi e responsabile degli obblighi che la stessa contrae verso altri soggetti: individui, altre aziende, istituzioni.

Possiamo anticipare che queste due «figure» aziendali talvolta convergono su di una stessa persona, talaltra divergono, e ciò dipende in primo luogo dalla forma giuridica che l'azienda ha prescelto, ma anche dalla divaricazione che non di rado si determina tra chi esercita di fatto le funzioni di governo e chi, invece, secondo la legge, ha la responsabilità delle conseguenze generate da queste.

La dottrina contemporanea di economia aziendale insiste da tempo sull'importanza dell'«*orientamento strategico di fondo*» che ispira qualsiasi scelta di indirizzo strategico della gestione, sulla «filosofia aziendale», non solo e non tanto quando la stessa viene percepita come uno stile di direzione, bensì come valore più ampio che pervade il modo di essere azienda in tutte le manifestazioni ed è di tale importanza che un diverso orientamento è sufficiente a differenziare le condizioni produttive di una combinazione economica rispetto a quelle di qualsiasi altra unità analoga per dimensione e tipologia, operante nello stesso settore e sullo stesso mercato.

---

[73] E. Borgonovi 1995, p. 267.

Ciò dimostra la necessità di individuare in linea di diritto e di fatto anzitutto chi svolga le funzioni di soggetto economico, cioè chi abbia il potere di esercitare funzioni di indirizzo o di «controllo» sull'istituzione aziendale.

Questo richiede di elaborare uno *schema concettuale aperto ed articolato* che preveda una griglia di variabili in base alla quale possono essere ordinate le varie tipologie di soluzioni che le singole aziende adottano per l'attuazione della funzione di governo, e secondo la quale possono essere interpretate le situazioni fisiologiche e patologiche che corrispondono alla base empirica su cui lavorare.

8.2. *Le divaricazioni tra «figure» aziendali: soggetto economico e giuridico, soggetto economico di diritto e di fatto*

La necessità generalmente riconosciuta di individuare rigorosamente il soggetto economico ed il soggetto giuridico discende direttamente, da un lato dalla diversità delle forme giuridiche che l'azienda è venuta assumendo nel tempo per svolgere la sua attività, dall'altro dall'aumento della complessità dell'azione economica.

Il soggetto in capo al quale si pongono i diritti e le obbligazioni che scaturiscono dall'attività aziendale è il *soggetto giuridico.* Si tratta di una figura assai cara al legislatore in quanto serve a definire la competenza di diritti e di obblighi nell'ambito della regolamentazione delle relazioni tra gli individui. È evidente, allora, come l'individuazione del soggetto giuridico sia strettamente dipendente dalla forma giuridica con cui l'azienda opera nella società.

Sono frequenti situazioni di aziende di piccola dimensione, le *aziende individuali*, nelle quali il soggetto titolare avendo investito in azienda i propri risparmi ed assumendosi il relativo rischio economico è l'unico titolare del diritto ad utilizzare le risorse aziendali, quindi ad esercitare il potere decisionale, ha la responsabilità di tutti gli atti (diritti ed obblighi) che toccano la sfera giuridica di altri soggetti e di quelli risponde illimitatamente anche con il proprio patrimonio personale. In questi casi il titolare è al tempo stesso proprietario dell'azienda, soggetto giuridico ed economico: egli ha il diritto di esercitare in proprio le funzioni di indirizzo fondamentali.

Vi sono poi i casi dei soci proprietari di aziende aventi forma giuridica di *società di persone* (società semplice, società in nome collettivo, società in accomandita semplice) ai quali la legge assegna piena responsabilità, pieno diritto di governare l'azienda e di conseguenza un rischio patrimoniale illimitato. Essi, infatti, rispondono nei confronti dei terzi con il patrimonio dell'azienda, ma in caso di non capienza di questo anche con il proprio patrimonio personale. Tali soci, inoltre assumono responsabilità patrimoniale «sussidiaria» e «solidale» in quanto la società di persone prevede una effettiva «unione» tra gli individui che la costituiscono. Di contro, spetta loro il diritto di amministrare l'azienda cioè di svolgere le funzioni di soggetto economico. Questo caso ci mostra una coincidenza sostanziale tra soggetto economico e giuridico, anche se l'azienda risulta distinta dai soci. Tuttavia, è sempre presente la possibilità di delegare la funzione di indirizzo strategico o altre funzioni ad altre persone.

Non rari, infatti, sono i casi di soggetti proprietari i quali, per le decisioni di fondo, la scelta delle linee strategiche e talora per la gestione operativa, si avvalgono di alcuni soci oppure di terze persone anche formalmente estranee alla proprietà aziendale – familiari, consulenti, *manager* professionisti, affittuari – ai quali trasferiscono in modo palese od occulto il loro diritto a governare l'azienda. In questi casi si rileva una divaricazione tra soggetto giuridico e soggetto economico anche nelle forme giuridiche in cui la legge ne prevede la convergenza su persone fisiche definite.

In aziende di più grandi dimensioni la complessità dell'agire economico e l'aumento del rischio patrimoniale dovuto al maggiore fabbisogno di capitali, hanno determinato la necessità di suddividere il rischio tra gli investitori, quindi di delineare le differenti funzioni e responsabilità ed assegnarle a soggetti diversi. Tipica di queste situazioni è la forma giuridica della società di capitali (società per azioni, società in accomandita per azioni, società a responsabilità limitata) nella quale troviamo la figura del portatore del capitale di rischio – *socio o azionista* – che detiene in varia misura i titoli di proprietà dell'azienda. Egli si assume comunque il rischio economico, ma limitatamente alla quota di capitale che ha investito nell'attività. Oltre ad assumersi un rischio limitato questo socio o azionista può anche – per propria scelta o per la volontà degli altri soci o azionisti che fanno parte del nucleo dominante – impegnarsi direttamente oppure non interessarsi del tutto alle scelte fondamentali della gestione.

Emerge in questo caso la figura del portatore del capitale di rischio – socio o azionista – che si assume il rischio economico limitatamente al capitale investito ed esercita direttamente il potere d'indirizzo, cioè si avvale della sua facoltà di decidere in merito alle attività di gestione strategica e svolge funzioni di soggetto economico.

Nelle società di capitali la responsabilità giuridica nei confronti dei terzi per i diritti e gli obblighi che scaturiscono dalle operazioni della società compete ad un soggetto astratto, una *persona giuridica* che è l'azienda stessa alla quale il legislatore con una finzione ha assegnato personalità giuridica.

Anche in questo caso si riscontra separazione tra soggetto giuridico e soggetto economico.

Altra situazione di non minore importanza è quella che vede i *manager*, ai quali non compete alcun rischio economico di tipo patrimoniale (del tipo, cioè, che ricade sui portatori di capitale) svolgere la propria attività decisionale di indirizzo strategico con la necessaria autonomia disponendo delle basi informative e delle opportune conoscenze, in modo tale da rendere insostenibile la tesi di chi vede in essi solo dei dipendenti, cioè figure sostanzialmente estranee alle funzioni del soggetto economico che spetterebbero solo alla proprietà. Nel secolo XX, infatti, l'industrializzazione delle attività produttive e successivamente l'accentuarsi della competizione e della turbolenza sui mercati hanno aumentato il grado di complessità dei processi di gestione aziendale e quindi delle scelte economiche rendendo necessaria la specializzazione delle funzioni ed il ricorso a *manager* professionisti a cui delegare gran parte delle scelte della gestione.

In questo caso oltre ad una separazione tra le due figure di soggetto economico e soggetto giuridico si rileva una divaricazione particolare tra soggetto economico di diritto e di fatto poiché nelle imprese la proprietà sovente trasferisce a terzi non proprietari il proprio diritto ad esercitare il potere di «controllo» [74] o di indirizzo strategico.

---

[74] Il termine «controllo» viene in questo caso usato nel significato che ad esso viene dato dalla dottrina anglosassone, cioè nel senso di «guida, governo» e non nell'accezione latina di «ispezione, vigilanza». Tale consuetudine linguistica è molto diffusa oggi nei nostri studi, si veda ad esempio l'espressione «controllo di gestione». L'accezione latina rimane, invece dominante nel linguaggio giuridico.

Oggi il ricorso sempre più frequente a macrostrutture organizzative del tipo del *gruppo* o della *rete* ha determinato la formazione e lo sviluppo di relazioni trasversali tra aziende che incidono fortemente sulla possibilità di definire i confini della singola unità di produzione economica. Ciò ha contribuito a dare un nuovo impulso all'aumento della complessità gestionale ed ha favorito una ulteriore differenziazione tra i soggetti a cui competono iniziative, scelte, rischio, responsabilità.

In sintesi, la molteplicità delle situazioni reali offre un quadro complesso che mostra «figure o attori» della vita aziendale cui competerebbero funzioni diverse con differente grado di rischio economico e patrimoniale e di responsabilità e che invece offrono all'azienda un contributo decisionale analogo, pur con un diverso tipo e grado di competenza, e sono rimunerati da un differente tipo di compenso per l'attività svolta. È il caso del socio azionista che svolge fuzioni di governo e del *manager* professionista. Quest'ultimo senza partecipare al capitale di rischio né avere diretta responsabilità per le obbligazioni sociali, purtuttavia può assommare su di sé il potere decisionale in virtù di una delega conferitagli dalla proprietà a causa delle particolari conoscenze e competenze che detiene.

Tutto questo dimostra *ad adjuvandum* la complessità della problematica e la necessità di operare una ulteriore distinzione che va ad aggiungersi alla divaricazione già rilevata tra soggetto economico e giuridico. Si tratta della separazione tra la situazione che potrebbe determinarsi in linea di diritto, in base al criterio proposto dalla teoria e quella che invece si riscontra osservando la realtà. Accade sempre più spesso, infatti, che, malgrado la presenza di un soggetto economico individuato *in linea di diritto* nella proprietà, secondo la risposta che al criterio dell'interesse prevalente viene data dalle concezioni dominanti, le funzioni di governo vengano assolte da un *soggetto economico di fatto* al quale il primo assegna funzioni decisorie connesse ad esempio, con l'elevato grado di specializzazione necessario per districarsi nel complesso dinamismo del mondo aziendale. È il soggetto economico di fatto, in questo caso a svolgere le funzioni imprenditoriali, ad adottare, cioè, le scelte di indirizzo strategico.

La separazione tra il soggetto economico di diritto e di fatto, un tempo non era frequente, essa era l'espressione di situazioni di eccezionalità configurabili ad esempio nella impossibilità di un minore a svolgere funzioni di governo oppure di casi di soggetti occulti e quindi del tutto impropri. Nei nostri anni, e più precisamente a partire dalla metà del secolo

XX, la necessità di ricorrere alla professionalità dei *manager* è divenuta un dato costante e ciò ha determinato una crescente separazione tra proprietà e «controllo» con la conseguenza di ampliare sensibilmente l'area del soggetto economico dando vita a nuovi modelli di «*governance*».

Da questi rilevanti cambiamenti hanno preso le mosse le teorie nordamericane intitolate al «capitalismo manageriale» [75] che affrontano il tema degli obiettivi e delle motivazioni di proprietari e *manager* oppure di imprenditore e impresa al fine di analizzarne la convergenza ed evidenziare i casi in cui si determinano dei conflitti.

8.3. *La determinazione del soggetto economico: la teoria dell'interesse prevalente*

L'economia aziendale classica in Italia fin dalle sue origini ha affrontato la problematica del soggetto economico e del soggetto giuridico individuando il primo in base al criterio della prevalenza dell'interesse, a suo tempo richiamato da Zappa: «*Il soggetto economico che esercita il controllo sull'azienda è la persona fisica o il gruppo delle persone nel cui prevalente interesse l'azienda è di fatto amministrata*» [76]. Accanto ad esso il soggetto giuridico viene individuato nel titolare di diritti ed obblighi, cioè in chi compie atti dai quali sorgono rapporti giuridici efficaci per l'azienda. In via generale, poi afferma che il primo ed il secondo non debbono necessariamente coincidere nella stessa persona.

Il primo aspetto su cui la predetta concezione si sofferma riguarda la *necessità* che in ogni combinazione economica esista una persona fisica o comunque una entità unitaria, che eserciti il controllo sulle scelte fondamentali, la governi, la indirizzi, le imprima quel moto che è condizione indispensabile per confrontarsi con il dinamismo dei mercati e dell'ambiente.

Il secondo aspetto riguarda le vie da seguire per interpretare la realtà nelle sue molteplici manifestazioni, cioè il *modo in cui tale figura può essere individuata*. Nessun conoscitore profondo della dinamica aziendale potrebbe, nel teorizzare in via generale, proporre una soluzione defini-

[75] W.J. BAUMOL 1967; O.E. WILLIAMSON, 1963; R. MARRIS, 1964.

[76] G. ZAPPA 1956, I, p. 86.

toria del tipo: il soggetto economico è il proprietario, il soggetto economico è l'amministratore delegato, il consiglio di amministrazione, l'assemblea degli azionisti e via elencando. Questo perché l'osservazione della realtà può evidenziare casi di presenza, per vari motivi, di un soggetto economico improprio per l'esigenza di delegare tale funzione, da parte di chi dovrebbe esercitarla, a persone provviste di una maggiore competenza ed esperienza, di rinuncia volontaria ad esercitare tale diritto a motivo dei vantaggi offerti da una politica di alleanze o di partecipazione ad una rete o ad un gruppo, quindi a rilevare empiricamente una molteplicità di situazioni ognuna delle quali deve contribuire a verificare una teoria che sia significativa per la dottrina economico aziendale in quanto provvista di un adeguato ambito di validità. Ebbene, la difficoltà di ricomprendere la multiformità delle circostanze che la realtà pone sotto gli occhi dello studioso ha indotto la dottrina classica a proporre uno schema concettuale piuttosto che additare una soluzione definitiva e tale schema ha trovato la sua *ratio* nel *criterio della prevalenza dell'interesse.*

Si sostiene che le funzioni di governo economico competano a colui o coloro il cui interesse viene ritenuto prevalente nella specifica azienda e nelle circostanze e condizioni spazio temporali intercorrenti. Poiché nei decenni passati la proprietà è stata ritenuta l'unica depositaria dell'interesse prevalente è frequente la deduzione che il soggetto economico coincida con il portatore di capitali a titolo di pieno rischio a cui compete il rischio economico e le cui *prerogative fondamentali consistono nella costituzione dell'azienda, nella sua estinzione, nel governo economico, cioè nell'indirizzo strategico della gestione, nelle modifiche della forma e della struttura.*

In una interpretazione più attenta, invece, dobbiamo dire che qualsiasi soluzione dovrebbe essere lasciata *indefinita*, pur accogliendo l'importante indicazione del criterio da seguire per arrivare ad una risposta significativa e valida nelle diverse realtà storiche ed economiche. Infatti, alla domanda su chi sia il soggetto economico nella IBM, nella Nestlé o nella Piaggio, nella consociata del gruppo Ikafuba, nell'Azienda Ospedaliera San Martino o nel Supermercato posto all'angolo della strada possono essere date risposte diverse pur applicando un medesimo criterio. Queste ultime, a ben osservare, sono sempre e comunque funzione di una serie di variabili rilevanti per individuare l'interesse prevalente. Tali variabili sono: la *forma giuridica*, la *struttura organizzativa* che l'unità economica assume, le *figure reali* e *la loro competenza professionale, i legami con altre aziende o istituzioni, il contesto ambientale*, infine, il *sistema di relazioni culturali e sociali* che è funzione del contesto nazionale e del periodo storico in cui l'unità economica è collocata.

Zappa osserva che: «Il soggetto di azienda non è punto di necessità l'organo individuale e collegiale al quale per disposizione di diritto positivo, per statuto o per consuetudine è attribuita l'eminente autorità nell'amministrazione di azienda». Avendo rilevato con questo anche la mancanza di necessità nella corrispondenza tra soggetto economico e soggetto giuridico, prosegue poi sottolineando la diversità dei fini e del divenire dell'azienda, unità economica autonoma e oggettiva, distinta dalla persona che l'ha costituita e la governa, cioè rispetto al suo soggetto, anche quando questi è l'imprenditore che all'azienda ha conferito tutto il capitale proprio [77].

Giannessi rileva che il soggetto economico è colui per conto del quale si svolge l'attività aziendale e, soffermandosi sul compenso che ad esso compete per l'attività svolta, compenso sempre propozionale ai risultati che sono stati raggiunti, osserva che tale soggetto non è soltanto colui che investe il proprio capitale esponendolo a rischio di perdita, ma, in genere chi dà vita alla coordinazione economica, determina le linee operative fondamentali e ne subisce le conseguenze cioè si assume il rischio economico. In base a quest'ultima considerazione argomenta, poi, che in una formazione societaria il soggetto economico è rappresentato dall'intera assemblea degli azionisti poiché tutti i suoi componenti, in pratica, avallano le linee tracciate dalla maggioranza e ne assumono la piena responsabilità economica [78].

Saraceno individua il soggetto economico in «chi ha il potere di determinare, con condizionamenti … l'indirizzo di gestione dell'azienda [79], Amaduzzi indica come soggetto: «… quella persona o … quel gruppo che domina o controlla l'amministrazione di azienda e ne ritrae, in predominio, i vantaggi finali» [80]. Per Masini il soggetto economico di un isti-

---

[77] G. Zappa 1956, I, p. 86 ss.

[78] E. Giannessi 1960, pp. 102-104

[79] P. Saraceno 1972, p. 5.

[80] A. Amaduzzi 1978, p. 65.

tuto è: «... l'insieme delle persone fisiche nell'interesse delle quali l'istituto è posto in essere e governato: sono membri del soggetto economico le persone fisiche cui pertengono gli interessi istituzionali economici che fanno capo all'azienda di quell'istituto» [81]. Cassandro individua il soggetto economico nell'imprenditore ed in proposito osserva che è «... la persona o il ristretto gruppo che effettivamente hanno ideato e realizzato la combinazione produttiva assumendone le responsabilità e correndone i relativi rischi e che, inoltre, hanno quello spirito innovatore che è una delle più spiccate caratteristiche imprenditoriali», ma prosegue poi non disdegnando di individuare il soggetto economico di una formazione societaria nel suo Consiglio di amministrazione [82]. La concezione di Ferrero non si distanzia molto dallo schema concettuale classico [83] e lo stesso vale per quella di Onida che si concentra su situazioni aziendali reali e vede il soggetto economico in colui che «... di fatto ha ed esercita il supremo potere nell'azienda, subordinatamente solo ai vincoli d'ordine giuridico e morale ai quali deve o dovrebbe sottoporsi» [84].

Bertini vede il soggetto economico in chi detiene le leve per il governo dell'azienda cioè in «... una oligarchia formata dagli esponenti più rappresentativi del capitale e dai dirigenti di grado più elevato» [85], accostando al criterio della prevalenza dell'interesse un altro importante criterio: quello della competenza professionale e della disponibilità delle informazioni indispensabili per manovrare consapevolmente le leve del governo aziendale.

Airoldi, Coda e Brunetti vedono il soggetto economico come la o le persone fisiche nei cui interessi prevalenti è gestita l'azienda [86].

Il soggetto economico è una creazione dell'economia aziendale, l'economia politica e la giurisprudenza fanno riferimento piuttosto *all'imprenditore o all'amministratore.* L'imprenditore è una figura astratta, connotata da due caratteristiche: il *potere d'iniziativa* inteso come capa-

---

[81] C. Masini 1979, p. 41.

[82] P.E. Cassandro 1982, pp. 69, 75-76.

[83] G. Ferrero 1968, p. 48.

[84] P. Onida 1975, p. 21.

[85] U. Bertini 1977, p. 26.

[86] G. Airoldi, G. Brunetti, V. Coda, 1989, p. 90 ss.

cità innovativa ed il *rischio economico*, l'amministratore viene identificato in base ai diritti ed agli obblighi che il diritto positivo gli assegna.

L'economia aziendale, avendo avocato a sé lo studio scientifico delle unità di produzione economica, mediante la ricerca di uniformità o asserzioni generali valide per tutte le unità reali non poteva ritenersi soddisfatta da una figura come quella dell'imprenditore, quanto mai carica di significati nascosti e simbolici, provvista di una dote dal contenuto quasi salvifico, l'«*Unternehmungsgeist*» che le deriva dall'attenzione che la teoria schumpeteriana dell'imprenditore non capitalista le aveva dedicato. L'imprenditore rappresenta quindi un «*Ideal-Typ*», un modello di stampo weberiano [87], creato dagli studiosi ad uso della teoria, piuttosto che una figura di evidenza empirica in azienda, su cui far convergere funzioni reali di governo nella costante multiformità delle unità economiche.

Piuttosto che di imprenditore come figura reale è opportuno parlare di *funzioni imprenditoriali* in quanto queste valgono ad indicare il livello qualitativo della *leadership*, la propensione al rischio necessaria e lo spirito innovativo che devono contraddistinguere l'azione del soggetto aziendale. Le funzioni imprenditoriali possono essere svolte tanto dal titolare dei diritti di proprietà che assume su di sé la gestione dell'attività quanto dal manager a cui tali funzioni sono state delegate, quanto da soggetti esterni che apportano utilmente all'azienda il loro contributo di professionalità e di conoscenze.

Se a questo si aggiunge la necessità di separare la titolarità giuridica di diritti ed obblighi, connessa con la presenza di società commerciali dotate di personalità giuridica autonoma, dalla titolarità delle funzioni di governo e quella di tener conto di situazioni reali di fatto e di diritto, risulta agevole comprendere come la dottrina economico aziendale abbia ritenuto di doversi dotare di strumenti teorici suoi propri, ma non sia andata oltre una teoria che lascia al lettore l'individuazione concreta del soggetto economico offrendogli solamente un criterio come guida per la sua scelta.

Tutto ciò ci consente di rilevare che *il criterio della prevalenza dell'interesse in azienda ha avuto nel tempo risposte diverse* e ciò ha dato corpo e validità ad una teoria che si propone di interpretare in sintesi estrema la problematica dinamica e multiforme della funzione di governo.

---

[87] M. WEBER 1958.

Una teoria sul soggetto economico deve essere *valida*, cioè deve riflettere in termini generali andamenti e comportamenti reali, inoltre deve essere *utile* per interpretare la realtà attuale, da un lato per comprendere il modo in cui la funzione di governo viene assolta in questa o quell'azienda, dall'altro per individuare le vie percorribili per migliorare la situazione e correggere le eventuali deviazioni che possono sfociare nelle patologie.

Osservare la realtà aziendale significa analizzare, ad esempio, non solo quali siano gli *elementi* che influiscono nella deteminazione dell'interesse prevalente, ma anche quale o quali *categorie di interessi* di fatto siano ritenute tali nelle diverse classi di aziende dei sistemi economici occidentali oggetto dei nostri studi e quali *implicazioni* tutto questo porti con sé nel governo delle attività economiche. Significa comprendere quali *contributi* ci si attendano dai portatori dell'interesse prevalente e in che misura gli stessi siano in grado di rispondere alle *aspettative*. Infine, significa legare le due variabili, contributi ed aspettative alla variabile *motivazione*, ad esempio, il compenso, la retribuzione, il successo o altro, che è in grado di stimolare il comportamento atteso. Ciò serve allo scopo di ipotizzare quale potrà essere *l'impegno* che la figura in questione sarà indotta a profondere nello svolgimento di una funzione decisiva per la vita delle unità economiche come quella di governo e da qui a dedurre le tendenze in atto.

Occorre, a nostro parere, passare da questa figura, identificata in base ad uno schema concettuale che considera le variabili della proprietà e del rischio economico patrimoniale come i cardini della prevalenza dell'interesse, ad un modello valido in quanto verificato alla luce degli andamenti reali delle aziende contemporanee.

A questo punto possiamo osservare che la realtà attuale presenta due linee di tendenza inequivocabili: da un lato *l'allargamento della base decisionale* che nelle aziende ha portato ad assegnare sempre più di frequente ai *manager* professionisti funzioni di governo, quindi di indirizzo strategico, dall'altro la tendenza all'*ampliamento della sfera dei soggetti il cui interesse nell'azienda viene ritenuto prevalente*.

La prima linea di tendenza si risolve in un maggiore spazio del soggetto economico di fatto, la seconda, invece, porta all'ampliamento della rete di relazioni che rappresenta il portato di un valore culturale e sociale e incide sulla determinazione degli interessi prevalenti. È innegabile che il cambiamento delle ideologie, la trasformazione di concezioni culturali della vita e delle relazioni tra gli uomini definiscono sempre nuovi traguardi e consentono di raggiungere ciò che un tempo era ritenuto improponibile.

A seguito dell'impulso dato in Europa dal movimento sindacale degli anni '70 si è avviata una trasformazione nel modello di relazioni industriali generalmente accolto nelle aziende di grandi dimensioni. Mentre nei decenni precedenti era generalmente condivisa la convinzione che la classe di interessi nettamente prevalenti in azienda fosse quella dei detentori dei titoli di proprietà – concezione legata alle due variabili: capitale conferito e rischio economico conseguente – si è fatta strada la convinzione che il fattore produttivo lavoro si configuri come una categoria d'interessi da ritenere anch'essa prevalente.

Da ciò è scaturita l'esperienza tedesca che in via normativa ha previsto per le aziende che operano in settori «*labour-intensiv*», ad esempio il settore carbo-siderurgico, una partecipazione dei prestatori di lavoro alle decisioni di governo aziendale mediante il meccanismo della *cogestione* che si esprime nell'istituzione di un «*Consiglio di sorveglianza*», in cui siedono accanto a rappresentanti della proprietà rappresentanti dei lavoratori dipendenti. L'esperienza del diritto societario tedesco ci sembra di non poca rilevanza in quanto rappresenta un ampliamento dell'interpretazione tradizionalmente riservata al criterio dell'interesse prevalente.

Accanto a questi cambiamenti altri ve ne sono che stanno sotto gli occhi di tutti, poiché scaturiscono dalla politica seguita dalle aziende, in particolare dalla politica di aggregazioni sempre più diffusa e comunque ci mostrano situazioni dinamiche che ormai non rappresentano più casi eccezionali.

Uno dei motivi della scarsa rilevanza dei portatori del capitale di rischio nell'esprimere la funzione di governo strategico – al di là della volontà esplicita di delegare a terzi la loro funzione – è legato al peso che ad esso compete nella configurazione dell'intero capitale investito in azienda. Aziende sottocapitalizzate sono, in realtà, in mano ai finanziatori – banche, gruppi finanziari, altre aziende – i quali esercitano di fatto funzioni di governo poiché sono in grado di condizionare le scelte strategiche e rappresentano quindi il soggetto economico reale al di là della risposta che potrebbe essere data in base alla teoria dell'interesse prevalente.

Analoghi aspetti e relazioni si riscontrano nelle *reti aziendali*, nei *gruppi* o comunque nei molti casi in cui *rapporti contrattuali* di tipo finanziario, commerciale o di altro genere rappresentano la fonte del potere di «controllo». Tale potere non risiede più esclusivamente nella proprietà in quanto espressione privilegiata dell'interesse prevalente, bensì anche in altri legami, ad esempio nel «*rapporto di affari*» che genera la dominanza del soggetto economico di una società nei confronti di un'altra e necessariamente incide sull'autonomia decisionale di quest'ultima.

Concludendo, possiamo osservare che il soggetto economico è il detentore del potere di decidere gli indirizzi strategici. Di regola, detengono questo potere *i soci che rappresentano il nucleo di comando del capitale conferito all'azienda insieme ai manager a cui gli stessi delegano tale potere*. Tutto questo, comunque, non basta ad esaurire la sfera degli interessi prevalenti da soddisfare poiché tale soggetto dovrà tenere adeguatamente conto degli interessi degli *stakeholder* [88] anche se questi non rientrano direttamente nella figura del soggetto economico.

Dobbiamo anche precisare che il soggetto economico individuabile nel capitale di comando non perde il suo potere di indirizzo strategico nel caso in cui decida di delegare ai manager la gestione dell'azienda. In questo caso, infatti, tale soggetto mantiene la facoltà di modificare in qualsiasi momento gli assetti manageriali, sostituendo i manager in carica e assumendo nuovamente il suo potere.

Non deve cioè confondersi l'esercizio concreto delle prerogative di governo economico, a cui si può senza difficoltà rinunciare ricorrendo ad un soggetto economico improprio, con il diritto di esercitarlo che rimane nelle mani del soggetto economico proprio.

Ci sembra di poter condividere l'opinione dello studioso che sostiene che «il soggetto economico è tale solo se si occupa, direttamente o attraverso deleghe mirate, delle *vicende produttive dell'impresa* con una visione orientata al lungo periodo» [89].

---

[88] Sulla concezione di *stakeholder* e sulla distinzione tra *stakeholder* e *stockholder* o *shareholder* si veda E. Freemann, 1984.

[89] E. Cavalieri, 2008, p. 83.

8.4. *Le strutture di governo economico nelle aziende societarie: i sistemi di* «corporate governance»

Corporate governance in senso letterale sta ad indicare il governo economico delle società di capitali. Ciò comprende sia l'insieme di norme giuridiche che riflettono il modello aziendale, economico, politico istituzionale tipico di un contesto ambientale, sia gli assetti istituzionali, sistemi di direzione e sistemi di sorveglianza o di controllo attuati per garantire che il governo dell'azienda societaria si svolga in modo efficace per l'unità produttiva e per il sistema economico in cui è inserita ed inoltre in modo equilibrato e trasparente, in particolare nel rispetto degli interessi di tutti i soggetti interni ed esterni che risultano coinvolti in modo diretto o indiretto nell'attività aziendale [90].

L'equilibrio tra i differenti soggetti interessati all'azienda è funzione di diverse variabili: sistema normativo (antitrust, regolamentazione finanziaria, informazione societaria), mercato dei capitali, norme di diritto societario, prassi contrattuali e queste variabili discendono a loro volta dal complesso di circostanze e condizioni storiche, culturali, etiche in atto nei diversi paesi. Tutto questo determina combinazioni particolari del peso delle variabili ricordate e da ciò scaturiscono differenti sistemi e modalità di governo societario.

Da tempo la letteratura si orienta verso due schemi interpretativi fondamentali: quello noto come *outsider system*, che vede nel mercato dei capitali il meccanismo efficace per regolamentare le relazioni e quindi i conflitti tra proprietà e *management*, assumendo che il potere di indirizzo strategico sia interamente delegato al *manager* e che la funzione di questo consista della ricerca dell'incremento del valore aziendale, e l'al-

---

[90] In un'accezione più ristretta il governo societario è stato definito come «... l'insieme di regole ed istituzioni volte a conciliare l'interesse alla certezza del controllo da parte dei soggetti che lo esercitano ... e l'interesse degli investitori ad una sorveglianza continua e idonea sugli imprenditori al fine di assicurare che tale controllo, ossia l'influenza dominante sulle scelte strategiche delle imprese, sia allocato ed esercitato con efficienza ed efficacia» ASSOCIAZIONE DISIANO PREITE, *Rapporto sulla società aperta: 100 tesi per la riforma del governo societario in Italia*, Il Mulino, Bologna, 1997, p. 24.

In merito all'accezione a cui il concetto di «controllo» può essere ricondotto nel contesto di cui ci stiamo occupando si consulti: L. SCHIUMA 1997.

tro definito *insider system* nel quale si assegna un ruolo importante anche alla vasta cerchia degli *stakeholder*, cioè a tutti gli altri soggetti diversi dagli azionisti e dai *manager* interessati alle vicende aziendali, e si pone come obiettivo di un sistema di *corporate governance* l'esigenza di garantire l'equilibrio tra soggetti interni ed esterni [91].

Ai due schemi interpretativi sono sostanzialmente riconducibili due modelli di governo societario, quello anglosassone e quello tedesco giapponese. Accanto ad essi, però, possiamo intravedere un modello misto che corrisponde al caso italiano il quale risente sia dell'uno sia dell'altro dei due.

Alla luce delle variabili critiche che incidono sulla funzione di governo e delle molte problematiche già evidenziate, possiamo considerare alcune delle scelte che sono state operate dal legislatore comunitario e dai legislatori nazionali dei paesi europei in questi anni per dare alle strutture formali di governo delle aziende di grandi dimensioni, aventi la forma giuridica della società di capitali, una configurazione rispondente alle esigenze di efficace governo aziendale.

L'azienda è la cellula dell'economia in quanto è il centro dove si crea la ricchezza o, per dirla in termini più ampi, il valore. È convinzione generalmente condivisa che il complesso di norme giuridiche o politiche e la regolamentazione di politica economica adottate al fine di incentivare lo sviluppo delle attività aziendali devono rispondere all'esigenza di garantire il contributo di queste ultime al funzionamento del sistema economico sociale. Le suddette norme, infatti, esercitano implicazioni fortissime sugli equilibri sociali ed economici del contesto territoriale in cui vengono applicate e concorrono al raggiungimento o meno di alcuni piuttosto che di altri obiettivi. Si pensi ai ricordati due schemi interpretativi fondamentali – *outsider e insider system* – e cioè all'esigenza di dare spazio o meno agli interessi degli *stakeholder* (dipendenti, fornitori, clienti, interlocutori sociali, finanziatori), in genere dei soggetti diversi dagli azionisti e dai *manager*.

Inoltre, dobbiamo, a rigore, notare che i cambiamenti aziendali, economici, sociali non possono essere affidati ad un semplice cambiamento di normativa, cioè a leggi o a decreti. Gli interventi del legislatore, anche

---

[91] L. Guatri, S. Vicari 1994. O.E. Williamson 1996.

quando rispondono ad esigenze evidenziate dalla realtà degli andamenti, provengono comunque dall'alto, essi sono volti a creare una serie di premesse e di circostanze normative che operano come necessaria base di partenza. Tuttavia per raggiungere gli obiettivi di cambiamento ipotizzati ed ottenere da un mutato complesso causale gli effetti desiderati occorre far seguire alla modifica di norme giuridiche un cambiamento nei comportamenti dei soggetti a cui spetta l'esercizio della funzione di governo aziendale.

Tale cambiamento, pur avviato o imposto dalle norme e dalle sanzioni, può essere realizzato in modo significativo solo agendo direttamente sulle leve organizzative aziendali ed istituzionali, come si può ben comprendere se si riflette sulla problematica delle strutture informali del soggetto economico. Intendiamo dire con questo, ad esempio, che valori come la trasparenza e la correttezza della comunicazione esterna, la tutela del risparmio o delle minoranze azionarie non possono semplicemente essere principi dichiarati dal legislatore dall'alto anche se il loro rispetto viene affidato al timore di norme sanzionatorie, essi debbono diventare valori condivisi che entrano come parte integrante nella «filosofia» aziendale e nella cultura dei suoi soggetti nella convinzione che anch'essi concorrono al raggiungimento dell'equilibrio sistematico che rappresenta il fine ultimo dell'unità di produzione. In caso contrario, le divaricazioni tra comportamenti formali ed informali, sempre possibili, potranno contribuire a produrre un cambiamento limitato o in molti casi soltanto apparente.

È anche innegabile che senza una norma che intervenga sulla configurazione delle strutture formali di governo, sui ruoli, sulle relazioni, sui poteri e sulle responsabilità dei diversi portatori delle categorie di interessi, finalizzata alla prospettiva di realizzare l'obiettivo di un equilibrio tra di esse, lo scopo del rendimento complessivo del sistema economico così come quello del funzionamento dei mercati finanziari rischierebbero di non essere allocati tra le priorità dalle singole aziende, troppo spesso tentate di seguire vie più facilmente percorribili verso la redditività individuale.

Lo scopo di un sistema efficace di *corporate governance* è pertanto quello di favorire la creazione di ricchezza o di valore per l'intero sistema aziendale, cioè per gli azionisti, ma anche per i risparmiatori che investono nelle aziende e per gli altri soggetti coinvolti nell'attività: dipendenti, finanziatori, clienti, fornitori, collettività territoriale e nazionale, garantendo l'equilibrio tra queste tipologie di interessi tra loro anche molto diversi ed in vista dell'effetto di trascinamento che lo sviluppo di un sistema aziendale induce sul contesto economico territoriale di riferimento.

La problematica della *corporate governance* è stata affrontata in modo ampio ed approfondito sia nella prospettiva di analisi giuridica sia in quella economico aziendale sia nell'altra politico istituzionale e sociale. In questa sede dovremo limitarci a trattare brevemente dei recenti cambiamenti della normativa in vista delle implicazioni che la ricerca di un equilibrio tra gli interessi presenti nella sfera delle grandi aziende societarie ed i poteri che ne scaturiscono esercitano sulle potenzialità di sviluppo del sistema aziendale.

In merito ai soggetti interessati al governo societario si è già avuto modo di individuare varie categorie. Vediamolo più in particolare nelle aziende societarie di grandi dimensioni alle quali si è rivolto largamente l'interesse degli studiosi e dei legislatori nazionali.

Ricordiamo la differenza che si riscontra tra gli azionisti di maggioranza – o più in generale, *gruppo di «controllo»*, *capitale di comando* – e il *gruppo di minoranza*, tutti accomunati dal rischio economico, ma diversamente coinvolti nelle decisioni fondamentali. I primi, essendo direttamente interessati alle scelte della gestione, tendono a muoversi per ampliare la propria sfera di controllo [92] e per stabilizzarla quindi mirano a ridurre le interferenze esterne, mentre i secondi, non avendo la possibilità di partecipare in via diretta alle scelte della gestione, sono naturalmente interessati a ridurre le capacità di controllo dei primi, ad ampliare le proprie e raggiungere lo scopo di vigilare sullo svolgimento delle attività dell'azienda.

I *manager* non condividono il rischio economico, tuttavia assumono i poteri necessari a gestire l'azienda in un processo di separazione tra proprietà e governo effettivo o controllo degli andamenti della società. In particolare nelle aziende di grandi dimensioni nelle quali la proprietà è polverizzata nelle mani di tanti piccoli azionisti, si attua il modello di governance noto come *public company*, quindi il *manager*, non avendo alcun riferimento preciso nella proprietà, svolge in proprio le funzioni fondamentali di indirizzo strategico confrontandosi direttamente con il mercato. Nel sistema di *capitalismo manageriale* molto diffuso negli Sta-

---

[92] L. SCHIUMA 1997.

ti Uniti e tendente oggi ad estendersi anche all'Europa, infatti, l'operato del manager viene valutato direttamente dal mercato ed è legato in buona misura all'indicatore del valore di borsa delle azioni della società.

In Europa è aumentato negli ultimi decenni il ruolo degli investitori istituzionali (fondi pensione, fondi comuni d'investimento, società di assicurazione, banche). Si tratta di soggetti che gestiscono capitali per conto dei loro clienti ed acquisiscono partecipazioni azionarie, dunque titoli di proprietà delle aziende. Essi operano le loro scelte naturalmente privilegiando le società che offrono garanzie di solidità, economicità – cioè di efficienza ed efficacia della gestione – ma anche di correttezza, di trasparenza nelle comunicazioni ed informazioni e di equilibrio nella tutela degli interessi interni ed esterni.

Altri soggetti portatori di interessi molto forti sono i dipendenti, i creditori, le banche finanziatrici, l'amministrazione pubblica.

Al centro dell'interesse di un sistema di *corporate governance* sta l'organo cui compete il potere di indirizzo strategico, cioè la gestione della società. La sua composizione rappresenta un tema di grande rilevanza, ma non minore importanza compete ai *meccanismi operativi* che consentono agli organi a ciò preposti di vigilare sul modo in cui tale attività di gestione viene realizzata. Notevole peso compete all'informazione – modalità, procedure, qualità – sugli atti e andamenti della gestione.

Come già osservato, i sistemi di *corporate governance,* nelle loro molteplici articolazioni e diversità, possono essere ricondotti sostanzialmente a due tipologie: la prima è la tipologia anglosassone (USA e Gran Bretagna) che perfeziona la separazione tra proprietà e management e s'incentra sul modello della *public company*, azienda societaria ad azionariato diffuso nella quale, in sostanza l'altissimo numero degli azionisti non consente loro di esercitare una reale azione di controllo sull'operato dei *manager.* Questi ultimi si muovono sul mercato che vaglia direttamente il loro operato. Da qui l'importanza della correttezza e della trasparenza dell'informazione rivolta all'esterno, da qui il rilievo che viene dato all'andamento del valore di borsa delle azioni.

Il secondo modello fa riferimento all'impresa *a proprietà ristretta*, o a *nucleo definito*, è diffuso nei paesi europei e in Giappone, è caratterizzato dalla concentrazione della proprietà azionaria nelle mani di un gruppo più o meno ampio, dalla presenza delle banche e degli investitori istituzionali nella vita delle società di capitali. Questa presenza va oltre il semplice ruolo di finanziatori fino ad entrare nei problemi e nelle decisioni della gestione (la *Hausbank* in Germania). Nel modello in esame il problema centrale del sistema di *corporate governance* si concentra nella ricerca di un equilibrio fra gli interessi degli azionisti di maggioranza che designano i membri dell'organo a cui compete la gestione, gli interessi delle minoranze azionarie e quelli dei finanziatori. È evidente che in questo caso un'azione di controllo sull'operato della società, vista la concentrazione della proprietà azionaria ed il peso rilevante delle banche, non può essere esercitata dall'entità esterna impersonale, cioè dal mercato le cui capacità taumaturgiche di meccanismo autoregolatore hanno destato sempre grosse perplessità, che si sono accentuate in particolare nei nostri anni in cui la crisi profonda emersa nei mercati finanziari dapprima americani e subito dopo europei ha fatto emergere aspetti di inattesa virulenza.

Il modello italiano presenta caratteristiche che consentono di presentarlo come modello misto: la separazione tra proprietà e *management* è ridotta, la proprietà è tendenzialmente concentrata, un ruolo importante è svolto dalle grandi famiglie (*capitalismo familiare* che trova riferimento nell'*impresa padronale*), dai gruppi aziendali, dallo Stato, la maggior parte delle società è controllata da altre società o da *holding*. Comunque, si sta affermando una situazione in cui accanto ad un gruppo stabile di azionisti (nocciolo duro talvolta anche non consistente) emerge un azionariato diffuso formato da intermediari bancari e assicurazioni e dove il ruolo degli investitori istituzionali non è molto sensibile. Infine, le recenti esperienze di privatizzazione hanno portato in alcuni casi a costituire entità societarie ad azionariato atomizzato nelle quali il potere di indirizzo strategico risiede largamente nelle mani dei *manager*.

8.5. *La* «corporate governance» *nei paesi europei*

Un buon sistema di governo societario deve essere in grado di definire in modo equilibrato i rapporti tra i vari soggetti, a nostro avviso, secondo i criteri della economicità, della correttezza, della trasparenza, del rispetto dei diritti delle minoranze e della tutela dei risparmiatori che investono nelle aziende pur senza partecipare alla gestione. Ciò deve essere garantito anzitutto dall'assetto istituzionale da attuare mediante la costituzione di organi della società che svolgano ed incrocino in modo efficace *funzioni di governo strategico, di gestione, di supervisione e di controllo* nelle sue varie forme [93].

I principi generali proposti sono molti e dettagliati [94].

È importante, tuttavia, riflettere sulle differenti vie organizzative mediante le quali si può arrivare a realizzare un sistema di gestione aziendale concomitante rispetto ad un sistema di sorveglianza o di controllo e nello stesso tempo separato dal primo in quanto, ad esempio, affidato ad un organo diverso.

La *separazione tra attività di gestione ed attività di controllo*, quest'ultima intesa come supervisione o vigilanza, viene indicata come uno dei principi di base a cui attenersi in quanto sembra offrire le migliori garanzie per un buon funzionamento del sistema. Qesto principio viene applicato in modo diverso nei paesi europei. Le tipologie di controllo da esercitare sulla gestione sono sostanzialmente riconducibili al *controllo di legalità*, al *controllo di merito*, al *controllo contabile*. Esse vengono affidate ad una pluralità di soggetti idonei, indipendenti ed autonomi che, come vedremo, variano da caso a caso, da paese a paese.

Le forme organizzative in base alle quali prende corpo l'assetto istituzionale prevedono la presenza di organi a cui sono affidate tre diverse classi di funzioni: funzioni volitive, funzioni di gestione, funzioni di controllo o supervisione. In termini schematici ed in larga approssimazione tali funzioni possono essere ricondotte all'assemblea degli azionisti, ad un organo amministrativo variamente denominato che assume il potere di gestione e ad un organo di controllo. I diversi sistemi in cui le funzioni vengono variamente attribuite sono: la struttura unitaria presente nel modello francese ed inglese, la struttura dualistica verticale presente nel

---

93 Gli strumenti della *corporate governance* sono: gli organi societari di gestione e supervisione, l'assemblea degli azionisti ed i poteri delle minoranze, l'attivismo degli investitori, il monitoraggio delle banche e del mercato, l'informazione e le autorità cui compete la sorveglianza, l'azione di monitoraggio *ex post* e quella sanzionatoria dei tribunali. ASSOCIAZIONE DISIANO PREITE, cit.

94 Si fa riferimento ai principi enunciati nel Documento OECD (l'organizzazione facente capo all'Unione Europea che si occupa dello sviluppo economico) del 1998: Rapport à l'OECD du group consultif du secteur privé sur le gouvernement d'entreprise, 1998: in particolare: «Corporate Governance: Improving Competitivness and Access to Capital in Global Markets», OECD, aprile, 1998.

modello tedesco, la struttura dualistica orizzontale presente nel modello italiano tradizionale.

Nei tre casi l'Assemblea degli azionisti è presente, con poteri più o meno ampi e articolati (la legislazione francese assegna all'Assemblea un potere relativamente maggiore rispetto a quello che le viene riconosciuto da altri paesi), che vengono esercitati sulla materia dell'ordinamento giuridico della società, sulla nomina dei membri degli organi di gestione.

Una impostazione strutturale comune ai tre sistemi citati la troviamo nella crescente presenza delle funzioni assegnate agli «amministratori», cioè ai membri dell'organo di gestione, rispetto a quelle esercitate dall'Assemblea. Infatti, l'adozione della società per azioni come modello organizzativo di aziende di grande dimensione ha reso gradualmente palese quanto poco fosse adeguato alla realtà economica un sistema facente perno quasi esclusivamente sull'Assemblea, minata nelle sue funzioni dalla polverizzazione dell'azionariato e dall'assenteismo dei soci non partecipi del gruppo di comando[95].

Nella *struttura unitaria* tipica dell'ordinamento anglosassone, il Consiglio di Amministrazione (*Board of Directors*) concentra su di sé le funzioni di gestione, di controllo di legalità e di merito e per far questo è composto sia da membri interni esecutivi sia da membri esterni indipendenti. Il controllo contabile viene affidato ad un revisore professionale esterno (*External Auditor*). Non è previsto in questo modello alcun organo a se stante deputato specificamente al controllo cioè alla supervisione, del tipo del Collegio sindacale tipico della realtà italiana. Sembra evidente che la funzione di controllo sulla gestione, che viene svolta da un collegio costituito all'interno dello stesso Consiglio di amministrazione (*Audit Committee*), venga affidata ai membri esterni indipendenti.

Nella *struttura dualistica verticale* che troviamo nell'ordinamento tedesco, si prevede un Consiglio di direzione (*Vorstand*) con funzioni di gestione ordinaria e straordinaria ed un Consiglio di sorveglianza (*Aufsichtsrat*) che svolge le funzioni del controllo di legalità e di merito; il controllo contabile è affidato ad un revisore professionale esterno.

Il terzo sistema che possiamo definire *di tipo dualistico orizzontale o dualistico «ibrido»* è quello italiano tradizionale, prevede un Consiglio di

---

[95] V. ALLEGRI 2004, p. 186 ss.

amministrazione ed un Collegio sindacale. Nel primo, che assolve alla gestione con pieni poteri, possono essere presenti anche membri esterni indipendenti che svolgono funzioni di controllo di merito. Il Collegio sindacale si occupa del controllo di legalità e della supervisione sulle attività di gestione, mentre il controllo contabile viene affidato ad un revisore professionale esterno.

Lo studio dell'OECD del 1998 forniva in tema di *corporate governance* criteri ed indicazioni che si presentano ricchi di implicazioni sistematiche e di ricadute operative.

Lungi dal definire un modello unico per tutti i paesi europei l'OECD si limitava a formulare alcuni standard minimi internazionali finalizzati ai criteri della trasparenza, attendibilità, responsabilità, imparzialità e protezione di tutti gli azionisti e soggetti cointeressati.

I principi fondamentali enunciati nel documento si riferiscono a:

– diritti degli azionisti;
– trattamento paritario degli azionisti;
– ruolo dei soggetti cointeressati (*stakeholder*) e governo o controllo della società;
– informazioni e trasparenza;
– responsabilità del Consiglio di Amministrazione.

Nel corso degli anni 1998 e 1999 in Francia, Germania, Inghilterra, Italia si sono avute rilevanti novità legislative in materia di riforma del diritto societario che si collocano sulla linea delle esigenze rilevate dal «Rapporto» OECD e dei principi in esso contenuti.

In questa sede ci limitiamo a trattare brevemente soltanto del caso della Germania e dell'Italia. Il caso tedesco deve essere affrontato per il particolare interesse che presenta il sistema di cogestione ivi attuato (*Mitbestimmung, two tiers-system*), ma soprattutto per la forte *vis expansiva* che lo stesso ha dimostrato indipendentemente dalla cogestione che, invece, è stata fortemente avversata dai paesi membri dell'Unione Europea, primo fra tutti l'Italia. Ancor prima di influenzare il legislatore italiano del 2003, il sistema dualistico tedesco, privato dell'istituto della cogestione, ha fortemente influenzato il Regolamento della Comunità Europea n. 2157/2001 contenente lo **Statuto della società europea** e la proposta di **Quinta Direttiva** del legislatore comunitario.

Nella società per azioni tedesca la legislazione prevede la presenza dei seguenti organi: Assemblea degli azionisti, Consiglio di Direzione (*Vorstand*), Consiglio di Sorveglianza (*Aufsichtsrat*).

Ognuno di essi ha proprie competenze e responsabilità senza che tra i tre organi sussista alcuna subordinazione gerarchica. Nelle società aventi più di 500 dipendenti è obbligatoria, secondo la legge del 1976, la «cogestione» che si estrinseca nella presenza paritaria di rappresentanti degli azionisti e di rappresentati dei dipendenti nel Consiglio di sorveglianza.

L'istituto della cogestione s'inquadra in una concezione della grande azienda societaria intesa come una comunità di capitale e lavoro, volta al perseguimento di uno scopo comune: lo scopo dell'azienda, nella prospettiva del superamento delle contrapposizioni di classe.

L'Assemblea degli azionisti esercita i suoi poteri su tutto quanto attiene alla struttura giuridica e amministrativa dell'azienda, nomina i membri del Consiglio di sorveglianza, sceglie i certificatori contabili.

Il Consiglio di sorveglianza nomina il Consiglio di direzione, la sua composizione varia in relazione alle dimensioni aziendali: può essere composto da 3 o più membri fino ad arrivare ad un massimo di 9, 15, 21 (sempre multiplo di 3). Viene eletto per metà dai rappresentanti dei dipendenti e per metà dalla proprietà, cioè dall'Assemblea degli azionisti. Non gli competono attività di gestione ordinaria, bensì esercita funzioni di controllo sull'operato del Consiglio di Direzione rispetto al quale si colloca ad un pari livello.

Al Consiglio di Direzione competono tutte le funzioni di gestione ordinaria e straordinaria e la rappresentanza della società nei rapporti con l'esterno. Ad esso spetta l'elaborazione e redazione dei Conti annuali della società prescritti dalla normativa, è inoltre tenuto a fornire al Consiglio di Sorveglianza con cadenza trimestrale tutte le informazioni attinenti alla programmazione delle attività ed ai risultati raggiunti.

In Germania una legge del 1998 (il *KonTraG*) ha affrontato specificamente la materia del controllo e della trasparenza delle società, intervenendo in particolare sul tema del Consiglio di sorveglianza (*Aufsichtsrat*) e sulla tutela degli azionisti di minoranza.

Nel 1998 si è avuto anche da parte del legislatore italiano un primo intervento concreto che ha affrontato insieme la materia del riordino del mercato dei capitali e quella della *corporate governance*.

La scarsa disinvoltura con cui le aziende italiane si muovono rispetto alle straniere nello spingersi al difuori dell'ambito nazionale con investimenti diretti o alleanze strategiche, la scarsa rapidità nel dare risposta ai mutamenti imposti dal progresso tecnologico e dall'ambiente in generale, gli ostacoli ad un ricambio generazionale, la presenza eccessiva di strumenti informali ed il peso delle relazioni personali, la vischiosità nel processo di rinnovamento dei *manager* o della *business idea,* rappresentano importanti carenze che possono essere ricondotte ad una inadeguatezza degli assetti istituzionali. Ad esse sono indubbiamente legate molte delle difficoltà ad accedere al mercato dei capitali, pur in presenza delle note carenze strutturali che vengono attribuite a quest'ultimo in Italia e fuori.

Se il riconoscimento delle inadeguatezze accennate era convinzione diffusa, risulta evidente che s'imponeva un intervento normativo importante sulla materia concernente le aziende societarie, anzitutto su quelle di grande dimensione al fine di garantire forme efficaci di governo economico che, contribuendo alla rimozione di molte delle variabili negative citate, consentissero un efficace funzionamento sia delle aziende sia dei mercati dei capitali.

Il «Testo unico delle disposizioni in materia di intermediazione finanziaria» (D.Lgs. 24 febbraio 1998, n. 58) rappresenta da un lato l'atto conclusivo di un processo di riordino dei mercati finanziari avviato mediante deleghe al governo sulla base della normativa comunitaria, da un altro lato è da considerare un punto di partenza significativo per la codificazione di un nuovo «tipo» di società, quella che – con espressione ormai invalsa nell'uso comune – è stata definita «società aperta» [96]. Per apprezzare adeguatamente finalità ed ambito di intervento del decreto n. 58, noto anche come decreto Draghi dal nome del Direttore Generale del Tesoro che ne ha curato le vicende, possiamo ricordare che esso è stato emanato in attuazione della legge 6 febbraio 1996, n. 52, la quale ha concesso al Governo un'ampia delega per introdurre «... in sede di riordinamento normativo delle materie concernenti gli intermediari, i mercati finanziari e mobiliari e gli altri aspetti comunque connessi» una modifica della vigente disciplina societaria «... relativa alle società emittenti titoli sui mercati regolamentati, con particolare riferimento al Collegio sindacale, ai poteri delle minoranze, ai sindacati di voto ed ai rapporti di gruppo, secondo criteri che rafforzino la tutela del risparmio e degli azionisti di minoranza» (art. 21, comma 4).

---

[96] M. Draghi 1998, p. 58.

A questo primo importante intervento legislativo altri hanno fatto seguito nel 2003 e nel 2004, ispirati ai principi della «società aperta» in quanto l'adeguamento del mercato finanziario italiano alle sfide europee, l'entrata in vigore del Testo Unico e l'avvento della moneta comune avevano reso ormai improcrastinabile una rivisitazione delle norme che disciplinano il diritto d'impresa nella parte che investe la regolamentazione delle società quotate, ma anche altri temi centrali di rilevante importanza, in particolare, la disciplina delle società cooperative, quella dei gruppi e delle società consortili, delle società a responsabilità limitata. Viene riconosciuta la necessità anche di una disciplina delle forme di soggettività giuridica diverse dalle società (associazioni, fondazioni ecc.) vista la propensione ormai crescente ad esercitare attività aziendale da parte di soggetti con finalità *no profit*.

È ritenuto poi inevitabile riconsiderare modalità e strutture del controllo contabile e rivedere la funzionalità delle norme che regolano il bilancio a fornire un quadro adeguato degli andamenti e della situazione aziendale.

I sistemi e gli orientamenti europei delineati forniscono i termini della scelta tra diversi modelli di governo societario, quello tradizionale, dettato dall'attuale ordinamento italiano (Consiglio di Amministrazione e Collegio Sindacale), quello dualistico previsto dall'ordinamento tedesco (Consiglio di Direzione e Consiglio di Sorveglianza), quello monistico anglosassone (Consiglio di Amministrazione con distinzione tra amministratori dipendenti ed amministratori esterni indipendenti), naturalmente mantenendo l'obbligo legale della revisione dei conti.

Il tema della riforma degli assetti istituzionali che reggono l'azienda è stato affrontato con attenzione e ci si è trovati di fronte all'alternativa se prendere a riferimento del sistema di *governance*, oltre ai detentori del diritto di proprietà, espressione del gruppo di comando, ed agli investitori, anche altri soggetti portatori di interessi – i dipendenti – ovvero limitarsi a considerare solo le due categorie di interessi, in sintesi le categorie di chi controlla la gestione dell'azienda e di chi beneficia dei suoi risultati.

Il modello tedesco è basato sulla *concezione di un'azienda intesa come «istituzione sociale», comunità di capitale e lavoro*, perciò ad un importante gruppo di interessi diversi dalla proprietà – i dipendenti – viene riconosciuto il diritto ad una propria rappresentanza all'interno degli organi di governo dell'azienda stessa. Questa soluzione è stata vista in modo critico da parte dei paesi membri della U.E. e in particolare da parte italiana [97]. Secondo la struttura unitaria inglese, invece, chi controlla la gestione ha doveri solo nei confronti degli investitori e la tutela degli interessi degli altri soggetti viene lasciata al meccanismo regolatore esterno del mercato. L'efficacia relativa di ognuno dei due modelli è poi affidata al contesto culturale e sociale, alla tecnologia, alla fase storica attraversata.

Alla luce della tecnologia e delle esigenze del mondo produttivo poteva sembrare che in Italia il modello tedesco – pur con le dovute correzioni – dovesse essere quello prescelto e gli interessi del lavoro dipendente dovessero essere rappresentati in modo più efficace rispetto agli altri interessi esterni. Tuttavia, dobbiamo osservare che le particolari condizioni storiche in cui la riforma del governo societario si trovava ad essere concepita risentivano dell'esperienza negativa degli ultimi decenni nei quali la mediazione tra gli interessi suddetti era stata troppo spesso affidata ad un compromesso tra dirigenza aziendale, organizzazioni sindacali e forze politiche con l'inevitabile e costante ricorso al denaro pubblico. Ciò ha provocato una esigenza di fare chiarezza nelle situazioni di gestioni aziendali caratterizzate da risultati negativi in modo da togliere qualsiasi possibile alibi – in particolare quello dell'interesse dei dipendenti – a chi, detenendo il potere di indirizzo strategico della gestione aziendale, commetta errori o abusi [98]. La tendenza a prendere in considerazione ambedue le categorie di interessi – proprietari e dipendenti – è stata accantonata per lasciare spazio all'esigenza di esporre al giudizio esterno amministratori aventi una responsabilità chiara nei confronti di un solo gruppo di interesse – quello degli investitori – peraltro già assai variegato al suo interno [99].

---

[97] V. Allegri 2004, p. 188.

[98] C. Demattè 1999. «... Né in Italia né altrove ci sono esperienze sufficienti per poter affermare con sufficienti elementi che un coinvolgimento dei lavoratori nel governo dell'impresa, senza una corrispettiva partecipazione al capitale, determini – sic et simpiciter – l'effetto di ridurre i comportamenti opportunistici e di allineare maggiormente gli interessi dei dipendenti a quelli degli azionisti i quali, proprio per essere nella posizione contrattuale più esposta, hanno necessità di essere tutelati con il diritto di governo».

[99] Associazione Disiano Preite, cit., pp. 50-51.

8.6. *La situazione italiana dopo la riforma del 2003*

Il legislatore italiano è intervenuto, dopo anni di sostanziale immobilismo, sulle norme del diritto delle società inducendo profondi cambiamenti nella *corporate governance.*

Dopo l'intervento del 1998, nel 2003, con il D.Lgs. 17 gennaio 2003, n. 6 e con successivi interventi correttivi (D.Lgs. 6 febbraio 2004, n. 37) la materia delle società di capitali è stata sostanzialmente riformata. È stato osservato che la nuova normativa consente «un allargamento e arricchimento degli strumenti a disposizione degli imprenditori e degli operatori»[100].

Relativamente alla *governance* la riforma lascia all'autonomia statutaria della società la scelta fra tre diversi modelli di «amministrazione e controllo»: il modello tradizionale, il modello dualistico di derivazione tedesca, il modello monistico di derivazione anglosassone.

Il **sistema tradizionale** riformato è fondato sulla presenza sia dell'organo a cui compete l'amministrazione, *Amministratore unico* o *Consiglio di amministrazione*, sia del *Collegio sindacale* con funzioni di vigilanza. La riforma sancisce che la gestione dell'impresa spetta esclusivamente agli amministratori, tanto che certe dubbie sovrapposizioni di funzioni con l'Assemblea sono oggi venute meno. Gli amministratori sono inoltre dotati di una propria sfera di competenza inderogabile ed hanno potere deliberativo su tutte le materie attinenti alla gestione della società. Si deduce da questo la conseguenza che sarebbe arbitraria la frapposizione di limiti alla loro attività il cui esercizio si fonda su poteri previsti dalla legge. Il legislatore italiano ha in questo modo dato piena rilevanza al fenomeno già osservato della evoluzione in senso manageriale della società di capitali.

Il modello tradizionale è il più simile a quello disciplinato dal diritto previgente, anche se il Collegio sindacale svolge ora funzioni parzialmente diverse.

La recente Riforma consente alle società per azioni di adottare, in alternativa al modello tradizionale modificato, il **sistema dualistico**. Tale sistema di governance si ispira al modello introdotto in Germania dove costituisce l'unico sistema di amministrazione e controllo delle società per

---

[100] F. BONELLI, 2003.

azioni. È stato recepito da altri paesi europei, la Francia, l'Olanda, la Finlandia ed ha trovato riconoscimento a livello comunitario nella disciplina dello Statuto della Società europea (reg. Ce n. 2157/2002). Consiste nell'interposizione tra l'assemblea e l'organo amministrativo, che assume qui il nome di Consiglio di gestione, di un organo intermedio di nomina assembleare, il Consiglio di sorveglianza, composto da un numero di membri non inferiore a tre, che assomma in sé attribuzioni che nel sistema ordinario sono proprie dell'assemblea dei soci – come la nomina e la revoca dei componenti il Consiglio di gestione, l'approvazione del bilancio di periodo (mentre la delibera sulla destinazione degli utili resta all'assemblea dei soci), la proposta di un'azione di responsabilità nei confronti dei componenti il Consiglio di gestione – e funzioni che nel sistema ordinario sono attribuite al Collegio sindacale, come il controllo di legalità e di efficienza, la denuncia al tribunale, le relazioni all'assemblea, almeno una volta all'anno, sull'attività di vigilanza svolta e sui fatti censurabili rilevati. Altre funzioni peculiari del Consiglio di sorveglianza sono l'approvazione del bilancio consolidato, ove redatto, e la deliberazione sui piani strategici, industriali e finanziari, se prevista dallo Statuto.

Il Consiglio di gestione è formato da un numero di componenti, anche non soci, non inferiore a due, è investito in modo esclusivo della gestione dell'azienda, può delegare le sue attribuzioni ad uno o più dei suoi componenti, elegge il suo presidente, se non nominato dal Consiglio di sorveglianza. I membri del Consiglio di sorveglianza non possono essere al contempo componenti del Consiglio di gestione.

Nella sua originaria ideazione il sistema dualistico si può ritenere adeguato nelle società per azioni in cui la compagine azionaria sia molto diffusa – la *public company* – o, comunque in società prive di soci che, per indisponibilità o mancanza di competenze, possano svolgere funzioni manageriali. Si ritiene adeguato anche per società nelle quali il capitale di comando sia concentrato nelle mani di investitori professionali come i fondi comuni d'investimento. In questi casi, infatti, l'assemblea è dispensata da attribuzioni che implicano nei soci la capacità o la volontà di intraprendere scelte di tipo imprenditoriale rimettendole ad un organo che effettua queste scelte esercitando al contempo il controllo di legalità e di efficienza [101]. In sintesi, il sistema dualistico è quello nel quale si rea-

---

[101] F. GALGANO, 2004.

lizza la maggiore dissociazione tra proprietà dei soci e potere degli organi sociali.

Dobbiamo, però osservare che tale modello si presta anche per scelte opportunistiche, del tipo di quelle operate da un capitale di comando insofferente sia dei controlli che nel sistema ordinario vengono affidati ad un Collegio sindacale non revocabile a piacimento sia del confronto con le minoranze o della discussione in assemblea specie in sede di approvazione del bilancio annuale. La possibilità di nominare consiglieri di sorveglianza e di gestione particolarmente compiacenti è una realtà da non sottovalutare.

Il sistema monistico si ispira a sua volta al modello anglosassone e si caratterizza per la concentrazione delle funzioni di gestione e di controllo fra i componenti di un medesimo organo. Questo organo unitario è il Consiglio di amministrazione, i suoi componenti, eletti dall'assemblea, sono per un terzo formati da persone provviste dei rigorosi requisiti di indipendenza previsti per i sindaci ed eventualmente di ulteriori requisiti di indipendenza previsti dai codici di comportamento redatti da associazioni di categoria o società di gestione dei mercati regolamentati.

Entro il proprio seno e solo tra i consiglieri esterni provvisti dei suddetti requisiti di indipendenza, che non esercitino funzioni di gestione neppure nelle società controllate o controllanti, il Consiglio di amministrazione nomina i componenti del Comitato per il controllo che opera anche come organo collegiale a se stante *(audit committee)* in un modo che lo rende analogo al Collegio sindacale.

Si può osservare che il sistema monistico risponde a scopi di semplificazione e di flessibilità, consente agli addetti al controllo la partecipazione alle decisioni di gestione in quanto essi fanno parte del Consiglio di amministrazione e votano nelle deliberazioni. La gestione sociale potrà essere, in questo caso, più rispettosa della legalità e dell'efficienza in quanto la verifica di esse è contemporanea all'assunzione delle deliberazioni il che potrà permettere di prevenire illegalità e inefficienze oltre a realizzare risparmi di tempo e di costi e ad assicurare un'elevata trasparenza. Il sistema monistico mira a favorire l'efficienza decisionale.

Particolari motivi per la sua scelta possiamo ritrovarli nelle società che operano su mercati internazionali o statunitensi per l'analogia che tale sistema di *governance* presenta rispetto al modello americano.

Viene riconfermata nel sistema monistico la regola già prevista nel sistema tradizionale della competenza esclusiva del Consiglio di amministrazione sulla gestione dell'azienda. Importante e delicato è il possesso dei requisiti di indipendenza di almeno un terzo dei componenti il Consiglio di amministrazione. Tale norma è finalizzata più che all'efficacia strutturale dell'organo amministrativo nel suo complesso, ai requisiti personali dei consiglieri tra i quali si dovranno scegliere i membri del Comitato per il controllo della gestione che svolge compiti di supervisione e controllo di legalità analoghi a quelli a suo tempo spettanti al Collegio sindacale.

La determinazione del numero e la scelta, al proprio interno, dei componenti il Comitato spetta al Consiglio di amministrazione. Tuttavia tra i punti più delicati dell'istituto emerge l'aspetto che anche nell'ordinamento anglosassone si è mostrato il più critico e cioè quello della reale indipendenza degli *independent director* che dovrebbero comporre l'*audit committee.* Nella versone italiana dell'istituto si sono adottate alcune importanti cautele in proposito: il possesso di requisiti di onorabilità e professionalità (che lo Statuto deve obbligatoriamente prevedere), il divieto di attribuire ai componenti il Comitato deleghe di gestione, l'obbligo per almeno uno dei membri, di iscrizione nel Registro dei revisori contabili, la presenza tra i requisiti di indipendenza di quelli previsti in materia da codici di comportamento redatti da associazioni di categoria o da «società di gestione di mercati regolamentati».

Malgrado queste cautele è stata tuttavia rilevata la sostanziale debolezza del sistema monistico italiano che, in pratica, si è limitato a portare all'interno del Consiglio di amministrazione il Collegio sindacale senza trasferirvi le norme rigorose previste per l'*audit committee* dal modello anglosassone originale, norme che in quella sede non sempre venivano ritenute adeguate.

8.7. *Alcuni spunti critici*

Le accennate innovazioni in tema di *governance* presentano molti aspetti di indubbio interesse anche se alcuni di essi non possono essere considerati soddisfacenti. Ci limiteremo ad accennare solo a quelli che riteniamo più significativi.

Il punto fondamentale che non possiamo trascurare riguarda la chiave interpretativa che consente di comprendere la *ratio* che ispira la riforma societaria, quindi la concezione dell'azienda e la posizione nei confronti degli azionisti (*shareholder*) e degli *stakeholder.*

Nella prospettiva economica del diritto l'azienda viene vista come un complesso di accordi (*nexus of contracts*), contratti tra i vari attori (soci, amministratori, manager, dipendenti, creditori). Si tratta di contratti espliciti, ad esempio lo statuto, o impliciti, nella misura in cui vi siano clausole generali giuridiche a determinare i comportamenti. Tali accordi meglio e più efficacemente di un legislatore, che interviene in modo imperativo, sono ritenuti in grado di regolare gli interessi in gioco con effetti positivi anche per la collettività. Tra le concezioni contrattualistiche può essere inquadrata la *shareholder's theory* [102].

Tale concezione si contrappone all'altra in base alla quale l'azienda viene vista come un soggetto in sé meritevole di considerazione e di protezione nell'ordinamento giuridico, in nome di un più elevato interesse pubblico, mediante una serie ben delineata di norme inderogabili.

La conseguenza diretta dell'impostazione contrattualistica sta anzitutto nella limitazione del complesso di norme inderogabili che il legislatore pone, ad esempio, a presidio di interessi che il mercato non è in grado di tutelare adeguatamente e quindi nel consistente spazio di autonomia lasciato all'azienda, negli statuti o nell'ambito di applicazione di clausole generali, che consente una visione più o meno ampia del margine di libertà delle parti, nella fattispecie soci ed amministratori, del contratto di società e dell'estensione delle loro responsabilità.

È interessante notare come il *leit Motiv* della legge di riforma sia in larghissima parte coerente con l'approccio contrattualistico e si proponga di migliorare l'efficacia delle regole assegnando all'azienda ampi margini di autonomia negli statuti piuttosto che dettare norme inderogabili.

Notiamo in proposito che i principi generali enunciati relativamente alle Società di capitali impongono di:

– valorizzare il carattere imprenditoriale della società,
– ampliare gli ambiti dell'autonomia statutaria tenendo conto delle esigenze di tutela dei diversi interessi coinvolti.

---

[102] P.G. JAEGER, 2000, p. 795.

Per la Società per azioni le nuove regole si propongono inoltre di:

– garantire un equilibrio nella tutela degli interessi dei soci, creditori, investitori, dei risparmiatori e dei terzi,
– prevedere un assetto organizzativo idoneo a promuovere efficienza e correttezza nella gestione,
– attribuire adeguato spazio all'autonomia statutaria,
– definire le competenze dell'organo amministrativo con riguardo alla responsabilità esclusiva di gestione, disciplinando i doveri di fedeltà degli amministratori.

Se consideriamo che la correttezza è criterio scontato poiché qualsiasi legge non può che avere come fine quello della correttezza dei comportamenti, sono quattro i criteri fondamentali che emergono: efficienza, autoregolamentazione da parte dei soci, separazione del ruolo tra management e società, contemperamento degli interessi dei vari *stakeholder.*

Tre dei quattro criteri elencati rientrano a pieno titolo nella concezione di massimizzazione del valore della società per gli azionisti (*shareholder's value*), mentre solo il quarto sembra rispondere alla visione della società per azioni come un ente che ha rilevanti responsabilità nei confronti della collettività.

Ebbene, se si può ritenere ragionevole affidare alla contrattazione privata la sistemazione e la composizione di interessi per tutto quello che riguarda i rapporti interni all'organizzazione societaria, una considerazione diversa meriterebbe tutto quanto attiene alla posizione dei terzi, in particolare i creditori per i quali l'articolazione in varie categorie e la varietà di posizioni nei confronti dell'azienda consiglierebbe una maggiore prudenza nell'affidare alla contrattazione privata la tutela degli interessi.

Nel quadro di riferimento contrattualistico, secondo il quale si riconosce l'esistenza di divergenze di obiettivi tra i diversi soggetti che costituiscono l'azienda (proprietari, amministratori, manager) e si afferma la necessità che tali divergenze d'interesse siano regolate da accordi negoziali che legano tra loro questi soggetti, il legislatore colloca la tematica dei conflitti d'interesse, in particolare quelli tra soci proprietari ed amministratori, tra soci che partecipano al capitale di comando e soci di minoranza.

In base ai ricordati criteri di efficienza o imprenditorialità, correttezza, separazione dei ruoli tra management e proprietà, autoregolamentazione, la recente normativa tende ad allineare gli interessi degli amministratori con quelli dei soci ed accentua la responsabilità dei primi nei confronti dei secondi senza limitare, però, l'azione degli organi centrali di gestione i cui obiettivi funzionali sono definiti in termini generali nell'ottica della massimizzazione del valore per gli azionisti. Risulta, perciò, più rigorosa la disciplina dei doveri di fedeltà degli amministratori in quanto gestori di patrimoni altrui, si presenta chiara l'imposizione della trasparenza e della correttezza gestionale.

Sulla concezione di fondo che dà l'impronta a tutta la normativa ci sembra di dover esprimere seri dubbi. Infatti a ben vedere, la visione contrattualistica adottata ci presenta il governo della società per azioni quasi come «un affare privato» [103] che coinvolge soci ed amministratori, mentre la tutela degli interessi delle altre parti in gioco è prevalentemente affidata a strumenti la cui effettività ed efficacia dipendono dalle preferenze, dal grado di consapevolezza, dal potere contrattuale di chi si trova nella posizione di utilizzarli.

Sulla falsariga delineata si collocano tra l'altro: l'accentramento del potere decisionale nell'organo amministrativo ed il relativo depotenziamento dell'assemblea degli azionisti che corrisponde, in sostanza, ad una compressione del ruolo dei soci di minoranza come parte attiva nella vita della società, la scarsa attenzione riservata all'informativa societaria, il rapporto con i creditori.

Siamo convinti che le aziende abbisognano di continuità nelle linee della loro gestione, di flessibilità e di tempestività nelle decisioni, siamo d'accordo sull'opportunità di individuare con chiarezza gli organi responsabili dell'indirizzo strategico e della vigilanza sull'azione del *management* garantendo la necessaria autonomia di direzione, riteniamo, però che qualche norma inderogabile a garanzia degli interessi delle varie categorie di *stakeholder*, in quanto soggetti che concorrono a realizzare la funzione di produzione economica ampiamente intesa, non avrebbe guastato il quadro d'insieme. Né avrebbe disturbato una decisa attenzione alle responsabilità dell'azienda nei confronti della collettività, tale ad esempio, da impedire che soci di comando e amministratori insieme coalizzati perseguano finalità di massimizzazione del valore, intesa come ricerca di risultati positivi per il capitale di comando, privilegiando logi-

---

[103] G. Rossi, A. Stabilini, 2003, p. 24.

che di breve periodo o magari svolgendo attività speculative o finanziarie estranee alla funzione di produzione economica, con gravi danni per investitori, risparmiatori, creditori, dipendenti.

La ricerca di un equilibrio durevole è il criterio dominante che deve ispirare tutta l'attività aziendale, esso presuppone da parte degli operatori aziendali un comportamento capace di creare e mantenere un tessuto di relazioni stabili e proficue con tutti i soggetti che circondano l'organizzazione produttiva [104] .

La capacità di individuare le attività che consentono un'azione efficace e di utilità per l'azienda incrementando volume di affari e risultato economico attiene alle strategie competitive o di altra natura. Accanto a queste ultime che sono affidate ai *manager*, tuttavia, in ogni azienda esiste un «orientamento strategico di fondo» che definisce la filosofia aziendale, il «modo di fare azienda» e che viene scelto dagli organi cui spetta il potere d'indirizzo. È questa «metastrategia» che guida i comportamenti nei confronti del dipendenti, dei creditori, dei soci di minoranza, dei clienti, dell'ambiente, della collettività. Per la ricerca ed il mantenimento di un equilibrio economico durevole essa deve rispondere ad una logica di responsabilità sociale [105].

Purtroppo la *ratio* dei provvedimenti sulla *governance*, rendendo operativa la *shareholder's theory*, soffre di grande «timidezza» su questa materia, tanto da destare molte sincere perplessità.

Un altro aspetto che ci sembra degno di nota concerne la vasta gamma di scelte che il diritto societario italiano offre alle aziende, ponendo in alternativa tra loro i differenti modelli di *governance* emersi dalle esperienze maturate nei vari paesi ad economia di mercato. A fronte di una valutazione positiva del margine di discrezionalità che in questo caso il legislatore lascia alle aziende dobbiamo tener conto del fatto che le norme, anche se uguali nella loro astratta formulazione, esprimono la loro

---

[104] E. Cavalieri 2008, p. 96.

[105] La storia ci insegna che ogni sistema d'organizzazione della produzione economica nella società ha bisogno di una base di legittimazione morale. Se quest'ultima manca o è troppo arbitraria il sistema viene ad essere fondato sulla disparità di trattamento e sull'ingiustizia ed ha il futuro contato.

efficacia solo in dipendenza dell'ambiente sociale, giuridico, economico in cui sono applicate.

Ebbene, in Italia i recenti episodi di malgoverno societario hanno portato in primo piano il problema dei controlli sull'amministrazione delle aziende ed infatti a questa materia la nuova disciplina societaria ha dedicato una parte corposa .

Perplessità sorgono, però, in merito alla reale effettività dei controlli che possono essere esercitati nei tre differenti sistemi di *governance* anche se in questi gli organi a ciò preposti sono variamente configurati così come le loro funzioni.

Di fronte al modello tradizionale rinnovato che vede nel complesso rafforzata la posizione del Collegio sindacale, la società può optare sia per il sistema dualistico nel quale tale organo è soppresso e le sue funzioni sono in parte attribuite al Consiglio di sorveglianza, sia per il sistema monistico nel quale tali funzioni sono attribuite ad un Comitato interno al Consiglio di amministrazione, formato da amministratori indipendenti. Si noti però che le prerogative e caratteristiche di indipendenza non sono regolate dalla legge, ma sono lasciate all'autonomia regolamentare della società.

Anche nel Consiglio di sorveglianza, che esercita le funzioni proprie del collegio sindacale, la reale efficacia del controllo può essere motivo di dubbio. Alcune irregolarità della gestione rischiano, infatti, di rimanere oscure poiché i membri dell'organo non sono dotati dal legislatore degli strumenti d'indagine adeguati. Questi non possono procedere individualmente ad atti di ispezione o di controllo né possono avvalersi di propri dipendenti (sotto la propria responsabilità) o ausiliari per l'espletamento delle operazioni relative.

A ciò si aggiunga l'eventuale mancanza di una adeguata preparazione tecnica poiché uno soltanto dei controllori deve essere iscritto nel registro dei revisori contabili: anche i requisiti di professionalità sono materia lasciata allo statuto.

In sostanza, la nuova normativa italiana non sembra collocarsi sulla linea evolutiva ispirata al rigore della disciplina sul controllo che ha orientato il processo normativo dei paesi europei e degli U.S.A.

Un ulteriore aspetto non particolarmente soddisfacente riguarda la materia del controllo contabile. Nelle società, sia che adottino il sistema tradizionale, il sistema dualistico ovvero quello monistico, il controllo contabile è esercitato da un revisore esterno, una società di revisione.

Ebbene, alla luce dei recenti avvenimenti dei mercati finanziari italiani e stranieri, non ci sembra proprio che tanta fiducia sia indiscutibilmente ben riposta nelle società di revisione.

È innegabile il permanente conflitto di interessi in cui esse si trovano con la società che analizzano. Non tanto e non solo tale conflitto esiste tra le funzioni di certificatore del bilancio e fornitore dei servizi di consulenza, ma anche e soprattutto esso viene originato dalla posizione di dipendenza – per retribuzione ed incarico – dalle scelte degli amministratori il cui operato i revisori dovrebbero *in primis* controllare.

Tuttavia, con gli strumenti offerti dalla normativa attuale, anche questo problema non trova alternative di soluzione.

Sezione II

L'attività dell'impresa per processi e combinazioni produttive

Capitolo 1

Le operazioni che caratterizzano l'attività dell'impresa

Enrico Cavalieri

1.1. Organizzazioni produttive, aziende e imprese: considerazioni di carattere istituzionale

1.1.1. *Fattori di cambiamento e comportamento strategico delle organizzazioni produttive*

Non è difficile osservare che nei differenti campi di studio i temi istituzionali sono poco frequentati. Ciò è particolarmente vero quando l'oggetto delle discipline evolve in modo rapido e profondo; sicché l'attenzione di tutti gli studiosi si rivolge fondamentalmente alle innovazioni e tende a cogliere ed interpretare la realtà in movimento, trascurando, per contro, i temi di carattere istituzionale, che più raramente vengono rivisitati alla luce del cambiamento.

Quanto più l'evoluzione è rapida ed intensa, tanto più obsoleti possono rivelarsi taluni concetti, classificazioni, categorie del pensiero che si ritenevano indiscutibilmente acquisiti.

Ciò può essere vero in economia aziendale, considerando che in un periodo di tempo relativamente breve abbiamo osservato cambiamenti radicali del modo di operare delle organizzazioni produttive, che hanno dovuto interpretare nuovi, differenti contesti ambientali.

I fattori principali del cambiamento sono assai noti. Conviene brevemente richiamarli, nei punti seguenti, per completezza di esposizione.

(a) Il progresso tecnologico nel campo dell'elettronica è certamente il fattore più rilevante, attorno al quale si è sviluppato il cambiamento. Giova ricordare che a tale fattore sono legati non soltanto il salto qualitativo nel campo della produzione e della trasmissione delle informazioni, ma altresì il decentramento produttivo, reso possibile dalla facilità di diffusione della tecnologia informatica e la flessibilità produttiva, largamente intesa.

Sono, questi, temi di grande portata per l'economia delle organizzazioni produttive [1], sui quali – peraltro – si sono ampiamente soffermati i più recenti contributi della dottrina.

---

[1] La locuzione «organizzazione produttiva», più volte usata nel testo, è intesa in senso lato, con riferimento a qualsivoglia attività posta in essere da individui che intendono realizzare una produzione di beni e/o servizi.

(b) La globalizzazione dei mercati è la logica conseguenza della caduta delle barriere e dei vincoli e della facilità con la quale si attua il trasferimento nello spazio di beni e servizi. Appare evidente che la globalizzazione porta con sé livelli più ampi e più intensi di competizione.

(c) La modificazione dei rapporti tra domanda ed offerta dei prodotti è fenomeno complesso che si articola in una serie di nuove situazioni da gestire da parte delle organizzazioni produttive.

È facile osservare che la *qualità* complessiva delle performance che l'impresa è chiamata ad assicurare alla clientela, alle altre categorie di soggetti coinvolti nell'attività produttiva e alla società tende ad attestarsi su livelli sempre più elevati e sofisticati. Ne consegue che il problema della qualità ha assunto valenza strategica, è diventato cruciale per i produttori di beni e servizi.

La *diversificazione produttiva* si spinge verso la «personalizzazione» del prodotto per le esigenze dell'utilizzatore.

A ben vedere i rapporti tra fornitore, produttore ed utilizzatore tendono ad evolvere da rapporti di scambio a rapporti di servizio. Nel senso che si realizza una più completa integrazione tra questi soggetti, che prima negoziavano beni e servizi e, nell'attuale fase di evoluzione dell'economia, tendono a realizzare un rapporto di integrazione verticale, in virtù del quale il produttore opera secondo le attese e le esigenze della clientela, progettando il prodotto con il concorso dei fornitori. Questa logica trasforma una economia basata sullo scambio tra soggetti in una *economia basata sulla sistematica collaborazione nei sistemi di creazione del valore.* «Economia dei servizi» non vuol dire solamente prevalenza della produzione dei servizi rispetto a quella dei beni, o necessità di associare i primi ai secondi, ma soprattutto integrazione tra i soggetti che operano per la realizzazione di un disegno produttivo.

Lo sviluppo dell'attività produttiva, infine, non può trascurare la salvaguardia dell'ambiente naturale. Ciò pone limiti e costi all'operare delle organizzazioni, ma apre – altresì – nuove, interessanti opportunità.

L'aver appena delineato, in estrema sintesi, alcuni dei rilevantissimi problemi, che i ricordati fattori di cambiamento hanno determinato, è già sufficiente per ricordare e sottolineare il grado di complessità in cui si muovono, oggi, le organizzazioni produttive. Complessità generata – com'è noto – dalla continua evoluzione ambientale (variabilità esterna), dalle reazioni delle singole unità produttive che autonomamente interpretano l'evoluzione ambientale (varietà di comportamento) e dalle spinte centrifughe disgreganti che sono naturalmente presenti in strutture organizzative fortemente decentrate, anche strategicamente (variabilità interna).

Viene spontaneo chiedersi come si sia modificato il comportamento strategico delle organizzazioni produttive al manifestarsi degli eventi precedentemente delineati.

Si può affermare che le risposte sono state molteplici ed articolate, tanto da investire ogni aspetto del governo delle organizzazioni.

In primo luogo, si è presentato all'attenzione degli organi di governo il tema della *flessibilità*, che investe tanto le strutture organizzative quanto le strutture operative.

Il tema della flessibilità è immanente, nella misura in cui concorre a ridurre il contrasto che si determina allorquando le organizzazioni produttive si presentano a competere con strutture tendenzialmente rigide in un ambiente tendenzialmente variabile. Alto è il rischio che tali strutture, a ragione della loro vischiosità (lentezza al cambiamento) diventino, in tempi brevi, obsolete, inadeguate, quindi, a consentire la permanenza di tali organizzazioni in un ambiente che si è evoluto verso direzioni non ipotizzate.

Siamo abituati a pensare alla flessibilità in termini di impianti a polivalenza di utilizzazione, oppure in termini di politiche di approvvigionamento, di coinvolgimento dei fornitori, o di politiche di vendita e di prezzi, o – infine – di politiche finanziarie. Ma la flessibilità è andata ben oltre, investendo le strutture organizzative con l'abbattimento della gerarchia e con un ampio ricorso al decentramento non soltanto del potere decisionale collegato alla normale operatività, ma altresì del potere decisionale strategico. Divisioni e unità strategiche d'affari definiscono autonomamente le più opportune strategie competitive e rispondono, in termini di responsabilità, sul terreno dei risultati acquisiti (margini, fatturato, rischi e posizionamento sul mercato, ecc.).

Non sfugge a nessuno che un modello organizzativo caratterizzato da ampio e profondo decentramento del potere decisionale alla periferia del sistema, mettendo in funzione centri decisionali largamente autonomi, richiede adeguati strumenti di integrazione e di controllo se si vuole limitare il rischio di dare vita a comportamenti incompatibili, che possono determinare difficoltà operative fino ad arrivare allo scollamento del sistema.

Il decentramento non ha coinvolto solamente le strutture decisionali, ma si è riversato anche sull'apparato produttivo, distribuito sul territorio in molteplici unità di dimensioni più contenute, caratterizzate da minore complessità di governo, localizzate – talora – laddove si incontrano fattori ambientali di convenienza (costo del lavoro, imposizione fiscale, ecc.).

Il tema della *ricerca dell'efficienza* (per raggiungere o mantenere vantaggi competitivi) ha spinto le organizzazioni produttive verso un'attenta analisi del livello di performance con il quale erano capaci di realizzare le differenti fasi del ciclo produttivo. Ciò ha consentito di concentrare attenzione e risorse sul *core business*, su quella parte del ciclo che era più vicina alle tradizioni e alla cultura dell'organizzazione e che poteva essere realizzata con più elevate prospettive di successo.

Si sono così prodotti fenomeni di «esternalizzazione», ossia di trasferimento in varia forma o di abbandono a favore di altre organizzazioni produttive di quelle attività che non appariva più conveniente realizzare – in termini di costi e di qualità – all'interno della struttura. Attraverso questo processo di razionalizzazione produttiva è stato possibile concentrare l'attenzione sull'obiettivo della «qualità totale», intesa come ricerca dell'efficienza in ogni singola attività dell'intero percorso produttivo, al fine di innalzare, per quanto possibile, il livello di creazione del valore.

Forse il tema che si è presentato come più innovativo e suscettibile di sviluppi imprevedibili in futuro è quello dell'*insufficienza* delle organizzazioni produttive a gestire autonomamente il livello di conoscenza che è necessario per realizzare la combinazione produttiva e sostenere l'innovazione, per competere, cioè, con successo e possibilità di sopravvivenza nel mercato globale.

Il tema è suggestivo, perché apre la strada allo studio dei rapporti tra scienza, tecnologia e produzione [2]; alle differenti forme di collegamento, collaborazione, alleanza tra organizzazioni produttive di ogni natura giuridica e dimensione, che, prima, vivevano autonomamente la loro esperienza produttiva ed oggi si ritrovano inserite in più ampi si-

---

2 SERGIO VACCÀ 1989.

stemi *(reti)* dai quali traggono parte non trascurabile delle risorse necessarie alla loro sopravvivenza.

All'interno di appropriati *media* organizzativi (distretti o altre forme di alleanza non competitive) anche le organizzazioni produttive di minori dimensioni riescono a realizzare economie di scala, scopo e varietà, che sono legate all'organizzazione (ed, in particolare, alle modalità di governo dell'informazione) e non alla dimensione delle unità produttive[3].

1.1.2. *Le nuove frontiere della competizione tra sistemi*

Queste ultime considerazioni sulle differenti forme di collaborazione inducono a qualche riflessione.

Ci domandiamo, infatti, se sia ragionevole parlare di competizione tra singole organizzazioni produttive, quando ciascuna di esse è parte di un più ampio sistema nel quale vive in modo assolutamente integrato[4].

I livelli di performance di cui ogni organizzazione produttiva è capace possono affievolirsi, spegnersi o – al contrario – esaltarsi a contatto del grado di efficienza di altre organizzazioni che sviluppano la loro attività all'interno della medesima rete o del medesimo macrosistema.

La competizione – a ben vedere – si sviluppa solo nominalmente tra organizzazioni produttive. In realtà essa frequentemente si sviluppa tra differenti progetti complessi, realizzati attraverso la sistematica collaborazione delle molteplici organizzazioni che operano all'interno di una rete. *Ciascuno di tali progetti integra le risorse e le competenze distintive proprie di ogni soggetto partecipante.*

Le performance di ogni unità appartenente ad una rete, poi, dipendono anche da come è organizzata ed opera la rete; ampliando il discorso, le perfomance di ogni unità e di ogni rete dipendono anche da come opera il macrosistema, ossia l'area economica integrata (paese o comunità economica) al quale l'unità o la rete appartengono o nel quale vanno ad operare.

Le nuove frontiere della competitività globale coinvolgono tutte le or-

---

[3] BARBARA DI BERNARDO 1990.

[4] Le stesse dimensioni della singola unità produttiva sfumano, i contorni ideali che un tempo potevano essere individuati si perdono nel più ampio sistema nel quale l'unità è immersa in condizioni di osmosi profonda.

ganizzazioni produttive, ma anche i sistemi ai quali queste ultime appartengono o nei quali operano, e cioè le reti (gruppi, distretti, alleanze) ed i macrosistemi (paesi o comunità economiche).

Ciò richiama alla nostra attenzione l'importanza che assumono, all'interno di un macrosistema, *i livelli di performance di tutte le organizzazioni, pubbliche e private, produttrici di beni e di servizi e di tutte le sovrastrutture organizzative alle quali tali organizzazioni possono appartenere (reti).*

1.1.3. *Le organizzazioni produttive e le aziende*

Alla luce delle considerazioni che sono state sinteticamente richiamate è opportuno svolgere qualche riflessione.

Nel corso del presente paragrafo ci siamo sempre riferiti alle «organizzazioni produttive», senza mai introdurre nel discorso i termini «azienda» o «impresa». E ciò è stato fatto a ragione, in quanto la locuzione «organizzazione produttiva» non è sinonimo di «azienda» e, meno che mai, di «impresa».

Ma andiamo con ordine.

La maggior attenzione che necessariamente viene dedicata alle complessive performance delle organizzazioni che operano nell'economia fa emergere che non esistono organizzazioni che non producano beni o servizi. Per questo abbiamo finora parlato di organizzazioni produttive. Ci domandiamo, allora, se sia il caso di mantenere in vita la categoria delle «unità di consumo» o «aziende di erogazione», che si afferma solamente nella teoria se è vero che *ogni organizzazione svolge fondamentalmente attività di produzione.*

Il problema riguarda, ovviamente, il campo della produzione dei servizi, segnatamente di quelli che non vengono venduti sul mercato, ma vengono ceduti gratuitamente ai cittadini utilizzatori o vengono offerti gratuitamente a soggetti bisognosi (assistenza, volontariato) oppure a soggetti che hanno costituito associazioni o fondazioni per soddisfare determinati bisogni.

Ma i servizi devono essere prodotti. Ed è abbastanza agevole osservare che in tutte queste tipologie organizzative *prevale largamente l'economia di produzione del servizio* (che deve essere svolta con efficacia ed efficienza per non disperdere le risorse disponibili) sulla logica «erogativa», che attiene esclusivamente alle modalità di cessione del prodotto.

Riportare tanto l'unità di consumo quanto l'unità composita (di produzione e di consumo) alla categoria logica delle organizzazioni produttive è un'operazione coraggiosa in dottrina, ma suscettibile di risvolti positivi nella mentalità e nella pratica corrente.

È più facile e naturale, infatti, associare l'esigenza di economicità (efficacia strategica ed efficienza operativa) alla categoria delle organizzazioni produttive. *Sostenere che le strutture della pubblica amministrazione, le fondazioni, le associazioni di ogni tipo e finalità sono organizzazioni produttive*, infatti, *aiuta ad attribuire naturalmente a tali organizzazioni le «regole della produzione»*, che sono state approfondite e sviluppate nell'esperienza delle imprese, e cioè di quelle organizzazioni produttive che sono più esposte al vaglio della competizione.

Passando ai rapporti tra organizzazioni produttive, aziende ed imprese, è opportuno, innanzitutto, riflettere sul fatto che non tutte le organizzazioni produttive possono qualificarsi come «aziende»: per assumere la qualità di azienda, infatti, una organizzazione produttiva deve possedere determinati *caratteri essenziali* che è opportuno, di seguito, ricordare.

La ricerca di tali requisiti non è esercizio sterile e privo di utilità pratica, in quanto *le aziende, di ogni natura e dimensione, rappresentano unità del sistema economico generale predisposte e strutturate tipicamente per lo svolgimento dei processi finalizzati alla produzione economica.*

I caratteri che servono «... a discriminare il fenomeno aziendale tra i molti fenomeni della vita economica, cioè a riconoscere le aziende rispetto alle non aziende formando così due classi di unità operanti» possono essere così individuati e definiti [5]:

a) ***coordinazione sistemica (sistematicità)***

L'azienda è un sistema, e cioè un insieme finalizzato e coordinato di componenti avvinti da relazioni di funzionalità. Il temporaneo manifestarsi di fenomeni di disfunzionalità non fa venir meno il carattere sistemico, anzi, al contrario, tende ad esaltarlo. Il sistema aziendale presenta la valenza di una *combinazione (o correlazione) dinamica* di risorse/ener-

---

[5] I caratteri distintivi che seguono sono tratti dal documento presentato dal gruppo di studio su «oggetto (dell'Economia aziendale)» al I Convegno Nazionale SIDREA (Siena, 8/9 maggio 2008). Si vedano le considerazioni già svole al par. 6 della Sez. I.

gie/attività personali ed altri mezzi/beni produttivi che si dispiega nel tempo, considerata nelle sue molteplici e multiformi dimensioni: economica, sociale, politica, etica, psicologica, tecnica, ecc.

Il sistema, nel senso sopra chiarito, richiama il carattere dell'«*apertura*», ovvero delle relazioni con i contesti in cui vive ed opera.

L'integrazione di tutte le operazioni, comprese nelle attività correnti e nelle attività di direzione strategica, ordinate per raggiungere gli obiettivi dell'organizzazione, consente di comprendere il rilievo e la relatività di ogni singolo comportamento [6].

b) ***economicità***

L'economicità implica la necessità che l'intera attività posta in essere dall'organizzazione produttiva sia permanentemente ispirata alla logica dell'efficacia strategica e dell'efficienza operativa. Dove, per *efficacia strategica* si intende – è opportuno precisare – la capacità dell'organizzazione produttiva di *selezionare ed attuare, con logica innovativa*, produzioni atte ad incontrare e soddisfare le complessive attese degli utilizzatori. Di destinare, cioè, le risorse disponibili alla realizzazione di obiettivi «vincenti». La soddisfazione degli utilizzatori si sostanzia nella disponibilità a pagare prezzi (*valori di scambio*) remuneratori per ricevere il prodotto, quando l'azienda opera su mercati competitivi; mentre si sostanzia anche in apprezzamenti e valutazioni positive sulle prestazioni rese agli stessi (*valori d'uso*), quando l'azienda opera in ambienti particolari ed in condizioni di competizione attenuata ed indiretta, al cui interno le quantità di denaro pagate per l'acquisto di fattori, ma soprattutto quelle ricevute per la cessione dei prodotti perdono, almeno in parte, il significato di misuratori di valore oggettivizzati dal mercato.

---

[6] Nella prospettiva sistemica, quindi, ogni decisione strategica ed operativa non può essere assunta senza tracciare i naturali riferimenti a tutte le altre decisioni che ad essa si collegano nello spazio e nel tempo.

Nella prospettiva sistemica, conseguentemente, la valutazione dei risultati relativi a singole operazioni, o a gruppi di operazioni riferite ad intervalli temporali, assume significato e colorazione solamente nella consapevolezza della relatività di tali risultati. Le correlazioni tra costi e ricavi, necessariamente riclassificati nel tempo e nello spazio sulla base di ipotesi e convenzioni, infatti, hanno capacità segnaletica relativa, in quanto vengono riferite a parti o periodi della gestione aziendale, per sua natura unitaria ed inscindibile.

Per *efficienza operativa* si intende la capacità dell'azienda di realizzare le produzioni, ai dovuti livelli qualitativi e quantitativi, perseguendo il miglior risultato possibile attraverso l'impiego delle risorse disponibili.

Non ci soffermiamo ulteriormente su tali concetti, se non per sottolineare che l'economicità deve qualificare il comportamento delle aziende nel senso di «*permanente tensione all'efficacia strategica e all'efficienza operativa*». Il che non porta in ogni caso alla realizzazione del profitto, come sarà agevole constatare, ma alla creazione di valore e pone le condizioni necessarie e sufficienti per garantire nel tempo la sopravvivenza dell'organizzazione (*durabilità*).

c) ***autonomia***

L'autonomia può essere intesa come *esistenza distinta ed individua dell'azienda*, che possiede comportamenti ed andamenti propri, diversi da quelli delle persone che l'hanno costituita e che vi operano.

Tale aspetto apre ad affascinanti considerazioni attinenti al complesso di assunti, principi, valori, convinzioni – appresi e condivisi all'interno di tale comunità – guida quotidiana delle azioni che, superando le posizioni dei singoli, permettono di raggiungere il meta-obiettivo insito nell'unità aziendale.

L'autonomia può essere altresì intesa come «*potere di decidere il proprio destino*», ossia come «*autonomia progettuale*», che implica libertà di decisione a livello strategico e consente ai centri decisionali di produzione, sviluppo e innovazione di porre in essere le proprie scelte anche in presenza di pressioni o condizionamenti esterni[7]. L'autonomia implica sempre la piena assunzione delle connesse responsabilità.

Comunque l'autonomia venga intesa, *è sempre un concetto permeato di relatività*, considerando che nell'attuale fase dello sviluppo dell'economia la separazione tra le aziende (così come la separazione tra ogni azienda e l'ambiente) non può essere proposta in modo rigoroso, atteso che il fenomeno della reticolarizzazione coinvolge le organizzazioni produttive in un disegno strategico sovra-aziendale. Sono sempre più fre-

---

[7] Un'organizzazione produttiva privata di autonomia decisionale non può avere dignità di azienda; a ben vedere, infatti, opererebbe seguendo gli orientamenti e le direttive di una struttura esterna alla quale necessariamente dovrebbe riferirsi, diventando – di fatto – una dipendenza operativa di tale struttura.

quenti i casi in cui la combinazione produttiva può essere convenientemente attuata *solamente* attraverso il dialogo strategico-operativo tra più aziende, che agiscono in campi più o meno differenti e portano al complesso disegno produttivo il contributo della loro specializzazione. Le singole unità che partecipano al progetto possono mantenere, nei casi limite, larga autonomia e disporre di capacità progettuali innovative in merito al segmento di produzione di loro competenza; oppure possono vincolarsi più strettamente alle modalità operative assegnate dall'azienda guida, e pertanto non avere autonomia maggiore di quella che caratterizza le dipendenze operative di un'unica azienda. Si intuisce che, in ogni caso, tali aziende sono nuclei di attività che si muovono, *seppur per scelta autonoma*, all'interno di un disegno strategico sovra-aziendale che le incorpora e le sovrasta.

Il tema della relatività dell'autonomia assume particolare rilevanza e delicatezza all'interno dei *gruppi aziendali*, ove le società che compongono il gruppo sono, *per loro natura, sottoposte ad un'unica «direzione strategica», non possono decidere del loro destino ed hanno autonomia progettuale più o meno limitata*, anche se godono di ampia autonomia giuridica.

Visione sistemica, autonomia ed economicità sono, dunque, gli attributi che qualificano le organizzazioni produttive quando assurgono a dignità di aziende. Altri attributi o caratteri, che possono essere individuati come «qualificanti l'azienda», a ben vedere, sono riconducibili a quelli sopra precisati, che hanno valenza assai più ampia di quanto non appaia ad una indagine superficiale.

1.1.4. *Aziende e mercati*

La classificazione delle unità che operano all'interno dell'economia in unità di produzione (o aziende di produzione, o imprese) e unità di consumo (o aziende di erogazione) non sembra essere in linea con le considerazioni in precedenza esposte e potrebbe generare equivoci e confusione per lo sviluppo degli studi.

Le unità che operano nel sistema economico, infatti, *sono organizzazioni che in vario modo assolvono la funzione di produrre beni o servizi per soddisfare bisogni individuali o collettivi.*

Possono essere elevate a dignità di aziende se in esse si riscontrano i caratteri distintivi che abbiamo in precedenza richiamato.

Le aziende, poi, *possono essere differenziate e classificate a seconda di come si rapportano al loro ambiente specifico,* e cioè ai mercati di acquisizione dei fattori produttivi e di collocamento dei prodotti.

Tale classificazione serve a riconoscere le aziende a seconda di «*come si rapportano al mercato*» e di «*come possono*» determinare il valore creato attraverso l'attività produttiva. A tal fine, è utile a separare nettamente le aziende in cui è possibile (seppur attraverso convenzioni da sempre oggetto di rinnovamento ed adeguamento) definire il «valore creato» facendo riferimento ai valori di scambio, da quelle in cui il «valore creato» è di ben più difficile determinazione poiché, in assenza totale o parziale del mercato, occorre fare riferimento ai valori d'uso che non trovano espressione in scambi monetari su mercati competitivi.

Sotto questo profilo possono essere individuate, in prima approssimazione, due grandi classi di aziende:

1) *le aziende che realizzano la loro funzione produttiva operando sui mercati ed affrontando la competizione del lato della domanda e dell'offerta.* Sono le *imprese.* Possono operare in differenti campi, essere pubbliche o private, grandi o piccole, individuali o collettive. Tendono a realizzare il profitto di lungo periodo, principale motore della loro crescita;

In questa classe possono essere anche ricomprese le imprese cooperative osservando, tuttavia, che tali aziende operano *dal lato della domanda o dell'offerta, su «mercati» particolari e limitati*, caratterizzati dal fatto che i «fornitori» che «conferiscono» taluni fattori o i «clienti» ai quali si «assegna» la produzione sono gli stessi proprietari dell'azienda. Ci riferiamo, è opportuno chiarire, alle cooperative propriamente intese, la cui attività è orientata alla mutualità; con esclusione, quindi, di tutte le organizzazioni produttive che, pur denominandosi «cooperative», sono – di fatto – imprese, senza attributo alcuno, che operano sul mercato in piena competizione dal lato della domanda e dell'offerta, riservando ai propri soci poche facilitazioni, del tutto marginali;

2) *le aziende che realizzano la loro funzione produttiva operando, del tutto o in parte, in ambienti particolari, ove la domanda e/o l'offerta di beni e servizi si sviluppa in forme di competizione attenuate ed indirette.* Ciò avviene per differenti ragioni ed è la conseguenza di differenti scelte in ordine alle motivazioni che spingono i soggetti a dare vita alle organizzazioni produttive.

Tali aziende possono ulteriormente distinguersi a seconda che:

2.1. *operino, dal lato dell'offerta, cedendo – gratuitamente o a prezzi affatto remuneratori – i propri servizi alla collettività organizzata su un territorio.* Sono le *pubbliche amministrazioni*, largamente intese, che includono anche aziende private che operano in particolari regimi e sono tenute a rispettare prezzi politici o condizioni definite;

2.2. *operino, dal lato della domanda e/o dell'offerta, acquisendo gratuitamente la disponibilità di taluni fattori produttivi e cedendo gratuitamente beni e servizi a talune categorie di utilizzatori.* Sono le *fondazioni* e le *associazioni* di ogni tipo, che tendono a realizzare le loro finalità istitutive.

L'approccio appena proposto consente di superare alcuni limiti insiti nella separazione delle organizzazioni produttive fondata esclusivamente sulla produzione e sulla distribuzione del profitto *(profit e non profit organisations).* Com'è noto, tale separazione – non priva di interesse – racchiude una notevole serie di incertezze interpretative e *richiede ampie puntualizzazioni su come debba essere inteso il ruolo del profitto* quando si abbandonino le classi limite (le imprese, *sicuramente for profit* e le associazioni, *tendenzialmente non profit*) e si considerino le categorie intermedie (cooperative e fondazioni).

Occorre inoltre rilevare il rischio – latente nella classificazione delle organizzazioni produttive in *profit* e *non profit* – costituito dall'atteggiamento psicologico della pubblica opinione e, al limite, degli stessi operatori ad assimilare la dicitura *non profit* alla negazione del profitto o, peggio, all'abbandono dell'economicità.

Equivoci del tutto analoghi si sono inspiegabilmente verificati con l'ostilità verso il profitto che per lungo tempo ha caratterizzato la vita delle cooperative «orientate alla mutualità», fino a comprometterne la stessa sopravvivenza; con l'ignoranza di ogni logica di economicità che ancora è radicata in parte dell'amministrazione pubblica, orientata alla cultura dell'erogazione, piuttosto che a quella della produzione di servizi *per* la collettività, consumando risorse *della* collettività.

Ciò induce a talune riflessioni.

Le aziende *sub* 1) della classificazione appena proposta, le *imprese*, quindi, trovano nel valore che il mercato attribuisce ai fattori consumati e alla produzione realizzata la misura del loro grado di economicità. Efficienza ed efficacia sono condizioni necessarie per la sopravvivenza in ambienti aperti alla competizione.

Anche le *aziende cooperative* conservano sempre un riscontro, anche se indiretto, con il mercato, rimanendo evidente la convenienza al loro mantenimento in vita fino a quando la loro azione apporta ai soci benefici superiori a quelli diversamente ottenibili.

Per le aziende *sub* 2), invece, il problema della verifica dell'economicità si presenta in forma differente con riferimento alle classi individuate.

Le *pubbliche amministrazioni*, nella loro posizione di monopolio naturale, non trovano nei valori di mercato la misura della loro economicità. La valutazione della qualità delle loro performance deve, pertanto, essere ricercata ricorrendo ad altri parametri (controlli qualità, carta dei servizi, ecc.) certamente assai meno efficaci dei prezzi che si formano su mercati competitivi.

Le *fondazioni e le associazioni* debbono orientare la loro azione verso il soddisfacimento dei bisogni istituzionali. Potranno sopravvivere nella misura in cui tale soddisfazione risulti, per i beneficiari, di grado accettabile. Si rende necessario un cambio di mentalità da parte dei responsabili di tali tipologie aziendali: occorre acquisire la consapevolezza che la capacità di tali organizzazioni di accedere alle risorse (finanziarie e non) è largamente condizionata dal livello di efficienza dei processi produttivi attuati e di efficacia dell'azione esplicata per il raggiungimento delle finalità istitutive (di carattere privatistico o sociale). Sicché sempre maggior rilievo assumono i processi informativi volti a far conoscere la qualità degli obiettivi prescelti e delle performance effettuate da tali aziende per accrescere l'immagine e consolidare le ragioni della loro esistenza.

Possiamo concludere queste note con alcune osservazioni.

(a) Qualsiasi classificazione delle organizzazioni produttive non deve essere considerata una mera esercitazione volta a scindere, in modo comunque discutibile, una realtà complessa, il mondo della produzione, in parti. Deve invece essere riguardata come un elemento utile per opportune riflessioni volte alla ricerca e alla valutazione di *uniformità* e *differenze* proprie di ogni individuata classe di aziende, ma soprattutto per valutare se e come si possono mantenere e vivificare gli attributi, i caratteri distintivi dell'essere azienda, pur diversamente operando nell'acquisizione delle risorse e nel collocamento della produzione.

In relazione a ciò:

– la valutazione del «grado di autonomia» che caratterizza ogni organizzazione produttiva incontra difficoltà non trascurabili quando si pensi all'integrazione di ogni unità in sovrasistemi di ordine superiore. L'autonomia strategica può talora affievolirsi nella logica della rete;

– la valutazione del «grado di economicità» appare tanto più difficile e soggettiva quanto più l'azienda opera in assenza del mercato, che assegna un valore ai beni e ai servizi acquistati e venduti dall'azienda. Il sistema dei prezzi, come misuratore del valore creato dall'azienda, è significativo quando si forma in mercati aperti alla competizione e in assenza di elementi distorsivi. L'attribuzione del valore ai processi produttivi che non si concludono con la vendita dei prodotti sul mercato è certamente uno dei problemi di maggior rilievo ed attualità, dalla cui soluzione nasce la possibilità di valutare congruamente la performance delle amministrazioni pubbliche, delle fondazioni, delle associazioni e, almeno in parte, delle cooperative.

(b) La complessità strategica ed operativa dei sistemi aziendali, il differente grado di integrazione di ogni azienda in sistemi di ordine superiore, la singolarità dei percorsi che ogni organizzazione sviluppa autonomamente per la ricerca del successo, in un rapporto dialettico con l'ambiente, sono situazioni non codificabili e, quindi, di non agevole comprensione. Riesce sempre più difficile immaginare la possibilità di far ricorso ad una definizione di azienda tale da illuminare, in modo accettabile, i differenti aspetti che qualificano questo istituto economico.

Le definizioni sono sempre state un approccio limitato e discutibile alla realtà. Nell'attuale contesto diventano improponibili se vogliono rappresentare l'universo aziendale, mentre possono essere accolte nella misura in cui siano strutturate ed utilizzate per segnalare e puntualizzare particolari aspetti, o qualità, o finalità, o modalità operative dell'azienda.

(c) La riscoperta dell'azienda è dovuta, ci sembra, alla acquisita consapevolezza che la crescita di una collettività è correlata al grado di economicità di *tutte* le organizzazioni che in essa operano.

A seguito di questa importante considerazione hanno preso vita i *processi di aziendalizzazione* che dalle cooperative si sono diffusi alle pubbliche amministrazioni, alle fondazioni (bancarie e non) e alle associazioni del volontariato e che si traducono – in ultima analisi – nella ricerca di *comportamenti strategici ed operativi orientati all'economicità*, senza trascurare gli aspetti di carattere organizzativo ed istituzionale volti ad accrescere il grado di autonomia delle aziende e, conseguentemente, di responsabilizzazione dei soggetti ad esse preposti.

Parallelamente allo sviluppo di tali processi la *centralità dell'azienda* ha assunto rilievo nelle ricerche di economia e nelle più recenti scelte di politica economica. L'azienda è così diventata oggetto di attenzione e di studio non solo per i soliti aziendalisti, ma anche per economisti, ingegneri e giuristi.

(d) L'immagine dell'azienda ha attraversato un lungo periodo di oscurantismo, nel quale mercato, efficienza e profitto erano concetti permeati di forte negatività, prima di consolidarsi nell'affermazione delle valenze positive.

Ma l'azienda non è un istituto «naturalmente virtuoso», in quanto è sede di conflitti di interesse e risente della cultura e delle tradizioni dei soggetti che in essa operano. Occorre, quindi, che l'*etica* entri a far parte dell'orientamento strategico di fondo e si diffonda nei comportamenti aziendali fino a sacrificare – talora – altri contrastanti interessi o più allettanti prospettive di immediato profitto.

Nell'azienda, che dovrebbe concorrere al soddisfacimento dei bisogni, alla crescita dell'economia di una collettività, alla creazione di posti di lavoro, allo sviluppo della conoscenza non è infrequente trovare evasione fiscale, sfruttamento del lavoro, inquinamento, inefficienze e dispersioni di ricchezza. Occorre mantenere un forte atteggiamento di condanna nei confronti di tali comportamenti e situazioni, nella consapevolezza degli effetti distorsivi che producono sullo sviluppo economico e sociale delle comunità.

1.2. Dall'acquisto dei fattori produttivi alla vendita dei prodotti

1.2.1. *Il circuito della produzione*

L'attività peculiare che caratterizza l'unità di produzione orientata al profitto o impresa, nel senso che qualifica il suo comportamento, è rappresentata dalla «produzione per il mercato» intesa come quel complesso di azioni coordinate che consentono la trasformazione dei fattori produttivi acquistati in prodotti da collocare sui mercati di sbocco a prezzi remuneratori. Più precisamente, tale attività prevede:

a) l'acquisizione sui mercati di approvvigionamento dei «fattori produttivi», dei beni o servizi, cioè, che sono necessari per attivare la «combinazione produttiva» (vincolo di destinazione) per l'ottenimento del prodotto;

b) l'utilizzazione di tali fattori produttivi per dar vita alla combinazione produttiva e trasformare i fattori medesimi in «prodotti»;

c) la vendita, sui mercati di collocamento, a prezzi adeguati, del o dei prodotti ottenuti dalla combinazione produttiva.

Conviene subito chiarire la portata di alcuni concetti introdotti nel discorso.

Da quanto precede, infatti, si evince che abbiamo denominato «fattori produttivi» tutti i beni e tutti i servizi – strettamente correlati ed interdipendenti per qualità e quantità – che si acquistano sui mercati e si utilizzano all'interno della combinazione produttiva per rendere possibile l'ottenimento del prodotto. Tali fattori saranno successivamente classificati in vario modo a seconda del grado di materialità o delle modalità che caratterizzano il loro utilizzo.

La perdita da parte di un fattore produttivo dell'idoneità a partecipare all'attività produttiva dell'impresa fa cessare, per il bene economico in discorso, la qualifica di «fattore produttivo». La caduta di ogni vincolo di interdipendenza con gli altri fattori produttivi potrebbe condurre allo «stralcio» del bene dalla combinazione produttiva alla quale è divenuto – per differenti possibili ragioni di carattere tecnico o economico – estraneo.

Le acquisizioni dei fattori produttivi pongono l'impresa in contatto con i *mercati di approvvigionamento*, con tutti i *punti dello spazio, cioè, dove operano potenziali fornitori che possono offrire tali fattori all'impresa, a prezzi e condizioni variabili nel tempo*. Su tali mercati, l'offerta dei fornitori si confronta con la domanda delle imprese utilizzatrici.

Tra i mercati di cui, in prima approssimazione, si parla dobbiamo includere il «mercato» del fattore lavoro, anche se – ovviamente – si tratta di un mercato del tutto anomalo, ove i *prezzi e le condizioni generali e particolari del rapporto di lavoro non nascono semplicemente dall'incontro con la domanda e l'offerta, ma sono la conseguenza di un complesso ordinamento*, posto fondamentalmente a tutela della dignità del lavoro dell'uomo.

Abbiamo denominato «prodotto» il risultato finale dell'attività della combinazione produttiva: si tratta, anche in questo caso, di beni e servizi che l'impresa ottiene combinando opportunamente i fattori produttivi. Anche i prodotti potranno essere in vario modo classificati a seconda del loro grado di materialità, oppure a seconda del grado di importanza che assumono in relazione al soddisfacimento dei bisogni cui sono destinati (prodotti principali o prodotti accessori).

La vendita dei prodotti ottenuti per il tramite della combinazione produttiva pone l'impresa a contatto con i *mercati di collocamento (o di sbocco)*, con tutti i punti dello spazio, cioè, ove operano potenziali acquirenti dei beni e dei servizi che l'impresa offre, a prezzi e condizioni variabili nel tempo. Su tali mercati l'offerta dell'impresa produttrice si confronta con la domanda degli utilizzatori.

Parlando di «combinazione produttiva» abbiamo inteso riferirci all'attività, più o meno ampia e complessa a seconda dei casi, di trasformazione dei fattori produttivi in prodotti, alle modalità tecniche ed economiche attraverso le quali si sviluppano i processi produttivi.

Tali processi debbono essere intesi in senso molto ampio e non riferiti solamente alla trasformazione fisica di materie prime e servizi in prodotti, tipica delle imprese industriali. Anche l'impresa mercantile, ad esempio, «trasforma» un complesso di fattori (merce acquistata su certi mercati, lavoro e altri servizi) in prodotto (la medesima merce, ma disponibile su mercati diversi e in tempi diversi); così come l'impresa bancaria caratterizza la sua combinazione produttiva trasformando i fattori produttivi acquistati (disponibilità di denaro, lavoro e altri servizi) in prodotti bancari (disponibilità di denaro offerta in tempi, condizioni e forme tecniche diverse, servizi finanziari).

In una economia in larga parte basata sugli scambi monetari, ove la moneta costituisce il mezzo impiegato normalmente per il regolamento di essi, l'acquisizione dei fattori produttivi richiede necessariamente la disponibilità dei mezzi monetari che devono essere ceduti ai fornitori di tali fattori produttivi (così come la vendita del prodotto ottenuto consente il recupero dei mezzi monetari, che rientrano nelle disponibilità dell'impresa).

I mezzi monetari, che si rendono necessari per acquisire i fattori produttivi, possono essere reperiti dall'impresa utilizzando le differenti possibilità alternative offerte dal *mercato dei capitali*. In tale mercato si confrontano la domanda e l'offerta di denaro o di altri mezzi di pagamento e si definiscono i prezzi (tassi di interesse), ai quali tali mezzi potranno essere disponibili.

In primo luogo, i mezzi monetari possono essere conferiti all'impresa (e, cioè, messi a disposizione di quest'ultima), con vincolo di proprietà, direttamente dalla persona o dal gruppo di persone che hanno assunto l'iniziativa di produzione: si forma così il *capitale di proprietà conferito*.

Ma i mezzi monetari possono anche essere messi a disposizione dell'impresa da terzi finanziatori, a titolo di prestito, per tempi e condizioni definite.

Pertanto l'attività produttiva non può essere concepita se non in modo integrato con la correlata attività di acquisizione dei mezzi monetari, che sono necessari per attivarla e rinnovarla.

L'impresa – nei momenti successivi, ma strettamente correlati tra loro, in cui acquista i fattori produttivi di cui ha bisogno, li combina e li trasforma in prodotti, vende i prodotti ottenuti sui mercati di sbocco, attinge mezzi monetari con qualsivoglia vincolo o li restituisce, finanzia altre imprese – *pone in essere operazioni* di differente complessità e portata, variamente osservabili e classificabili. Ciascuna di tali operazioni è caratterizzata da contenuti giuridici peculiari.

L'operazione, nella sua essenza tecnico-giuridica, è l'unità elementare della complessa attività operativa o «gestione» d'impresa. Quest'ultima risulta dall'osservazione complessiva del sistema delle operazioni, ossia di tutte le operazioni (o dei gruppi di operazioni) che l'impresa pone in essere e che, in quanto volte nella loro reciproca integrazione a realizzare la complessiva attività d'impresa, debbono essere tra di loro strettamente coordinate sotto i profili tecnico ed economico.

Le singole operazioni (o i gruppi di operazioni), pertanto, non hanno significato alcuno se considerate avulse dal sistema operativo, all'interno del quale soltanto assumono colorazione, ossia giustificazione e razionalità, diventando comprensibili e, come in seguito sarà più agevole capire, economicamente significative e valutabili.

Ogni operazione, quindi, assume significato nella misura in cui *integra*, tecnicamente ed economicamente, *le altre operazioni che l'impresa ha compiuto o si propone di compiere in tempi e spazi diversi.*

Abbiamo precedentemente affermato che l'attività dell'impresa è volta ad ottenere i prodotti «*per il mercato*», intendendo con ciò sottolineare che – proprio attraverso la vendita della produzione sui mercati di collocamento – l'impresa *può recuperare* i mezzi monetari investiti per l'acquisizione dei fattori produttivi e – come normalmente avviene – *ottenere* mezzi monetari in misura superiore, generando, per tale via, un flusso di nuova ricchezza disponibile (reddito positivo, utile).

Giova qui ricordare che esistono altri possibili sbocchi per l'attività produttiva organizzata.

In talune situazioni il prodotto che viene generato dall'unità di produzione è destinato ad un mercato di sbocco del tutto particolare. I potenziali utilizzatori sono, infatti, gli stessi soggetti che hanno organizzato la produzione. L'obiettivo di queste aziende, di natura cooperativa, è quello di ottenere un prodotto, nelle migliori possibili condizioni, «*per tutti i soci*».

In altre situazioni – tipiche della pubblica amministrazione – il prodotto è programmato ed ottenuto «*per la collettività*»: ci si riferisce chiaramente anche ad aziende che producono beni o servizi considerati di «pubblica utilità», destinati, talora, ad essere ceduti a condizioni (prezzi) particolarmente vantaggiose, definite di volta in volta dal potere politico.

Osserviamo, infine, aziende (fondazioni, associazioni) che svolgono attività a favore di talune categorie di soggetti oppure attività di utilità sociale, rese alla collettività senza controprestazione alcuna o a prezzi simbolici.

Anche i fattori produttivi possono essere acquisiti senza esborsi monetari in quanto conferiti all'unità di produzione a condizioni particolari o a titolo gratuito (volontariato, donazioni).

Viene spontaneo osservare che accanto all'impresa, protesa verso il mercato per il conseguimento di un profitto [8] di lungo periodo, vive l'azienda pubblica destinata ad assolvere anche i suoi fini istituzionali di ordine pubblicistico e assumono rilievo e crescente diffusione nello svolgimento della funzione di produzione le molteplici forme organizzative, a carattere aziendale, con le quali possono attuarsi non soltanto differenti modalità di *cooperazione*, ma anche infiniti percorsi di servizio a be-

---

[8] Il «profitto» viene concepito come «reddito netto (o residuale), disponibile dopo aver remunerato tutti i fattori produttivi, ivi compreso l'interesse sul capitale di proprietà ad un tasso che tenga conto del rischio d'impresa. Il profitto, pertanto, è qui inteso come ideale remunerazione della funzione d'imprenditorialità.

neficio di soggetti interessati e di *solidarietà* a favore di talune categorie di soggetti economicamente e socialmente deboli [9].

L'intera trattazione del presente volume sarà svolta con prevalente riferimento alle aziende che producono «per il mercato» o imprese. Ciò in quanto i grandi temi che verranno di volta in volta sviluppati con riferimento alle imprese (governo strategico, gestione operativa, equilibrio ed economicità) sono comuni o largamente estensibili, pur con i necessari adattamenti, alle altre classi di aziende considerate.

Dobbiamo tuttavia rilevare che le peculiarità operative delle aziende appartenenti a ciascuna delle classi individuate possono essere determinate o influenzate dalle finalità e motivazioni dei soggetti che danno vita alle organizzazioni, ed altresì dalle specifiche e differenti normative che regolano la loro attività.

* * *

Riprendiamo in considerazione i momenti che caratterizzano l'attività di produzione economica propria delle imprese.

L'acquisizione dei fattori produttivi implica che *risorse monetarie disponibili siano trasformate o, più propriamente, investite in beni e servizi idonei e finalizzati ad attivare e svolgere la combinazione produttiva.*

Gli investimenti dei mezzi monetari, quindi, attengono alla trasformazione del fattore generico «denaro» in fattori specifici di produzione.

Le acquisizioni di fattori produttivi implicano il sacrificio dei mezzi monetari che vengono ceduti ai fornitori dei beni o dei servizi acquistati. Tale sacrificio di mezzi monetari viene denominato «costo di acquisto dei fattori produttivi».

---

[9] R. CAFFERATA 1996, p. 25: «Paradossalmente, nell'era della privatizzazione si scopre che l'economia contemporanea è caratterizzata da un intero mondo di organizzazioni produttive (CHANDLER 1992); e che talune raggiungono l'efficienza e l'efficacia economica combinando strategie di mercato con strategie di sviluppo organizzativo, di qualificazione del prodotto o servizio offerto, di promozione della cooperazione interpersonale, non massimizzando l'utilità di alcun loro specifico partecipante. Ciò, di fatto, le trasforma in strumento di coesione sociale e di equilibrato sviluppo economico nazionale».

Il costo di acquisto dei fattori produttivi è dato, infatti, *dalla quantità di denaro che deve essere ceduta per ottenere – in regime di scambi monetari – una definita quantità di fattori produttivi.*

Più precisamente, il costo di un qualsiasi *iesimo* fattore (ci) è dato dalla quantità oggetto di negoziazione dell'*iesimo* fattore (fi) moltiplicata per il suo prezzo di acquisto (pi) [10]:

$$ci = fi \times pi$$

Conviene subito osservare che, nelle operazioni di acquisto di fattori produttivi, il costo è «misurato», ossia *determinato nel suo ammontare*, dalla quantità di denaro che esce dall'impresa. Ogni operazione di acquisto di fattori produttivi, che si sostanzia in una cessione di mezzi monetari (uscite di denaro), può quindi essere osservata sotto un duplice aspetto: da un lato l'uscita di denaro (aspetto monetario dell'operazione), dall'altro lato il sacrificio in termini di ricchezza investita (costo) che si sostiene per acquisire un elemento necessario alla combinazione produttiva.

Acquisiti i fattori produttivi, possono essere compiute tutte le attività necessarie per ottenere il prodotto. La fase della *combinazione produttiva*, infatti, si *estrinseca nel complesso di operazioni* – di natura, intensità e complessità differenti a seconda delle caratteristiche dell'attività produttiva – *attraverso le quali i fattori produttivi vengono utilizzati, in modo coordinato, per realizzare i beni e/o i servizi oggetto dell'attività produttiva dell'impresa.*

Si tratta di un insieme di operazioni interne (atti di gestione interna), in quanto non pongono l'impresa a contatto con i mercati (atti di gestione esterna), ma si esauriscono nel processo di «trasformazione» di beni e servizi disponibili (i fattori produttivi acquisiti) in beni e servizi di differente qualità economica (i prodotti ottenuti).

Il collocamento dei prodotti ottenuti sui mercati di sbocco rappresenta la fase terminale del processo produttivo. Le risorse monetarie, investite nel momento dell'acquisizione dei fattori produttivi, vengono recuperate (disinvestimenti), ossia ritornano in forma monetaria attraverso la vendita del prodotto.

---

[10] Il prezzo di acquisto di un fattore produttivo è la quantità di denaro che occorre cedere per ottenere una unità (di misura) di quel fattore.

Il prezzo, per sua natura, è sempre unitario; il costo è complessivo e si riferisce a definiti volumi oggetto di negoziazione.

Si può definire «ricavo di vendita» la quantità di denaro ottenuta vendendo – in regime di scambi monetari – *una determinata quantità del prodotto generato dalla combinazione produttiva.*

Più precisamente, il ricavo di un qualsiasi *iesimo* prodotto (Ri) è dato dalla quantità oggetto di negoziazione dell'*iesimo* prodotto (Qi) moltiplicata per il suo prezzo di vendita (Pi):

$$Ri = Qi \times Pi$$

Anche nelle operazioni di vendita del prodotto i ricavi vengono misurati, ossia determinati nel loro ammontare, dalla quantità di denaro che affluisce all'impresa. Le operazioni di vendita dei prodotti possono, pertanto, essere osservate sotto un duplice aspetto: da un lato le entrate di denaro (aspetto monetario dell'operazione), dall'altro i recuperi della ricchezza investita (ricavi) che si ottengono vendendo i prodotti sul mercato di sbocco.

Le fasi descritte si sviluppano, normalmente, con una «circolarità» rappresentabile in uno schema (Tavola n. 1) ove una linea orizzontale tratteggiata «separa» visibilmente le operazioni che caratterizzano le varie fasi osservate (acquisizione fattori, atti di gestione interna, vendita prodotti) dal loro aspetto monetario (entrate ed uscite di denaro).

I mezzi monetari «si immergono» nell'attività produttiva trasformandosi in fattori specifici; «risorgono» in forma di denaro con la vendita dei prodotti ottenuti attraverso la combinazione produttiva [11]. Il senso di rotazione del circuito della produzione va, quindi, dalle uscite (U) per l'acquisto dei fattori alle entrate (E) rinvenienti dalla vendita dei prodotti [12].

---

[11] L'Amaduzzi, dal quale abbiamo tratto la rappresentazione schematica dei circuiti, immagina che i mezzi monetari *tramontino* aldilà della linea dell'orizzonte (la linea di demarcazione) per divenire fattori produttivi e che *risorgano*, poi, come mezzi monetari all'atto del conseguimento dei ricavi di vendita dei prodotti ottenuti. (A. AMADUZZI 1966, p. 149).

[12] Con riferimento alle altre classi di aziende (pubbliche amministrazioni, associazioni, fondazioni) può verificarsi, come già rilevato:

– che i fattori produttivi siano, in parte, acquisiti alla disponibilità dell'azienda senza corrispettivo in denaro;

– che i prodotti ottenuti dalla combinazione produttiva siano, almeno in parte, ceduti agli utilizzatori senza corrispettivo in denaro.

In tali situazioni, non è garantito il reintegro dei costi attraverso i ricavi ed il rapporto tra costi e ricavi perde significato.

Tavola 1

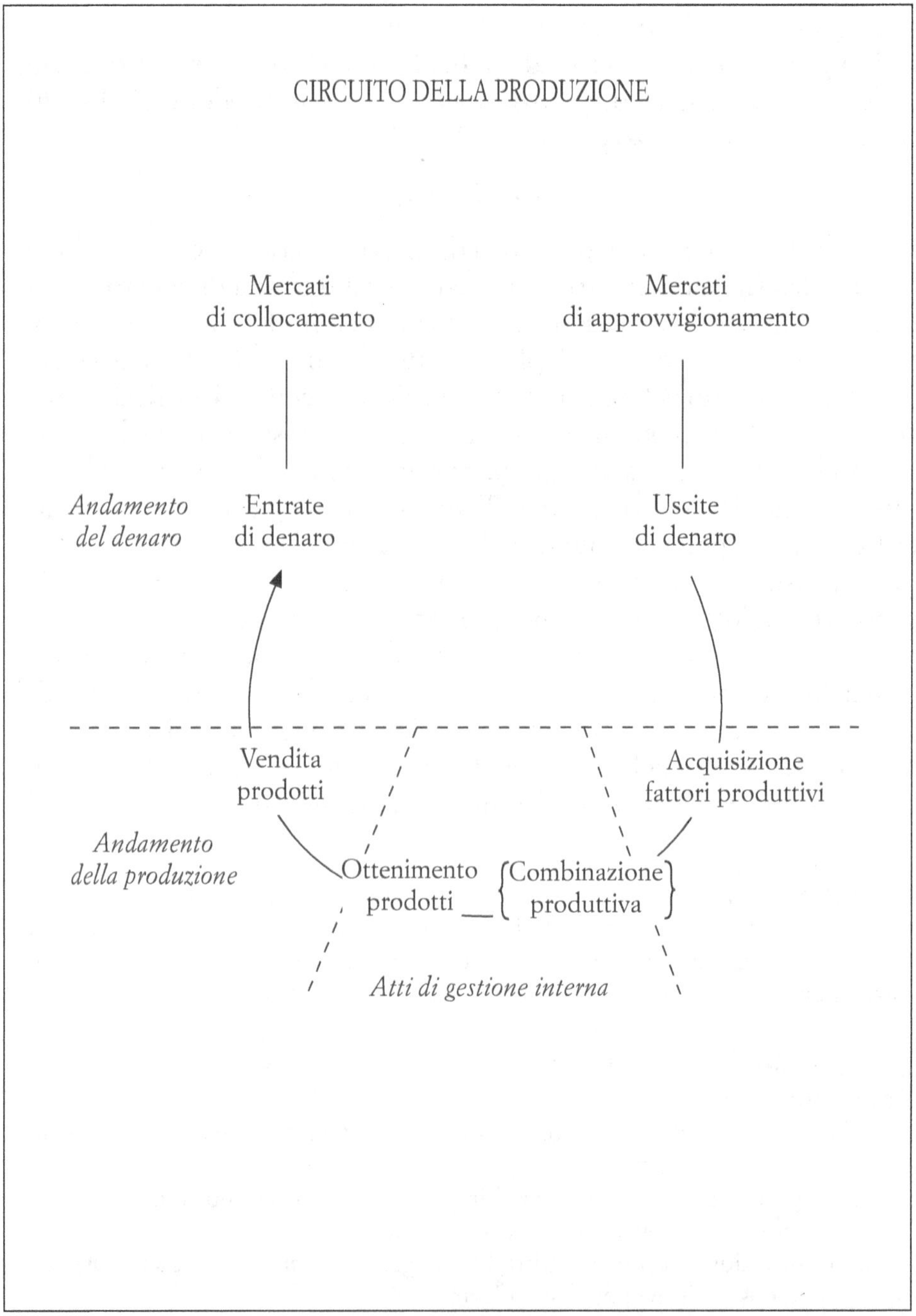
CIRCUITO DELLA PRODUZIONE
Mercati
di collocamento
Mercati
di approvvigionamento
Andamento
del denaro
Entrate
di denaro
Uscite
di denaro
Vendita
prodotti
Acquisizione
fattori produttivi
Andamento
della produzione
Ottenimento
prodotti
Combinazione
produttiva
Atti di gestione interna

1.2.2. *Fattori produttivi e risorse aziendali*

Conviene soffermare l'attenzione su alcune caratteristiche dei fattori (beni e servizi) utili allo svolgimento della combinazione produttiva.

Una prima distinzione può separare i fattori produttivi dotati del requisito della materialità da quelli che ne sono privi. I primi (beni) sono costituiti da «utilità economiche» aventi una consistenza fisica (merci, materie prime, macchine, impianti, mobili, immobili, ecc.); i secondi (servizi) sono costituiti da «utilità economiche» prive di consistenza fisica, ma egualmente disponibili per lo svolgimento della combinazione produttiva (diritti di utilizzo di brevetti, formule, opere dell'ingegno, ecc.).

Altre distinzioni, *non senza importanza ai fini delle caratteristiche tecnico-economiche dei fattori produttivi*, possono essere fondate sulla conservabilità o meno dei fattori (ed anche, ovviamente, dei prodotti), o riguardare il loro grado di tossicità, il loro grado di rendimento, di disponibilità, ecc.

In relazione agli argomenti che saranno in seguito trattati, assume fondamentale rilevanza la distinzione dei fattori produttivi a seconda delle «*modalità di partecipazione al processo produttivo*» e delle correlate «*modalità di recupero*» dei mezzi monetari investiti nei fattori stessi.

I fattori produttivi, sotto questo profilo, possono essere distinti in *fattori a fecondità semplice e fattori a fecondità ripetuta*.

I primi esauriscono la loro utilità economica partecipando ad un unico ciclo (o circuito) produttivo. Cessano, quindi, di esistere, come fattori produttivi, non appena vengono utilizzati all'interno della combinazione produttiva.

I fattori a fecondità ripetuta, invece, cedono la loro utilità economica a più cicli (o circuiti) produttivi, ai quali partecipano mantenendo inalterate le loro caratteristiche tecniche di fattori produttivi. Il loro utilizzo, talora, si protrae per un considerevole arco di tempo.

È agevole comprendere che *il fattore a fecondità semplice è correlato all'economia del prodotto per l'ottenimento del quale cede completamente la sua utilità economica, mentre il fattore a fecondità ripetuta è correlato all'economia di tutti i prodotti* – differenti talora anche nella configurazione qualitativa – *che con il suo concorso si possono ottenere* (o, se si preferisce, per l'ottenimento dei quali il fattore *cede dosi* di utilità).

Si prospettano, quindi, differenti modalità di recupero dei mezzi monetari a seconda che siano investiti in fattori a fecondità semplice o ripetuta.

Il recupero dei mezzi monetari investiti nell'acquisizione dei fattori a fecondità semplice, infatti, è affidato al ricavo di vendita del prodotto ottenuto dall'unico ciclo produttivo al quale il fattore a fecondità semplice partecipa, cedendo completamente la sua utilità.

Per contro, il recupero dei mezzi monetari investiti nell'acquisizione dei fattori a fecondità ripetuta è affidato al complesso dei ricavi rivenienti dalla vendita di tutti i prodotti ottenuti da tutti i cicli produttivi ai quali i fattori a fecondità ripetuta hanno partecipato. Ne consegue che il recupero attraverso i ricavi avviene gradualmente nel tempo: a mano a mano che si collocano i prodotti, ottenuti con il concorso dei fattori a fecondità ripetuta, una parte dei mezzi monetari investiti nell'acquisizione degli stessi ritorna disponibile in forma monetaria. Tale gradualità di recupero interessa sovente tempi sufficientemente lunghi.

I fattori a fecondità ripetuta non assumono solamente la configurazione di beni materiali (tipicamente: immobili, impianti, mobili, ecc.), ma altresì di beni immateriali (brevetti, opere dell'ingegno, diritti, canoni, fitti, assicurazioni, ecc.), sempre che siano utilizzabili, nel tempo, con riferimento a più cicli produttivi [13].

È facile constatare come la distinzione tra fattori a fecondità semplice e fattori a fecondità ripetuta non si basi affatto sulla tipologia del fattore acquisito, ma piuttosto sulla funzione che lo stesso è chiamato a svolgere nell'economia della produzione.

Giova osservare che gli investimenti per gli acquisti dei fattori a fe-

---

[13] Occore, infatti, distinguere, ad esempio:

– l'ipotesi di un premio assicurativo connesso al trasporto di un prodotto, che si identifica come un investimento per l'acquisizione di un fattore produttivo a fecondità semplice (il servizio specifico del trasporto, con i suoi costi accessori) e che dovrà essere recuperato attraverso il ricavo di vendita del prodotto stesso;

– l'ipotesi di un premio assicurativo annuale per l'incendio, il furto e la responsabilità civile di uno stabilimento, che si identifica come investimento per l'acquisto di un fattore a fecondità ripetuta (il servizio di assicurazione dei rischi suddetti, relativi a tutte le produzioni effettuate nel periodo), il cui recupero è indistintamente affidato ai ricavi di vendita di tali produzioni, realizzate nell'arco di tempo coperto dall'assicurazione.

condità semplice e a fecondità ripetuta sono effettuati sempre *in condizioni di incertezza*. La decisione di acquistare fattori produttivi, infatti, è assunta nella prospettiva di utilizzare gli stessi per ottenere prodotti che siano vendibili a prezzi remuneratori (tali sono quei prezzi che consentono il recupero dei mezzi monetari investiti nei fattori a fecondità semplice, completamente utilizzati, e consentono altresì il recupero di parte dei mezzi monetari investiti in fattori a fecondità ripetuta, parzialmente utilizzati).

A partire dal momento in cui i mezzi monetari disponibili vengono trasformati in fattori produttivi:

– *assume consistenza il rischio che tali mezzi (o parte di essi) non ritornino più in forma di denaro attraverso i ricavi futuri* rivenienti dalla vendita delle produzioni ottenute con il concorso di quei fattori. Infatti, l'avvento sui mercati di prodotti innovati o alternativi, l'evoluzione dei gusti e delle esigenze o altri elementi di cambiamento potrebbero indirizzare la domanda verso *prodotti diversi* da quelli che l'impresa ha ritenuto opportuno progettare e per i quali ha acquistato i fattori produttivi. Ne conseguirebbe un affievolimento del flusso dei ricavi, originato dai minori volumi di produzione venduta e/o dall'abbassamento dei prezzi di vendita, e quindi un recupero parziale degli investimenti effettuati;

– *assume consistenza il rischio che gli stessi fattori produttivi si rivelino inidonei ad un proficuo utilizzo all'interno delle combinazioni produttive future, alle quali non sono più in grado di cedere utilità economiche.*

La perdita di potenzialità dei fattori produttivi trova la sua genesi in molteplici cause, complessivamente legate al progresso tecnologico che rende disponibili fattori produttivi più progrediti, capaci di assicurare rendimenti più elevati alla combinazione produttiva.

Nelle situazioni appena descritte, i mezzi monetari investiti nei fattori a fecondità semplice non più utilizzabili non sono recuperabili per il tramite del processo produttivo, mentre potrebbero essere parzialmente recuperati stralciando il fattore dalla combinazione produttiva e cercando di collocarlo al meglio su mercati nei quali l'impresa si trova abitualmente ad operare come acquirente, piuttosto che come venditore.

I mezzi monetari investiti in fattori a fecondità ripetuta parzialmente utilizzati in passato e non più utilizzabili in futuro non sono recuperabili, attraverso i processi produttivi, più di quanto i ricavi delle produzioni ottenute in passato, con il concorso di detti fattori, abbiano già consentito. Un ulteriore recupero parziale può essere realizzato solamente stralciando il fattore e cedendolo a possibili acquirenti.

L'assunzione del rischio, dunque, è fenomeno caratteristico di ogni unità di produzione, non essendo ipotizzabile che le scelte economiche di destinazione di risorse monetarie all'attività produttiva avvengano sulla base di elementi certi di conoscenza, *giusta* l'indeterminismo che caratterizza l'attività economica.

È implicito in quanto precedentemente affermato che il rischio assume consistenza tanto maggiore quanto più l'ambiente è soggetto a variabilità e lunghi sono i periodi di utilizzo di un fattore produttivo o, meglio ancora, i tempi che intercorrono dal momento dell'acquisto del fattore a quello del recupero attraverso i ricavi. Infatti, più è ampio l'arco di tempo interessato e maggiore è la possibilità che, in periodi di intensa variabilità ambientale, il cambiamento intervenga con effetti anche devastanti. In relazione a ciò, le situazioni di rischio più elevate normalmente si assumono con l'acquisizione di fattori a fecondità ripetuta dedicati ad un'unica produzione (non flessibili) ed utilizzabili per lunghi periodi di tempo.

Si è parlato di «combinazione produttiva» alla quale affluiscono i «fattori produttivi» che l'impresa ha acquistato sui mercati di approvvigionamento, sostenendo il relativo costo.

A ben vedere, però, *l'attività della combinazione produttiva è opera di soggetti che ad essa indirizzano non solo i fattori produttivi acquisiti all'esterno, ma anche tute le altre* risorse *aziendali di cui sono dotati e dispongono.*

Ci riferiamo alle risorse legate alla «conoscenza», ossia al patrimonio di esperienze, di capacità e di professionalità dei soggetti stessi, differente da impresa a impresa e tale da qualificare sostanzialmente il «livello» di attività.

Il concetto di fattori produttivi, così come è stato definito parlando di «circuito della produzione», è utile ad individuare quei beni e servizi che sono necessari allo svolgimento della combinazione produttiva, non disponibili all'interno del sistema aziendale. La loro acquisizione, si è detto, assume rilievo per il fatto che determina *investimenti della ricchezza monetaria disponibile.*

Il più ampio concetto di «risorse aziendali», invece, è certamente più idoneo ad esprimere il complesso di tutti gli «elementi» (fattori produttivi in senso stretto, ma anche i fattori «esperienza» e «professionalità», legati alla conoscenza, nonché i fattori «consenso» ed «immagine», legati ai processi comunicativi ed alla capacità dell'azienda di soddisfare le attese dei suoi interlocutori sociali) che entrano di fatto in qualsiasi combinazione produttiva e concorrono sostanzialmente a determinare il successo (o l'insuccesso) dell'impresa.

Non sfugge certamente all'attenzione del lettore la complessità e la varietà delle possibili combinazioni di risorse aziendali per realizzare innumerevoli «sistemi di prodotto», ossia sistemi integrati di beni e servizi pensati, progettati e realizzati nella logica della creazione di valore per i potenziali utilizzatori.

La presenza di sofisticate conoscenze all'interno delle organizzazioni produttive tende, con sempre maggior frequenza ed intensità, ad alimentare e favorire *impensabili forme di baratto tra aziende che si scambiano tali conoscenze senza corrispettivo in denaro*. Siamo di fronte ad uno scambio di «prodotti (servizi)» del tutto particolari (competenze, informazioni, *data base*, immagine, pubblicità, ecc.) tra imprese, anche appartenenti a differenti settori di attività, nel reciproco interesse; scambio che pone le basi di una considerevole crescita dei rispettivi business[14]. Sarebbe un errore pensare «... *che l'economia formale, monetarizzata, sia una misura efficace della creazione di valore in atto*» (R. NORMANN 2002, p. 124).

---

[14] Possiamo ricordare, a puro titolo d'esempio, uno dei tanti rapporti del tipo descritto che possono realizzarsi tra imprese: le particolari condizioni (sconti e facilitazioni) per l'acquisto di beni o servizi di altre imprese offerte dalle compagnie aeree a categorie selezionate di loro clienti. La compagnia aerea mette a disposizione dei suoi clienti migliori i prodotti di altre imprese e, in cambio, riceve da quest'ultime la promessa di condizioni di favore che saranno garantite alla sua clientela. *La compagnia aerea offre gratuitamente ai suoi clienti particolari vantaggi ed aumenta il loro livello di fidelizzazione, mentre le imprese che aderiscono all'accordo incrementano il loro business accedendo gratuitamente ad una clientela selezionata della compagnia.*

Lettura

RISORSE AZIENDALI E VANTAGGI COMPETITIVI *

Ciò che lega le risorse aziendali ai risultati economici dell'impresa ** sono fondamentalmente due caratteristiche:

– la *appropriatezza*, ovvero la loro capacità di rendere possibili risposte produttive appropriate rispetto ai bisogni del mercato;
– la *unicità*, ovvero il grado di esclusività che le contraddistingue.

Per quanto riguarda la *appropriatezza*, va osservato che quanto più le risorse consentono di fornire risposte appropriate, tanto maggiore sarà il valore d'uso realizzato dall'impresa e ciò, a parità di altre condizioni, potrà spingere verso l'alto il prezzo di vendita del prodotto.

In ordine alla appropriatezza si può ancora aggiungere che talune risorse (per es. impianti e macchine altamente specializzati) sono specifiche, risultando quindi economicamente sfruttabili solo per realizzare particolari prodotti. Altre invece (per es. l'immagine aziendale o una rete distributiva) si caratterizzano per una fruibilità multipla, ovvero possono essere sfruttate per una pluralità di utilizzi; è evidente che disporre di risorse a fruibilità multipla può consentire all'impresa di cogliere più numerose opportunità.

Per quanto riguarda l'*unicità*, va osservato che quanto più una risorsa è detenuta in via esclusiva da un'impresa tanto meno numerose saranno le imprese in grado di realizzare risposte produttive analoghe e tanto più elevato (ma sempre nei limiti del valore d'uso riconosciuto dal mercato) potrà essere il prezzo di vendita del prodotto.

L'unicità delle risorse aziendali è innanzitutto legata alle loro modalità di acquisizione. Non si tratta infatti – come già ricordato – di fattori produttivi normalmente circolanti sul mercato (macchine, materiali, professionalità generiche) acquisibili allo stesso modo da parte di tutte le imprese interessate al loro utilizzo, le quali si troverebbero quindi a disporre di dotazioni analoghe; si tratta invece di capacità che si formano in ogni singola impresa attraverso processi di investimento e di apprendimento di

---

* Pier Maria Ferrando, tratto da «*Complementi di Economia Aziendale*», Genova 1994.

** Quanto affermato nella lettura, con riferimento alle imprese, può essere esteso a tutte le classi di aziende.

lungo periodo, il cui successo ed il cui esito sono normalmente incerti e diversi da un'impresa all'altra, dando luogo a dotazioni differenziate.

Che si tratti di processi impegnativi ed aleatori è dimostrato tra l'altro dal fatto che spesso imprese che vogliano intraprendere una nuova attività produttiva preferiscono acquistare unità aziendali già operanti e dotate delle necessarie risorse (tecnologia, professionalità, immagine) evitando così di doversi impegnare direttamente nella loro formazione.

L'unicità è poi legata all'operare di alcuni *meccanismi di isolamento* che possono proteggere le risorse aziendali dall'imitazione e riproduzione da parte di altre imprese.

Tali meccanismi possono consistere nella dimensione – spesso elevata e non accessibile alla generalità delle imprese – degli investimenti e delle esperienze che è necessario sviluppare per disporre delle risorse aziendali necessarie.

Da un altro punto di vista invece essi possono discendere dai caratteri peculiari dell'informazione e della conoscenza, in quanto elementi costitutivi delle risorse aziendali. Infatti informazione e conoscenza sono elementi di per sé liberamente circolanti nell'ambiente e solo in particolari circostanze suscettibili di essere assoggettati ad un regime proprietario (come nel caso di un brevetto su di un procedimento produttivo); esse tuttavia quando sono componenti delle risorse aziendali di un'impresa possono diventare difficilmente imitabili e riproducibili da parte di altre imprese.

Le conoscenze che si traducono in risorse aziendali tendono a essere difficilmente imitabili e riproducibili quando sono:

– tacite, non codificate, incorporate implicitamente nei comportamenti collettivi praticati nell'impresa;
– complesse, frutto di una molteplicità di informazioni che si combinano per configurare una competenza originale;
– elementi di un sistema, valorizzabile solo nell'ambito di un appropriato contesto aziendale.

Risorse aziendali appropriate ed uniche tendono a generare vere e proprie *rendite imprenditoriali*, cioè risultati economici non livellati dalla concorrenza e superiori a quelli che sarebbero di per sé soddisfacenti e sufficienti a motivare la continuità dell'attività produttiva. Ci si trova infatti di fronte ad un elevato valore d'uso che tende a trasferirsi per intero nel prezzo del prodotto (appropriazione della rendita da parte dell'impresa).

A proposito della capacità dell'impresa di appropriarsi di tale rendita occorre tuttavia tenere presente che essa può essere condizionata dai rapporti di forza contrattuali nei confronti dei clienti e dei fornitori. Infatti un forte potere di mercato dei clienti potrà fare abbassare il prezzo di vendita del prodotto e la rendita andrà, in tutto o in parte, a vantaggio dei clienti; un forte potere di mercato dei fornitori invece potrà fare salire il costo dei fattori produttivi, e la rendita si trasferirà in tutto o in parte a vantaggio dei fornitori.

Il rapporto che intercorre tra risorse aziendali e risultati economici dell'impresa, spiegato dalle determinanti rappresentate dalla appropriatezza e dalla unicità, può essere esplicitato nei suoi meccanismi facendo riferimento all'operare di due variabili intermedie rappresentate dalle *competenze distintive* e dai *vantaggi competitivi.*

Si parla di *competenze distintive* a proposito delle caratteristiche delle risorse aziendali che differenziano una impresa dalle altre, mettendola in grado di realizzare risposte produttive più appropriate rispetto ai bisogni espressi dal mercato. Esse dunque rappresentano la capacità dell'impresa di fare meglio, di fare cose diverse, di fare cose nuove, di fare cose analoghe ma a prezzi minori, rispetto a quanto sanno fare le altre imprese.

(È evidente, in questi termini, che le risorse aziendali tanto più si presentano come competenze distintive quanto più si caratterizzano in termini di appropriatezza ed unicità).

Le competenze distintive si traducono in vere e proprie *asimmetrie competitive* tra le imprese, che infatti grazie ad esse risultano diversamente capaci di rispondere alle aspettative del mercato nei confronti delle caratteristiche di prezzo, qualità, servizio, personalizzazione del prodotto (si parla in proposito di *fattori critici di successo* del business). Tali asimmetrie vengono definite come *vantaggi competitivi.*

In particolare, i vantaggi competitivi si concretizzano in termini di *costo* quando, essendo rappresentato il fattore critico di successo dal prezzo, l'impresa è in grado di congegnare un prodotto le cui caratteristiche siano accettabili dal mercato e analoghe a quelle proposte dalle imprese concorrenti, ma che possa essere realizzato a costi più contenuti (grazie alla più efficace soluzione dei problemi relativi alla configurazione progettuale, all'organizzazione del lavoro, alle tecnologie produttive, ai materiali utilizzati, alla distribuzione) e venduto ad un prezzo più vantaggioso per il cliente.

Il vantaggio competitivo si concretizzerà invece in termini di *unicità dell'offerta* quando, essendo costituito il fattore critico di successo dalla qualità, dalla tempestività del servizio, dalla capacità di adattare le caratteristiche del prodotto a specifiche esigenze, l'impresa è in grado di operare senza aggravi nei costi rispondendo a tali esigenze meglio delle imprese concorrenti, così da poter vendere il proprio prodotto a prezzi anche più elevati.

In tal modo il vantaggio competitivo da un lato crea maggior valore d'uso per il cliente (al quale viene ceduto un prodotto che corrisponde meglio alle sue aspettative) e dall'altro assicura all'impresa un migliore risultato economico. Il vantaggio di costo infatti permette, a parità di differenziale tra prezzo e costo unitario, di abbassare il prezzo e di aumentare le vendite, il vantaggio di unicità dell'offerta invece permette di ottenere un differenziale di prezzo maggiore o, a parità di prezzo, di aumentare le vendite.

1.2.3. *Considerazioni sull'economia dei fattori a fecondità ripetuta: il tempo di utilizzazione*

Il concetto di fattori a fecondità ripetuta è stato presentato all'attenzione del lettore nel corso della trattazione sul «circuito della produzione».

I fattori a fecondità ripetuta, si è detto, sono quelli che «cedono la loro utilità economica a più cicli (o circuiti) produttivi, ai quali partecipano mantenendo inalterate le loro caratteristiche tecniche di fattori produttivi. Il loro utilizzo, talora, si protrae per un considerevole arco di tempo».

Da ciò consegue che ogni fattore a fecondità ripetuta è correlato all'economia di tutti i prodotti – differenti talora anche nella configurazione qualitativa – che si possono ottenere con il suo concorso nell'arco di tempo della sua utilizzazione.

Il recupero dei mezzi monetari investiti per l'acquisizione di un fattore a fecondità ripetuta, pertanto, è affidato al complesso dei ricavi rivenienti dalla vendita di tutti i prodotti ottenuti da tutti i cicli produttivi ai quali il fattore ha partecipato, cedendo dosi di utilità economica.

In altri termini, se il fattore a fecondità ripetuta, in concorso con gli altri fattori, consente di ottenere un flusso di prodotti in un definito arco temporale, il recupero dei mezzi monetari investiti per l'acquisizione di tale fattore deve essere necessariamente «richiesto» a tutti i ricavi rivenienti dalla vendita di *quel flusso di prodotti.*

Riteniamo utile approfondire i concetti appena delineati e sviluppare alcune considerazioni sull'economia dei fattori a fecondità ripetuta, con riferimento ai fattori materiali (immobili, impianti e macchine, mobili, ecc.), sia alle utilità economiche immateriali.

Il primo problema che si pone all'attenzione è quello di definire *l'ampiezza temporale di utilizzo* dei differenti fattori a fecondità ripetuta dei quali un'impresa deve dotarsi per svolgere convenientemente i progettati processi produttivi.

L'arco di tempo nel quale un fattore a fecondità ripetuta può essere convenientemente utilizzato sembrerebbe definito da circostanze di ordine tecnico (fisico o giuridico).

Con riferimento ad ipotesi di utilizzazione normale di impianti, sui quali vengano effettuati i progettati interventi di manutenzione, l'arco di tempo in questione sarebbe determinato dalla «durata fisica» di tali tecnologie, così come viene indicata e prevista da chi ha progettato e costruito le stesse. Gli impianti in discorso dovrebbero essere sostituiti quando il loro mantenimento in vita implicasse costi di manutenzione eccessivi con risultati di scarsa affidabilità. Con riferimento, invece, a brevetti o altri diritti di sfruttamento delle opere dell'ingegno l'utilizzo sarebbe segnato dal tempo per il quale è assicurata la tutela giuridica del diritto.

Tutto ciò sarebbe valido solamente in ipotesi semplificatrici, di prima approssimazione. Infatti, in periodi caratterizzati da elevata competiti vità e da intenso progresso tecnologico il tasso di *innovazione è* particolarmente elevato e la vita utile delle strutture organizzative ed operative e dei prodotti tende ad accorciarsi, anche sensibilmente, per ragioni di natura economica.

Ciò significa che le strutture tendono a perdere utilità economica e a diventare inutilizzabili e che i prodotti tendono a perdere attrattività sui mercati tanto più rapidamente quanto più l'innovazione è elevata e diffusa.

Tale fenomeno di «superamento economico», noto come *obsolescenza*, produce rilevanti conseguenze sull'economia dei fattori a fecondità ripetuta che possono essere colpiti direttamente, oppure avvertire i riflessi dell'obsolescenza che ha colpito i prodotti e le altre strutture.

Da ciò consegue che la durata economica, ossia quella di effettiva utilizzazione economica, dei differenti fattori a fecondità ripetuta non necessariamente si estende fino al tempo limite della durata tecnica: i fattori a fecondità ripetuta, che rappresentano "conoscenza cristalizzata", dovranno essere dismessi dall'uso nel momento in cui rimangono coinvolti nel fenomeno dell'obsolescenza, ancorché perfettamente funzionanti sotto il profilo tecnologico o capaci di generare effetti giuridici.

Il «ciclo vitale» dei fattori a fecondità ripetuta, all'interno del quale i mezzi monetari investiti dovranno essere recuperati, è dunque segnato dalla durata economica di tali fattori, che difficilmente si estende fino al tempo limite della durata fisica o giuridica.

Poiché le condizioni di sopravvenuta inidoneità possono essere generate da differenti cause, conviene indagare più a fondo sulla natura dei fenomeni appena delineati e sulle modalità di loro verificazione, con riguardo ai fattori oggetto delle presenti note.

1.2.4. *Considerazioni sull'economia dei fattori a fecondità ripetuta: il fenomeno dell'obsolescenza*

L'obsolescenza è una condizione di natura economica nella quale:

- possono trovarsi immerse le strutture organizzative e operative allorché diventano inidonee a consentire l'economico svolgimento di tutti o di alcuni processi produttivi;
- possono trovarsi immersi i prodotti che l'impresa ha scelto di ottenere e vendere, allorché perdono attrattività sui rispettivi mercati e non possono più essere collocati in quantità adeguate e a prezzi remuneratori.

L'obsolescenza può investire le strutture operative e cioè gli investimenti di cui l'impresa dispone e le modalità con le quali essa è capace di operare.

Tra gli *investimenti*, in primo luogo, ritroviamo i fattori a fecondità ripetuta materiali ed immateriali. Il rischio più elevato è sempre quello connesso al grado di idoneità di tali fattori che dovrebbero mantenere nel tempo la capacità di partecipare economicamente alle combinazioni produttive.

Tali fattori, invece, possono invecchiare, essere superati economicamente, ancorché perfettamente utilizzabili sotto il profilo del rendimento (impianti e software) o della validità giuridica (brevetti ed altri diritti). Ciò avviene quando si verificano congiuntamente le situazioni appresso indicate:

(a) il progresso tecnologico ha reso possibile progettare e realizzare sistemi produttivi di qualità superiore. All'interno di tali sistemi sono inseriti impianti più automatizzati, che assicurano un più elevato livello complessivo di performance, utilizzano un differente software e richiedono la disponibilità di nuove formule per nuovi processi.

In particolare, tali sistemi consentono di ottenere, nella medesima unità di tempo, un maggior numero di prodotti di migliore qualità, a costi unitari più contenuti. Ciò è possibile perché i nuovi sistemi – pur essendo più costosi in quanto incorporano una tecnologia più sofisticata – consentono la realizzazione di economie di consumo negli altri fattori (lavoro, materie, energia) che vengono utilizzati nel processo produttivo e *tali economie sono com-*

plessivamente più rilevanti dell'incremento del costo dei fattori a fecondità ripetuta;

(b) una o più imprese concorrenti hanno acquisito e messo in funzione tali tecnologie progredite e, pertanto, sono in grado di offrire prodotti di qualità superiore al medesimo prezzo o anche a prezzi inferiori, potendo produrre a costi unitari più contenuti.

La concomitanza delle situazioni descritte sub (a) e (b) può determinare la perdita di fasce più o meno ampie di mercato a favore delle imprese concorrenti che hanno ristrutturato e possono tradurre in vantaggi competitivi le più elevate performance di cui sono capaci. Sono queste le circostanze che inducono i manager ad assumere drastiche decisioni, volte a superare il *gap* tecnologico nel quale l'impresa è venuta a trovarsi a causa delle iniziative poste in essere dalla concorrenza.

La sostituzione della tecnologia obsoleta, ancorché tecnicamente funzionante, è una risposta che mira a recuperare all'impresa la capacità di competere efficacemente, per qualità e prezzi, sui mercati di sbocco.

Circa le *modalità con le quali l'impresa è capace di operare*, sarebbe logico immaginarle in continua evoluzione per effetto dell'esperienza e delle conoscenze sulle nuove possibilità di operare. Se invece l'evoluzione non riesce a procedere in linea con tali conoscenze, le modalità operative di cui un'impresa dispone perdono gradualmente idoneità e non consentono lo sfruttamento delle migliori opportunità che altre imprese sono in grado di cogliere.

L'obsolescenza può rapidamente colpire strutture e prodotti, ma anche determinare il superamento dei livelli di conoscenza disponibili. Tale rischio è tanto più elevato quanto più è rapido il progresso tecnologico e globalizzata la competizione.

Il gap tra conoscenza globale e conoscenza aziendale (nonostante l'impegno in ricerca) è crescente e preoccupante. L'obsolescenza che colpisce la conoscenza opera in modo più rapido e meno prevedibile di quella che tradizionalmente investe i fattori a fecondità ripetuta: *il dominio della conoscenza può essere più facilmente acquistato o perduto rispetto al precedente dominio della tecnologia* (materialità), che si poteva egualmente perdere, ma in tempi più lunghi ed in presenza di condizioni più facilmente decifrabili. L'oscuramento della conoscenza tende ad essere irreversibile e deleterio: non è possibile porvi rimedio in tempi brevi, anche per la difficoltà di «capire» quali conoscenze sono svanite ed in quale misura.

L'obsolescenza che ha investito le modalità con le quali l'impresa è capace di operare (livelli di conoscenza) può provocare effetti anche traumatici sulle prospettive di sopravvivenza ove non si riesca a superare il *gap*, e certamente produce la perdita di valore di tutti gl'investimenti coinvolti nei processi obsoleti.

L'*obsolescenza può investire le strutture organizzative* divenute inidonee in relazione al mutato rapporto con l'ambiente e al grado di complessità da gestire.

Le conseguenti ristrutturazioni organizzative potrebbero coinvolgere alcune fasi, o al limite, interi processi produttivi che si ritiene opportuno trasferire all'esterno, ad altre imprese specializzate.

Nei casi del tipo di quelli che vengono qui prospettati, tutti i fattori che erano implicati nelle fasi o nei processi ora dismessi perdono necessariamente – se non sono diversamente utilizzabili – la originaria qualifica di «fattori» produttivi; vengono stralciati dal processo produttivo e venduti (liquidati) al meglio.

L'obsolescenza, che ha colpito le strutture organizzative suggerendo ridimensionamenti dell'apparato produttivo per alcune fasi o processi, *colpisce indirettamente tutti i fattori produttivi a fecondità semplice e ripetuta* che alimentano tali processi e che non possono essere altrimenti utilizzati all'interno dell'impresa.

Anche i prodotti, con il trascorrere del tempo, *perdono attrattività sui mercati di sbocco* e si avviano, più o meno rapidamente, alla fase di declino: in presenza di elevati tassi di innovazione tale fenomeno tende a manifestarsi in tempi sempre più brevi, sicché la vita utile dei prodotti, in alcuni casi, appare sensibilmente ridotta.

L'inevitabile abbandono dei prodotti obsoleti, che hanno perduto competitività nei confronti di quelli innovati, ancora una volta si ripercuote sull'economia dei fattori a fecondità semplice e ripetuta necessari ad ottenere i prodotti in discorso.

Se tali fattori non possono essere utilizzati in altri processi produttivi per ottenere altri prodotti, perdono la loro naturale destinazione, vengono stralciati dal processo produttivo e venduti (liquidati) al meglio.

L'obsolescenza che ha investito i prodotti ed ha suggerito la loro sostituzione con altri più evoluti, *ha colpito indirettamente tutti i fattori produttivi a fecondità semplice e ripetuta* che erano necessari per ottenere i prodotti obsoleti e che non possono essere altrimenti utilizzati all'interno dell'impresa.

In *sintesi, facendo riferimento ai fattori a fecondità ripetuta* possiamo rilevare che:

- l'obsolescenza può *colpire direttamente* impianti, software, brevetti, ecc., rendendo tali fattori inidonei, ossia superati in contenuto tecnologico e performance da altri fattori più progrediti posti in uso da imprese concorrenti;
- l'obsolescenza può colpire le strutture organizzative, i livelli di conoscenza, o i prodotti e *riversarsi* su tutti i fattori produttivi coinvolti nei processi che si abbandonano, sempre che tali fattori non siano dotati di «flessibilità di utilizzo» che li rende idonei per altri processi.

Nelle economie di mercato, caratterizzate da elevati livelli di innovazione, l'arco di tempo nel quale un fattore a fecondità ripetuta può essere convenientemente utilizzato è sovente determinato dall'insorgere del fenomeno dell'obsolescenza, che tende ad accorciare la vita utile dei fattori rispetto al tempo di durata fisica o di tutela giuridica degli stessi.

Il recupero dei mezzi monetari investiti per l'acquisizione dei fattori a fecondità ripetuta, pertanto, deve essere chiesto ai ricavi che potranno essere conseguiti nel tempo di vita utile (*to-tm*) di tali fattori, se è vero che al tempo *tm* dovranno essere dismessi dall'uso, ancorché perfettamente funzionanti, in quanto inidonei economicamente ad esprimere processi produttivi vincenti.

VITA E DURATA FISICA DEI FATTORI E FECONDITÀ RIPETUTA

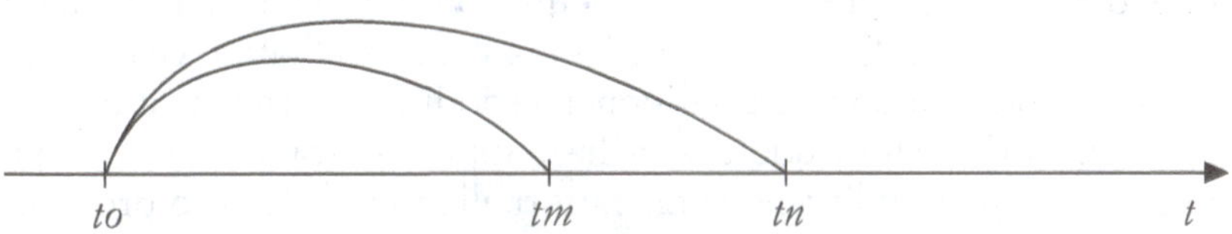

to – tm ⟶ *Tempo di vita utile del fattore produttivo a fecondità ripetuta.*

to – tn ⟶ *Tempo di durata fisica (o di tutela giuridica) del fattore produttivo a fecondità ripetuta.*

1.2.5. *Le caratteristiche della combinazione produttiva*

All'interno della complessa *attività produttiva* tipica della unità di produzione, abbiamo denominato *combinazione produttiva* (in senso stretto) *l'insieme delle attività ordinate in processi produttivi attraverso le quali le risorse aziendali vengono trasformate in prodotti finiti*[15-16] (Tavola n. 2).

La natura e la qualità delle risorse che affluiscono ai differenti processi produttivi, nonché le modalità tecniche ed economiche di svolgimento di detti processi sono profondamente diverse a seconda della natura e della qualità dei prodotti che si vogliono ottenere e che costituiscono il risultato dei differenti processi produttivi.

Le risorse che sono destinate ad alimentare i processi produttivi possono variamente classificarsi a seconda che prevalga l'osservazione della materialità (risorse materiali o immateriali), oppure della modalità di utilizzo e di recupero dei mezzi finanziari investiti per l'acquisizione dei fattori produttivi (fattori a fecondità semplice o ripetuta) o ancora della «qualità» degli stessi (materie prime, lavoro, servizi, impianti).

I prodotti finiti sono i beni ed i servizi che l'impresa ha consapevolmente scelto di produrre nell'ottica delle prospettive di collocamento su differenti mercati.

L'espressione *processo produttivo* viene sovente utilizzata, nelle prassi e nella dottrina, con significati assai diversi e soprattutto con differente ampiezza.

In queste pagine e nel prosieguo della trattazione intendiamo riferire la denominazione di «processo produttivo» all'insieme delle attività, va-

---

[15] Intendiamo qualificare come «finiti» quei prodotti che l'impresa ha scelto di collocare sui mercati di sbocco e che hanno percorso l'intero ciclo di lavorazione. Tali prodotti potranno essere idonei a soddisfare direttamente le esigenze dei consumatori finali (prodotti «finali»), oppure potranno essere acquistati da altre imprese che li utilizzano come fattori all'interno dei loro processi produttivi.

[16] Per una più puntuale trattazione dei molteplici problemi che caratterizzano la combinazione produttiva ed i processi che la qualificano, si veda *infra*, vol. II, sez. I, cap. 4.

Tavola 2

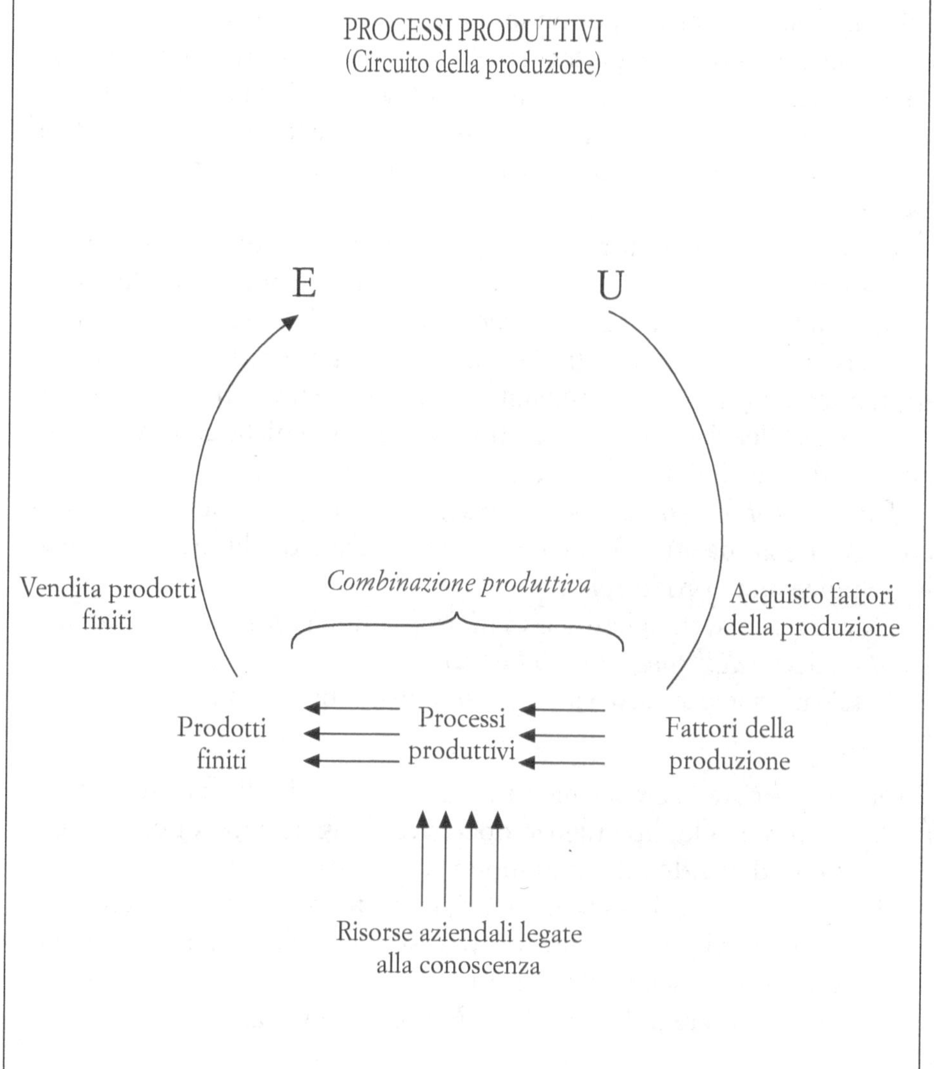
PROCESSI PRODUTTIVI
(Circuito della produzione)
E
U
Vendita prodotti finiti
Combinazione produttiva
Acquisto fattori della produzione
Prodotti finiti
Processi produttivi
Fattori della produzione
Risorse aziendali legate alla conoscenza

riamente distribuite ed organizzate, necessarie per l'ottenimento di un prodotto finito (ed eventuali sottoprodotti): avremo, dunque, tanti processi produttivi quanti sono i prodotti che l'impresa intende realizzare attraverso la complessa «combinazione produttiva».

Un processo produttivo può essere suddiviso in più «*fasi*», ciascuna delle quali si caratterizza per un insieme di attività omogenee che – a ragione delle loro peculiarità tecniche – si ritiene opportuno considerare separatamente sotto il profilo dell'organizzazione della produzione.

L'impresa può svolgere tutte le fasi che dall'acquisizione dei fattori produttivi portano all'ottenimento del prodotto finito (ipotesi di *ciclo integrale*).

Oppure può attuare forme più o meno ampie di decentramento produttivo (ipotesi di *esternalizzazione*): ciò significa concentrare le risorse nello sviluppo di alcune fasi del processo produttivo, nelle quali l'impresa riesce ad esprimere meglio la sua efficienza operativa o alle quali è strettamente legata la sua immagine e trasferire all'esterno, ad altre imprese, le fasi del ciclo che risulterebbero antieconomiche e/o che non sono considerate vitali per l'impresa.

Sotto il profilo della dislocazione spaziale, l'impresa può scegliere di concentrare la sua attività, anche se caratterizzata da differenti processi, in un'unica unità produttiva.

Oppure può sventagliare l'attività in più unità *attuando un decentramento spaziale dell'apparato produttivo*.

In tale ultima ipotesi, le singole unità produttive possono essere strutturate:

(a) per attuare le medesime produzioni in luoghi diversi (si pensi, ad esempio, alle dipendenze operative di un'azienda di credito o ai punti di vendita di un grande magazzino);
(b) per realizzare, in luoghi diversi, parti di una produzione complessa o fasi di un ciclo produttivo (si pensi alle attuali modalità di produzione delle automobili);
(c) per realizzare in luoghi diversi prodotti diversi.

Non sono certamente escluse combinazioni delle possibilità elencate ai precedenti punti.

Il decentramento dell'apparato produttivo, mediante la creazione di unità produttive variamente distribuite sul territorio, consente in ciascuna di esse controlli più efficaci, riduce la complessità generale e operativa; per contro, aumenta i problemi del coordinamento e quelli relativi ai trasferimenti, fra le unità costituite, di uomini, materie prime, servizi e prodotti (logistica).

Lo svolgimento dei processi produttivi (e delle singole fasi) è affidato alla responsabilità dei centri operativi che l'organizzazione ha costituito in azienda. All'interno di ogni processo produttivo, le fasi possono essere poste in successione logica, nel senso che da ciascuna di esse si possono ottenere prodotti semilavorati (o prodotti intermedi) normalmente utilizzabili come «fattori» nelle fasi immediatamente successive, fino all'ottenimento dei prodotti finiti.

Ciò assume particolare significato nelle produzioni industriali.

I processi produttivi possono anche presentare articolazioni ben più complesse, essendo caratterizzati sia da fasi che si sviluppano parallelamente, sia da fasi che debbono svilupparsi in sequenza logica, fino all'ottenimento dei prodotti finiti. Parte dell'attività produttiva, poi, può essere dedicata alla produzione di *alcuni servizi* che appaiono necessari per un puntuale ed efficace svolgimento degli stessi processi produttivi (manutenzione, pulizia, sorveglianza, servizi sociali, amministrazione, direzione, ecc.). Questi stessi servizi, ed altri egualmente necessari, potranno anche essere acquistati da terzi (Tavola n. 3).

In relazione alla natura dei prodotti ed alle modalità di collocamento degli stessi sul mercato, la combinazione produttiva può distinguersi a seconda che sia caratterizzata da *lavorazioni di serie* di prodotti aventi eguali caratteristiche (salvo possibilità di particolari personalizzazioni), definite in relazione alle scelte operate dall'impresa (oppure a scelte concordate con l'acquirente) o da lavorazioni di prodotti differenziati in relazione alle richieste della clientela (produzioni su commessa) o da entrambe. Nella lavorazione di prodotti differenziati i processi produttivi sono caratterizzati da una variabilità più o meno intensa a seconda dell'importanza (relativa) delle «specifiche produttive» richieste dal cliente e a seconda di dove, all'interno del processo, si collocano le fasi nelle quali si realizzano tali specifiche. Può avvenire, infatti:

a) che tutto il processo produttivo richieda di essere riprogettato, di volta in volta, in relazione alle differenti commesse assunte;
b) che alcune fasi del processo non subiscano modificazioni (fasi

Tavola 3

FASI PARALLELE E FASI IN SEQUENZA
(Impresa multiprodotto)

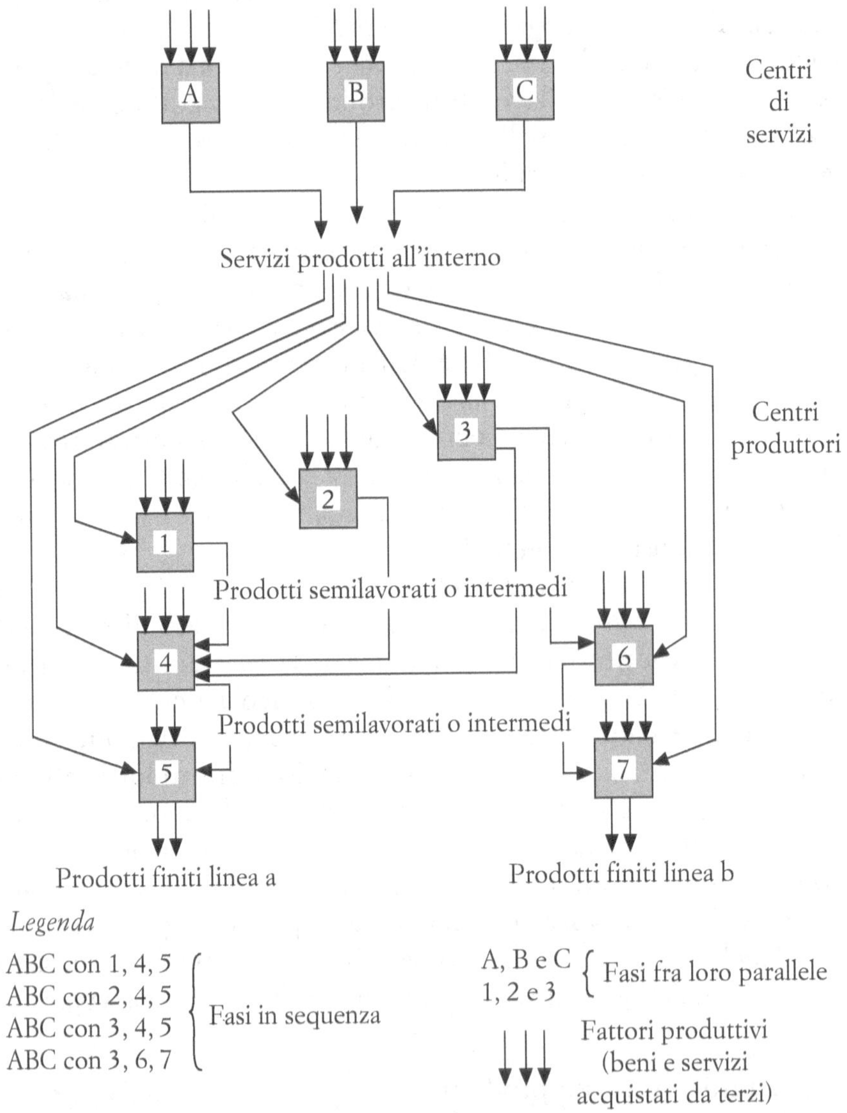

standard), mentre altre fasi soprattutto a valle del processo, debbano adeguarsi alle «specifiche» richieste dalla clientela [17].

In relazione alla natura dei prodotti ed alla qualità degli investimenti in fattori produttivi la complessa combinazione produttiva di una unità di produzione può essere caratterizzata dal dominio della tecnologia.

La tendenza all'affermazione di investimenti ad alta intensità di capitale è tipica dei periodi caratterizzati da elevato progresso tecnologico e da forte spinta innovativa, nei quali l'impiego di tecnologie sempre più progredite e solitamente più costose, largamente permeate di componenti elettroniche, consente di operare con maggiore flessibilità, utilizzando i medesimi impianti per ottenere differenti prodotti anche all'interno di differenti processi produttivi.

In tali periodi, sempre come linea di fondo, l'importanza e la qualità del lavoro tendono sempre di più a caratterizzare le attività produttive che richiedono ampie applicazioni di capacità creativa e quelle a contenuto artigianale.

1.2.6. *I prodotti*

Viene spontaneo osservare che la ricchezza a disposizione dell'impresa si modifica, nel tempo, in relazione al rapporto quantitativo che si instaura tra il flusso degli investimenti e quello dei recuperi, e cioè tra le risorse monetarie «immerse» nella vicenda produttiva e quelle che «risorgono» in forma monetaria attraverso la vendita dei prodotti, tra i costi sostenuti e i ricavi conseguiti.

Qualora il valore dei recuperi (ricavi) sia sistematicamente superiore a quello degli investimenti (costi) si attiva un meccanismo virtuoso di creazione di nuova ricchezza, autogenerata dai processi produttivi (reddito positivo, utile). Viceversa, qualora l'impresa non riesca a recuperare integralmente – attraverso i ricavi conseguiti per la vendita dei pro-

---

[17] Così, ad esempio, si sviluppano le produzioni di imprese che operano sul mercato globale dell'abbigliamento. Tali imprese realizzano prodotti largamente standardizzati, che tuttavia si differenziano in alcune fasi della produzione, in modo da adeguarli alle esigenze che promanano dai differenti contesti socio-economici nei quali competono (aree strategiche d'affari).

dotti – i mezzi monetari investiti nell'acquisto dei fattori, si attiva un processo di distruzione di ricchezza (ipotesi di reddito negativo, perdita).

In prima approssimazione, possiamo definire «reddito d'impresa» l'incremento o il decremento che la ricchezza disponibile all'inizio di un periodo subisce per effetto dell'attività produttiva nel periodo considerato.

I flussi di reddito, dunque, dipendono dalla differenza tra ricavi e costi relativi ai prodotti realizzati e venduti dall'impresa o, se si preferisce, tra il valore complessivo dei fattori assorbiti dalla produzione venduta ed il valore che i mercati hanno riconosciuto all'impresa acquistando i prodotti da essa realizzati.

Possiamo osservare che il valore (reddito) prodotto dall'impresa attraverso la sua attività trova la propria genesi:

– nella presenza di risorse aziendali atte a generare «competenze distintive», ossia capaci di conferire all'impresa specifiche potenzialità ed attitudini, che le consentono di godere di «vantaggi competitivi» (possibilità di competere con più elevate probabilità di successo);

– nella presenza di adeguate condizioni di efficienza in tutta la c.d. «catena del valore» e cioè in tutta la successione di attività che necessariamente si debbono svolgere per ottenere e vendere i prodotti.

Spesso l'impresa si trova ad operare all'interno di logiche cooperative che includono i rapporti con fornitori e clienti: si crea un'integrazione delle catene del valore delle imprese partecipanti che si ricompongono in «sistemi o costellazioni del valore». Appare evidente come, in tali situazioni, le competenze distintive ed i conseguenti vantaggi competitivi sono il risultato di *comportamenti virtuosi in ciascuna delle differenti unità che compongono il sistema o la costellazione del valore.*

Osserviamo, altresì, come la differenza tra ricavi e costi tenda ad assumere consistenza diversa a seconda di come si evolvono nel tempo i *«cicli di vita» di ciascuno dei differenti prodotti ottenuti e venduti dall'impresa.* All'interno di tali cicli si sviluppano le fasi che la vita del prodotto attraversa nel tempo:

1. la fase di *introduzione* è caratterizzata da bassi volumi di vendita e da elevati costi per il lancio del prodotto;
2. la fase di *sviluppo* comporta una forte crescita delle vendite accanto a costi (di pubblicità) ancora elevati;

3. la fase della *maturità* prevede un rallentamento del tasso di crescita delle vendite ed una riduzione sostanziale dei costi per vendere il prodotto;
4. la fase della *saturazione*, si qualifica per un livello di vendite in leggera diminuzione, ma prevede costi più elevati per «sostenere» il prodotto;
5. la fase del *declino*, infine, comporta la riduzione dei volumi di vendita e dei costi fino ad esaurimento della vita utile del prodotto.

Come è facile osservare, il contributo di ciascun prodotto alla formazione del reddito deriva dal rapporto, mutevole nel tempo, tra ricavi e costi in ciascuna delle fasi che caratterizzano l'arco di vita del prodotto stesso (Tavola n. 4).

Il reddito complessivo, nelle imprese multiprodotto, si sviluppa *per compensazione* tra i contributi, più o meno elevati, rivenienti dai differenti prodotti che stanno percorrendo le differenti fasi del loro ciclo vitale.

Nella realtà operativa, in effetti, l'impresa strutturata per ottenere un *unico prodotto* è sempre più rara. La combinazione produttiva nella maggior parte dei casi è volta a realizzare, attraverso i processi, una *gamma* più o meno ampia *di prodotti* che possono:

a) appartenere a differenti *classi* o famiglie (impresa diversificata);
b) articolarsi su diverse *linee* per ogni classe;
c) svilupparsi in vari *modelli* per ogni linea.

Occorre inoltre osservare che è sempre più difficile pensare a prodotti (beni o servizi) che siano offerti sul mercato *come tali* e non inseriti in un pacchetto complesso che include anche una certa gamma di servizi «accessori», integrati in modo sempre più ampio ed indissolubile con la produzione «principale».

La possibilità di collocare sul mercato un prodotto «principale», cioè, richiede con sempre maggiore frequenza la prestazione di un insieme, talora ampio e sofisticato, di servizi che precedono, accompagnano o seguono l'utilizzo di quel prodotto principale. In molti casi il prodotto consiste addirittura in un *sistema complesso di servizi coordinati*.

In tale contesto, lo stesso rapporto tra produttore (di beni e servizi) ed utilizzatore tende sempre più ad evolvere da una *relazione di scambio*

Tavola 4

IPOTESI DI ANDAMENTO DEI RICAVI E DEI COSTI
IN RELAZIONE ALLE FASI DEL CICLO VITALE DEL PRODOTTO

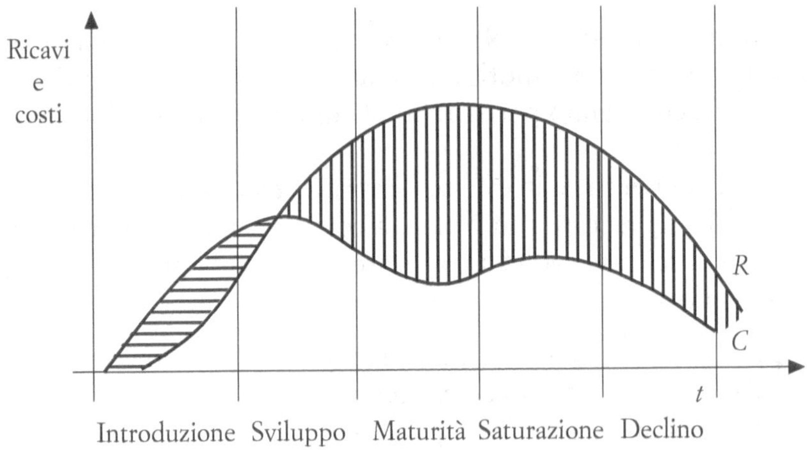

(Fasi del ciclo di vita)

Area di tratteggio orizzontale: *zona dei contributi negativi al reddito complessivo.*
Area di tratteggio verticale: *zona di contributi positivi al reddito complessivo.*

R: ricavi di vendita prodotto *X*
C: costi di produzione e vendita prodotto *X*

(nella quale il produttore pensa, progetta il prodotto, lo cede all'acquirente ricevendone un prezzo e quest'ultimo, poi, utilizza il prodotto acquisito) ad una *relazione di servizio, ovvero di sistematica collaborazione* (nella quale fornitore, produttori ed utilizzatori contribuiscono in vario modo alla realizzazione di un «disegno» generale, che include in una visione unitaria la progettazione, la produzione e l'utilizzo del prodotto). In tal senso, *si progetta il prodotto con il concorso dei fornitori in un processo di creazione di valore per gli utilizzatori*[18].

Osserviamo, infine, che la stessa distinzione tra beni e servizi, i primi dotati di materialità e possibilità di conservazione di cui i secondi sono privi, diventa sempre più sfumata ed appare razionalmente inaccettabile ove si consideri che un bene è un contenitore di utilità economiche, ossia di servizi, che si liberano e diventano fruibili al momento del suo uso.

---

[18] «Questo concetto ci obbliga a spostare l'attenzione dalla produzione all'utilizzo, dal prodotto al processo, dalla transazione alla relazione». Ed ancora: «La logica di servizi ci aiuta a uscire dal concetto tradizionale dei prodotti come output per passare al concetto evolutivo secondo cui le offerte andrebbero considerate input di un processo che crea valore», R. NORMANN 2002, pp. 111 e 112.

«... la costruzione del sistema si può *praticamente* raffigurare, ponendo come *base della catena logica* la quantità della produzione ottenibile tecnicamente e vendibile commercialmente ed economicamente (a costo unitario medio inferiore ai prezzi)». (A. AMADUZZI 1966, p. 145).

Lettura

UN ALTRO CONCETTO DI SERVIZIO *

Da un punto di vista economico, beni e servizi non sono in realtà che due facce della stessa medaglia: un bene non è altro che uno stock di servizi potenziali, ottenibili dal suo uso. Vale anche l'inverso: una fabbrica industriale può essere vista come un insieme di servizi (le prestazioni lavorative, le prestazioni manageriali, le prestazioni delle macchine ecc.) che viene «stoccata» (quando si può) in un bene, il prodotto finito. Dunque il bene non è altro che un contenitore stoccabile e trasferibile, contenente le utilità dei servizi che sono stati impiegati per fabbricarlo e che saranno «liberate» e rese usufruibili al consumatore nel momento del suo uso.

Nell'economia della produzione e del consumo, dunque, i servizi sono continuamente convertiti in beni e i beni sono a loro volta continuamente convertiti in servizi. Tra questi due modi di essere dell'«utilità» economica, non c'è alcuna distinzione in natura, che valga una volta per tutte. La distinzione nasce e si dà in funzione dei modi con cui – caso per caso, epoca storica per epoca storica – si decide di organizzare la connessione tra produttori e utilizzatori ai diversi livelli della catena del valore.

E da questo punto – il tipo di connessione tra produttore e utilizzatore – che occorre partire per riacquistare quel tanto di generalità da permettere di storicizzare il rapporto tra beni e servizi realizzatosi in epoca fordista e guardare oltre, verso nuovi possibili rapporti.

In che senso, nella catena del valore, la connessione tra un produttore e un utilizzatore può essere qualificata come un rapporto di *servizio*?

Nell'impostazione che proponiamo, il rapporto tra un produttore e un utilizzatore può dirsi di «servizio» se la prestazione fornita viene *definita e gestita interattivamente* tra le due parti, in modo che il loro rapporto non si esaurisce nel semplice scambio tra chi lo ha prodotto e chi lo userà.

Lo *scambio di mercato* (l'idealtipo del contratto di compravendita che ha per oggetto tipicamente un «bene») ha in effetti un significato *disgiuntivo*: le parti mettono in comune solo il bene che passa di mano (contro denaro), ma restano sostanzialmente autonome (disgiunte) sia nelle operazioni che stanno a monte dello scambio (progettazione del prodotto, produzione e distribuzione dello stesso), sia nelle operazioni che stanno a

* Enzo Rullani, tratto da: *Il ruolo dei servizi nella realtà dell'impresa moderna*, relazione tenuta all'8° Convegno di Sinergie, Napoli 1996.

valle (uso del prodotto all'interno dell'economia dell'utilizzatore). L'utilizzatore non interferisce nelle attività a monte, il produttore non interviene nelle attività a valle.

Il rapporto di servizio invece ha un significato *congiuntivo*: le parti devono in qualche misura contribuire con la loro interazione alla definizione, produzione o utilizzazione della prestazione. Il che accade quando, ad esempio, si va al ristorante per essere «serviti» dalla prestazione di ristorazione invece di comprare i prodotti alimentari al supermercato per cucinarli e consumarli a casa (compravendita disgiuntiva). Quando si ricorre al sarto per avere un abito su misura invece di comprare un vestito preconfezionato. Ma lo tesso accade quando un'impresa acquista le prestazioni di un lavoratore dipendente; o quando stabilisce un contratto di fornitura a lungo termine con un subfornitore del proprio indotto; o quando co-gestisce con partners commerciali una catena di *franchising*. In tutti questi casi, il rapporto contrattuale o anche solo di fatto (ciò che importa è il rapporto di fatto) implica elementi di congiunzione più o meno coinvolgenti.

L'area grigia tra beni e servizi è dunque molto estesa: esclusi quei rapporti in cui il rapporto è di «puro mercato» – totalmente disgiuntivo – in tutti gli altri si ha un sovrapporsi di elementi materiali e immateriali, di fattori disgiuntivi e congiuntivi che di volta in volta prendono l'una o l'altra formulazione, avvicinandosi all'idealtipo del «bene» o del «servizio». Nella maggior parte dei casi, il rapporto sarà una miscela dei due elementi che viene progettata e gestita in forme appropriate al contesto.

Il fatto che l'area grigia sia maggiore di quella polarizzata vicino ai due idealtipi estremi non costituisce un elemento di difficoltà, una volta che sia chiarito che il problema non è quello di trovare un (impossibile) criterio di demarcazione tra il settore dei beni e quello dei servizi, ma sia invece quello di fissare le metodologie disgiuntive e congiuntive che rendono possibile una proficua divisione del lavoro tra produttore e utilizzatore. È su queste metodologie, che cambiano di epoca in epoca e anche da caso a caso, che occorre portare l'attenzione di chi voglia capire che cosa sta *oggi* accadendo al rapporto tra industria e servizi.

* * *

Che questo sia il problema lo conferma il fatto che oggi il problema dei servizi sta esplodendo proprio nel settore manifatturiero, e adottando il punto di vista di quelli che una volta erano considerati tipici produttori di beni. Non solo le imprese di servizi sono sempre più numerose e diversificate, ma anche per l'impresa manifatturiera, che continua a produrre e vendere beni fisici, la competitività si gioca più sulla qualità dei servizi acquistati, prodotti o forniti al cliente che sulle caratteristiche della trasformazione.

Hanno infatti assunto una importanza strategica:

– i servizi di qualità che le imprese acquistano sotto forma di *outsourcing* da una *rete* di fornitori collegati, che sono sotto diversi aspetti (comunicazioni, standard, garanzie) integrati nella propria catena del valore. Questi servizi sono essenziali per garantire all'impresa il *pool* di competenze specialistiche e le riserve di flessibilità necessarie ad affrontare una competizione che si gioca ormai sulla crescita della varietà e della variabilità (dei mercati, dei prodotti, dei processi) e che non potrebbe in alcun modo essere alimentata soltanto dalle risorse autoprodotte all'interno dell'impresa;

– i servizi cognitivi e relazionali che l'impresa sceglie di autoprodurre in quello che considera il suo *core business*, investendo in conoscenza e in sistemi di relazione (reti, linguaggi, qualità, garanzie ecc.). Le capacità cognitive e relazionali accumulate internamente sono spesso delegate a *business units* autonome, che le cedono sotto forma di servizi alle unità utilizzatrici. Anche il sistema delle connessioni interne tra competenze specializzate può dunque essere pensato come una *rete di servizi* che, attraverso appropriate modalità di *insourcing* «serve» una pluralità di utenti interni, fornendo loro le conoscenze e le relazioni di cui hanno di volta in volta bisogno.

C'è dunque un rapporto tra la crescita della complessità dei prodotti e dei processi industriali, e lo spostamento di enfasi sui rapporti di servizio che si stabiliscono tra le unità di business delle reti di specialisti (esterne ed interne): per far fronte alla maggiore complessità delle prestazioni occorrono infatti competenze più specializzate e competitivamente eccellenti, ossia reti di specialisti variamente interconnessi. Lo sviluppo delle reti che allocano e connettono sapere specialistico – di tipo conoscitivo, pratico o relazionale – significa così il parallelo sviluppo di rapporti di servizio tra le persone che operano attraverso la connessione in rete.

Nelle reti infatti, non ci si limita a scambiare un bene (una macchina, un componente, un semilavorato), ma si fornisce una prestazione che viene identificata e gestita interattivamente dal produttore e dall'utilizzatore. In questo senso, anche quando i contratti stipulati sono relativi alla semplice compravendita di un bene, il rapporto reale che si stabilisce tra produttori e utilizzatori si qualifica – grazie alla connessione e all'interattività di rete – come un rapporto di servizio.

Nella catena del valore, sia verso le attività a monte che verso le attività a valle (utilizzatori industriali, distributori, consumatori finali), il rapporto prevalente – quello che si impone in tutte le relazioni competitivamente «critiche», non banali – è quello del *servizio* inteso come connessione, interazione, scambio di prestazioni e non semplicemente di beni.

Dunque: gran parte degli occupati, del valore e dei vantaggi competitivi riposa su quello che, finora, è stato imperfettamente chiamato «terziario» (tutto ciò che non è né agricoltura né industria) o servizio (ciò che eccede la fornitura di un bene): quello che era un residuo è ormai diventato il cuore dell'economia reale.

1.3. I finanziamenti attinti

1.3.1. *I finanziamenti attinti con il vincolo di capitale di proprietà*

Per poter acquistare i fattori produttivi, dar vita al circuito della produzione e rinnovare i cicli produttivi, l'impresa deve disporre di risorse monetarie da «investire», da trasformare, cioè, in fattori specifici della produzione.

In prima approssimazione, le risorse monetarie possono rendersi disponibili per effetto di finanziamenti attinti da fonti esterne o per effetto del conseguimento dei ricavi che «chiudono» il circuito della produzione.

Prendiamo ora in considerazione le operazioni relative ai finanziamenti attinti:

- attraverso conferimenti di denaro da parte dell'unico proprietario, nell'impresa individuale, o dei soci, nell'impresa di società. I mezzi monetari che affluiscono all'impresa per tale via costituiscono il «capitale di proprietà conferito»;
- attraverso prestiti contratti nei confronti di terzi. I mezzi monetari che affluiscono all'impresa per tale via costituiscono il «capitale di prestito», a fronte del quale sussistono obbligazioni di restituzione a definite scadenze (debiti verso i finanziatori).

Le due alternative attraverso le quali i finanziamenti possono essere attinti differiscono profondamente non soltanto sotto il profilo giuridico, ma anche negli aspetti che attengono più direttamente all'attività dell'impresa, alla sua economia. Basti pensare ai differenti tempi di permanenza del capitale di proprietà, legato in modo durevole all'economia dell'impresa, rispetto a quello di prestito, che pone problemi di rimborso alle scadenze contrattuali, ed ancora, come di seguito sarà precisato, alle differenti modalità di remunerazione.

Nel momento in cui il promotore o i promotori intendono attivare un'iniziativa imprenditoriale, sono chiamati a dotare la costituenda impresa di adeguati mezzi monetari (capitale iniziale). Tali mezzi vengono sottratti alla disponibilità dei promotori stessi e/o di altri soggetti, che intendono partecipare all'iniziativa e condividerne i rischi, e conferiti all'economia dell'unità di produzione.

Il capitale può essere conferito dalla proprietà anche in momenti successivi, ogni qualvolta si manifesta la necessità di disporre di maggiori mezzi monetari per finanziare più ampie combinazioni produttive ed accrescere il volume di attività dell'impresa.

Il capitale di proprietà viene conferito senza obblighi temporali di restituzione; solitamente si ritiene vincolato in modo permanente alle vicende produttive, dell'impresa, nel senso che, salvo casi particolari, non verrà restituito alla proprietà fino a quando non diventi esuberante o non si voglia cessare l'attività produttiva.

Questa circostanza è di grande rilievo nella dinamica produttiva dell'impresa, poiché i mezzi monetari raccolti col vincolo di capitale di proprietà possono essere tranquillamente impiegati per alimentare investimenti che assorbono durevolmente tali risorse o sono caratterizzati da recuperi graduali, che si protraggono anche per tempi lunghi, senza l'assillo della restituzione dei mezzi monetari investiti. Tale preoccupazione caratterizza, invece, i finanziamenti attinti a prestito, *giusta* gli obblighi di restituzione contrattualmente assunti verso terzi, per importi e tempi definiti.

Il vincolo di permanenza assume, quindi, grande rilievo in relazione alla tipologia e ai caratteri degli investimenti che debbono essere effettuati, nel senso che i mezzi monetari durevolmente avvinti all'economia dell'impresa appaiono più idonei ad alimentare quello che, in seguito, chiameremo «fabbisogno finanziario durevole».

La remunerazione del capitale di proprietà conferito non è definita contrattualmente, ma è decisa – di volta in volta – dalla stessa proprietà in relazione all'andamento delle vicende produttive (ossia all'entità del reddito generato dalla gestione) ed alle prospettive di aumento del volume degli investimenti. Si tratta, dunque, di una remunerazione variabile, che non dovrebbe essere corrisposta nelle ipotesi di reddito negativo, quando l'attività produttiva, anziché creare nuova ricchezza, distrugge parte del capitale in essa investito.

Pur essendo consapevoli che il capitale di proprietà deve ricevere idonea remunerazione, se si vuole che rimanga avvinto alle vicende produttive dell'impresa, la circostanza appena segnalata non è di poco conto nei momenti, sempre presenti nell'arco di vita di un'impresa, di temporanea difficoltà. Quando, infatti, il flusso dei ricavi appare insufficiente a reintegrare i costi delle combinazioni produttive, in attesa di ripristinare attraverso opportune ristrutturazioni le condizioni per una redditività positiva, la possibilità di ridurre o di sospendere la remunerazione del capitale può giovare non poco ad accelerare il processo di riequilibrio.

Analoghe considerazioni possono essere fatte nelle ipotesi di cospicue ristrutturazioni, che il governo d'impresa ritiene necessarie per assicurare la sopravvivenza della stessa, rafforzandone le strutture ed il posizionamento sul mercato. Anche in tali circostanze, la rinuncia alla remunerazione del capitale da parte della proprietà (o la riduzione della stessa) non manca di produrre effetti positivi sul processo di ristrutturazione in corso.

È evidente che i benefici ai quali si accenna attengono ad una riduzione dei flussi monetari in uscita (per remunerare il capitale di proprietà), con conseguente mantenimento di tali mezzi nell'economia dell'impresa.

I finanziamenti attinti a prestito, invece, richiedono una remunerazione, fissata dalle condizioni contrattuali, che di solito prescinde completamente dalle circostanze in cui si svolge l'attività produttiva e dai risultati che da essa promanano Tale remunerazione, che rappresenta il «costo» del finanziamento attinto, deve essere comunque riconosciuta al finanziatore, anche nei momenti in cui l'impresa non riesce a produrre redditi positivi.

Il capitale di proprietà (quello «conferito» ed anche, come vedremo, quello che si identifica nella nuova ricchezza generata dalla gestione e lasciata nella disponibilità dell'impresa) viene denominato «*capitale di rischio*», a sottolineare la possibilità di mancata remunerazione, ma soprattutto la sua istituzionale destinazione ad investimenti effettuati in condizioni di incertezza e, pertanto, soggetti al rischio di perdite

Riteniamo opportuno mantenere questa tradizionale qualificazione, anche se è agevole constatare che pure i mezzi monetari «di prestito», comunque afferiti all'unità di produzione, sono «investiti» e – quindi – corrono il rischio d'impresa. Si potrebbe sostenere che permane l'obbligo di estinguere tutti i debiti *prima* di rimborsare il capitale di proprietà e che quindi, in caso di perdite, queste si abbattono innanzitutto sul capitale di proprietà e poi sul capitale di terzi, ma solo nella misura in cui il primo è insufficiente per assorbirle. Il capitale di proprietà, dunque, rischierebbe di essere più facilmente perduto; laddove il capitale di prestito tenderebbe ad essere più facilmente rimborsato.

L'osservazione delle crisi aziendali, però, introduce elementi di perplessità sul reale verificarsi della dinamica sopra esposta. Molto spesso, quando la situazione di crisi si manifesta all'esterno sotto forma di «stato di insolvenza», l'ammontare delle perdite è già tale da travolgere non solamente il capitale di proprietà, ma larga parte del capitale di prestito (considerando l'esistenza di debiti privilegiati verso l'erario e verso i dipendenti e di debiti ipotecari e assistiti da altre garanzie reali).

Lo squilibrio economico, generatore di perdite, tarda a manifestarsi all'esterno; sicché le perdite continuano ad accumularsi fino a quando l'impresa riesce a mantenere la possibilità di pagare i debiti alle scadenze contraendo nuovi debiti per importi sempre maggiori. Quando tale possibilità viene preclusa emerge lo stato di insolvenza: un segnale esterno di difficoltà, comparabile alla parte emersa di un *iceberg*, che nasconde un dissesto economico di ben più vaste proporzioni (la parte immersa dell'*iceberg*).

Ad aggiungere ulteriori elementi di perplessità concorre l'osservazione dei comportamenti che sovente vengono assunti quando si manifestano situazioni di insolvenza. Con le nuove disposizioni introdotte dalla riforma del diritto sulle crisi d'impresa sarà sempre più frequente assistere a concordati proposti dal debitore, in base ai quali l'impresa viene sostanzialmente risanata riversando larga parte delle perdite da essa subite sui creditori, che vengono solo parzialmente rimborsati.

È vero che i creditori conseguono un vantaggio (relativo) [meglio si potrebbe dire: subiscono una minor perdita] rispetto alla perdita totale dei crediti, normalmente correlata all'ipotesi del fallimento, ma è pur vero che – per tali vie – si riesce ad «esternalizzare» le perdite, trasferendole in primo luogo sull'economia dei creditori.

Anche le operazioni relative al capitale di proprietà, si nota, possono essere osservate sotto un duplice aspetto: da un lato le entrate o le uscite di denaro (aspetto monetario dell'operazione), dall'altro l'aumento o la diminuzione del «capitale di proprietà» e cioè della ricchezza che la proprietà ha ritenuto di sottoporre al rischio d'impresa.

Le vicende relative ai finanziamenti attinti con il vincolo del capitale di proprietà presentano un andamento che va dalle entrate per la raccolta del capitale alle uscite per la restituzione, che sarà maggiore o minore, rispetto all'entità del capitale conferito, a seconda del segno del reddito prodotto (Tavola n. 5).

Tavola 5

CIRCUITO DEI FINANZIAMENTI ATTINTI
COL VINCOLO DI CAPITALE DI PROPRIETÀ

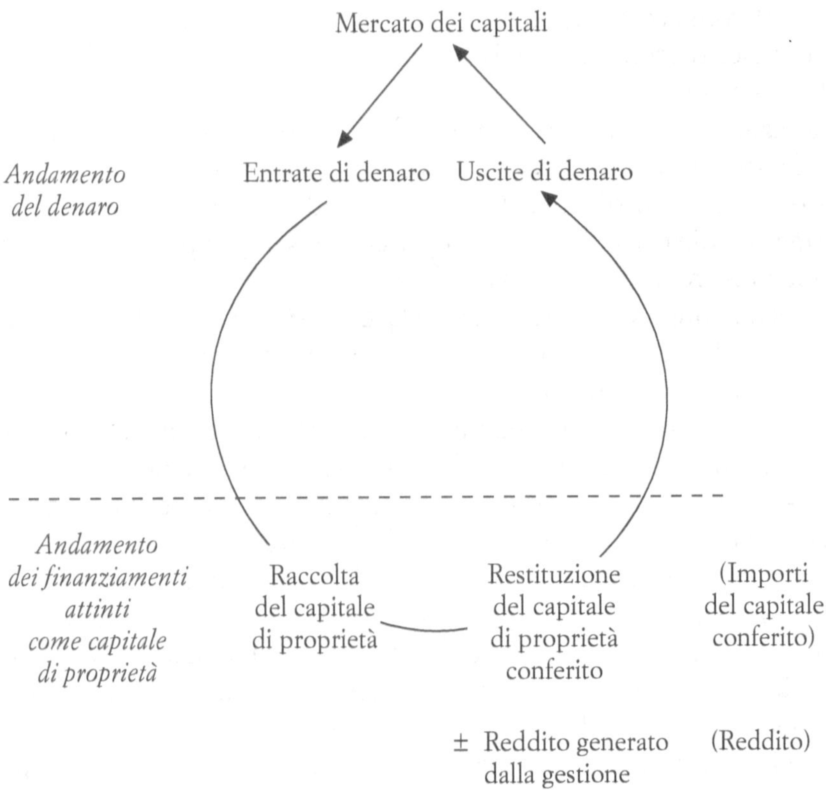

I conferimenti iniziali di capitale di proprietà e quelli successivi possono venire effettuati anche in forma diversa dal denaro. La proprietà potrebbe intatti, «dotare» l'impresa di *beni utilizzabili nelle differenti fasi dell'attività produttiva* (conferimenti in natura o apporti).

Potrebbe trattarsi di fattori produttivi a fecondità semplice o a fecondità ripetuta, materiali o immateriali, conferiti per alimentare la combinazione produttiva; di prodotti semilavorati da completare o di prodotti finiti da collocare sui mercati di sbocco; ma anche di diritti da far valere nei confronti dei terzi (crediti).

Gli apporti possono essere costituiti da uno o più beni singolarmente utilizzabili nell'attività produttiva (apporti disgiunti), ma potrebbero essere costituiti anche da un *insieme di beni avvinti da vincoli di complementarietà economica*, ossia capaci – ove correttamente gestiti – di realizzare autonomi obiettivi di produzione (apporti congiunti). Quest'ultima ipotesi è relativa al conferimento di un *complesso aziendale* funzionante (ossia di un'azienda, o di un ramo d'azienda strutturato per sviluppare autonomamente processi produttivi), la cui attività in qualche modo integra il «disegno produttivo» dell'impresa assorbente.

In relazione a quanto precedentemente affermato, si può ritenere sottinteso che i conferimenti in natura (congiunti o disgiunti) sono possibili in quanto «utili» all'economia dell'impresa che li riceve. Proprio la considerazione della loro utilità in stretta relazione all'attività produttiva dell'impresa ricevente orienta il giudizio di valore su tali beni.

Nelle imprese di società, il valore assegnato agli apporti disgiunti o congiunti, ritenuto congruo dai soci nel rispetto delle norme poste dal legislatore a tutela dell'interesse dei terzi, determina l'entità del relativo conferimento del socio.

Il valore da assegnare ad un complesso aziendale deve essere – ovviamente – considerato al netto delle eventuali obbligazioni verso terzi che del complesso medesimo dovessero far parte e che, con esso, potrebbero essere conferite, non risultando possibile o conveniente stralciarle ed estinguerle separatamente.

1.3.2. *I finanziamenti attinti a prestito*

Nella misura in cui i programmi degli investimenti che il governo d'impresa ritiene di dover realizzare lo richiedono, al capitale di proprietà si affianca una congrua entità di capitale di prestito. La misura di cui si parla potrebbe essere determinata dalla insufficiente entità del capitale di proprietà rispetto al fabbisogno. Ma possono anche sussistere ragioni di convenienza che spingono le scelte – seppure entro limiti segnati, come vedremo, dalla necessità di mantenere equilibrata la struttura finanziaria – ora verso l'una, ora verso l'altra forma di acquisizione dei mezzi monetari.

La disponibilità dei mezzi monetari attinti con il vincolo dell'indebitamento viene acquisita, per un determinato periodo di tempo, ponendo in essere contratti di finanziamento che definiscono condizioni e modalità operative (forme tecniche) del prestito.

I mezzi monetari acquisiti a prestito, dunque, rimangono nella disponibilità dell'impresa finanziata per tempi più o meno lunghi a seconda della durata del prestito prevista nei contratti di finanziamento e pongono all'impresa precisi obblighi di restituzione dei valori nominali assunti a prestito e degli interessi maturati.

Le forme tecniche che possono assistere le operazioni di prestito sono molteplici e si differenziano a seconda di come vengono risolti i complessi problemi relativi alle modalità di erogazione del prestito, alle garanzie, alla durata e alle modalità di restituzione, alla determinazione e al pagamento degli oneri del prestito. Questi ultimi riguardano gli interessi da corrispondere a determinate scadenze definiti in base ai tassi contrattuali, le eventuali commissioni e gli altri oneri accessori, i disaggi di emissione che caratterizzano i prestiti obbligazionari quando i titoli che li rappresentano sono collocati ad un prezzo inferiore al valore di rimborso.

Tra le differenti modalità di ricorso al mercato finanziario per attingere finanziamenti è opportuno richiamare la possibilità per le società per azioni di emettere obbligazioni che possono essere, nei tempi e con le modalità definite, convertite in azioni, dando vita ad uno strumento finanziario che consente al sottoscrittore di transitare dallo *status* di creditore a quello di socio.

È opportuno ribadire che i mezzi monetari che affluiscono all'impresa a seguito di finanziamenti attinti con vincolo di prestito vengono investiti nell'acquisizione dei fattori produttivi e sono sottoposti al rischio d'impresa. Ciò significa che la restituzione di tali mezzi monetari, assunti a prestito ed investiti, è condizionata dal recupero degli stessi attraverso la fase terminale dell'attività produttiva, e cioè attraverso il conseguimento dei ricavi.

Si comprende allora come la possibilità di attingere mezzi monetari a prestito da terzi (*capacità di credito*) sia largamente determinata dalla capacità dell'impresa finanziata di assicurare flussi prospettici di ricavi superiori ai flussi prospettici di costi (inclusi, tra questi, anche gli oneri dei prestiti), generando nuova ricchezza (reddito positivo) attraverso l'attività produttiva *(capacità di reddito).* Le prospettive di redditività dell'impresa finanziata sono certamente una valida garanzia per chi si accinge a finanziare attività produttive.

Sotto questo profilo, ben si comprende come la disponibilità di informazioni, relative alle condizioni economico-finanziarie delle aziende richiedenti finanziamento ed alle prospettive di evoluzione dei loro business, sia una condizione irrinunciabile per garantire il buon funzionamento dei mercati finanziari. Nel senso che i flussi di risorse monetarie devono naturalmente affluire alle organizzazioni che dimostrano, anche attraverso una corretta ed esaustiva informazione trasmessa al mercato, di essere virtuose e degne di fiducia. D'altra parte, la valutazione e la selezione delle domande di finanziamento, al fine di accogliere solamente quelle provenienti da imprese che offrono coinvincenti prospettive di creazione di valore, dovrebbe costituire il nucleo più delicato ed importante (il *core business*) dell'attività degli intermediari finanziari.

Si può a questo punto precisare che anche le operazioni relative al capitale di prestito possono essere osservate sotto un duplice aspetto: da un lato le entrate e le uscite di denaro (aspetto monetario dell'operazione), dall'altro l'accensione o la estinzione del debito di finanziamento contratto con i terzi finanziatori.

Le vicende relative ai finanziamenti attinti con il vincolo di prestito presentano un andamento che va dalle entrate per i finanziamenti attinti alle uscite per la restituzione degli stessi e per il pagamento degli oneri del prestito.

Il circuito relativo è rappresentato nella Tavola n. 6.

1.4. I finanziamenti concessi

Il terzo nucleo di operazioni che l'impresa può compiere, dopo quelle che caratterizzano l'attività di produzione ed i finanziamenti attinti, è relativo alla concessione di finanziamenti a terzi.

Tavola 6

CIRCUITO DEI FINANZIAMENTI ATTINTI
COL VINCOLO DI CAPITALE DI PRESTITO

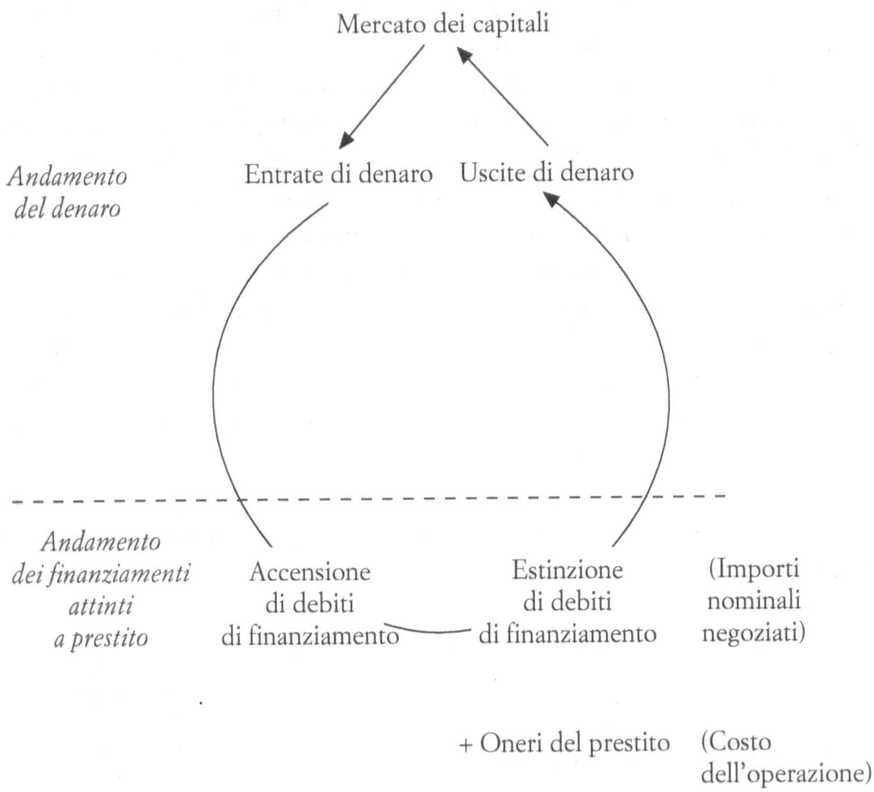

L'impresa può porre in essere contratti attraverso i quali concede a terzi, per un determinato periodo di tempo, a definite condizioni e modalità operative (forme tecniche), la disponibilità del denaro.

Si tratta pur sempre di «investimenti a rischio» di mezzi monetari disponibili, che vengono «prestati» a terzi. *Il concetto di investimenti, così come definito nei precedenti paragrafi, deve essere opportunamente ampliato fino a comprendere tali operazioni di concessione di finanziamento a terzi.*

Analogamente a quanto rilevato per i finanziamenti attinti a prestito, la gamma delle possibili forme tecniche che possono assistere la concessione di finanziamenti si articola a seconda di come si risolvono i problemi relativi alle modalità di erogazione del prestito, alle garanzie che si pretendono, alla durata ed alle modalità di restituzione ed infine alla determinazione dei proventi del prestito. Questi sono costituiti dagli interessi attivi da percepire a determinate scadenze (contabilizzati in base ai tassi previsti nei contratti) e da altri eventuali proventi accessori.

Anche con riferimento alle operazioni di finanziamento a terzi il duplice aspetto di osservazione consente di separare le uscite e le entrate di denaro (aspetto monetario dell'operazione) dalle movimentazioni relative ai crediti di finanziamento.

Le vicende relative ai finanziamenti accordati presentano un andamento che muove dalle uscite per la concessione del finanziamento a terzi alle entrate per la restituzione e per l'incasso dei proventi del prestito.

Il relativo circuito è rappresentato alla Tavola n. 7.

1.5. I debiti e i crediti di funzionamento ed il loro regolamento

Abbiamo finora ipotizzato – in prima approssimazione – che tutte le operazioni considerate per lo svolgimento dell'attività produttiva e per attingere o concedere finanziamenti fossero in ogni caso regolate da movimenti (entrate ed uscite) di denaro.

Nella normale prassi operativa, invece, le uscite di denaro possono essere sostituite, seppur temporaneamente, da impegni a pagare (debiti); così come le entrate di denaro vengono spesso temporaneamente sostituite da diritti a riscuotere (crediti).

Sorgono, così, *debiti e crediti che vengono denominati «di funzionamento» o «di regolamento», che hanno la caratteristica di sostituire,*

Tavola 7

CIRCUITO DEI FINANZIAMENTI CONCESSI COME PRESTITO A TERZI

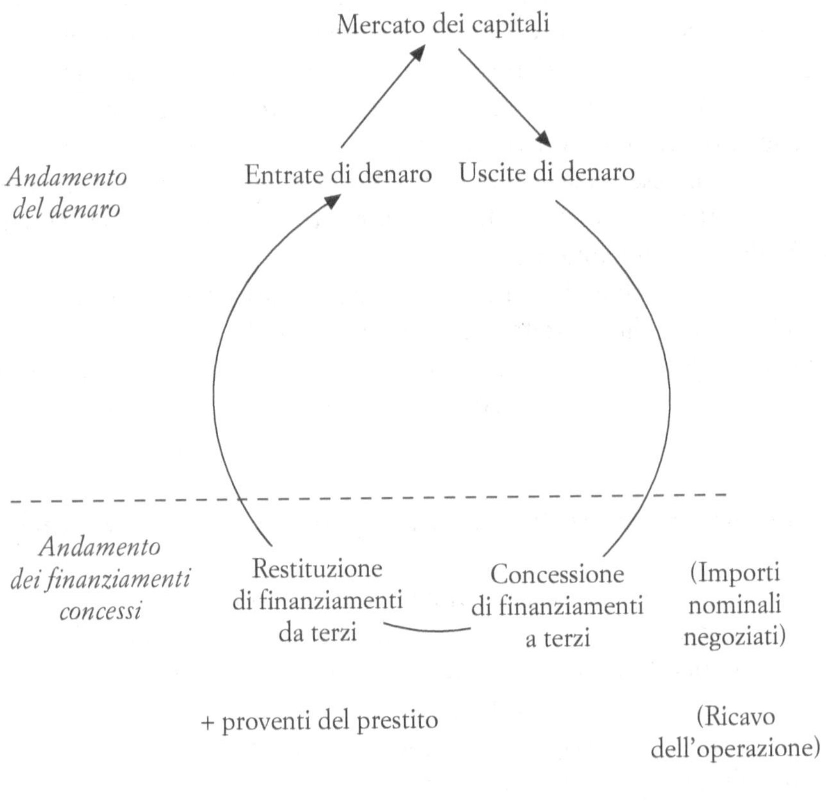

pro-tempore, *rispettivamente le uscite e le entrate di denaro relative a qualsivoglia operazione compiuta dall'impresa.*

Si tratta di debiti e crediti che hanno *natura ed origine* diversa rispetto a quelli esaminati nei precedenti paragrafi. Non rappresentano, infatti, obbligazioni o diritti derivanti *direttamente* da operazioni di finanziamento attinto o concesso, bensì obbligazioni o diritti derivanti da temporanee *dilazioni nel regolamento monetario di qualsiasi tipo di operazione.*

Non sono misurati da entrate o da uscite di denaro (come avviene per i debiti ed i crediti di finanziamento), ma *sostituiscono,* seppur temporaneamente, uscite ed entrate di denaro ed hanno, perciò, natura monetaria.

Così, ad esempio, un acquisto di fattori produttivi può essere regolato con:

a) pagamento della fornitura in contanti (– denaro);
b) accensione di un debito di funzionamento verso il fornitore di tali fattori (+ debiti di funzionamento).

Sempre a titolo di esempio, anche un'operazione di aumento di capitale di proprietà, appartenente al circuito dei finanziamenti attinti, può essere regolata con:

a.l) incasso in contanti del capitale sottoscritto da ogni socio (+ denaro);
b.l) concessione di una dilazione del versamento e conseguente accensione di un credito di funzionamento verso ogni socio (+ crediti di funzionamento).

E così via per ogni altra possibile operazione.

Tuttavia, per naturale estensione delle possibilità appena esposte, l'acquisto dei fattori produttivi (così come una qualsiasi operazione che implichi uscite di denaro) potrebbe essere regolato anche con riduzione di crediti. Nel caso specifico:

c) cedendo al fornitore eventuali crediti di funzionamento, vantati verso terzi a seguito di operazioni precedenti o, al limite, annullando crediti verso il fornitore medesimo (– crediti di funzionamento) [19].

---

[19] Più difficilmente si configura l'ipotesi di cessione di crediti di finanziamento.

Anche l'obbligazione del socio che deve versare le quote di capitale sottoscritte (così come qualsiasi operazione che determini entrate di denaro) potrebbe essere regolata anche con diminuzione di debiti. Nel caso specifico:

c.l) estinguendo gli eventuali debiti che la società può avere contratto con il socio, a seguito di precedenti operazioni (– debiti di funzionamento o di finanziamento).

Le entrate e le uscite di denaro, temporaneamente «rinviate» per effetto delle dilazioni concesse od ottenute, si manifestano alle definitive scadenze con l'incasso dei crediti ed il pagamento dei debiti.

A ben vedere, debiti e crediti di funzionamento rappresentano espedienti – in uso nella pratica – per dilazionare i pagamenti. Indipendentemente dalle complesse ragioni che inducono a tali comportamenti, si tratta pur sempre di modi indiretti di concedere la disponibilità di mezzi monetari a chi beneficia della dilazione.

Tali forme indirette di finanziamento comportano costi per l'economia di chi ne beneficia e ricavi per l'economia di chi concede la dilazione; senonché tali costi e ricavi, anziché esternarsi esplicitamente in flussi di interesse, da corrispondere o da incassare a seconda dei casi, si sostanziano quasi sempre in una lievitazione dei prezzi negoziati per l'operazione principale.

Così – ad esempio – i prezzi di vendita dei prodotti o di acquisizione dei fattori produttivi sono più elevati per una previsione di pagamento dilazionato, rispetto all'ipotesi di pagamento in contanti. Gli interessi, in altri termini, sono incorporati nei prezzi.

1.6. Lo «schema totale» delle operazioni d'impresa

Le considerazioni fatte nei precedenti paragrafi consentono di rappresentare in uno schema di sintesi (Tavola n. 8) tutte le operazioni che una qualsivoglia impresa può compiere nello svolgimento della sua attività. A commento dello schema è opportuno rilevare:

a) le operazioni sono raggruppate a seconda che appartengano al circuito della produzione o ai circuiti dei finanziamenti attinti (con i vincoli di proprietà o di prestito) e concessi. Ciò consente di os-

Tavola 8

RAPPRESENTAZIONE INTEGRALE
(Schema Totale) DELLE OPERAZIONI D'IMPRESA

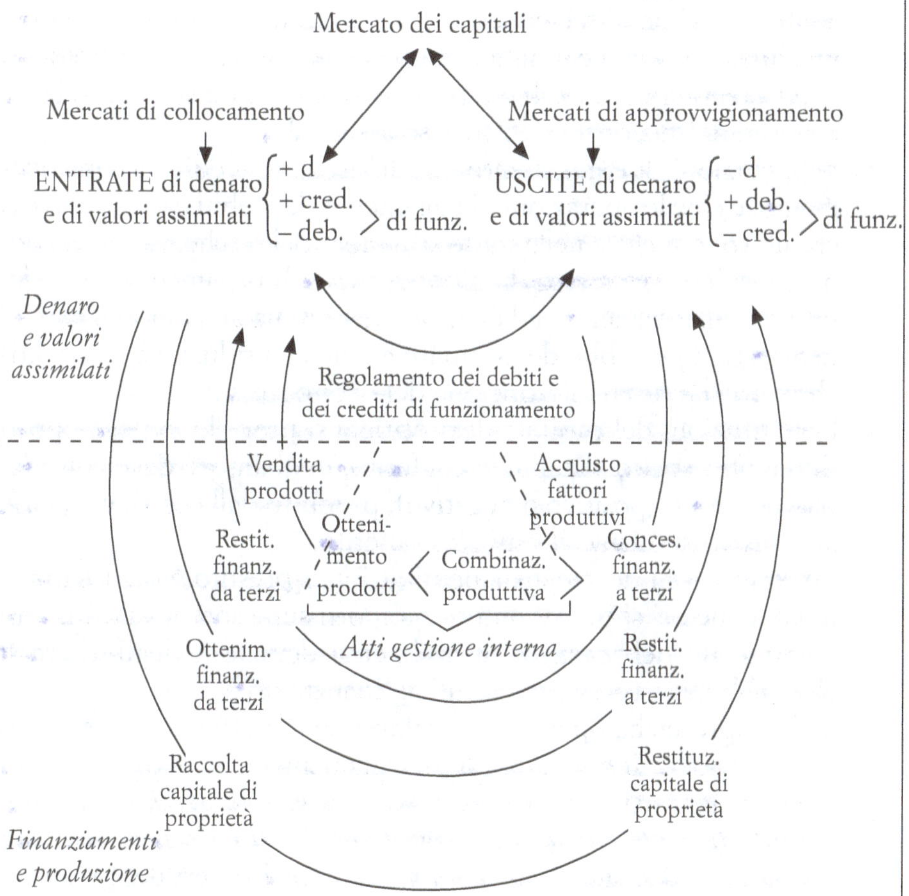

servare il differente andamento dei circuiti della produzione e dei finanziamenti concessi rispetto a quelli dei finanziamenti attinti e di derivare, da tale osservazione, la consapevolezza che i circuiti si alimentano reciprocamente, come più avanti sarà meglio puntualizzato;

b) le operazioni di scambio, che portano l'impresa a contatto con i mercati, sono evidenziate separatamente dagli atti di gestione interna, che attengono alla trasformazione dei fattori produttivi in prodotti (combinazione produttiva);

c) accanto ai movimenti (entrate e uscite) di denaro sono considerati anche i movimenti relativi ai debiti e ai crediti di funzionamento;

d) una linea orizzontale separa idealmente le operazioni appartenenti ai differenti circuiti dagli effetti delle stesse sul denaro e sui debiti e crediti di funzionamento ad esso assimilabili;

e) le operazioni di regolamento dei debiti e dei crediti di funzionamento, e cioè le operazioni di pagamento dei debiti e di incasso dei crediti sono incluse nella parte superiore dello schema ove vengono considerati gli effetti di tali operazioni. Il pagamento di un debito di funzionamento, ad esempio, determina una diminuzione di denaro (ma potrebbe determinare anche una riduzione di crediti) che *si compensa* con l'estinzione del debito stesso;

f) le restituzioni del capitale di proprietà si prevedono per importi differenti rispetto al capitale conferito, in quanto si deve considerare il reddito (positivo o negativo), prodotto dalla gestione, che si aggiunge o si sottrae al capitale conferito.
Le restituzioni dei finanziamenti attinti a prestito e dei finanziamenti concessi si prevedono per importi superiori ai valori nominali oggetto del prestito, *giusta* la considerazione degli interessi che debbono essere riconosciuti ai finanziatori;

g) nelle imprese che operano nel campo dell'intermediazione finanziaria, le operazioni relative ai finanziamenti attinti a prestito debbono riguardarsi come *operazioni di acquisto da terzi, per periodi definiti di tempo, della disponibilità di mezzi monetari,* acquisto che implica il sostenimento dei relativi costi (oneri del prestito). Analogamente, le operazioni relative ai finanziamenti concessi debbono riguardarsi come *operazioni di cessione a terzi, per periodi definiti di tempo, della disponibilità di mezzi monetari,* cessione che consente il conseguimento dei relativi ricavi (proventi del prestito).

Ciò a ragione del fatto che, in tali imprese, *la «disponibilità del denaro» assume la caratteristica di fattore specifico di produzione,* che si acquista e si cede operando sul mercato dei capitali.

In tale prospettiva, le descritte operazioni sarebbero logicamente incluse nel circuito della produzione: l'impresa di intermediazione finanziaria acquista e vende «disponibilità di denaro», essendo, questo, il contenuto tipico della sua attività di produzione.

La logica ora enunciata per le imprese di intermediazione finanziaria potrebbe, con qualche precisazione interpretativa, essere estesa a qualsiasi tipologia d'impresa. Infatti, tutte le imprese, attraverso le operazioni di finanziamento, acquistano o cedono la disponibilità di mezzi monetari.

Senonché, per le imprese che non svolgono intermediazione finanziaria, la negoziazione della disponibilità di denaro non si identifica nell'attività per cui l'impresa è stata istituita *(attività caratteristica o tipica),* ma in una attività a quella *strumentale o,* in taluni casi, *complementare.*

Fatta questa precisazione, nulla impedisce che tale attività possa essere inclusa nell'attività di produzione; il che consentirebbe di ridurre la rappresentazione delle operazioni dell'impresa ai soli circuiti del capitale di proprietà e della produzione. Quest'ultimo includerebbe anche le operazioni di acquisizione e cessione delle «disponibilità» di mezzi monetari. *(Certamente questa rappresentazione schematica non consentirebbe di cogliere il contrapposto senso di rotazione dei differenti circuiti, né la capacità degli stessi di alimentarsi reciprocamente).*

1.7. Gestione caratteristica (tipica) e gestioni accessorie. Gestione corrente

Allo scopo di indagare la dinamica reddituale e finanziaria dell'impresa, è utile distinguere le operazioni da essa compiute a seconda che alimentino o meno l'attività definita «caratteristica (o tipica)», l'attività cioè volta a realizzare l'oggetto dell'impresa. Si può così separare la gestione caratteristica dalle gestioni c.d. «accessorie», che alla prima si affiancano, integrandola con attività strumentali (gestione finanziaria) e complementari (attività diverse da quelle per le quali l'impresa è stata istituita).

La *gestione finanziaria* comprende la determinazione e la copertura del fabbisogno di finanziamento dell'impresa. È evidente che tale gestione è strumentale tanto alla gestione caratteristica quanto alle altre gestioni accessorie, in quanto i mezzi finanziari che entrano nelle disponibilità dell'impresa sono chiamati a finanziare l'attività nel suo complesso e non sono sempre correlabili ai fabbisogni rivenienti dalle specifiche gestioni.

Le attività complementari che nel loro insieme costituiscono la *gestione patrimoniale*, derivano dall'investimento delle disponibilità monetarie generate dall'operare d'impresa. Si tratta di mezzi monetari che possono risultare disponibili per tempi più o meno lunghi, in relazione ai quali potranno essere scelte le modalità di investimento e di gestione che si rivelano, di volta in volta, più redditizie (operazioni in titoli obbligazionari o azionari, operazioni immobiliari, ecc.).

La separazione dei risultati economici della gestione caratteristica (*reddito operativo*) dai risultati economici delle gestioni accessorie consente di cogliere il contributo di ognuna alla realizzazione del risultato complessivo.

L'importanza della separazione delle attività in discorso appare evidente non appena si tenti una valutazione critica dei risultati economici conseguiti dall'impresa. Se tali risultati, infatti, provenissero in larga parte dalle gestioni accessorie (per loro natura occasionali), anziché dalla gestione caratteristica (per la quale sono state programmate ed istituite le strutture organizzative ed operative dell'impresa), vi sarebbero fondate ragioni di perplessità sulla possibilità di mantenere tali risultati nel tempo.

Anche le dinamiche operative delle differenti gestioni debbono essere indagate separatamente. Lo stesso circuito della produzione, in presenza di gestioni patrimoniali, potrebbe idealmente aprirsi o articolarsi in differenti circuiti, tenendo tuttavia ben presenti – occorre ricordarlo – i *rapporti di complementarietà che legano reciprocamente tutte le operazioni dell'impresa e spingono a sottolineare l'unitarietà della gestione.*

Sotto diversa ottica di osservazione è possibile rivolgere l'attenzione alla c.d. *gestione corrente,* riferita all'insieme delle attività relative al ciclo «acquisti (di fattori a fecondità semplice) – produzione – vendite». La gestione corrente, in tale ottica ha contenuti più ristretti rispetto a quelli della gestione complessiva, in quanto non considera le operazioni concernenti le acquisizioni e le dismissioni di fattori a fecondità ripetuta, né quelle relative ai finanziamenti attinti e concessi (debiti e crediti di finanziamento, aumenti o diminuzioni di capitale di conferimento, prelievi di utili da parte degli aventi diritto).

L'analisi delle operazioni riferite alla sola gestione corrente potrebbe essere utile per segnalare l'entità dei mezzi monetari assorbiti o generati dal circuito della produzione per *assicurare, in un periodo di tempo, il funzionamento di una definita struttura.*

Ci riferiamo ad una struttura produttiva (caratterizzata da un insieme integrato di fattori a fecondità ripetuta materiali ed immateriali) capace di assicurare l'ottenimento di una gamma, più o meno ampia e differenziata, di prodotti finiti.

1.8. Relazioni tra il circuito dei finanziamenti ed il circuito degli investimenti. Il fabbisogno di finanziamento (prime considerazioni)

Abbiamo osservato che il circuito dei finanziamenti attinti (di proprietà e di prestito) presenta un andamento contrapposto rispetto ai circuiti della produzione e dei finanziamenti concessi: il primo va dalle entrate alle uscite, mentre i secondi vanno dalle uscite alle entrate (Tavola n. 9).

Risulta a questo punto opportuno approfondire le relazioni che legano i flussi considerati:

1. Il circuito della produzione ed il circuito dei finanziamenti concessi sono stati riuniti in un unico circuito denominato «degli investimenti». Ciò a significare che, in entrambi i casi, i mezzi monetari si possono ritenere «investiti» – in senso lato – in operazioni di acquisto di fattori produttivi ovvero in operazioni di prestito [20]: ci troviamo sempre di fronte a «destinazioni produttive» della ricchezza disponibile.

[20] V. *supra*, par. 1.3.

Tavola 9

CORRELAZIONE TRA FINANZIAMENTI E INVESTIMENTI

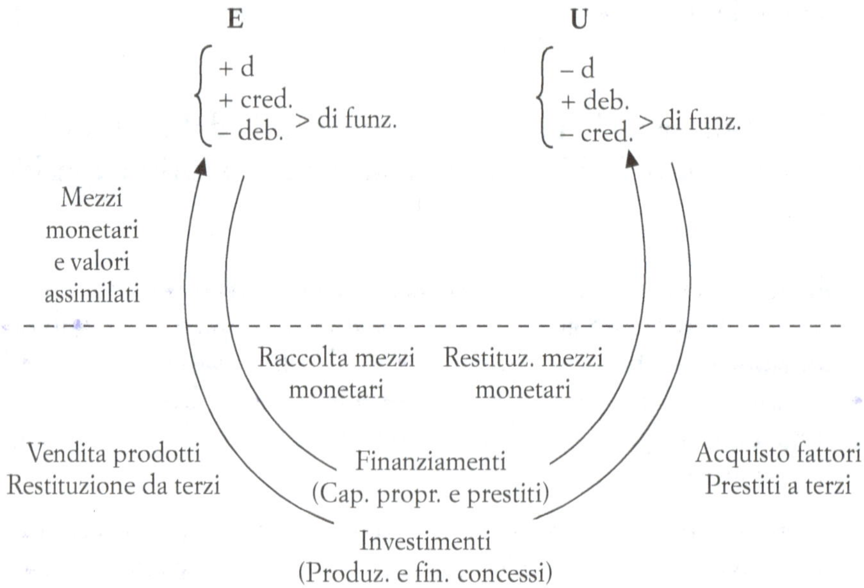

I finanziamenti attinti con vincolo di proprietà o a prestito sono stati considerati in un unico circuito denominato «dei finanziamenti»; si tratta pur sempre, a prescindere dalle differenze di ordine giuridico, di mezzi finanziari di provenienza (origine) esterna. Non si tratta, infatti, di ricchezza generata dall'attività dell'impresa, ma di mezzi provenienti dall'economia dei proprietari o dei finanziatori, messi a disposizione dell'economia dell'impresa.

2. Il circuito dei finanziamenti *alimenta* il circuito degli investimenti che assorbe mezzi monetari (uscite per acquisizione di fattori produttivi ed anche per prestiti concessi a terzi).
3. Il circuito degli investimenti *riconsegna* mezzi monetari alla disponibilità dell'impresa (entrate per vendita prodotti ed anche per restituzione da parte di terzi dei prestiti concessi); tali mezzi sono utilizzabili per rinnovare gli investimenti (o per restituire i finanziamenti attinti).

Ciò è realizzabile fino a quando il flusso dei recuperi si mantiene non inferiore rispetto al flusso degli investimenti nel tempo. La rottura del normale equilibrio nelle correlazioni sopra richiamate si manifesta quando l'impresa inizia a produrre reddito negativo, nel senso che riesce a recuperare meno di quanto investe. Il mancato riafflusso in forma monetaria di parte dei mezzi investiti determina la riduzione del flusso dei futuri investimenti, oppure l'aumento del fabbisogno di finanziamento e, quindi, dei mezzi che dovranno essere attinti per la copertura dello stesso.

Il fabbisogno di finanziamento, infatti, è strettamente correlato al flusso dei recuperi. In relazione ad un periodo di tempo, oppure in relazione ad un definito programma di investimenti, *il fabbisogno di finanziamento è costituito dall'entità dei mezzi monetari necessari per alimentare gli investimenti programmati, aldilà dei mezzi che già si rendono disponibili attraverso il flusso dei recuperi.*

Potremmo anche far riferimento ad una concezione di «*fabbisogno complessivo di finanziamento*» costituito da un ammontare di mezzi monetari esattamente corrispondente all'importo totale degli investimenti programmati dall'impresa in un definito arco di tempo.

Una tale concezione, tuttavia, appare molto meno significativa di quella precedentemente proposta, che fa riferimento al «*fabbisogno residuale*», e cioè all'ammontare dei mezzi monetari dei quali l'impresa deve dotarsi attingendo finanziamenti (con vincolo di proprietà o di prestito). Tale fabbisogno residuale è considerato «al netto» dei mezzi monetari che il circuito degli investimenti nel frattempo riconsegna alla disponibilità dell'impresa attraverso il conseguimento dei ricavi o l'incasso dei crediti di finanziamento.

Le entrate monetarie che chiudono il circuito degli investimenti, quindi, con dinamiche e modalità differenti da impresa ad impresa, assicurano una «*copertura naturale*» di una parte più o meno rilevante del fabbisogno complessivo di finanziamento.

L'innesto del circuito dei finanziamenti con il circuito degli investimenti deve avvenire sia per l'entità dei mezzi monetari da utilizzare nei programmi di investimento, sia per i tempi e le durate di utilizzo. Occorre cioè realizzare opportune correlazioni quantitative e temporali tra i fabbisogni di finanziamento rivenienti dai programmi che l'impresa intende realizzare ed i mezzi monetari da rendere disponibili per la copertura di tali fabbisogni.

Ciò vale a sottolineare la stretta interdipendenza che si pone, nel sistema d'impresa, tra le caratteristiche dell'attività produttiva e quelle dei finanziamenti attinti per alimentarla.

1.9. La velocità di circolazione degli investimenti in fattori produttivi e nella combinazione produttiva

La velocità di circolazione degli investimenti in fattori produttivi è data dal tempo che intercorre tra il momento degli investimenti e quello dei recuperi attraverso i ricavi. Si tratta, in altri termini, del tempo necessario ai mezzi monetari ceduti nell'acquisizione dei fattori produttivi (investimenti) per ritornare in forma monetaria attraverso i ricavi di vendita dei prodotti ottenuti con il concorso degli stessi fattori (recuperi).

Si può parlare di velocità di circolazione, ovviamente, anche con riferimento al tempo che intercorre tra il momento degli investimenti per la concessione di finanziamenti a terzi e il momento, successivo, del loro recupero.

Con riferimento ad un dato periodo di tempo, la velocità di circolazione degli investimenti in fattori produttivi può essere anche definita come il numero di volte in cui i mezzi monetari investiti ritornano «liquidi» attraverso i ricavi.

Gli elementi che determinano i tempi di recupero, ossia la velocità di circolazione, sono da ricercarsi, aldilà del grado di organizzazione, nelle caratteristiche dei processi produttivi ed in quelle dei fattori produttivi implicati.

Le *caratteristiche dei processi* generano una gamma estremamente differenziata di situazioni: si osservano processi produttivi che si completano in giornata, all'interno dei quali investimenti e recuperi si alternano nell'arco di poche ore, e processi che richiedono tempi lunghi (a volte anni) per essere portati a compimento. Acquistare all'ingrosso sui mercati generali prodotti alimentari deperibili per rivenderli ai dettaglianti è cosa ben diversa – sotto il profilo temporale – dal costruire un immobile o una nave.

Per quanto riguarda le *caratteristiche dei fattori produttivi*, assume rilievo la distinzione in fattori a fecondità semplice e fattori a fecondità ripetuta; occorre ricordare che per questi ultimi, normalmente, i tempi di totale recupero sono più elevati, in quanto vengono coinvolti i ricavi rivenienti dal collocamento di tutti i prodotti ottenuti con il concorso dei fattori in questione. Per i fattori a fecondità semplice, invece, il recupero è legato al solo ricavo di vendita *del* prodotto al quale tali fattori hanno ceduto interamente la loro utilità economica.

La velocità di circolazione può anche essere riferita a gruppi di fattori o all'intera combinazione produttiva. Essa è pur sempre definibile come il periodo di tempo che è necessario affinché tutti i mezzi monetari, investiti nell'acquisto del gruppo di fattori o nell'intera combinazione produttiva, ritornino *interamente* in forma monetaria attraverso i ricavi.

Senonché, all'interno del gruppo di fattori o dell'intera combinazione produttiva convivono fattori di differenti caratteristiche che hanno, ciascuno, una propria velocità di circolazione.

La velocità di circolazione complessiva del gruppo o dell'intera combinazione produttiva, pertanto, non si può commisurare a quella del fattore che si recupera più rapidamente, ma piuttosto a quella dell'investimento nel fattore che presenta il ciclo di recupero più lungo: fino a quando l'ultimo euro investito nel fattore più lento non è ritornato in forma monetaria attraverso i ricavi, non si può affermare che il recupero degli investimenti nell'intera combinazione produttiva sia integralmente avvenuto. È certo che, mentre i mezzi monetari investiti nel fattore a più lento rigiro (ad esempio, un impianto) vengono recuperati gradualmente nel tempo, quelli investiti in altri fattori, caratterizzati da una più elevata velocità di circolazione (ad esempio, materie prime), possono essere più volte recuperati e reinvestiti.

Determinato il volume degli investimenti da effettuare in un periodo di tempo o con riferimento ad un progetto, osserviamo che il relativo fabbisogno di finanziamento è correlato – in modo inversamente proporzionale – alla velocità di circolazione, nel senso che più elevata è la velocità di circolazione e minore è l'entità dei mezzi monetari che occorre attingere all'esterno per alimentare un definito «volume d'affari».

Ciò è facilmente comprensibile ove si ipotizzino due imprese (Esempio 1 e Esempio 2) che, nel corso del medesimo periodo di tempo (1 anno), investano complessivamente 400 mila euro ciascuna, secondo le differenti modalità indicate.

Il «fabbisogno di finanziamento dell'impresa A», per effettuare un piano annuo di investimenti per complessivi 400 mila euro, è di € 101 mila, così determinato:

- € 100 mila, necessari, per intero e subito, ad acquistare i fattori a fecondità ripetuta (strutture, mezzo di trasporto, ecc.);
- € 1.000, necessari per gli acquisti della prima giornata lavorativa: gli «stessi» 1.000 €, infatti, vengono recuperati in giornata (assieme ad una parte del costo delle strutture) e ritornano disponibili per gli acquisti del giorno successivo. «Circolano», cioè, 300 volte e rinnovano la combinazione produttiva (alta velocità di circolazione).

Il «fabbisogno di finanziamento dell'impresa B», sempre per effettuare un piano annuo di investimenti per complessivi 400 mila euro, è di € 400 mila, determinato sommando semplicemente gli investimenti necessari per le differenti categorie di fattori, investimenti che precedono nel tempo il conseguimento dei ricavi e pertanto richiedono di volta in volta la disponibilità di nuove risorse monetarie. I mezzi monetari investiti circolano una sola volta e sono recuperati con il conseguimento dell'unico ricavo (bassa velocità di circolazione).

La differente entità del fabbisogno di finanziamento, a parità di volume di investimenti nei due casi considerati, è chiaramente dovuta alle differenti modalità di conseguimento dei ricavi (ogni giorno; una volta sola ad investimenti ultimati) e, cioè, alla differente velocità di circolazione.

Occorre tuttavia osservare che *l'entità del fabbisogno di finanziamen-*

Esempio 1

IMPRESA A: Grossista prodotti ortofrutticoli (a)

Fattori	Investimenti annui	N. atti di scambio	Fabbisogno di finanziamento
Merce	300.000	300	1.000
Strutture	100.000	1	100.000
	400.000		101.000

(Dati in euro)

(a) Si ipotizza un'impresa che acquista in contanti ai mercati generali prodotti ortofrutticoli, per un ammontare giornaliero medio di circa mille euro, e vende in giornata ai dettaglianti. Giornate lavorative 300.
Si trascurano per semplicità, le altre categorie di costi pur presenti nella realtà.

Ricavi giornalieri medi		1.300
(–) Costi:		
Costo merce (medio)	1.000	
Utilizzo struttura	80 (*)	1.080
Utile giornaliero		220

(*) Ipotizzando un utilizzo della struttura per 4 anni, con un recupero finale per cessione dell'usato di € 4.000, una conseguente perdita di valore media annua di € 24.000 e una perdita giornaliera di € 80 (24.000 : 300 giornate lavorative) che viene recuperata dai ricavi.

Esempio 2

IMPRESA B: Costruttore (b)

Fattori	Investimenti annui	N. atti di scambio	Fabbisogno di finanziamento
Terreno	100.000	1	100.000
Progetto	10.000	1	10.000
Lavoro	140.000	1	140.000
Materiali servizi	150.000	1	150.000
	400.000		400.000

(Dati in euro)

(b) Si ipotizza un'impresa di costruzioni che realizza nell'arco di 1 anno una palazzina da vendersi solamente a lavori ultimati, al prezzo complessivo di € 500.000.

to dipende anche dal numero degli atti di scambio con cui i fattori vengono acquisiti e da come gli investimenti sono graduati nel tempo e si avvicendano ai recuperi.

Infatti, nel caso dell'impresa A, il fabbisogno di finanziamento per il fattore merce è di mille euro in quanto il numero degli atti di scambio relativi agli acquisti (300) non è inferiore al numero degli atti di scambio relativi alle vendite e gli uni si avvicendano con gli altri.

Se, a parità di ogni altra condizione, avessimo ipotizzato acquisti settimanali da parte del grossista (50 atti di scambio nell'anno) avremmo trasformato il fabbisogno relativo al fattore merce da mille a seimila euro (300.000: 50 atti di scambio relativi agli acquisti settimanali), necessari a pagare tutta la merce acquistata nel primo giorno di attività e vendibile il giorno stesso ed i cinque giorni successivi.

Si è visto, inoltre, che le operazioni non sono sempre regolate da entrate e da uscite di denaro.

La concessione di crediti di funzionamento determina un aumento del fabbisogno di finanziamento in quanto sposta, nel tempo, la disponibilità di mezzi monetari. Così, riprendendo il caso dell'impresa A, se la vendita della merce fosse regolata con pagamento a 1 mese, il fabbisogno di finanziamento per tale fattore salirebbe a 24 mila euro, necessari ad acquistare la merce in contanti nei primi 24 giorni lavorativi nei quali non si avrebbe nessuna entrata monetaria, *giusta* la dilazione accordata.

L'ottenimento di dilazioni di pagamento, invece, non riduce il fabbisogno di finanziamento, ma attiene alla sua copertura. Così, sempre riprendendo l'esempio dell'impresa A, se l'acquisto delle strutture fosse regolato con pagamento a 6 mesi, il fabbisogno di finanziamento resterebbe immutato, ma la «copertura» dello stesso sarebbe effettuata con il ricorso a debiti di funzionamento verso i fornitori delle strutture. Alla scadenza, sarebbe necessario disporre dei 100 mila euro per pagare il debito.

Da ultimo, è appena il caso di ricordare che tra gli «investimenti» che determinano il fabbisogno di finanziamento occorre anche considerare la concessione di finanziamenti a terzi.

Il fabbisogno iniziale di finanziamento, come sopra definito, trova la sua «copertura» nel ricorso al capitale di proprietà o all'indebitamento (debiti di finanziamento e di funzionamento). Il fabbisogno «si ripropone» alla scadenza dei debiti o nei momenti in cui si effettuano prelievi o restituzioni di capitale di proprietà.

Possiamo, dunque, concludere queste prime note affermando che l'entità del fabbisogno di finanziamento per sviluppare, in un definito periodo di tempo, un programma di investimenti è intimamente legata:

- all'entità degli investimenti programmati (compresi i finanziamenti concessi);
- al numero di volte in cui gli investimenti in ciascuna categoria di fattori ritornano in forma monetaria attraverso i ricavi (velocità di circolazione), tenendo conto del numero degli atti di scambio relativi agli acquisti di ciascuna categoria di fattori produttivi e di come si «avvicendano» gli investimenti ed i recuperi per ciascuna categoria di fattori;
- alle dilazioni di pagamento concesse ai clienti (crediti di funzionamento).

1.10. L'autofinanziamento o capitale di origine interna

Possiamo riprendere l'esempio dell'impresa A, trattato nel paragrafo precedente, nell'ipotesi che l'acquisto delle strutture sia regolato con pagamento a 6 mesi.

Si è detto che il debito di funzionamento di 100 mila euro copre il fabbisogno di finanziamento per il tempo di dilazione e che, alla scadenza, occorre disporre dei mezzi monetari necessari ad onorare il debito verso il fornitore.

Tutto ciò è vero se non si tiene conto di come si forma il capitale di origine interna.

Il flusso dei ricavi, infatti, produce *la disponibilità di nuovi mezzi monetari corrispondenti alla nuova ricchezza (reddito positivo, utile) acquisita all'economia dell'impresa* quando i prodotti vengono venduti a prezzi remuneratori, e cioè quando il volume dei ricavi si mantiene superiore al volume dei relativi costi per l'acquisizione dei fattori produttivi (*autofinanziamento da utili*).

Oltre a ciò, il flusso dei ricavi, come abbiamo precisato parlando dei fattori a fecondità ripetuta, deve riportare in forma monetaria anche una parte dei mezzi monetari investiti per l'acquisto dei fattori a fecondità ripetuta, che sono stati parzialmente utilizzati per dar corso all'attività di produzione. *Tali mezzi monetari, a suo tempo investiti ed ora recuperati, rimangono disponibili per periodi più o meno lunghi di tempo,* ma certamente fino a quando i fattori a fecondità ripetuta non avranno esaurito la loro utilità economica e, pertanto, dovranno essere sostituiti (*autofinanziamento da reintegro degli investimenti in fattori a fecondità ripetuta*).

Così, riprendendo l'esempio dell'impresa A, osserviamo che nei primi 150 giorni di attività (6 mesi):

- sono stati incassati utili complessivi pari a € 33 mila (220 euro giornalieri) che rimangono disponibili all'interno dell'impresa fino a quando non verranno prelevati dalla proprietà (autofinanziamento da utili);
- sono stati gradualmente recuperati, attraverso i ricavi, i mezzi monetari investiti nelle strutture, per un importo complessivo di € 12 mila (€ 80 giornalieri × 150 giorni), che rimangono disponibili all'interno dell'impresa fino a quando non dovranno essere rinnovate le strutture (autofinanziamento da reintegro degli investimenti in fattori a fecondità ripetuta).

Occorrono solamente mezzi monetari pari a 55 mila euro per pagare alla scadenza il debito di funzionamento di 100 mila euro contratto per l'acquisto delle strutture, in quanto – nel periodo di dilazione ottenuto dai fornitori – la gestione ha prodotto nuova ricchezza per 33 mila euro ed ha consentito il recupero di mezzi monetari investiti nelle strutture per 12 mila euro. *Tale affermazione sottintende l'ipotesi che tali mezzi monetari siano interamente utilizzati per estinguere il debito verso i fornitori delle strutture.*

È evidente che, se i 45 mila euro non fossero più disponibili al momento in cui deve essere pagato il debito, ciò sarebbe dovuto al fatto che *sono stati nel frattempo reinvestiti* e cioè che, nel periodo considerato, si è dato corso a nuovi investimenti per finanziare la crescita, utilizzando mezzi di origine interna, senza aumentare né l'indebitamento verso terzi, né i conferimenti di capitale da parte della proprietà.

I nuovi investimenti hanno, in tal caso, assorbito il capitale di origine interna. Cerchiamo di puntualizzare meglio il fenomeno finanziario appena delineato.

Le molteplici discussioni sorte attorno all'autofinanziamento per approfondirne la natura e spiegarne gli effetti sull'economia dell'impresa hanno condotto sostanzialmente a due differenti concezioni del fenomeno[21].

La prima è quella che identifica *l'autofinanziamento, così detto in senso proprio o stretto,* nel solo *risparmio di utili netti, attuato in modo palese od occulto.*

Tale concezione di autofinanziamento, accolta con riferimento ad un determinato periodo di tempo, definisce la misura del finanziamento interno prodotto dai redditi positivi (utili) che non sono stati prelevati dagli aventi diritto e sono rimasti investiti nel complesso delle attività dell'impresa.

Ma, a ben vedere, gli utili di cui parliamo sono stati conseguiti nel tempo, attraverso i ricavi di vendita delle produzioni (largamente intese). Dal momento del loro conseguimento essi hanno generato disponibilità finanziarie che sono state variamente utilizzate: hanno, in altri termini, concorso a finanziare la gestione dell'impresa fino al momento delle uscite finanziarie connesse alla loro totale o parziale distribuzione[22].

Pertanto, pur mantenendo il fenomeno nei limiti dei soli utili netti, *l'autofinanziamento in senso proprio o stretto, osservato – come si conviene – nella dinamica, può anche identificarsi non tanto nella misura degli utili risparmiati, quanto piuttosto nel flusso degli utili conseguiti*, parte dei quali possono *riaffluire* all'esterno per remunerare il capitale di proprietà, e parte – invece – possono essere *mantenuti* all'interno del siste-

---

[21] Si veda: P. CAPALDO 1968, p. 4.

[22] «Il fenomeno economico oggetto di indagine, è costituito dalla ricchezza prodottasi, per effetto della gestione, come differenza tra quella investita nella produzione e quella resasi disponibile dall'aver collocato la produzione sui mercati a prezzi remuneratori.

Tale incremento di ricchezza, che la gestione ha consentito e che si è reso gradualmente disponibile nei vari momenti dei disinvestimenti, viene, a mano a mano, reinvestito nell'acquisto di nuovi fattori della produzione necessari ad attuare altre, e più vaste, combinazioni produttive.

È chiaro che, nella misura in cui tale maggior ricchezza viene reinvestita, siamo di fronte ad un incremento di investimenti attuato con autofinanziamento» (E. CAVALIERI 1981, p. 34).

ma d'impresa (sia manovrando i valori di bilancio, sia costituendo riserve palesi di utile[23]).

Dalle decisioni di non distribuire gli utili dipende la *permanenza* e non la nascita dell'«effetto autofinanziatore» degli utili, correlato ai ricavi[24].

Nella seconda concezione il fenomeno in discorso (autofinanziamento in senso lato o improprio) si presenta come naturale estensione della concezione di autofinanziamento corrispondente ai soli utili conseguiti e fa riferimento ai flussi finanziari interni prodotti dai ricavi, che dell'autofinanziamento sono la fonte[25].

In effetti, l'autofinanziamento – nella prima delle concezioni richiamate – è posto in relazione alla sola parte dei flussi di ricavi che corrisponde agli utili netti, alla maggiore ricchezza a mano a mano realizzata. Nella configurazione di cui stiamo trattando, invece, l'autofinanziamento si riferisce a parti più ampie di tali flussi, che includono sia il *capitale autogenerato corrispondente alla nuova ricchezza resa disponibile dalla ge-*

---

[23] «... la ricchezza si rende disponibile all'atto del conseguimento dei ricavi: le decisioni, volte a distribuire tale ricchezza come utile o a trattenerla definitivamente, si prendono in chiusura d'esercizio ed in tale momento sorgono le relative poste contabili» (E. CAVALIERI 1981, p. 35). «La costituzione di fondi o riserve in sede di bilancio trova già una realtà economica che non viene a modificare» (*Ibidem* p. 36).

[24] Il DE DOMINICIS, riprendendo concetti già in precedenza proposti afferma che «... il reddito di esercizio genera un graduale finanziamento dell'impresa in forma di *mezzi finanziari generalmente disponibili*, un *autofinanziamento* in senso proprio e stretto. Perciò il risparmio del reddito non fa sorgere un autofinanziamento, ma consolida, nella durata, quello già sorto e che può aver dato luogo, come spesso avviene nella pratica, ad un impiego temporaneo o duraturo del nuovo capitale acquisito» (U. DE DOMINICIS 1981, p. 45).

[25] Ed invero i ricavi della vendita di prodotti o servizi producono sempre effetti finanziari in quanto generano flussi di entrate finanziarie che si manifestano in tempi e per importi differenti rispetto ai flussi delle uscite per l'acquisizione dei fattori produttivi. In presenza di ricavi remuneratori, gli eccessi o le carenze di mezzi finanziari che possono manifestarsi sono un effetto dello sfasamento temporale tra investimenti e relativi recuperi. Da qui la dinamica del fabbisogno di finanziamento, iniziale e successivo, che può presentare entità e durata differenti a seconda della dimensione degli investimenti programmati, della loro velocità di circolazione e di come si alternano nel tempo investimenti e recuperi, tenendo in debito conto anche le modalità di manifestazione dell'aspetto puramente monetario.

stione, sia il *capitale rigenerato, corrispondente all'entità dei mezzi monetari, a suo tempo investiti nell'acquisizione dei fattori a fecondità ripetuta, recuperati attraverso i ricavi*[26].

Come avremo modo di precisare e spiegare meglio nel prosieguo della trattazione, all'interno del capitale autogenerato (nuova ricchezza disponibile) è necessario separare la parte che può essere ragionevolmente considerata come *nuova ricchezza acquisita* per effetto della gestione (utile netto), da quella parte che – per la presenza di rischi specifici assunti dall'impresa nel suo operare, rischi che ancora non hanno manifestato i loro effetti sull'economia dell'impresa – potrebbe essere perduta in tempi più o meno lontani.

Com'è facile osservare, se si considera l'autofinanziamento nella dinamica collegata al divenire dei flussi dei ricavi, vengono meno presunte distinzioni basate sul «momento» della sua formazione (che è sempre quello del conseguimento dei ricavi), o fondate sulla «durata» dei suoi effetti (che è funzione di complesse circostanze legate al futuro svolgersi della gestione e non a quale *parte* dei ricavi è stata considerata).

Il fenomeno, così come si manifesta nella realtà, *è sempre e solo di natura finanziaria* e si riferisce al capitale di origine interna.

Al suo interno, l'osservazione del «capitale autogenerato», per la parte dei ricavi corrispondente a utili netti, può mantenere relativo significato per distinguere l'autofinanziamento in senso stretto (e non in senso proprio) da una più ampia ed utile considerazione di tale fenomeno finanziario: l'autofinanziamento in senso lato (e non in senso improprio) che include *tutto* il capitale autogenerato ed altresì il «capitale rigenerato»[27].

I termini «proprio» e «improprio», infatti, non possono essere impiegati, ci sembra, per designare differenti ampiezze di un medesimo fenomeno: *l'autofinanziamento* (in senso più o meno lato) *è sempre «propriamente» denominato ed inteso, fino a quando non si confonde con il finanziamento da terzi*[28].

---

[26] Sui concetti di capitale autogenerato e rigenerato si rinvia a quanto verrà più puntualmente esposto al par. 6.3.1, sez. II.

[27] Le espressioni «capitale autogenerato» e «capitale rigenerato» sono tratte da G. Ferrero 1981, p. 67.

[28] «In fase di funzionamento aziendale non può, pertanto, riconoscersi che li-

La distinzione che permane tra i differenti piani di lettura dell'unico fenomeno oggetto di osservazione, il flusso finanziario prodotto dai ricavi, può essere costituita dalle finalità conoscitive che a tale lettura possono essere ricondotte; differenza assai labile poiché, a ben vedere, le conoscenze che possono trarsi dall'osservazione dell'autofinanziamento sono sempre riconducibili alla valutazione dell'aspetto finanziario della gestione. La concezione di autofinanziamento è stata talora proposta con significati ancora più ampi, fino a confonderla con gli stessi flussi finanziari prodotti dai ricavi [29]. L'estensione del contenuto corrisponde alla concezione per la quale l'autofinanziamento è «... procacciamento di mezzi finanziari, che l'impresa attua nell'ambito della sua produzione medesima» [30].

Riconosciamo che potrebbe determinarsi l'opportunità di addivenire ad una più completa osservazione del fenomeno finanziario prodotto dai ricavi. In tali casi, però, come osserva il Sorci [31], *conviene correttamente*

---

mitata validità al perdurare della distinzione tra autofinanziamento proprio e improprio, con riferimento agli utili e alle altre componenti ...» (C. Sorci 1971, p. 52).

[29] «Questo modo di vedere abbandona la via fin qui seguita di vedere autofinanziamento attraverso riserve, provvisioni e poste di correzione che sono concetti differenziali, ma opera fermando la sua attenzione sul minuendo di quella differenza, il quale ... comprende altresì l'ammortamento di tutti gli altri costi di gestione ... ed infine anche il reddito di esercizio» (L. De Minico 1946, p. 330).

[30] *Ibidem*, p. 328.

[31] «... può essere utile, infine, il ricorso ad una configurazione ancora più ampia di autofinanziamento che include persino le maggiori disponibilità che vengono a crearsi per effetto del prolungamento medio delle dilazioni concesse dai fornitori e finanziatori per il pagamento dei debiti, ecc.

In questo ultimo caso più che di autofinanziamento nel senso letterale del termine, vale a dire di copertura di un fabbisogno finanziario senza ricorrere a mezzi esterni, ma sfruttando quelle disponibilità che all'interno della gestione e per effetto della gestione vengono a crearsi, sarebbe più opportuno parlare di *finanziamento da indebitamento*, in quanto le condizioni per cui si creano maggiori "disponibilità" sono legate a variazioni delle condizioni debitorie di creditori esterni.

Sotto tale profilo sarebbe opportuno considerare anche gli accantonamenti per indennità al personale, per imposte e tasse, e analoghi, più che come componenti dell'autofinanziamento come veri e propri debiti di ammontare più o meno incerto» (Sorci 1971, p. 39).

parlare di finanziamento da terzi, piuttosto che insistere su configurazioni più ampie, ma del tutto improprie di «autofinanziamento» [32].

Osserviamo, da ultimo, che l'autofinanziamento in senso lato, corrispondente alla seconda delle condizioni proposte, si presenta come quel *fenomeno finanziario capace di produrre un miglioramento del preesistente rapporto tra investimenti e mezzi finanziari attinti dai terzi o conferiti dalla proprietà*, nel senso che la copertura del fabbisogno a fronte degli investimenti realizzati viene effettuata con un minor ricorso alle fonti esterne, proprio in virtù del contributo dell'autofinanziamento, e cioè dei mezzi di origine interna.

Con la precisazione che, per definire il rapporto, la variazione degli investimenti intervenuta nel periodo è determinata esclusivamente dalla differenza tra l'ammontare dei nuovi investimenti effettuati e l'ammontare delle dismissioni, senza tener conto delle perdite di valore dei fattori a fecondità ripetuta, che hanno prodotto una riduzione contabile del valore degli investimenti, né delle perdite future presunte, già attribuite a taluni componenti del capitale [33].

1.11. Il circuito della produzione nell'ipotesi di «ricavi anticipati»

Il circuito della produzione, si è detto, ha normalmente un andamento che va dalle uscite per l'acquisizione dei fattori produttivi alle entrate per la vendita dei prodotti. Ciò è riscontrabile nella maggior parte delle attività produttive: l'ottenimento del prodotto precede la vendita dello stesso e, quindi, il conseguimento dei ricavi.

Esistono, tuttavia, rilevanti settori di attività nei quali si verifica l'andamento opposto [34]: il prodotto viene venduto prima del suo ottenimen-

---

[32] In tal senso, anche: G. FERRERO 1981, p. 74.

[33] «In un determinato periodo di gestione si è avuto *autofinanziamento* se nel periodo stesso il complesso degli investimenti al netto dei disinvestimenti ha superato l'ammontare dei mezzi pervenuti all'impresa per effetto di operazioni di aumento del capitale di credito e del capitale proprio». (P. SARACENO 1978, p. 346).

[34] Ricordiamo, a titolo di esempio:
- imprese di costruzione che vendono alcuni immobili «su pianta»;
- imprese meccaniche che costruiscono taluni impianti «su commessa»;

to ed il ricavo viene conseguito prima che tutti i (o parte dei) costi afferenti alle combinazioni produttive siano stati sostenuti. Siamo di fronte ad una situazione che determina i c.c. «ricavi anticipati», anticipati rispetto al sostenimento di tutti i (o di parte dei) «relativi costi».

L'impresa che ha conseguito ricavi anticipati assume l'onere di eseguire le proprie prestazioni, ossia di svolgere convenientemente il processo produttivo al fine di ottenere e consegnare le produzioni già vendute, nelle quantità e con i livelli qualitativi contrattualmente definiti.

Quanto affermato, naturalmente, può essere relativo tanto all'ipotesi di produzione di beni, quanto a quella di produzione di servizi.

Così, ad esempio, la compagnia di assicurazione, che percepisce anticipatamente i premi relativi alle polizze del ramo danni (ricavi anticipati), si assume l'obbligo di risarcire all'assicurato i danni eventualmente rivenienti dalla generazione di possibili sinistri, seppur nei limiti definiti dal contratto.

Nell'ipotesi di ricavi anticipati il circuito della produzione assume l'andamento rappresentato nella Tavola n. 10.

Osserviamo che i *ricavi anticipati, ove conseguiti in denaro, rappresentano mezzi monetari di origine esterna di cui l'impresa ha acquistato la disponibilità,* senza aver ancora fornito la propria prestazione. Ricordiamo che il fabbisogno di finanziamento è la quantità di mezzi monetari necessaria per far fronte al piano degli investimenti, *aldilà dei mezzi recuperati dalla vendita dei prodotti* (flusso dei ricavi).

I ricavi anticipati, quindi, riducono il fabbisogno di finanziamento, essendo parte del flusso dei ricavi.

Nell'ipotesi in cui i ricavi anticipati siano misurati da entrate di denaro, possono determinarsi situazioni di liquidità anche consistenti, che richiedono di essere adeguatamente gestite.

Nell'ipotesi in cui i ricavi anticipati siano misurati, del tutto o in parte, da crediti di funzionamento, il fabbisogno si ripropone per l'importo di tali crediti e fino alla loro scadenza.

– imprese di assicurazione che conseguono anticipatamente i premi;

– imprese bancarie e finanziarie che percepiscono anticipatamente taluni interessi su titoli o su prestiti;

– imprese di locazione finanziaria (leasing) che incassano anticipatamente il c.d. «maxi-canone».

Tavola 10

CIRCUITO DELLA PRODUZIONE NELL'IPOTESI DI RICAVI ANTICIPATI

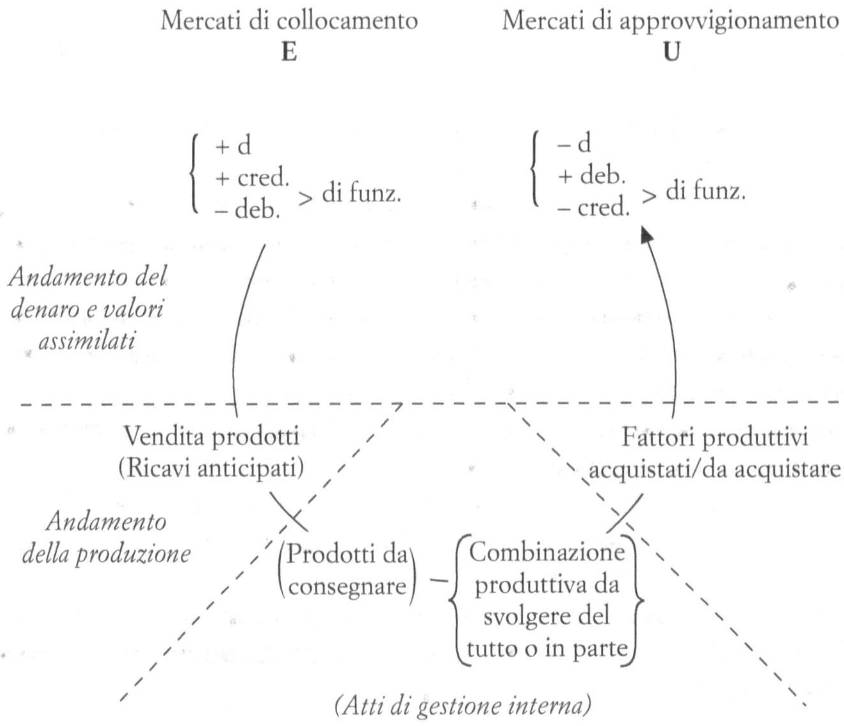

1.12. Il flusso dei mezzi monetari prodotto dalla gestione (*cash flow*)

Le operazioni attraverso le quali si estrinseca l'attività dell'impresa, idealmente appartenenti ai differenti circuiti finora esaminati, generano – se colte nella loro successione temporale – una corrente, un flusso di mezzi monetari in entrata ed in uscita, determinando continue variazioni nelle disponibilità liquide dell'impresa.

L'aspetto monetario della gestione, dunque, può essere riferito a tale flusso di denaro in entrata ed in uscita (flusso di cassa, *cash flow*) che aumenta o riduce l'entità dei mezzi monetari (fondi) disponibili[35-36].

Il flusso di cassa può essere osservato con riferimento all'intera attività dell'impresa *(cash flow complessivo)*. Tuttavia, all'interno del flusso di cassa complessivo può essere conveniente separare il flusso di mezzi monetari riveniente dalla gestione caratteristica (*cash flow operativo*) da quello riveniente dalle altre gestioni.

Può essere altrettanto significativo – in altra ottica – osservare separatamente le entrate e le uscite di denaro correlate all'attività che abbiamo definito corrente, relativa cioè alle operazioni del ciclo «acquisti-produzione-vendite».

L'analisi, prospettica o consuntiva, riferita ad un definito periodo, dei flussi di cassa correlati alla gestione caratteristica, oppure di quelli connessi alla gestione corrente consente di osservare l'accrescimento (o il depauperamento) di risorse monetarie causato dalle operazioni appartenenti a tali gestioni, osservando quindi il contributo di ognuna di esse alla formazione delle disponibilità liquide dell'impresa. Ciò consente di gestire correntemente le eccedenze o le carenze di liquidità prodotte dalle differenti gestioni.

---

[35] L'espressione «*cash flow*» ha assunto, nel tempo, significati assai vari e talora molto differenti da quello specificato nel testo. Nelle trattazioni di taluni Autori americani e francesi la concezione di *cash flow* spesso si è sovrapposta a quella di «autofinanziamento» (largamente inteso) e di «utile al lordo dell'ammortamento», creando non poche confusioni di ordine teorico.

[36] «Il termine "*fondo*" viene impiegato per designare gli elementi patrimoniali riferiti ad un dato istante temporale, mentre il termine "*flusso*" rappresenta il movimento (in aumento, in riduzione) del fondo in un determinato periodo di tempo» (G. FERRERO 1972, p. 334).

Capitolo 2

Gli aspetti monetario, numerario, finanziario ed economico della gestione

Enrico Cavalieri

SOMMARIO: 2.1. L'aspetto numerario della gestione come aspetto originario e il «derivato» aspetto economico. Valori e variazioni numerarie ed economiche. – 2.2. Aspetto finanziario ed aspetto economico della gestione. Valori e variazioni finanziarie ed economiche. – 2.3. Rappresentazione totale dell'attività dell'impresa: operazioni, valori, variazioni.

2.1. L'aspetto numerario della gestione come aspetto originario e il «derivato» aspetto economico. Valori e variazioni numerarie ed economiche

A seconda della tipologia operativa posta in essere dall'impresa in una economia basata sugli scambi monetari, le entrate e le uscite di denaro (ovvero le movimentazioni nei debiti e nei crediti di funzionamento che ad esse si sostituiscono) misurano (o, se si preferisce, determinano l'ammontare di):

– costi per l'acquisto dei fattori produttivi;
– ricavi per la vendita dei prodotti;
– aumenti o diminuzioni di capitale di proprietà;
– aumenti o diminuzioni di debiti e crediti di finanziamento.

Possiamo così osservare l'aspetto *definito «numerario» della gestione come aspetto originario, misuratore del derivato aspetto economico.*

Il primo include le entrate e le uscite di denaro (*aspetto monetario della gestione*) e le movimentazioni dei debiti e crediti di funzionamento.

Il secondo – *denominato «economico» in quanto attiene alla formazione della ricchezza* – include l'osservazione della dotazione di capitale assegnata all'impresa dalla proprietà e delle variazioni che tale capitale subisce in relazione a come si sviluppa, nel tempo, la dinamica produttiva in termini di investimenti (costi) e recuperi (ricavi). In effetti, l'aspetto economico attiene all'osservazione della «sostanza economica» dell'impresa.

Tra i costi ed i ricavi misurati da uscite ed entrate numerarie sono inclusi anche quelli relativi alle operazioni concernenti i finanziamenti attinti a prestito e concessi.

Il finanziamento attinto a prestito viene considerato come un «ricavo», misurato da un'entrata numeraria; ad esso si contrapporrà il maggior «costo» di restituzione (formato dall'importo preso a prestito e dagli interessi passivi maturati) misurato da un'uscita numeraria.

Analogamente, l'uscita numeraria per finanziamenti concessi misura un costo, cui si contrapporrà il maggior ricavo di restituzione, misurato da un'entrata numeraria formata dall'importo dato a prestito e dagli interessi attivi maturati.

Le operazioni che un'impresa può compiere, idealmente appartenenti ai circuiti precedentemente analizzati (produzione, finanziamenti attinti e concessi), determinano *variazioni nei valori di natura numeraria e/o economica.*

valori di natura numeraria	*variazioni dei valori di natura numeraria (variazioni numerarie)*
denaro	± denaro
crediti di funzionamento	± crediti di funzionamento
debiti di funzionamento	± debiti di funzionamento
valori di natura economica	*variazioni dei valori di natura economica (variazioni economiche)*
costi	± costi
ricavi	± ricavi
capitale di proprietà	± capitale di proprietà

Lo schema delle operazioni (o dell'attività) dell'impresa viene riproposto con esclusivo riferimento ai *valori e alle variazioni dei valori* determinati dalle operazioni stesse (Tavola n. 11).

Nello schema si individuano due settori: numerario ed economico. Lo schema accoglie nel settore definito «numerario» i valori e le variazioni numerarie; nel settore definito «economico» i valori e le variazioni economiche.

Le operazioni dell'impresa, idealmente appartenenti ai differenti circuiti, che non siano operazioni di semplice «regolamento» di debiti o crediti di funzionamento (le uscite o le entrate di denaro prendono il posto dei debiti o dei crediti di funzionamento che si estinguono), determinano variazioni numerarie che misurano variazioni economiche.

In regime di scambi monetari, infatti:

a) *uscite numerarie* misurano variazioni economiche negative:
costi per acquisto fattori (circuito PRODUZIONE);
costi per restituzione di finanziamenti attinti (circuito FINANZIAMENTI ATTINTI a prestito);
costi per concessione di finanziamenti a terzi (circuito FINANZIAMENTI CONCESSI);
restituzioni di capitale di proprietà (circuito FINANZIAMENTI ATTINTI col vincolo di proprietà);

b) *entrate numerarie* misurano variazioni economiche positive:
ricavi per vendita prodotti (circuito PRODUZIONE);
ricavi per ottenimento finanziamenti da terzi (circuito FINANZIAMENTI ATTINTI a prestito);
ricavi per restituzione finanziamenti concessi a terzi (circuito FINANZIAMENTI CONCESSI);
raccolta di capitale di proprietà (circuito FINANZIAMENTI ATTINTI con vincolo di proprietà);

c) *entrate numerarie ed uscite numerarie* si possono reciprocamente compensare in tutte le ipotesi di regolamento (al valore nominale) di crediti o debiti di funzionamento.

L'attività dell'impresa, tipicamente rivolta a creare nuova ricchezza attraverso l'alternarsi degli investimenti e dei recuperi, è qualificata come attività economica; in regime di scambi monetari, essa non può che svol-

Tavola 11

RAPPRESENTAZIONE DELL'ATTIVITÀ DELL'IMPRESA
(Valori e variazioni)

1ª Ipotesi ⟶ N/E

	E		U	
Settore numerario	+ denaro + crediti – debiti	> di funz.	– denaro + debiti – credti	> di funz.

	Ricavi**	Costi*
Settore economico	+ Capitale propr.	– Capitale propr.

* Per acquisto fattori
Per restituzione finanziamenti attinti
Per concessione finanziamenti a terzi

** Per vendita prodotti
Per ottenimento finanziamenti da terzi
Per restituzione finanziamenti concessi

gersi passando attraverso la «mediazione» dei movimenti monetari in entrata ed in uscita: le vicende monetarie, insomma, sono il mezzo di manifestazione dell'attività economica [1].

2.2. Aspetto finanziario ed aspetto economico della gestione. Valori e variazioni finanziarie ed economiche

In una differente ottica di osservazione, che ha il non trascurabile pregio di essere più aderente alla realtà operativa, i costi sono solamente quelli relativi all'acquisizione dei fattori produttivi ed includono anche gli oneri finanziari che si debbono sostenere per acquisire da terzi la disponibilità temporanea dei mezzi di pagamento.

I ricavi sono solamente quelli relativi al collocamento dei prodotti ed includono anche i proventi finanziari rivenienti dall'aver concesso a terzi la disponibilità temporanea dei mezzi di pagamento. Per quanto riguarda le operazioni relative ai finanziamenti attinti a prestito o concessi, quindi, solamente la componente degli interessi attivi e passivi (largamente intesi e comprendente ogni provento o onere finanziario) fa parte dell'aspetto economico della gestione (costo o ricavo delle operazioni di prestito). I prestiti negoziati, per il loro valore nominale, esclusi dall'aspetto economico della gestione, possono essere inclusi nell'aspetto che avevamo definito numerario e che, a seguito di tale inserimento, assume la più ampia denominazione di *aspetto «finanziario» della gestione*. Esso accoglie oltre alle variazioni aumentative e diminutive relative al denaro e ai debiti e crediti di funzionamento – costituenti il settore numerario in precedenza osservato – anche le variazioni aumentative e diminutive dei debiti e crediti di finanziamento.

Così, ad esempio, un'ipotesi di finanziamento attinto per 1.000 con pagamento di interessi posticipati per 150 determina, nei valori di natura finanziaria ed economica, le seguenti variazioni:

---

[1] «Il sistema d'impresa, che è un sistema economico, si svolge per il tramite di manifestazioni monetarie». Cfr. ALDO AMADUZZI 1966, p. 127.

a) ottenimento del prestito in contanti per 1.000

Entrata di denaro 1.000
(variazione finanziaria positiva)
|
che misura
↓
+ debiti di finanziamento 1.000
(variazione finanziaria negativa)

b) restituzione in contanti del capitale e degli interessi

Uscita di denaro 1.150 (variazione finanziaria negativa) ——→ *che si compensa* ←— – debiti di finanziam. 1.000 (variazione finanziaria positiva)
|
che misura
↓
Costo acquisto disponibilità di denaro 150
(variazione economica negativa)

Le operazioni che l'impresa può compiere, idealmente appartenenti ai circuiti precedentemente analizzati (produzione, finanziamenti attinti e concessi) determinano variazioni nei valori di natura finanziaria ed economica.

Valori di natura finanziaria	*Variazioni dei valori di natura finanziaria (variazioni finanziarie)*
denaro	± denaro
crediti di funzionamento	± crediti di funzionamento
debiti di funzionamento	± debiti di funzionamento
crediti di finanziamento	± crediti di finanziamento
debiti di finanziamento	± debiti di finanziamento

Valori di natura economica	*Variazioni dei valori di natura economica (variazioni economiche)*
costi	± costi
ricavi	± ricavi
capitale di proprietà	± capitale di proprietà

La rappresentazione delle operazioni (o dell'attività) dell'impresa, contenente i *valori e le variazioni dei valori* determinati dalle operazioni stesse può essere riproposta nella Tavola n. 12.

Lo schema accoglie nel settore definito «finanziario» i valori e le variazioni finanziarie; nel settore definito «economico» i valori e le variazioni economiche.

A seguito delle operazioni d'impresa, in regime di scambi monetari:

a.1) *uscite finanziarie* misurano variazioni economiche negative:
costi per acquisto fattori (circuito PRODUZIONE);
restituzioni di capitale di proprietà (circuito FINANZIAMENTI ATTINTI col vincolo di proprietà);

a.2) *uscite finanziarie* misurano variazioni finanziarie positive: aumento di crediti per finanziamenti concessi a terzi (circuito FINANZIAMENTI CONCESSI);

b.1) *entrate finanziarie* misurano variazioni economiche positive:
ricavi per vendita prodotti (circuito PRODUZIONE);
raccolta di capitale di proprietà (circuito FINANZIAMENTI ATTINTI col vincolo di proprietà);

b.2) *entrate finanziarie* misurano variazioni finanziarie negative: aumento di debiti per finanziamenti attinti da terzi (circuito FINANZIAMENTI ATTINTI a prestito);

c) *entrate finanziarie ed uscite finanziarie* si possono reciprocamente compensare in tutte le ipotesi di «regolamento» (al valore nominale) dei debiti e dei crediti di ogni tipo.

Tavola 12

RAPPRESENTAZIONE DELL'ATTIVITÀ DELL'IMPRESA
(Valori e variazioni)

2ª Ipotesi ⟶ F/E

	E		U	
Settore finanziario	+ denaro + crediti – debiti	> di funz. di finanz.	– denaro + debiti – credti	> di funz. di finanz.
Settore economico	Ricavi** + Capitale di propr.		Costi* – Capitale di propr.	

* Per acquisto fattori

** Per vendita prodotti

2.3. Rappresentazione totale dell'attività dell'impresa: operazioni, valori, variazioni

La seconda ottica di osservazione proposta, che coglie gli aspetti finanziario ed economico della gestione, appare forse meno rigorosa della prima, in quanto non consente di separare le variazioni «originarie» dalle variazioni «derivate»: non si può, infatti, affermare che l'aspetto finanziario è misuratore dell'aspetto economico se, come si è visto, una variazione finanziaria positiva può misurare una variazione finanziaria negativa (aumento di debiti di finanziamento). Meglio si adatta, però, a «spiegare» la formazione della ricchezza in modo aderente alla logica ed alle procedure contabili in uso nella pratica aziendale.

In effetti, nella prassi contabile, i costi ed i ricavi relativi alle operazioni di finanziamento non corrispondono alle somme prestate o a quelle restituite alla scadenza, ma solamente agli interessi attivi o passivi, che vengono considerati componenti positivi o negativi di reddito.

Possiamo quindi rappresentare l'intera attività dell'azienda di produzione in uno schema definitivo, di grande sintesi, che accoglie le operazioni dell'impresa, i valori finanziari ed economici ad esse relativi e le possibili variazioni di tali valori (Tavola n. 13).

Lo schema proposto, come vedremo, si rivela di grande utilità per comprendere i meccanismi essenziali di funzionamento dell'impresa, le modalità di formazione del reddito, la dinamica finanziaria in rapporto a quella economica e, per quanto attiene agli sviluppi contabili, il sistema di valori al quale può applicarsi il metodo contabile della partita doppia.

a) operazioni di acquisto di fattori produttivi

variazioni finanziarie negative ------------------→ costi di acquisto fattori produttivi*

---

* Compresi gli interessi passivi da corrispondere ai finanziatori (che hanno ceduto all'impresa, pro-tempore, la disponibilità del denaro).

Tavola 13

RAPPRESENTAZIONE DELL'ATTIVITÀ DELL'IMPRESA
(Operazioni, valori, variazioni)

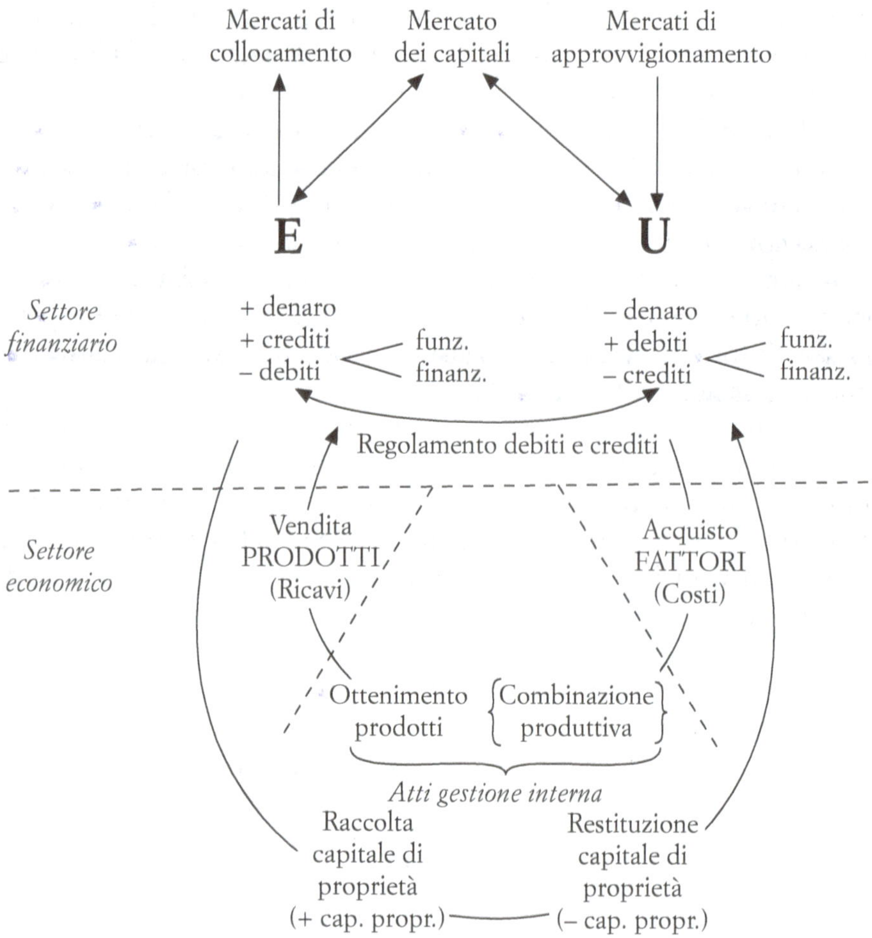

b) operazioni di vendita di prodotti

variazioni finanziarie positive ------------------► ricavi di vendita prodotti**

c) operazioni di raccolta di capitale di proprietà

variazioni finanziarie positive ------------------► aumenti di capitale di proprietà

d) operazioni di restituzione di capitale di proprietà

variazioni finanziarie negative ------------------► diminuzioni di capitale di proprietà

e) operazioni di acquisizione di finanziamenti da terzi

variazioni finanziarie positive ------------------► variazioni finanziarie negative (+ debiti di finanz.)

f) operazioni di concessione di finanziamenti a terzi

variazioni finanziarie negative ------------------► variazioni finanziarie positive (+ crediti di finanz.)

g) operazioni di regolamento di debiti e crediti di funzionamento e di finanziamento

variazioni finanziarie positive ◄----------► variazioni finanziarie negative

------------► che misurano
◄----------► che si compensano

Lo schema della Tavola n. 13 rappresenta, con le opportune integrazioni e modifiche, anche l'attività delle altre organizzazioni produttive diverse dalle imprese, ove si consideri che in tali organizzazioni:

** Compresi gli interessi attivi da percepire dai terzi finanziati (ai quali l'impresa ha ceduto, pro-tempore, la disponibilità del denaro).

- i fattori produttivi sono disponibili sia a seguito di scambi monetari, sia a titolo gratuito;
- i prodotti sono collocati presso gli utilizzatori sia a seguito di scambi monetari, sia a titolo gratuito;
- i prezzi dei prodotti venduti non sono necessariamente «prezzi remuneratori», ma possono essere «prezzi politici»***;
- i finanziamenti possono essere ottenuti sia come prestiti, sia come donazioni in conto capitale, sia come prelievi fiscali, sia come quote associative, a seconda della tipologia di organizzazione produttiva.

Ne consegue che non esiste una correlazione possibile tra costi e ricavi, in quanto quest'ultimi non necessariamente sono in grado di recuperare gli investimenti nei fattori produttivi acquistati dall'organizzazione.

*** Con la locuzione «prezzi politici», qui usata in senso lato, si intende fare riferimento a prezzi (non remuneratori) definiti dalle pubbliche amministrazione per taluni servizi che debbono essere offerti a condizioni tali da garantire la possibilità di accesso a larghi strati di popolazione. Anche le fondazioni o le associazioni possono praticare «prezzi politici» per taluni servizi offerti alla società civile o agli associati. Si tratta, normalmente, di prezzi non remuneratori, anche se associazioni e fondazioni praticano, talora, prezzi assai elevati per la produzione di taluni servizi particolarmente sofisticati ed apprezzati, ottenendo «profitti» su tali attività, profitti che vengono utilizzati per meglio realizzare le loro finalità istitutive di natura pubblica o privata.

Capitolo 3

La valutazione dell'andamento economico: la redditività aziendale

Enrico Cavalieri

Premessa

Dopo aver indagato sui flussi economici e finanziari generati dalle operazioni aziendali legate a sistema, viene spontaneo soffermare l'attenzione su come si formano e si modificano i flussi economici e finanziari.

Il primo gruppo di problemi affronta, pertanto, i temi della *valutazione dei flussi di reddito*, quali si formano per la complessa attività posta in essere dal governo d'impresa, e della loro distribuzione ai protagonisti delle vicende produttive.

L'analisi dell'efficienza, in termini di rapporto tra risorse impiegate e risultati ottenuti con l'attività produttiva, conduce alle problematiche attinenti ai costi (derivati) di processo, area produttiva e prodotto ed alla ricerca delle differenti convenienze. Lo sviluppo di tali argomenti viene presentato al capitolo 4, in modo da costituire una premessa logica per ulteriori sviluppi operativi di analisi dei costi e controllo di gestione.

La *valutazione dell'aspetto finanziario della gestione* (capitolo 5) affronta, innanzitutto, i temi, di grande respiro ed attualità, attinenti:

– *agli equilibri finanziari «verticali»* (composizione dell'attivo, in termini di relazioni tra categorie d'investimenti con differenti caratteristiche; composizione del passivo e del capitale di proprietà, in termini di relazioni tra categorie di fonti con differenti caratteristiche);
– *agli equilibri finanziari «orizzontali»* (relazioni tra le caratteristiche degl'investimenti e le fonti di copertura dei fabbisogni da essi generati).

Vengono, quindi, riprese ed approfondite le modalità di formazione di mezzi finanziari di origine interna (autofinanziamento) ed i temi relativi ai flussi di cassa ed alla liquidità.

3.1. Le determinazioni di reddito e capitale in differenti ipotesi temporali

3.1.1. *Prime considerazioni sul capitale di funzionamento*

Il capitale d'impresa può essere definito come un insieme finalizzato di condizioni (positive e negative) di produzione. Esso è dato, in un definito istante, dal complesso delle utilità economiche (beni materiali e immateriali, potenzialità) di cui l'impresa dispone per lo svolgimento della sua attività produttiva (componenti positive, attività) e dal complesso delle obbligazioni che l'impresa ha assunto verso terzi (componenti negative, passività).

Le utilità economiche disponibili e le obbligazioni assunte acquistano significato e valore proprio in virtù della loro «destinazione» all'attività produttiva, alla quale sono *vicendevolmente legate da un rapporto di strumentalità*.

Consideriamo che il capitale, nella differente configurazione degli elementi che lo compongono è presente in ogni stadio della vita dell'impresa fino a quando, cioè, l'impresa è «in funzionamento».

L'attività aziendale – traducendosi in un insieme coordinato di operazioni – produce una serie di trasformazioni successive nella composizione del capitale. Le operazioni, infatti, tendono:

– a trasformare, attraverso gli approvvigionamenti, il fattore generico denaro in fattori specifici di produzione (beni e servizi);

– a trasformare, attraverso la combinazione produttiva, fattori produttivi in prodotti;

– a trasformare, attraverso le vendite, i prodotti nuovamente in mezzi monetari;

– a modificare, attraverso l'acquisizione di esperienze e conoscenza, il livello delle potenzialità disponibili.

Ad ogni operazione il capitale si modifica nella sua composizione qualitativa e nel suo valore.

Né si deve pensare che solamente l'operare d'impresa modifichi il capitale. Essendo i suoi componenti destinati all'attività produttiva, in relazione alla quale assumono significato e valore, consegue che le eventuali modificazioni delle condizioni esterne e delle condizioni interne (organizzazione e modalità operative) in relazione alle quali si svolgono i processi produttivi, provocano conseguenti modifiche nelle prospettive di utilizzo dei differenti elementi che compongono il capitale e, quindi, cambiamenti di destinazione e di valore.

Il valore del capitale di pertinenza di un'impresa «in funzionamento» è infatti determinabile in funzione della complementare utilità economica che tutte le condizioni positive e negative, unitariamente considerate, riescono ad esprimere in prospettiva. E poiché tale utilità economica prospettica altro non è che il *flusso atteso* della nuova ricchezza che l'organizzazione è capace di generare, appare evidente che il valore del capitale di un'impresa in funzionamento (detto anche «valore economico del capitale» o «capitale economico») non può che essere un valore unitario definito in funzione di tale flusso di nuova ricchezza (redditi futuri).

Al di là del valore economico del capitale, così determinabile (che rappresenta, come vedremo, una stima del valore dell'impresa come sistema capace di produrre reddito) si rende altresì necessario attribuire un valore alle differenti categorie di investimenti in fattori produttivi che sono ancora in essere al termine di un determinato periodo e conoscere le fonti dalle quali sono stati attinti i mezzi monetari utilizzati per tali investimenti. *Tale procedimento valutativo degli «investimenti» e delle «fonti» è strumentale* – come in successivi capitoli sarà meglio precisato – *alla determinazione dell'ammontare della nuova ricchezza (reddito) prodotta per effetto dell'attività dell'impresa nel periodo considerato.*

Come è facile osservare, si tratta di una configurazione di capitale assai diversa da quella di «capitale economico» precedentemente richiamata. Ed infatti:

a) non si tratta di un valore unico (il valore dell'impresa), ma di valori assegnati a significative classi di investimenti (attività) e obbligazioni (passività) che costituiscono «elementi» dei processi produttivi che sono ancora in corso di svolgimento alla fine di un definito periodo. Come già accennato la valorizzazione di tali elementi è strumentale per poter definire in modo ragionevole la misura del reddito attribuibile al periodo stesso;
b) i componenti attivi sono costituiti dal complesso dei beni materiali ed immateriali disponibili per lo svolgimento dell'attività dell'impresa (*capitale lordo*). Si tratta di *investimenti* che l'impresa ha posto in essere e che, alla data cui si riferisce l'osservazione del ca-

pitale, sono *in attesa di recupero* (fattori produttivi acquistati e non utilizzati o parzialmente utilizzati, prodotti ottenuti e non ancora venduti, finanziamenti concessi e in attesa di restituzione), nonché del denaro in quel momento disponibile e non ancora investito e dei crediti di funzionamento che, temporaneamente, lo sostituiscono.

I componenti negativi (passivo) sono costituiti dalle obbligazioni assunte verso terzi (debiti di funzionamento e di finanziamento non ancora pagati, ricavi anticipati).

Dedotte le obbligazioni dal capitale lordo disponibile si determina l'entità del *capitale netto*, che rappresenta quella parte del valore delle attività che residua alla proprietà dell'impresa dopo aver soddisfatto gli impegni (obbligazioni) assunti.

Il capitale così determinato viene denominato «*capitale di funzionamento*»; tale denominazione potrebbe trarre in inganno, poiché è evidente che anche il «capitale economico» è un valore (anzi *il* valore più congruo) del capitale di un'impresa in funzionamento (e non in liquidazione).

Possiamo rappresentare il «capitale di funzionamento» in un prospetto (a sezioni divise accostate) che accoglie a sinistra l'elenco degli investimenti in essere al tempo di riferimento e a destra l'indicazione delle fonti alle quali sono stati attinti i mezzi monetari utilizzati per effettuare tali investimenti.

Valgono le seguenti relazioni:

$$A = P + CN$$

$$A - P = CN$$

dove:

A = Attivo
P = Passivo
CN = Capitale netto di funzionamento.

ATTIVITÀ [investimenti in essere al tempo di riferimento (in attesa di recupero)]	PASSIVITÀ E CAPITALE DI PROPRIETÀ [fonti dei mezzi monetari investiti]
Capitale lordo di funzionamento	*Obbligazioni verso terzi*
denaro disponibile, non ancora investito	debiti di funzionamento } obbligazioni assunte verso terzi, non ancora estinte
crediti di funzionamento } concessi, non ancora incassati	debiti di finanziamento } obbligazioni assunte verso terzi, non ancora estinte
crediti di finanziamento } concessi, non ancora incassati	
ffs. acquistati e non ancora utilizzati ffr. acquistati e parzialmente utilizzati	ricavi anticipati [prestazioni da eseguire]
prodotti in lavorazione, prodotti ottenuti e non ancora venduti	
	Capitale netto di funzionamento (*di proprietà*)

ffs. = fattori a fecondità semplice;
ffr. = fattori a fecondità ripetuta.

Il capitale investito e in attesa di realizzo (capitale lordo di funzionamento), al netto delle obbligazioni, costituisce il *capitale netto di funzionamento*, che corrisponde al capitale conferito (in denaro o in natura) dai proprietari, aumentato o diminuito del reddito che l'attività ha generato fino al tempo di riferimento e che è rimasto a disposizione dell'impresa (capitale di risparmio):

$$A = Cl$$

$$Cl - P = CN = Cc + Cr$$

Capitale lordo di funzionamento	Cl
(Obbligazioni verso terzi)	P
Capitale netto di funzionamento (capitale di proprietà)	CN

Capitale di conferimento (conferito in denaro o in natura dalla proprietà)	Cc
Capitale di risparmio (redditi conseguiti e rimasti a disposizione dell'impresa) *(redditi negativi che hanno ridotto il capitale)*	Cr
Capitale netto di funzionamento (capitale di proprietà)	CN

I valori da sottrarre sono indicati in (*corsivo*)

dove:

Cl = Capitale lordo di funzionamento
Cc = Capitale di conferimento
Cr = Capitale di risparmio.

c) alcuni componenti del capitale di un'impresa in funzionamento (esperienza, capacità manageriale, know-how) assumono fondamentale importanza ai fini della produzione di redditi positivi ed influenzano, quindi, l'altezza del «capitale economico».
Tuttavia, *tali risorse legate alla conoscenza non sono state acquisite da terzi attraverso atti di scambio che hanno assorbito mezzi monetari*; non sono, quindi, investimenti effettuati, in attesa di recupero attraverso i ricavi futuri. Sono, invece, un risultato accessorio delle attività svolte dall'impresa e condizionano certamente i risultati.
A ragione di ciò tali risorse immateriali, intangibili, pur essendo disponibili e contribuendo a determinare l'altezza del «capitale economico» e, cioè, il valore dell'impresa, non possono essere considerate tra i componenti positivi del c.d. «capitale di funzionamento», e cioè tra gli investimenti effettuati e non ancora utilizzati.

Il valore assegnabile al capitale di un'impresa in funzionamento, comunque determinato, è logicamente differente dal valore degli elementi che compongono il capitale di un'impresa in liquidazione (il c.d. «capitale di liquidazione»). Nell'ipotesi di liquidazione, infatti, gli elementi attivi disponibili, avendo perduto ogni vincolo di destinazione all'attività produttiva d'impresa, mantengono un valore che è funzione unicamente dell'attitudine allo scambio di ciascuno di essi. È, in altri termini, il valore che si presume di realizzare vendendo direttamente ciascuno di essi sul mercato, *dopo averlo stralciato dal processo produttivo*, in quanto non più utilizzabile per tale destinazione.

3.1.2. *Le strutture di reddito e di capitale riferite all'intero arco di vita dell'impresa*

Con riferimento ad un arco di tempo pari all'intera vita dell'impresa (t0-tz), possiamo denominare *reddito totale* l'incremento o il decremento che il capitale conferito dalla proprietà ha subito per effetto di tutte le operazioni compiute.

Si debbono assumere come valide le seguenti ipotesi:
(1) alla fine del periodo considerato l'attività dell'impresa è completamente cessata e cioè, più precisamente:
- tutti i fattori produttivi, a fecondità semplice e ripetuta, sono stati completamente utilizzati per l'attività produttiva o, se non utilizzati, venduti per stralcio;
- tutti i processi produttivi sono stati ultimati; tutti i prodotti sono stati venduti;

(2) durante il periodo interessato (t0-tz) il potere d'acquisto della moneta non ha subito variazioni.

Se l'ipotesi di cui al punto (2) non fosse verificata, la determinazione del reddito totale richiederebbe opportuni correttivi di calcolo al fine di rendere sufficientemente omogenee le grandezze oggetto di misurazione, esprimendo costi, ricavi, capitale iniziale e finale in una unità di misura – la moneta – che abbia lo stesso potere d'acquisto.

Alle condizioni elencate ai punti (1) e (2) si potrebbe già affermare che la differenza tra tutti i costi per acquistare tutti i fattori produttivi utilizzati *(investimenti)* e tutti i ricavi rivenienti da tutte le vendite di tutti i prodotti ottenuti con il concorso di detti fattori *(recuperi)* costituisce la misura del *reddito totale*. Senonché, a ben vedere, occorre anche ipotizzare che:

(3) tutti i crediti di ogni tipo siano stati incassati; tutti i debiti di ogni tipo siano stati pagati;
non ci sia più alcun rischio in corso, che possa determinare ipotesi di costi o perdite future;

se si vuole considerare la predetta misura del reddito totale come «definitivamente» acquisita all'economia dell'impresa e non inficiata da valutazioni soggettive.

Alla luce delle ipotesi premesse, il capitale alla fine della vita dell'impresa (tempo tz) si presenta costituito esclusivamente da un componente di natura finanziaria, il denaro, ritornato disponibile per esaurimento di tutti gli investimenti e per regolamento di tutti i rapporti di debito e di credito.

Qualora alle ipotesi precedentemente enunciate si aggiungessero quelle di seguito precisate:

(4) il capitale iniziale (tempo to) è stato conferito interamente in denaro;
(5) durante l'intero arco di vita dell'impresa non sono stati effettuati altri conferimenti, né rimborsi di capitale di proprietà; non è stato operato alcun prelievo di reddito;

si potrebbe determinare la misura del reddito totale anche attraverso i seguenti conteggi:

- differenza tra il capitale conferito al tempo to e quello restituito al tempo tz;
- differenza tra tutte le entrate e tutte le uscite di denaro del periodo t0-tz (con esclusione di quelle relative al capitale di proprietà).

Infatti, se durante la vita dell'impresa si fossero effettuati altri prelievi e/o conferimenti di capitale verrebbe meno la possibilità di calcolare il reddito totale come differenza tra capitale conferito all'inizio e restituito alla fine.

Sicché, solo all'improbabile verificarsi di tutte le condizioni proposte nei punti da (1) a (5), il reddito totale potrebbe essere calcolato secondo uno qualsiasi dei procedimenti appresso indicati:

(a) $RT = Ctz - Ct0$

(b) $RT = \sum_{t=to}^{tz} \sum_{k=1}^{m} Q_k P_k^t - \sum_{t=to}^{tz} \sum_{i=1}^{n} f_i p_i^t$

(c) $RT = \sum_{t=to}^{tz} E^t - \sum_{t=to}^{tz} U^t$

dove:

RT reddito totale;
Ct0 capitale al tempo t0;
Ctz capitale al tempo tz;
Q_k P_k ricavi vendita prodotti;
(quantità vendute × prezzi di vendita);
f_i p_i costi acquisto fattori;
(quantità acquistate × prezzi di acquisto);
E entrate di denaro (con esclusione di quelle relative al capitale di proprietà inizialmente conferito);
U uscite di denaro (con esclusione di quelle relative al capitale di proprietà restituito al tempo tz).

Tali procedimenti sono elencati in ordine crescente di complessità e di capacità informativa: da una semplice differenza tra due somme di denaro, disponibili ai tempi t0 e tz, si passa alla considerazione analitica di tutti gli investimenti e i recuperi, il che consente di far luce sull'andamento economico della gestione; facendo ricorso – infine – alla differenza fra tutte le entrate e le uscite di denaro, operazione per operazione, si colgono congiuntamente gli andamenti finanziario ed economico della gestione.

Possiamo rappresentare il reddito totale in un prospetto a due sezioni accostate (forma contabile) ove si possono collocare le grandezze relative ai componenti positivi (ricavi) e negativi (costi) ed iscrivendo la differenza tra tali grandezze (reddito positivo o negativo) a pareggio (a saldo) dove il prospetto presenta valori minori.

Possiamo rappresentare il capitale finale (Ctz) in un analogo prospetto, ove in una sezione si possono collocare le grandezze relative al denaro disponibile e agli investimenti in essere al tempo tz (attività o beni a disposizione) e nell'altra le «fonti» di provenienza dei mezzi finanziari investiti (finanziamenti attinti da terzi, capitale di proprietà).

I due prospetti, relativamente alla rappresentazione del reddito totale e del capitale finale, assumono la seguente configurazione [1]:

Reddito Totale (t0 – tz)	
Componenti negativi	Componenti positivi
Costi sostenuti nel periodo t0 – tz *Utile* (Reddito positivo)	Ricavi conseguiti nel periodo t0 – tz *Perdita* (Reddito negativo)

Capitale Finale (tz)	
Investimenti (*Beni a disposizione*) (*Attività*)	Fonti dei mezzi (*Debiti e capitale di proprietà*)
(*Settore finanz.*) Denaro (*Settore econ.*)	*Capitale di proprietà*: Capitale t0 ± reddito t0 – tz (Utile/perdita)

La determinazione del reddito totale – per sua natura possibile solamente quando l'impresa ha cessato di operare e, per di più, con procedimenti che tengano conto delle reali condizioni in cui si è svolta l'attività dell'impresa (e non di ipotesi di quasi impossibile verificazione) – non presenta utilità pratica ai fini della conoscenza dei risultati dell'attività dell'impresa.

Il concetto di reddito totale, in realtà, rappresenta solo una *idea guida* per rendere comprensibile quello di reddito di periodo, di ben altro rilievo ai fini del controllo della gestione.

Tra le esigenze che più comunemente inducono i soggetti a determinare il reddito con riferimento a periodi parziali della vita aziendale, conviene ricordare le seguenti:

a) il reddito di un periodo rappresenta un parametro, sia pure estremamente sintetico, attraverso il quale verificare la validità delle strategie adottate;

---

[1] Capitale e reddito possono anche essere presenti in prospetti predisposti in forma scalare, anziché a sezioni divise accostate.

Esempio

DETERMINAZIONE DEL CAPITALE FINALE
E DEL REDDITO TOTALE

L'impresa mercantile Y, nell'arco della sua esistenza, ha effettuato la sintetica attività appresso indicata

Costituzione:

conferimento capitale in denaro 1.000	
– Sign. A	600
– Sign. B	200
– Sign. C	200

acquisto di fattori, pagamento contanti 600

Merce	500
Altri fattori	100

vendita merce, incasso contanti 800

cessazione attività e restituzione del capitale

restituzione capitale in denaro 1.200	
– Sign. A	720
– Sign. B	240
– Sign. C	240

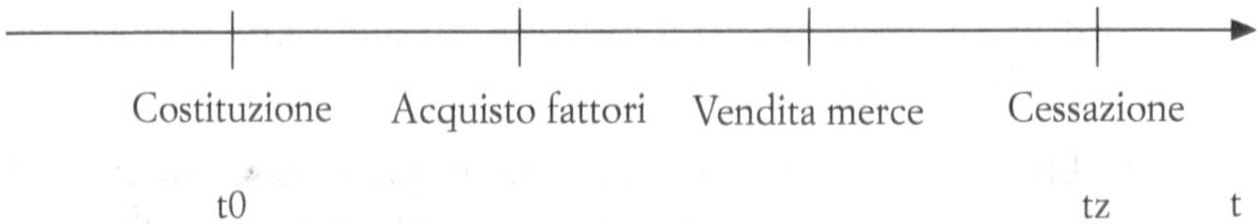

t0 momento della costituzione
tz momento della cessazione dell'attività
t0 – tz intero arco di vita dell'impresa

Esempio

Reddito Totale (t0 – tz)		Capitale Finale (tz)	
Componenti negativi	Componenti positivi	Investimenti	Fonti dei mezzi
Costo acquisto fattori: merce 500 altri 100 600 Utile 200	Ricavi vendita merce 800	(*Settore finanz.*) Denaro 1.200 (*Settore econ.*)	 *Capitale di proprietà* Capitale al tempo t0 1.000 reddito t0 – tz 200
800	800	1.200	1.200

Flusso di cassa

	Entrate	Uscite	Residuo
Costituzione	1.000		1.000
Acquisto fattori		600	400
Vendita merce	800		1.200
Restituzione capitale		1.200	–

b) la misura della nuova ricchezza che si ritiene conseguita nel periodo per effetto della gestione (reddito di periodo) costituisce un limite superiore alla misura della ricchezza prelevabile dai proprietari e da eventuali altri soggetti la cui remunerazione sia in qualche modo direttamente legata al reddito di periodo;
c) è necessario fornire a taluni interlocutori esterni, per particolari operazioni di varia natura, informazioni sulla misura dei redditi relativi a differenti periodi e sulla composizione del capitale nel tempo;
d) si deve ottemperare agli obblighi di legge, variabili in relazione alla tipologia e alla dimensione dell'impresa, di redigere bilanci a scadenze annuali e infrannuali;
e) si deve determinare il reddito fiscalmente imponibile, la cui misura si lega in buona parte ai valori assunti nel conteggio del reddito di periodo, anche se il suo calcolo è regolato da una normativa specifica, per molti aspetti diversa da quella civilistica.

3.1.3. *Le strutture di reddito e di capitale riferite ad un primo periodo di vita dell'impresa*

3.1.3.1. *La ripartizione dei costi e dei ricavi nel tempo e nello spazio: costi e ricavi originari e derivati*

La gestione aziendale si sviluppa nel tempo senza soluzione di continuità: ciascuna operazione è interrelata con quelle precedenti e con quelle successive.

A mano a mano che le differenti operazioni vengono progettate e poi compiute, costi e ricavi finanziariamente sostenuti e conseguiti si susseguono nel tempo, variamente intrecciandosi.

Ne deriva che, volendo determinare il reddito di un segmento di attività che va da tn-1 a tn, si pone il problema della individuazione della parte di costi e della parte di ricavi da attribuire alla «competenza economica» di questo periodo. Si passa – come vedremo – dal concetto di costi e ricavi originari a quello di costi e ricavi derivati.

I «costi originari» sono quelli relativi all'acquisto dei fattori produttivi, determinati moltiplicando le quantità dei fattori negoziate per i relativi prezzi di acquisto. Sono anche denominati «costi-uscita» in quanto sono *misurati da uscite finanziarie*.

I «*costi derivati*» (denominati anche «*costi-imputazione*») – invece –

sono il risultato di ragionate riclassificazioni dei costi originari in funzione delle variabili tempo e spazio.

Così, i «costi di periodo» derivano da una riclassificazione dei costi originari dei fattori nel tempo; mentre i «costi di attività produttive o di prodotti» derivano dalla riclassificazione dei costi originari prima nel tempo e poi nello spazio.

Tali riclassificazioni si rendono necessarie per passare dai costi dei fattori produttivi acquistati ai «costi di periodo» o ai «costi di definite attività produttive» aziendali e di determinati «prodotti».

Analoghe considerazioni possono essere proposte per i *«ricavi originari» relativi alla vendita dei prodotti*, determinati moltiplicando le quantità vendute per i relativi prezzi di vendita. Sono denominati anche *«ricavi-entrata»*, in quanto *misurati da entrate finanziarie.*

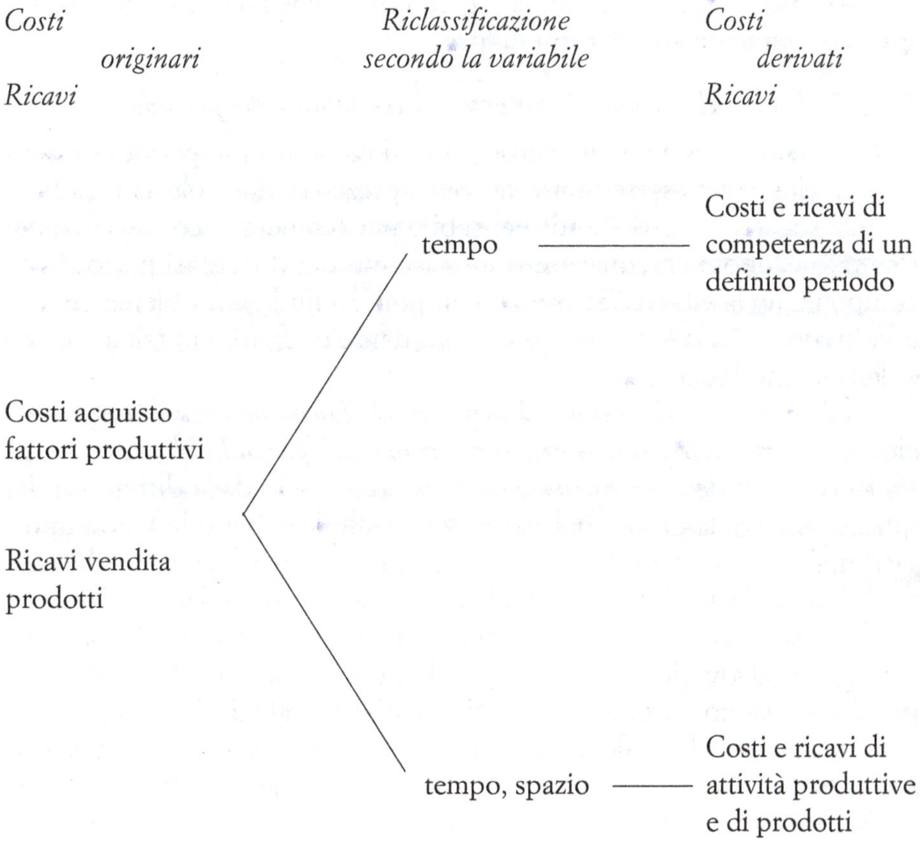

I «ricavi derivati» (denominati anche «ricavi-imputazione») – *invece* – *sono il risultato di riclassificazioni dei ricavi originari in funzione delle variabili tempo e spazio.*

Tali riclassificazioni si rendono necessarie per passare dai ricavi delle produzioni vendute ai «ricavi di periodo» o ai «ricavi di definite attività produttive».

Le modalità con le quali possono essere effettuate le riclassificazioni dei costi e dei ricavi nel tempo e nello spazio saranno oggetto della successiva trattazione.

Osserviamo intanto che, passando dai costi/ricavi originari ai costi/ricavi derivati, lasciamo il terreno della relativa certezza per entrare in quello di un maggior soggettivismo: la suddivisione dei costi e dei ricavi per periodi amministrativi o l'attribuzione degli stessi a definiti oggetti (attività o prodotti) non può avvenire su basi oggettive, in quanto tutti i processi produttivi (e, quindi, i costi ed i ricavi che ad essi si riferiscono) sono strettamente correlati tra di loro.

3.1.3.2. *I costi ed i ricavi di competenza economica del periodo*

La scissione *per periodo* di costi e ricavi comuni a più periodi presenta difficoltà e può essere praticata solo a prezzo di notevole astrazione.

Tale scissione, però, è indispensabile per ottenere la conoscenza del risultato economico conseguito in ciascuno dei differenti periodi che compongono la vita dell'impresa. Si impone, quindi, il problema dell'individuazione dei *criteri* che possono guidare l'operatore in tale compito e della *logica* da seguire.

A tal fine, occorre definire il *principio della competenza economica*, e cioè *le condizioni che vengono assunte come utili per individuare i costi ed i ricavi da considerare pertinenti ad un dato periodo*, dalla differenza dei quali scaturisce la misura del reddito attribuibile al periodo medesimo.

A nostro avviso, il problema non può essere risolto affermando che i costi ed i ricavi da attribuire al periodo devono essere «correlativi». Sarebbero, cioè, da considerare di competenza del periodo quei costi che hanno a fronte i correlativi ricavi; mentre i ricavi sarebbero da considerare di competenza se hanno a fronte i correlativi costi. Una tale definizione, seppur corretta sul piano formale, *si rivela di nessuna utilità applicativa perché non indica come rompere la «circolarità» tra i costi e i ricavi da attribuire al periodo considerato e quelli da attribuire alla competenza di altri periodi.*

Il problema può essere affrontato seguendo due differenti convenzioni, che traggono la loro genesi da due differenti logiche in tema di competenza economica [2].

Con la prima di tali logiche, i costi ed i ricavi di competenza di un definito periodo, dalla cui differenza emerge la misura del reddito assegnato al periodo stesso, sono quelli relativi ai processi produttivi che sono stati avviati in virtù delle iniziative assunte dall'azienda, anche se tali processi produttivi non sono ancora ultimati. Seguendo tale logica diventa necessario «integrare» i ricavi già conseguiti (ma anche i costi già sostenuti) con i ricavi (ed i costi) che si prevede dovranno essere conseguiti (o sostenuti) in futuro per portare a compimento i processi già avviati. Tali processi a fine periodo risultano essere in corso di svolgimento in quanto non sono ancora stati venduti i prodotti e conseguiti i ricavi e/o non sono stati ancora sostenuti i costi necessari per completare le prestazioni che l'impresa deve effettuare a giustificazione dei ricavi conseguiti (o da conseguire).

Con la seconda logica, si possono definire di competenza dei differenti periodi i costi ed i ricavi relativi ai processi «compiuti» in ciascuno di essi: con la precisazione che si *ritengono «compiuti» in un definito periodo soltanto i processi produttivi che si sono «chiusi» con il conseguimento dei ricavi, sempre che siano state effettuate nel periodo stesso, da parte dell'impresa, anche le relative prestazioni.*

Si afferma che sono di competenza del periodo i ricavi finanziariamente conseguiti, per i quali sia stata effettuata da parte dell'impresa la relativa prestazione (*principio della realizzazione dei ricavi*).

A fronte dei ricavi, così definiti, sono considerati di competenza i costi che si reputano relativi alle prestazioni effettuate (*principio dell'inerenza dei costi*).

Da ciò consegue che saranno considerati «*in corso di svolgimento*» i processi produttivi nei quali i ricavi non sono stati ancora conseguiti, ed i processi nei quali, pur essendo stati conseguiti i ricavi, devono ancora essere effettuate dall'impresa tutte le prestazioni, o parte di esse.

Costi e ricavi relativi ai «processi in corso» alla fine di un periodo non competono al periodo considerato, ma a quei periodi, successivi, nei quali i processi avranno compimento con il conseguimento dei ricavi o con il completamento delle prestazioni ancora da effettuare.

---

[2] In argomento, si veda: CAPALDO 1998.

Costi e ricavi relativi ai «processi in corso», pertanto, dovranno essere *rinviati*, ossia *consegnati ai periodi futuri: sorge il problema dei limiti entro i quali è possibile operare tale rinvio.*

Nel descrivere la costruzione degli schemi di reddito e di capitale e nel definire i valori che in essi troveranno accoglimento, seguiremo la seconda delle logiche sopra richiamate, universalmente adottata, che attribuisce a ciascun periodo il reddito derivante dalla somma algebrica dei costi e dei ricavi relativi ai processi produttivi che nel periodo stesso sono stati ultimati attraverso il conseguimento dei ricavi, sempre che l'impresa abbia *anche* ultimato le proprie prestazioni, sostenuto i relativi costi.

3.1.3.3. *Classi di componenti del reddito e del capitale riferite ad un primo periodo di vita dell'impresa*

Procediamo per approssimazioni successive ed incominciamo a definire i componenti del reddito di un primo periodo (t0 – t1).

I costi e i ricavi sostenuti o conseguiti (che hanno cioè avuto manifestazione finanziaria) in tale periodo sarebbero tutti di competenza se si verificassero le ipotesi che abbiamo assunto a base del calcolo del reddito totale: i processi produttivi sono tutti ultimati e non esistono fattori ancora da utilizzare, né prodotti ancora da vendere, né prestazioni di alcun tipo ancora da effettuare da parte dell'impresa.

Si suppone, invece, che al tempo t1 l'attività dell'impresa continui; che l'impresa, cioè, sia «in funzionamento». Al tempo t1 non tutti i processi sono «compiuti»: esistono processi «in corso di svolgimento», che troveranno compimento soltanto in momenti successivi.

I processi in corso di svolgimento (iniziati con l'acquisizione dei fattori e non conclusi con il conseguimento dei ricavi, oppure iniziati con il conseguimento dei ricavi ma non conclusi con l'effettuazione di tutte le prestazioni da parte dell'impresa) sono caratterizzati da disponibilità di fattori e prodotti (rimanenze attive al tempo t1) e da ricavi anticipati (rimanenze passive al tempo t1) che costituiscono:

- nell'ottica del reddito di periodo – costi e ricavi da rinviare al futuro, in quanto non ritenuti di competenza del periodo stesso in base ai principi della realizzazione dei ricavi e dell'inerenza dei costi;

- nell'ottica del capitale a fine periodo – componenti attivi e passivi, di natura economica, in quanto beni disponibili o obbligazioni da rendere a terzi.

In altri termini:

a) non tutti i costi ed i ricavi rispettivamente sostenuti o conseguiti nel primo periodo sono «di competenza» ai fini della determinazione del reddito del periodo stesso: una parte più o meno ampia di essi deve essere «consegnata» al calcolo del reddito del/dei periodi futuri;
b) i fattori produttivi, a fecondità semplice e ripetuta, ancora utilizzabili per ottenere prodotti vendibili, così come i prodotti ottenuti ma non ancora venduti rappresentano, al tempo t1, l'insieme dei beni materiali e delle utilità economiche di cui l'impresa dispone per svolgere i processi produttivi che troveranno compimento nel/nei periodi futuri.
Unitamente ai componenti finanziari del capitale (crediti concessi ma non ancora incassati, denaro riscosso ma non ancora reinvestito) costituiscono, come già si è detto, il capitale lordo di funzionamento, che diventa *capitale netto di funzionamento* se vengono detratte le obbligazioni che l'impresa deve assolvere verso terzi.

Il reddito del primo periodo di vita dell'impresa non può, alla luce delle considerazioni fatte, derivare soltanto dalla differenza tra costi e ricavi sostenuti o conseguiti nel periodo (che hanno avuto manifestazione finanziaria nel periodo o, se si preferisce, misurati da uscite/entrate finanziarie del periodo), ma deve includere anche le rettifiche di tali costi e ricavi relative alla parte di essi da consegnare alla competenza dei periodi futuri.

Esempio

COSTI E RICAVI DI COMPETENZA

Si possono riprendere i dati e le ipotesi dell'esempio proposto al precedente paragrafo, introducendo alcuni riferimenti temporali.

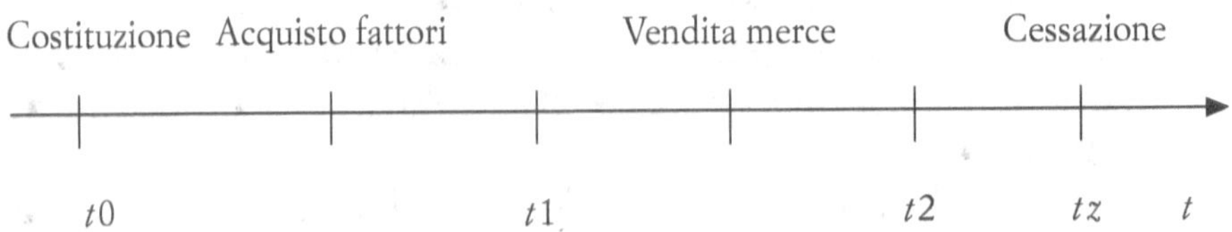

*t*0	momento della costituzione
*t*1, *t*2	termine dei periodi considerati
tz	momento della cessazione dell'attività
*t*0 – *tz*	intero arco di vita dell'impresa
*t*0 – *t*1	primo periodo considerato
*t*1 – *t*2	secondo periodo considerato

Reddito *t*0 – *t*1*	
Componenti negativi	Componenti positivi
Costo acquisto fattori: Merce 500 Altri fattori 100	Costi da rinviare a periodi futuri 600
600	600

Capitale in *t*1	
Investimenti	Fonti dei mezzi
Denaro 400	
Merce 500 Altri fattori 100	Capitale proprietà: *Capitale tempo t*0 1.000 *reddito t*0 – *t*1 –
1.000	1.000

(*) I costi sostenuti per l'acquisto dei fattori produttivi non possono ritenersi «di competenza» del periodo *t*0 – *t*1 perché, al tempo *t*1, il processo produttivo non si è ancora chiuso con il conseguimento dei ricavi. I costi, pertanto, debbono essere rinviati (consegnati) al periodo successivo.

Esempio

Reddito $t1 - t2$**	
Componenti negativi	Componenti positivi
Costi provenienti dal periodo passato 600	Ricavi vendita merce 800
Utile 200	
800	800

Capitale in $t2$	
Investimenti	Fonti dei mezzi
Denaro 1.200	
	Capitale proprietà: *Capitale tempo t*1 1.000 *reddito* (*t*1 – *t*2) 200 (*Utile*)
1.200	1.200

(**) Nel periodo $t1 - t2$ i costi che provengono dal periodo precedente incontrano i correlativi ricavi. Il processo produttivo si chiude: costi e ricavi, per differenza, determinano il reddito (utile) di 200 che compete al periodo $t1 - t2$ nel quale, appunto, il processo ha avuto compimento.

L'ipotesi di continuità della gestione implica, altresì, che si debba tener conto – nella determinazione del reddito di periodo – dei rischi specifici, ben individuabili, che a fine periodo sono in essere e che presumibilmente produrranno effetti negativi, nei successivi periodi, sull'economia dell'impresa.

Tali effetti possono consistere:

- *in maggiori costi da sostenere in futuro in relazione a cicli produttivi compiuti* (a ben vedere, però, tali cicli sono compiuti solo in apparenza, se è vero che emergono rischi di nuovi costi da sostenere e cioè di nuove prestazioni da effettuare in futuro);
- *in perdite che possono colpire i processi in corso* e cioè le attività e le passività del capitale, rendendo le prime recuperabili a valori inferiori a quelli di costo e le seconde estinguibili a valori superiori a quelli per cui erano sorte.

Tra i componenti negativi del reddito, pertanto, troviamo quote di tali costi/perdite future presunte, rivenienti dall'esistenza di rischi specifici in essere a fine periodo.

Se tali rischi già esistono al tempo di riferimento significa che sono sorti a seguito delle operazioni già poste in essere, anche se l'effetto negativo da essi generato potrà abbattersi sull'economia dell'impresa in tempi futuri.

La logica, che induce a considerare come componenti negativi di reddito perdite o maggiori costi congetturati in relazione a rischi in essere, potrà essere più chiaramente compresa quando si parlerà dei valori da assegnare ai componenti dei «processi in corso» da consegnare ai periodi futuri.

Fin da ora si può osservare che la misura del reddito viene determinata anche per conoscere i limiti di ricchezza prelevabile senza intaccare l'altezza del capitale iniziale: si comprendono, quindi, le ragioni che suggeriscono di usare cautela nell'assegnare il reddito ai differenti periodi, in presenza di rischi specifici.

* * *

Consideriamo le *classi di componenti attive e passive* che possono formare il capitale di funzionamento alla fine del primo periodo di una qualsiasi unità di produzione.

Osserviamo la Tavola n. 13, ove è rappresentata l'intera attività dell'impresa. Ipotizziamo di interrompere al tempo t1, per un istante, il fluire del tempo, al fine di poter «estrapolare» i componenti attivi e passivi del capitale di funzionamento e cioè le utilità economiche che, in quell'istante, sono disponibili per le produzioni future e le obbligazioni che debbono essere ancora assolte.

Il capitale di funzionamento, riferito al tempo t1, presentato in forma contabile, accoglie:

– *componenti di natura finanziaria*

Nell'attivo sono costituiti dal denaro che si è reso disponibile e che, al tempo t1, non è ancora stato reinvestito; dai crediti di funzionamento e di finanziamento che, a tale tempo, non sono ancora stati incassati.

Nel passivo troviamo i debiti di finanziamento e di funzionamento che non sono ancora stati pagati, nonché le «passività presunte» (e, cioè, le «uscite finanziarie future presunte» che si ritiene di dover effettuare al momento del sostenimento dei costi futuri presunti anticipati a carico del reddito del periodo);

– *componenti di natura economica*

L'attivo economico accoglie i valori degli investimenti (in attesa di realizzazione attraverso i ricavi futuri) che incontriamo seguendo idealmente il circuito della produzione: fattori produttivi che rimangono disponibili per le utilizzazioni future e prodotti che rimangono da vendere.

Per quanto riguarda i *fattori produttivi* possiamo trovare rimanenze di fattori a fecondità semplice, acquistati nel periodo to – t1, ma non ancora utilizzati: si tratta delle differenti qualità di materie prime, merci, titoli.

Vi sono anche rimanenze di fattori a fecondità ripetuta, acquistati nel periodo to – t1, che sono stati parzialmente utilizzati, nel senso che hanno ceduto utilità economica partecipando alle produzioni realizzate nel periodo, ma sono ancora utilizzabili per le produzioni dei periodi successivi: si tratta dei fattori a fecondità ripetuta caratterizzati da materialità (impianti, immobili, mobili, ecc.) e di fattori a fecondità ripetuta immateriali.

Questi ultimi si identificano in «utilità economiche» che sono state acquistate, parzialmente utilizzate, ancora disponibili per le produzioni future. Tra tali utilità economiche possiamo ulteriormente distinguere quelle che:

a) sono tutelate dal diritto (brevetti, marchi, diritti di utilizzazione delle opere dell'ingegno, ecc.);
b) sono fruibili in funzione esatta del tempo (risconti attivi). Si tratta di utilità economiche acquisite, parzialmente fruite fino al tempo t1, ancora fruibili dal tempo t1 alla scadenza del contratto[3];

---

[3] «Con riferimento ai risconti è opportuno precisare quanto segue. Essi sono valori, di natura economica, connessi ad operazioni di acquisizione o di cessione di utilità economiche (connesse a servizi assicurativi, finanziari, di locazione) che presentano la caratteristica di essere fruibili, per periodi più o meno lunghi definiti dalle clausole contrattuali, in funzione esatta del tempo. Il pagamento o l'incasso sono anticipati alla stipula del contratto.

Nell'ipotesi di servizi acquisiti, quindi, il costo sostenuto per tali fattori a fecondità ripetuta deve essere imputato alla competenza del successivo esercizio per la parte corrispondente alle utilità economiche che, a fine periodo, debbono essere ancora utilizzate. Si avrebbero «*rimanenze di utilità economiche*» da iscrivere nell'attivo economico del capitale, come fattori a fecondità ripetuta immateriali (disponibili al tempo di riferimento) e «*costi da rinviare al futuro*», da iscrivere tra i componenti positivi del reddito di periodo.

Nell'ipotesi di servizi ceduti, invece, il ricavo conseguito deve essere di competenza del successivo esercizio per la parte corrispondente alle prestazioni che, a fine periodo, debbono ancora essere rese alle controparti. Si avrebbero «*debiti di prestazione*» da iscrivere nel passivo economico del capitale, come particolare categoria di ricavi anticipati, e «*ricavi da rinviare al futuro*», da iscrivere nei componenti negativi del reddito di periodo.

Tali componenti del capitale e del reddito, per il fatto che maturano in funzione esatta del tempo, assumono la particolare denominazione di «risconti attivi» e «risconti passivi».

A ben vedere, *le stesse considerazioni sopra proposte valgono anche nell'ipotesi in cui il contratto di acquisizione o di prestazione del servizio preveda che il pagamento sia posticipato*, avvenga – cioè – dopo che il servizio è stato interamente fruito o prestato a terzi. Si fa riferimento alle medesime fattispecie di servizi (con esclusione di quelli assicurativi, che prevedono esclusivamente il regolamento anticipato) fruibili in funzione esatta del tempo. In tali casi, infatti, il costo di acquisizione o il ricavo di vendita sarebbero misurati da debiti di funzionamento (v/fornitori) o da crediti di funzionamento (v/clienti), anziché da uscite o entrate di denaro; si avrebbe dunque, come già rilevato, la manifestazione numeraraia dell'operazione, ma non quella monetaria. A fine periodo, qualora il fattore acquisito fosse ancora utilizzabile per un arco di tempo successivo, si dovrebbe sempre procedere all'evidenza di risconti attivi o passivi nel capitale e nel reddito.

La prassi contabile, invece, risolvendo il problema in modo assolutamente illo-

c) dalle altre che appartengono alla categoria residuale.

Nella categoria dei fattori a fecondità ripetuta possono essere inseriti anche quei particolari investimenti che si denominano «partecipazioni». Si tratta di interessenze nel capitale di altre società, e cioè di azioni o quote acquisite e detenute allo scopo di costituire con tali aziende legami duraturi di natura operativa e/o di coinvolgerle in un unico disegno produttivo (di gruppo) [4].

---

gico, nulla rileva al momento della stipula del contratto, *nonostante che il fattore produttivo sia stato regolarmente acquisito all'economia dell'impresa*. Soltanto *a fine periodo, allo scopo di determinare correttamente il reddito, vengono incluse tra i componenti negativi o positivi di reddito quote di costo o ricavo – misurate da debiti o crediti di funzionamento (denominati ratei passivi o attivi, rispettivamente) – calcolate proporzionalmente al servizio fruito o al servizio reso nel periodo stesso.*

Mentre prendiamo atto che *i ratei attivi e passivi non costituiscono una classe logica di componenti del capitale e del reddito*, in quanto sono soltanto un artificio contabile invalso nella pratica aziendale, riteniamo opportuno puntualizzare che, sotto il profilo economico, tutti i servizi fruibili in funzione esatta del tempo, acquisiti o venduti, determinano sempre costi o ricavi che – a seconda dei casi – possono essere misurati da entrate o da uscite di denaro (se il pagamento è anticipato), oppure da debiti o crediti di funzionamento (se il pagamento è posticipato). Sicché, per la parte corrispondente ai servizi acquisiti e non ancora utilizzati a fine periodo, oppure corrispondente ai servizi venduti e non ancora prestati a fine periodo, si renderebbe comunque necessario procedere alle opportune rettifiche (risconti attivi o passivi, ovvero storni di costi o di ricavi) al fine di determinare correttamente il reddito di periodo.

In altri termini *la distinzione tra risconti e ratei*, che si basa sul fatto che i primi sono relativi ad operazioni «regolate anticipatamente» ed i secondi ad operazioni «regolate posticipatamente», è priva di consistenza e *non tiene conto del fatto che il costo di acquisto di un fattore produttivo sorge al momento in cui esso diviene disponibile per l'economia dell'impresa (e non quando viene utilizzato) e che ciò risulta valido a prescindere dalle modalità di pagamento dello stesso.*

Analogamente, *il ricavo di vendita di un prodotto sorge nel momento in cui il bene viene consegnato o la prestazione eseguita, a prescindere dalle modalità di incasso*» [M. CAVALIERI 2004 (1)].

[4] Le partecipazioni «di controllo» attribuiscono al detentore un numero di voti nelle assemblee tale da consentirgli di assumere il ruolo di soggetto economico; le partecipazioni «di collegamento», invece, individuano nel soggetto detentore un socio importante, le cui esigenze ed i cui indirizzi non possono essere trascurati dal soggetto economico nel definire le impostazioni e le decisioni strategiche.

La natura di fattori a fecondità ripetuta si desume dal fatto che tali investimenti sono utilizzati, per periodi anche lunghi di tempo, al fine di rendere possibili quei collegamenti operativi di cui si è detto, che – normalmente – assumono valenza strategica.

Per quanto riguarda i *prodotti* incontriamo rimanenze di prodotti in corso di lavorazione, semilavorati e finiti.

I processi produttivi sono spesso costituiti da differenti fasi di lavorazione ed è normale che – in un qualsiasi momento della vita di un'impresa – alcune produzioni stiano percorrendo la prima o le successive fasi e debbano essere sottoposte ancora alle rimanenti lavorazioni. Osservando dunque la combinazione produttiva al tempo t1, soprattutto con riferimento ad imprese di trasformazione industriale, possiamo incontrare:

a) la rimanenze di prodotti che, in quell'istante, sono «in corso di lavorazione» (stanno, cioè, percorrendo una delle differenti fasi del processo);
b) le rimanenze di «prodotti semilavorati», che hanno ultimato una o più fasi del processo e sono mantenuti a tale stadio di lavorazione per esigenze produttive. Normalmente i semilavorati saranno ultimati in tempi successivi, ma potranno anche essere venduti allo stadio in cui si trovano (pezzi di ricambio, parti di un manufatto). (I magazzini di prodotti semilavorati assolvono il compito di garantire la prosecuzione dell'attività produttiva anche quando, per differenti possibili ragioni, il flusso normale di produzione dovesse bloccarsi in qualche fase del processo: in tali casi si potrebbe attingere alle scorte di semilavorati per assicurare egualmente l'ottenimento del prodotto finale);
c) le rimanenze di prodotti finiti, ottenuti e non ancora venduti.

Il *passivo economico* accoglie i valori relativi ai «ricavi anticipati», a fronte dei quali rimangono da effettuare alcune prestazioni. Tra tali ricavi possono essere individuati quelli conseguiti anticipatamente a fronte di prestazioni da cedere a terzi in funzione esatta del tempo, relativamente alla sola parte di prestazione che l'impresa deve ancora rendere dal tempo t1 fino alla scadenza del contratto (risconti passivi)[5].

La differenza tra i valori attribuiti ai componenti attivi e a quelli pas-

---

[5] Si veda la precedente nota 3.

sivi determina il *capitale netto di funzionamento* che, al tempo t1, è costituito dal capitale conferito al tempo t0 aumentato o diminuito della misura del reddito positivo o negativo realizzato nel periodo t0 – t1.

Tale ultimo valore viene dimostrato nello schema del reddito, come differenza tra costi e ricavi ritenuti di competenza del periodo, relativi cioè a processi «compiuti» nello stesso.

Implicitamente si è fatta l'ipotesi che nel periodo considerato non ci siano stati conferimenti, né prelievi di capitale di proprietà. Se tale ipotesi non si verificasse, dei conferimenti e dei prelievi si dovrebbe tener conto per determinare il capitale netto al tempo t1.

Le classi di componenti positivi e negativi, che formano il reddito del primo periodo (t0 – t1) di una qualsiasi unità di produzione, possono essere rappresentate isolando in un primo «strato» i costi sostenuti ed i ricavi conseguiti nel periodo, e cioè quelli che hanno avuto manifestazione finanziaria nel periodo stesso. Si tratta dei costi sostenuti per l'acquisizione di tutti i fattori produttivi (a fecondità semplice e ripetuta) e dei ricavi rivenienti dalla vendita di tutti i prodotti.

Ma, al tempo t1 esistono processi produttivi ancora «in corso di svolgimento»; si pone pertanto il problema di togliere dai costi e dai ricavi del primo strato quelli relativi ai processi non ancora compiuti, da consegnare al calcolo del reddito dei periodi futuri, in quanto non ritenuti «di competenza».

Il secondo «strato» di componenti positivi e negativi è da intendersi, quindi, come rettifica (nel senso di rinvio al futuro) di parte dei costi e dei ricavi che hanno avuto manifestazione finanziaria nel periodo t0 – t1.

Poiché al tempo t1 possono esistere rischi specifici, in relazione ai quali potrebbero determinarsi in futuro perdite di valore nei beni disponibili o necessità di sostenere ulteriori costi (relativi, beninteso, all'attività già svolta), appare necessario, come già rilevato, inserire tra i componenti negativi di reddito quote, opportunamente definite, di tali perdite e maggiori costi, come se già si fossero definitivamente abbattuti sull'economia dell'impresa.

La terza stratificazione dei componenti di reddito accoglie tali componenti negativi, congetturati, volti a ridurre, in presenza di rischi specifici, la misura del reddito assegnata al periodo e resa disponibile per i prelievi degli aventi diritto.

* * *

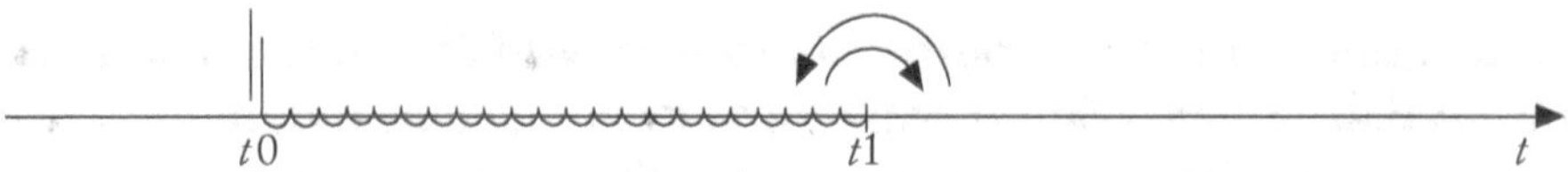

Reddito del periodo $t0$-$t1$	
Componenti negativi	Componenti positivi
Costi sostenuti nel periodo $t0 - t1$*	Ricavi conseguiti nel periodo $t0 - t1$*
Ricavi da rinviare al fututo: ricavi anticipati (d)	*Costi da rinviare al futuro:* fattori a fec. semplice (a) fattori a fec. ripetuta (b) prodotti (c)
Quote di costi o perdite future presunte (correlate a rischi specifici già in essere al tempo $t1$) Utile	 (Perdita)

Capitale in $t1$	
Attività (Investimenti)	Passività e capitale di proprietà (Fonti dei mezzi)
(*Componenti finanziari*) Denaro Crediti di funzionamento Crediti di finanziamento	Debiti di funzionamento Debiti di finanziamento Passività presunte
(*Componenti economici*) Fatt. a fecond. semplice (a) Fatt. a second. ripetuta (b) Prodotti (c)	Ricavi anticipati (d) Capitale di proprietà in $t1$: (*Cap. propr. in* $t0$) (± *nuovi conferimenti/prelievi da* $t0 - t1$) (± *reddito del periodo* $t0 - t1$) (*utile o perdita*)

Legenda:

(a) Materie prime; merci; titoli.

(b) *Materiali*: [immobili, impianti, mobili, ecc.] – *immateriali*: [utilità economiche tutelate dal diritto; utilità economiche fruibili in funzione esatta del tempo (risconti attivi); altre utilità economiche].

(c) Prodotti in corso di lavorazione; prodotti semilavorati; prodotti finiti.

(d) Ricavi anticipati; ricavi anticipati per prestazioni da rendere in funzione esatta del tempo (risconti passivi).

(*) Costi e ricavi originari, che hanno avuto manifestazione finanziaria nel periodo (misurati, rispettivamente, da uscite e da entrate finanziarie).

Alcune classi di componenti si incontrano sia nello schema del reddito che in quello del capitale, anche se con differente significato:

- *le rimanenze di fattori a fecondità semplice, di fattori a fecondità ripetuta e di prodotti* sono incluse nel conteggio del capitale tra i componenti attivi di natura economica [rimanenze attive] in quanto rappresentano beni disponibili al tempo t1, investimenti che – alla fine del periodo – non sono ancora stati recuperati (sono, cioè, in attesa di realizzo per il tramite dei ricavi futuri).
  Le stesse rimanenze attive, proprio in quanto relative a processi in corso di svolgimento, nel conteggio del reddito rappresentano costi da consegnare alla competenza dei periodi futuri. Vengono, pertanto, sottratte ai componenti negativi del reddito del periodo (od inserite con segno positivo tra i componenti positivi);
- *i ricavi anticipati* sono iscritti tra i componenti negativi del reddito e tra le passività economiche del capitale.
  Sotto il profilo del reddito, rappresentano la parte dei ricavi conseguiti da consegnare ai periodi successivi in quanto l'impresa non ha ancora effettuato le prestazioni relative: i processi produttivi – pertanto – non possono ritenersi ultimati. Ciò giustifica il loro inserimento tra i componenti negativi di reddito, a rettifica di quelli positivi.
  Sotto il profilo del capitale sono da considerarsi passività in quanto rappresentano mezzi finanziari di origine esterna, messi a disposizione dell'impresa prima che questa effettui le proprie prestazioni;
- *i costi futuri presunti* che sono stati inclusi nel conteggio del reddito implicano delle uscite finanziarie presunte, ossia delle presunte obbligazioni da inserire tra le passività finanziarie del capitale [passività presunte];
- *le perdite future presunte*, anch'esse inserite nel conteggio del reddito, si riferiscono a taluni dei beni disponibili alla fine del periodo considerato (beni che si ritiene di realizzare per importi inferiori a quelli di acquisizione) e determinano, nel capitale, l'abbattimento del valore delle attività interessate;
- *i fattori* a *fecondità ripetuta e ad utilizzazione pluriperiodale* partecipano alla determinazione del reddito del primo periodo per la differenza tra il costo sostenuto all'atto dell'acquisizione e la parte di esso che si rinvia, che si consegna ai periodi futuri. Tale diffe-

renza rappresenta la «perdita di valore» che si ritiene tali fattori abbiano subito nel periodo considerato o, se si preferisce, la parte di utilità economica che si ritiene ceduta da tali fattori ai processi produttivi ultimati nel periodo. Nel linguaggio contabile tale perdita di valore viene denominata «ammortamento».
Il valore residuo di tali fattori alla fine del primo periodo, ossia l'utilità economica che potranno «cedere» ai processi dei periodi successivi compare tra le attività economiche del capitale al tempo t1;

- *il reddito attribuito al periodo*, infine, emerge come differenza positiva [utile] o negativa [perdita] tra i costi ed i ricavi ritenuti «di competenza» del periodo stesso, ossia tra i componenti positivi e negativi inseriti nel conto del reddito.
Il reddito rappresenta, altresì, l'incremento o il decremento che il capitale di proprietà iniziale (Ct0) ha subito per effetto della gestione, al netto dei conferimenti di capitale di proprietà e al lordo dei prelievi effettuati nel periodo da parte degli aventi diritto.

Esempio

REDDITO DI UN PRIMO PERIODO DI VITA DELL'IMPRESA

L'impresa X, con riferimento al suo primo periodo di esistenza, ha compiuto le operazioni appresso sintetizzate:

costituzione	
conferimento capitale in denaro	1.000
acquisto di fattori produttivi	
fattori a fecondità ripetuta	400
contanti	
merce (quantità 10× prezzo 50)	500
pagamento dilazionato	
lavoro	100
servizi	100
vendita merce (quantità 5 × prezzo 120)	600
concedendo credito	

Al tempo t1, ai fini della determinazione del reddito, vengono svolte le seguenti considerazioni:

a) le rimanze di merci non vendute vengono consegnate al periodo futuro per un valore determinato in base al prezzo di costo (quantità in rimanenza 5 × prezzo di acquisto 50 = 250);

b) i fattori a fecondità ripetuta si reputano ancora utilizzabili per un valore di 350;

c) si corre il rischio di perdite sui crediti di funzionamento (concessi alla clientela) per 20;

d) si ritiene di dover sostenere costi futuri per interventi di garanzia sulla merce venduta per 10.

Esempio

Impresa X - Reddito periodo $t0 - t1$			
Componenti negativi		Componenti positivi	
Costi sostenuti nel periodo		*Ricavi conseguiti nel periodo*	
Acquisto ffr.	400	Vendita merce	600
Acquisto merce	500		
Lavoro	100		
Acquisto servizi	100		
Ricavi da rinviare al futuro		*Costi da rinviare al futuro*	
		Merce	250
		Ffr.	350
Costi/perdite future presunte (rischi in essere)			
Perdite su crediti	20		
Costi futuri per interventi di garanzia	10		
	1.130		
Utile	70		
Totali	1.200		1.200

Impresa X - Capitale al tempo $t1$			
Attività		Passività e capacità di proprietà	
Denaro	400	Debiti di funzionamento	500
Crediti di funzionamento (600 – 20)	580	Passività presunte	10
Merce	250		
Ffr.	350	Capitale di proprietà	
		Capitale tempo to	1.000
		reddito ($t0 - t1$)	70
Totali	1.580		1.580

3.1.4. *Le strutture di reddito e di capitale riferite ad un periodo intermedio della vita di un'impresa*

La struttura del reddito di un qualsiasi periodo intermedio (tn – 1 / tn) differisce da quella riferita all'arco di tempo to-t1 a ragione dei legami che il periodo ennesimo presenta con il passato. Tali legami sono assenti, ovviamente, nel reddito del primo periodo di vita dell'impresa. L'impresa inizia un qualsiasi periodo ennesimo con dei processi che sono in corso di svolgimento: dispone di fattori a fecondità semplice e di fattori a fecondità ripetuta, acquistati in precedenti periodi, ancora utilizzabili; di prodotti (a differenti stadi di lavorazione), ottenuti in precedenti periodi, da vendere; deve rendere prestazioni per le quali ha già conseguito, in precedenti periodi, ricavi anticipati.

I costi ed i ricavi sostenuti e conseguiti anteriormente al tempo tn – 1, relativi ai suddetti processi in corso, non sono stati considerati nella determinazione del reddito del precedente periodo e sono stati «consegnati» alla competenza del periodo ennesimo, oggetto di considerazione.

Sicché il reddito del periodo ennesimo include anche un primo strato di componenti, formato dai costi e dai ricavi provenienti dal precedente periodo e trasferiti alla competenza del periodo ennesimo.

La struttura del capitale al tempo tn non differisce da quella che abbiamo proposto per il capitale al tempo t1 se non per i riferimenti temporali.

Osserviamo, tuttavia:

- la perdita di valore dei fattori a fecondità ripetuta è costituita dalla differenza tra il valore che essi avevano all'inizio del periodo e quello con cui si rinviano al futuro. Solamente per i fattori a fecondità ripetuta acquistati nel corso dell'ennesimo periodo, la perdita di valore è costituita dalla differenza tra il costo ed il valore di rinvio;
- il reddito del periodo ennesimo è determinabile, con procedimento sintetico, come differenza tra il capitale di proprietà al tempo tn e quello all'inizio del periodo (tempo tn – 1), sempre che nel periodo non siano stati effettuati conferimenti, né prelievi di capitale.

Il reddito dell'ennesimo periodo è, dunque, costituito:

Reddito del periodo *tn* – 1/*tn*	
Componenti negativi	Componenti positivi
Costi provenienti dal passato: fattori a fec. semplice fattori a fec. ripetuta prodotti	*Ricavi provenienti dal passato:* ricavi anticipati
Costi sostenuti nel periodo *tn* – 1/*tn*	Ricavi conseguiti nel periodo *tn* – 1/*tn*
Ricavi da rinviare al futuro: ricavi anticipati	*Costi da rinviare al futuro:* fattori a fec. semplice fattori a fec. ripetuta prodotti
Quote di costi o perdite future presunte (correlate a rischi specifici già in essere al tempo *tn*) Utile	 (Perdita)

Capitale in *tn*	
Attività (Investimenti)	Passività e capitale di proprietà (Fonti dei mezzi)
(*Componenti finanziari*) Denaro Crediti di funzionamento Crediti di finanziamento	 Debiti di funzionamento Debiti di finanziamento Passività presunte
(*Componenti economici*) Fatt. a fecond. semplice Fatt. a second. ripetuta Prodotti	Ricavi anticipati Capitale di proprietà in *tn*: (Capitale di proprietà in *tn* – 1) (± nuovi conferimenti/prelievi da *tn* – 1 a *t*n) (± reddito del periodo *tn* – 1/*tn*) (*utile o perdita*)

- *dai costi e dai ricavi provenienti dal passato.* Tali sono quelli che hanno avuto manifestazione finanziaria nel o nei periodi precedenti ed erano relativi a processi in corso di svolgimento al tempo tn-1 (rimanenze attive e passive iniziali);
- *dai costi e dai ricavi che hanno avuto manifestazione finanziaria nel periodo* ennesimo, sostenuti per l'acquisizione dei fattori produttivi e conseguiti per la vendita dei prodotti;
- *dai costi e dai ricavi da rinviare al futuro,* a rettifica di quelli considerati ai precedenti punti in quanto relativi a processi non conclusi al tempo tn;
- *dai costi e dalle perdite che si teme di dover subire in futuro in relazione a rischi specifici,* già in essere al tempo tn, sorti per effetto delle operazioni effettuate. Tali componenti negativi appartengono al periodo ennesimo, pur avendo probabile manifestazione nel/nei periodi futuri.

Il capitale al tempo tn è costituito:

- *dalle attività finanziarie* (denaro e crediti di ogni tipo);
- *dalle attività economiche*, e cioè dalle rimanenze attive di fattori a fecondità semplice, di fattori a fecondità ripetuta e di prodotti.

La somma di tali attività definisce l'ammontare del capitale lordo di funzionamento, inteso come insieme di beni disponibili per lo svolgimento dei processi futuri;

- *dalle passività* finanziarie *(obbligazioni* verso terzi per debiti di ogni tipo e future uscite finanziarie presunte correlate a rischi specifici);
- *dalle passività economiche* (obbligazioni verso terzi per ricavi conseguiti anticipatamente, a fronte dei quali non sono state effettuate le prestazioni da parte dell'impresa).

La somma algebrica delle attività e delle passività determina l'ammontare del capitale di proprietà al tempo tn, che – tenendo conto di eventuali nuovi conferimenti o prelievi effettuati nel periodo – sarà pari all'altezza del capitale di proprietà al tempo tn – 1 (capitale all'inizio dell'ennesimo periodo) aumentata o diminuita del reddito (utile o perdita) assegnato al periodo.

Il capitale di proprietà alla fine di un qualsiasi periodo ennesimo può essere ulteriormente indagato in relazione alla *genesi* dei suoi componenti.

Si può, infatti, separare il *«capitale conferito» (in una o più soluzioni)* dall'unico proprietario o dai soci, *dal «capitale corrispondente al risparmio d'impresa»*.

Il primo è la somma di tutti i conferimenti in denaro e in natura effettuati dalla proprietà: si tratta di mezzi monetari o di beni di origine esterna, usciti dalla disponibilità dei proprietari ed entrati nella disponibilità dell'impresa.

Il secondo, invece, è capitale di origine interna, nel senso che è costituito dalla maggior ricchezza guadagnata dall'impresa a seguito della sua attività di produzione, non ancora prelevata dagli aventi diritto, lasciata quindi a disposizione del governo d'impresa che con essa ha attivato nuove e più ampie combinazioni produttive.

Il capitale di conferimento può assumere particolari configurazioni contabili nelle imprese di società. Sviluppando il tema delle società, infatti, distingueremo il capitale sociale (o «fondo di dotazione negli enti pubblici economici) dalle c.d. «riserve di capitale», costituite a seguito del rilievo giuridico che assumono le differenti operazioni sul capitale di proprietà.

Il capitale di risparmio si identifica negli utili non ancora distribuiti al tempo tn; può essere costituito per obbligo di legge o per volontà autonoma dei soggetti di mantenere all'interno dell'impresa tutta o parte della maggior ricchezza generata dai ricavi, rinunciando a prelevarla.

Include, naturalmente, anche il reddito assegnato al periodo, realizzato all'atto del conseguimento dei ricavi, dall'altezza dei quali dipende.

3.1.5. *I valori delle «operazioni in corso» (rimanenze) a fine periodo*

3.1.5.1. *Lo spazio dei valori ragionevoli*

L'ipotesi che l'impresa continui a funzionare normalmente dopo il tempo tn (ipotesi di continuità della gestione)*, e cioè che la sua attività di produzione continui a svolgersi nel tempo futuro, implica che i valori delle operazioni in corso* (beni disponibili per le produzioni future e obbligazioni da soddisfare) *siano determinati tenendo conto di come potranno svolgersi le future vicende produttive*.

In tale ottica, il valore delle obbligazioni da soddisfare (passività) è rappresentato, in ultima analisi, dalla quantità di risorse finanziarie che, presumibilmente, sarà necessaria per estinguerle. Tale valore di presumibile estinzione rappresenta il «minimo» attribuibile ad una passività, in quanto un valore più basso non sarebbe certamente ragionevole.

Più complesso si presenta il problema per le attività. Infatti, il valore di tali beni (materiali e immateriali) in rimanenza a fine periodo è strettamente correlato alle possibilità, alle prospettive di utilizzo degli stessi nelle future combinazioni produttive. Il loro valore, pertanto, è funzione dei ricavi futuri che chiuderanno le combinazioni produttive, consentendo o meno il recupero di tali investimenti.

Più precisamente, il valore dei beni è legato al prezzo che si presume di poter realizzare dalla loro vendita (realizzo diretto) o dalla vendita dei prodotti all'ottenimento dei quali i beni in rimanenza contribuiranno (realizzo indiretto).

Dobbiamo prendere in considerazione il valore di presumibile realizzo diretto per la valutazione dei prodotti finiti, delle merci o di altri beni (anche semilavorati) destinati alla vendita, dei crediti ancora da incassare a fine periodo. Il valore di presumibile realizzo indiretto deve essere, invece, considerato per la valutazione dei prodotti in corso di lavorazione, dei semilavorati non destinati alla vendita come tali, dei fattori produttivi a fecondità ripetuta e di quei fattori produttivi a fecondità semplice che, partecipando alla combinazione produttiva, si incorporano in un prodotto qualitativamente diverso.

Il prezzo di presumibile realizzo diretto è rappresentato da una quota-parte del prezzo che l'impresa ritiene di poter realizzare vendendo direttamente il bene in rimanenza; tale quota è determinata in funzione del rapporto esistente fra il costo del bene in rimanenza ed il costo totale della combinazione produttiva alla quale il bene partecipa.

Così, ad esempio, in un'impresa mercantile, se il costo totale della combinazione produttiva attivata per acquistare e vendere la merce A è di 80, composto da:

• Costo acquisto merce A e costi accessori d'acquisto	60
• Costi per vendere la merce:	
trasporti/assicurazioni	5
provvigioni	5
• Costi per servizi vari *	10
Costo totale	80

* Amministrativi, finanziari, fiscali, compresa la perdita di valore dei fattori a fecondità ripetuta.

il prezzo di presumibile realizzo diretto della merce A, come precedentemente definito, è determinato secondo il rapporto 60/80 da applicare al prezzo presunto di vendita che ipotizziamo essere 100:

$$60 : 80 = x : 100$$

x = 75 prezzo di presumibile realizzo per la merce A.

In altri termini, si ipotizza che a formare l'utile di 20 sulla merce A (prezzo di vendita 100 – costo totale 80) abbiano concorso, in proporzione, tutti i fattori implicati nella combinazione produttiva.

Il prezzo di presumibile realizzo indiretto di un fattore produttivo corrisponde ad una quota-parte del presunto prezzo di vendita del prodotto, realizzabile con il concorso di tale fattore. Tale quota è determinata in funzione del rapporto esistente tra il costo del bene in rimanenza ed il costo totale della combinazione produttiva alla quale il fattore è chiamato a partecipare.

Così, ad esempio, in un'impresa industriale, se il costo totale della combinazione produttiva attivata per produrre e vendere il prodotto B è di 150, composto da:

• Costo acquisto materia α	50
• Costo acquisto materia β	10
• Costo lavoro	30
• Costo energia	20
• Costo di produzione	110
• Costi per vendere il prodotto (trasporti, assicurazioni, provvigioni)	30
• Costi per servizi vari *	10
Costo totale	150

il prezzo di presumibile realizzo indiretto (tramite la vendita del prodotto B) della materia α, come precedentemente definito, è determinato secondo il rapporto 50/150 da applicare al prezzo presunto di vendita del prodotto B che ipotizziamo essere di 120:

* Amministrativi, finanziari, fiscali, compresa la perdita di valore dei fattori a fecondità ripetuta.

$$50 : 150 = x : 120$$

x = 40 prezzo di presumibile realizzo indiretto per la materia α.

In altri termini, si ipotizza che a formare la perdita di 30 sul prodotto B (costo totale 150 – prezzo di vendita 120) abbiano concorso, in proporzione, tutti i fattori implicati nella combinazione produttiva.

Tutto ciò è valido in ipotesi di normale svolgimento dell'attività dell'impresa e lascia aperto il campo alle possibilità che fattori produttivi (a fecondità semplice e ripetuta), non *più utilizzabili nelle future combinazioni produttive,* siano destinati ad essere «stralciati» dal processo produttivo e venduti a terzi alle migliori possibili condizioni. In tali casi si individuano ipotesi particolari di *presumibile valore di realizzo diretto «per stralcio»* (e non per il tramite della combinazione produttiva).

I valori di presumibile realizzo diretto ed indiretto, come sopra determinati, *rappresentano, in un'impresa che si ipotizzi «in funzionamento», i valori massimi che possono essere assegnati alle attività che costituiscono il capitale lordo di funzionamento al tempo tn:* eventuali valori assegnati oltre tali limiti, in quanto irrealizzabili nelle prospettive della futura attività d'impresa, risulterebbero vuoti di contenuto economico e certamente *«non ragionevoli».*

L'ipotesi di «normale funzionamento» implica che l'impresa continui a svolgere la sua attività nel tempo: ciò è possibile se è capace di mantenere condizioni di equilibrio, ottenendo un flusso di ricavi tale da consentire il recupero di tutti i mezzi monetari investiti nelle combinazioni produttive ed altresì il guadagno di nuova ricchezza.

Appare ovvio che, per realizzare tale situazione, i prezzi di vendita dei prodotti debbano essere sistematicamente superiori al costo totale della combinazione produttiva. Solamente in via eccezionale possono riscontrarsi ipotesi di prezzi «non remuneratori». Le situazioni di perdita che in tali casi verrebbero a determinarsi possono essere sopportate dall'impresa nei limiti della capacità di resistenza che essa ha acquisito: debbono, tuttavia, esaurirsi prima di condurre al disfacimento dell'intero sistema.

Osserviamo:

a) quando i prezzi di presumibile realizzo dei beni in rimanenza si prospettano superiori al costo (di acquisto o di produzione) può essere individuata una «*fascia (area) di valori ragionevoli*», assegnabili a tali beni, che si apre tra i valori del presumibile realizzo (limite superiore) e del costo (limite inferiore).

Valore di presumibile realizzo

Spazio dei valori ragionevoli

Costo

Il costo costituisce limite inferiore, non risultando ragionevole una valutazione del bene in rimanenza al disotto di quanto si è investito per acquisirlo o per realizzarlo, se è vero che le prospettive di recupero (e cioè il suo valore potenziale) sono superiori a tale costo;

b) se costo e presumibile realizzo coincidono la fascia dei valori ragionevoli scompare: i prezzi futuri consentono il reintegro dei costi, ma non generano nuova ricchezza;
c) se il presumibile valore di realizzo si annuncia inferiore al costo, non solo scompare la fascia dei valori ragionevoli, ma si evidenzia che l'unico valore ragionevole è il prezzo di presumibile realizzo, non potendosi accogliere valori ad esso superiori, in quanto irrealizzabili in prospettiva.

costo

valore di presumibile realizzo
(unico valore ragionevole)

Anche in relazione alle passività reali e presunte si può ravvisare uno spazio di valori ragionevoli o possibili. Premesso che il valore di presumibile estinzione, come già rilevato, rappresenta il valore minimo al quale una passività può essere iscritta nel capitale, occorre – tuttavia – tenere conto delle possibili evoluzioni delle *condizioni operative* o delle *situazioni che hanno determinato l'insorgere dei rischi*: le posizioni debitorie in valuta possono modificarsi in relazione all'andamento dei cambi; altre posizioni debitorie in relazione a previsioni contrattuali; le passività presunte certamente evolvono in relazione al verificarsi di fatti e di circostanze che modificano il grado di rischio e, quindi, le previsioni di perdita o costo futuro. Ne consegue che potrebbe determinarsi uno spazio di valori ragionevoli compreso tra il valore di presumibile estinzione della passività ed il valore per la quale è sorta (valore nominale), quando quest'ultimo sia superiore al primo.

Definita l'area dei valori ragionevoli assegnabili ai componenti finanziari ed economici del capitale, ossia al complesso delle utilità economiche e delle obbligazioni che costituiscono «le operazioni in corso di svolgimento a fine periodo», si deve decidere a quale di essi è più opportuno fare riferimento. Possono essere introdotte differenti ipotesi di valutazione.

a) *La logica del «reddito realizzato». Il principio della prudenza*

Una prima ipotesi di valutazione dei processi in corso di svolgimento è quella volta a definire una misura del c.d. «reddito realizzato», ossia del reddito conseguito e distribuibile con il minor rischio di compromettere l'integrità del capitale.

Trattandosi di valutazioni di processi in corso, occorre scegliere – tra tutti i valori possibili – quelli che hanno la più elevata probabilità di realizzarsi, in modo da rendere la misura del reddito assegnato al periodo più attendibile, meno aleatoria, nella consapevolezza che i valori, così consegnati ai periodi futuri, avranno larga probabilità di «verificarsi», ossia di essere recuperati attraverso i ricavi futuri.

Questo modo di procedere inserisce nel processo valutativo *la logica del principio di prudenza*, in virtù della quale i valori da assegnare alle attività sono definiti scegliendo i più bassi tra quelli ragionevoli, in quanto hanno maggiore probabilità di essere recuperati se, come normalmente avviene, il prezzo di presunto realizzo è superiore. *Solitamente i valori più bassi sono quelli di costo.*

In tali casi gli utili futuri presunti, rivenienti dalla possibilità di collocare i prodotti a prezzi superiori a quelli di costo, non vengono anticipati a vantaggio del periodo, appartenendo al periodo in cui saranno «realizzati» attraverso il reale conseguimento dei ricavi (principio della realizzazione dei ricavi). La scelta del costo, nella normale ipotesi di prezzo

Esempio

VALUTAZIONE DELLE RIMANENZE

Un semplice esempio può chiarire le precedenti affermazioni.

Se supponiamo:
- *che nel periodo ennesimo siano state acquistate 10 unità di merce, di cui solamente 5 vendute*
- *che i prezzi di mercato (che si presume di poter realizzare) (100) siano superiori ai prezzi di costo (50);*
- *che le rimanenze siano vendute nel periodo successivo realizzando il prezzo previsto;*
- *che non vi siano altri costi, né altri ricavi (ipotesi semplicistica ed irreale);*

possiamo avere, per il periodo ennesimo e per il periodo successivo, i conteggi di reddito appresso indicati:

Reddito del periodo ennesimo					
Componenti negativi			Componenti positivi		
Costi			*Ricavi*		
q.	pr.		q.	pr.	
5	50	250	5	100	500
5	50	250	*Rimanenze:*		
Utile:			q.	pr.	
(a)		250	5	50 (a)	250
(b)		500	5	100 (b)	500
(c)		100	5	20 (c)	100

a) Valutazione al prezzo di costo (50), ragionevole e prudente. Il valore delle rimanenze è influente ai fini della determinazione del reddito.

b) Valutazione al *fair value* (valore corrente di mercato) (100), anticipa a vantaggio del periodo ennesimo utili (solamente attesi) relativi a processi non ancora compiuti.

c) Valutazione inferiore al costo, irragionevolmente bassa, trasferisce utili al periodo successivo.

Esempio

Reddito del periodo successivo	
Componenti negativi	Componenti positivi
Rimanenze iniziali (costi provenienti dal periodo precedente) q. Valore 5 50 (a) 250 5 100 (b) 500 5 20 (c) 100 *Utile:* (a) 250 (b) – (c) 400	*Ricavi* q. pr. 5 100 500

a) L'utile di 250 appartiene al periodo in cui i ricavi sono stati realizzati. Il complessivo utile di 500 è risultato assegnato ai due periodi considerati in ragione dei processi compiuti in ciascuno di essi.

b) L'utile è stato "anticipato" al precedente periodo con una valutazione delle merci di *fair value*.

c) La sottostima ingiustificata delle rimanenze di merci ha consentito il trasferimento di parte del reddito dal primo al secondo dei due periodi considerati.

di presumibile realizzo superiore, rende la valutazione dei beni disponibili ininfluente ai fini dell'assegnazione al periodo del reddito relativo ai soli processi «compiuti», consegnando tali beni ai periodi futuri al medesimo valore al quale sono stati acquistati.

Valutazioni a prezzi superiori anticiperebbero a vantaggio del periodo porzioni di utili futuri presunti, così come valutazioni inferiori sposterebbero al futuro utili appartenenti ai processi già compiuti.

Non può certamente escludersi che il prezzo di presumibile realizzo si preveda inferiore ai valori di costo (situazioni di perdite latenti): la scelta del valore più basso implica che le perdite latenti vengano anticipate a carico del periodo anche se appaiono soltanto probabili.

Questa esigenza è già inclusa nel principio della ragionevolezza, essendo «non ragionevole» consegnare ai periodi futuri beni materiali e utilità economiche per un valore superiore a quello che si ritiene recuperabile.

Considerazioni analoghe dovranno essere fatte per i valori da attribuire alle passività, in relazione alle quali l'applicazione del principio della prudenza implica che venga scelto il più alto tra il valore di presumibile estinzione e quello al quale le obbligazioni sono sorte.

* * *

L'applicazione della convenzione della competenza economica, valutando i processi in corso di svolgimento secondo la logica del «reddito realizzato», consente di proporre le seguenti sintesi:

- *il reddito che si ritiene ragionevolmente conseguito nel periodo, viene determinato come differenza tra quella parte dei costi e dei ricavi relativa ai processi che hanno avuto compimento nel periodo secondo i principi della realizzazione dei ricavi e dell'inerenza dei costi;*
- *i valori dei processi in corso di svolgimento, da «consegnare» ai periodi futuri, debbono essere assegnati secondo le seguenti convenzioni:*
  - le attività debbono essere valutate al costo di acquisizione o di produzione, ovvero al presumibile valore di realizzo (diretto o indiretto per il tramite delle combinazioni produttive o diretto per «stralcio») se inferiore al costo *[convenzione del minor valore per le attività o, per taluni, convenzione del costo]*;
  - le passività debbono essere iscritte al valore per cui l'obbligazio-

Esempio

VALUTAZIONE DELLE RIMANENZE AL PREZZO DI PRESUMIBILE REALIZZO

Nell'esempio in precedenza proposto, possiamo assumere l'ipotesi che il prezzo che si prevede di realizzare nel periodo successivo sia soltanto 20 (e non 100).

In tal caso, la valutazione di ciascuno dei 5 pezzi in rimanenza non può superare 20 e per tale valore i beni saranno consegnati al successivo periodo.

Reddito ennesimo periodo			
Costi	500	ricavi	500
		rimanenze finali (5 × 20) (a)	100
Utile (b)	100		

Reddito periodo successivo			
rimanenze iniziali (5 × 20)	100	ricavi (5 × 20)	100
Utile	–		

(a) Prezzo di presumibile realizzo 20

(b) Utile sui 5 pezzi venduti nel periodo ennesimo 250
Perdita presunta sui 5 pezzi che si prevede di vendere al prezzo di 20 nel periodo successivo:

costo	(5 × 50)	250	
ricavo presunto	(5 × 20)	(100)	(150)
Utile complessivo			100

ne è sorta (valore nominale) o al valore di presumibile estinzione, se superiore *[convenzione del maggior valore per le passività]*;
- è necessario, inoltre, anticipare a carico del periodo quote di costi *futuri presunti*[6], rivenienti dal probabile manifestarsi di rischi che già gravano sulla gestione al tempo tn e sono nettamente individuabili (rischi specifici);

- *nel definire i valori da assegnare ai processi in corso di svolgimento al tempo tn, ogni riferimento ai prezzi di mercato dei beni a fine periodo, o all'andamento di tali prezzi nel tempo, deve ritenersi di rilevante utilità nella misura in cui aiuta a comporre idonee congetture sui prezzi di presumibile realizzo o sui valori di presumibile estinzione.*

Nei casi ove non sia possibile svolgere previsioni attendibili circa le condizioni ed i prezzi futuri, le condizioni ed i prezzi desunti dall'andamento del mercato a fine periodo, se risultano più sfavorevoli rispetto ai valori di costo o ai valori nominali, possono anche essere assunti come valori idonei ad esprimere componenti di reddito e di capitale.

Così, ad esempio, l'iscrizione nel passivo di un debito di finanziamento a lungo termine, in valuta, non può essere fatta tenendo conto del cambio di presumibile estinzione del debito, poiché tale cambio non è congetturabile a distanza di mesi o di anni. L'iscrizione di tale debito, pertanto, può avvenire facendo riferimento sostanziale al cambio di fine periodo.

Appare evidente che la necessità di valutare separatamente ogni componente del capitale e di applicare il principio della prudenza determina, come conseguenza, *valutazioni asimmetriche*, nel senso che le perdite latenti (nelle ipotesi in cui i prezzi di presumibile realizzo delle attività siano minori del costo ed i valori di presumibile estinzione delle passività siano maggiori di quelli per cui l'obbligazione è sorta) si portano a diminuzione del reddito del periodo, mentre gli utili latenti (nelle ipotesi opposte) non si portano in aumento del reddito stesso.

Questo comportamento determinerebbe, tuttavia, distorsioni nell'assegnazione del reddito ad un periodo, ove non si tenesse conto degli uti-

---

[6] Le eventuali perdite future presunte, sui beni che rimangono disponibili al tempo tn, vengono già considerate adottando la convenzione del minor valore per le attività.

li latenti su particolari operazioni che sono state poste in essere proprio al fine di annullare (o ridurre) le perdite latenti su altre operazioni.

La «connessione economica» che in tali casi si determina tra operazioni a rischio ed altre operazioni poste in essere proprio al fine di annullare o ridurre quel rischio, richiede che tanto le perdite quanto gli utili in corso in tali *operazioni connesse* siano considerati nell'assegnazione del reddito al periodo.

Questo particolare comportamento, che discende dal *principio della coerenza valutativa in presenza di operazioni economicamente connesse*, evita che il calcolo del reddito sia penalizzato dalla considerazione di perdite future che saranno *sicuramente compensate* dagli utili rivenienti dalle altre operazioni speculari che, allo scopo, sono state predisposte.

b) *La logica del «reddito maturato». Il* «fair value»

Una seconda ipotesi di valutazione dei processi in corso di svolgimento prende l'avvio dalle esigenze degli investitori e dei mercati finanziari rivolte non tanto alla conoscenza del reddito realizzato e distribuibile (determinato con logiche prudenziali), quanto piuttosto alla valutazione delle performance complessive dell'impresa ed alla conoscenza del valore corrente del suo patrimonio.

Ciò comporta che i valori assegnati al capitale (processi in corso di svolgimento) e, conseguentemente, al reddito di periodo, pur rimanendo all'interno dello spazio di valori segnato dal principio della ragionevolezza, non sono orientati alle logiche dettate dal principio della prudenza, come in precedenza definito (minor valore per le attività e maggior valore per le passività).

I valori del processo in corso tenderanno ad allinearsi al c.d. «*fair value*», e cioè: per le attività, ai valori correnti di mercato che potrebbero realizzarsi in ipotesi di libero scambio tra parti consapevoli e, per le passività, ai valori di presumibile estinzione. In assenza di valori di mercato significativi ed attendibili si può far ricorso ai valori desunti da operazioni similari, dai flussi prospettici di cassa o da perizie di stima, purché i valori così definiti mantengano un elevato grado di attendibilità[7].

---

[7] Peraltro, la possibilità di estendere le valutazioni di bilancio oltre i confini del costo e del minor valore era ben presente nella dottrina dei Maestri dell'economia aziendale italiana. «*Dunque le rimanenze di esercizio, come già si disse, debbono in*

Il ricorso sistematico ai valori di scambio potenziali per le valutazioni dei componenti del capitale (processi in corso di svolgimento a fine periodo) normalmente determina un innalzamento dei valori del capitale netto di funzionamento, rispetto all'ipotesi di valutazioni effettuate con la logica dei valori di scambio originari. Con riferimento al reddito di periodo, osserviamo che vengono anticipati a vantaggio dello stesso non solamente le perdite attese, ma anche gli utili attesi sui processi in corso: si passa, cioè, dalla concezione di «reddito realizzato» (che esclude gli utili potenziali sui processi in corso di svolgimento) a quella di «reddito maturato», che tali utili include. Osserviamo ancora che i valori espressi al *fair value*, che vengono rinviati al futuro e determinano componenti positivi di reddito, sono compensati dai valori, sempre espressi al *fair value*, provenienti dal passato per effetto delle valutazioni effettuate nel precedente periodo: quando il processo di valutazione al *fair value* è «a regime» sul conto economico influiscono solamente le variazioni tra i valori iniziali e quelli finali.

Nella prospettiva delle valutazioni al «*fair value*» non si applica il principio della prudenza, nel senso di sistematica scelta, nel campo dei valori ragionevoli, di quelli più bassi per le attività e più elevati per la passività. Si applica, invece, una concezione di prudenza, da intendersi come cautela, nel definire i valori correnti ed il loro grado di significatività, nel valutare se i beni disponibili potranno essere realizzati a tali valori, nel definire il *fair value* facendo ricorso ad altre tecniche valutative diverse dal valore corrente dei beni; ciò allo scopo di evitare sovrastime del capitale netto di funzionamento e del reddito di periodo per l'inclusione di valori che in prospettiva potrebbero dimostrarsi non realizzabili o di passività che potrebbero richiedere un più consistente esborso per essere estinte.

* * *

---

genere stimarsi ad un valore che ha i suoi limiti nei costi e nei presunti ricavi, ma che può definirsi solo nel caso concreto in relazione a molteplici e mutevoli circostanze di impresa e di mercato. … Le congetture che non raramente gravano sulla determinazione dei costi delle rimanenze spesso non rendono meno malsicura la determinazione del reddito, di quelle alle quali si deve risalire quando i valori di bilancio sono determinati sul fondamento dei ricavi futuri».

Il brano richiamato potrebbe essere tratto da un recentissimo lavoro sui principi contabili internazionali o sul *fair value* e, invece, è tratto dal «Reddito d'impresa» di Gino Zappa (1920).

L'applicazione della convenzione della competenza economica, valutando i processi in corso di svolgimento secondo la logica del «reddito maturato», consente di proporre le seguenti sintesi:

- *il reddito che si ritiene ragionevolmente conseguito nel periodo viene determinato come differenza tra quella parte dei costi e dei ricavi relativa a processi che hanno avuto compimento nel periodo secondo i principi della realizzazione dei ricavi e dell'inerenza dei costi*;
- *i valori dei processi in corso di svolgimento, da «consegnare» ai periodi futuri, devono essere valutati al «fair value»*:
  - le attività devono essere espresse a valori correnti di mercato, in ipotesi di libero scambio tra parti indipendenti e consapevoli;
  - le passività devono essere esposte ai valori di presumibile estinzione;
  - è necessario anticipare a carico del periodo quote di costi *futuri presunti*, rivenienti dal probabile manifestarsi di rischi che già gravano sulla gestione al tempo tn e sono nettamente individuabili (rischi specifici);
- *in assenza di valori di mercato significativi ed attendibili si può far ricorso ai valori desunti da operazioni similari, dai flussi prospettici di cassa o da perizie di stima, purché i valori così definiti mantengano un elevato grado di attendibilità.*

Appare evidente come l'ipotesi valutativa orientata al *fair value* consenta di effettuare *valutazioni simmetriche*, nel senso che tanto le perdite quanto gli utili latenti sui processi in corso di svolgimento a fine periodo (sempre che siano attendibili) si portano rispettivamente in diminuzione o in aumento del reddito di periodo.

3.1.5.2. *Considerazioni sulle ipotesi di valutazione dei componenti del capitale*

Le due differenti logiche di valutazione dei componenti del capitale, sinteticamente esposte nel precedente paragrafo debbono essere riguardate alla luce delle concrete possibilità di applicazione.

1. la valutazione dei componenti del capitale al *fair value* appare certamente più allineata alle esigenze informative dei mercati finanziari globali. Senonché, il riferimento a prezzi di mercato non può

essere assunto per tutti i componenti del capitale: in assenza di mercati organizzati dai quali desumere valori attendibili, il ricorso al *fair value* diventa improponibile;

2. la contemporanea applicazione di entrambe le logiche valutative proposte *sub* a] e *sub* b], con riferimento a differenti componenti del capitale, determina valutazioni del capitale netto di funzionamento che si collocano, per così dire, a metà del guado. Per alcuni componenti del capitale, che si negoziano su mercati organizzati, è possibile abbandonare la sponda dei valori di scambio originari per passare a quella dei valori di scambio correnti, in quanto significativi ed attendibili; per altri componenti del capitale permane il radicamento sulla sponda dei valori originari.

3.2. Il reddito di periodo come differenza tra ricavi e consumo dei fattori produttivi per realizzare la produzione venduta

Per far emergere in modo ancora più evidente la logica che orienta la convenzione della competenza economica, adottata per assegnare il reddito ad un periodo ennesimo, può essere utile procedere alla rielaborazione della struttura del reddito di periodo che è stata proposta all'attenzione del lettore al paragrafo 3.1.4.

L'obiettivo è quello di meglio evidenziare come il reddito di un periodo ennesimo scaturisca dalla contrapposizione tra i ricavi di competenza del periodo stesso ed il valore (costo) di tutti i fattori produttivi che sono stati consumati per realizzare la produzione venduta (relativi costi).

La Tavola n. 14 consente di ottenere una rappresentazione visiva dell'altezza dei ricavi di competenza a fronte dei consumi dei fattori produttivi a fecondità semplice e ripetuta.

I *ricavi di competenza* si determinano operando la somma algebrica dei seguenti valori, separatamente inseriti nel precedente schema del reddito di periodo:

ricavi originari (finanziariamente conseguiti del periodo)
più ricavi provenienti dal passato
meno ricavi da rinviare al futuro

Tavola 14

STRUTTURA RIELABORATA DEL REDDITO DI PERIODO
(Ricavi e costi della produzione venduta)

Reddito del periodo $tn_{n-1} - tn$	
Costi di competenza	Ricavi di competenza
Consumi ffs. per realizzare la produzione venduta	RICAVI
Consumi di ffr.	
Perdite future presunte	
Costi futuri presunti	
Utile di periodo	

Nella sezione sinistra della Tavola troviamo, invece, sintetizzati:

a) i consumi dei fattori produttivi a fecondità semplice utilizzati per realizzare la produzione venduta nel periodo;
b) i consumi o la perdita di valore dei fattori produttivi a fecondità ripetuta (ammortamenti);
c) le perdite ed i costi presunti futuri;
d) l'utile di periodo.

La prima voce *sub* a) richiede qualche chiarimento sulla sua composizione. Essa, infatti, deriva dalla somma algebrica delle seguenti componenti del reddito di periodo:

costi dei fattori produttivi a fecondità semplice acquisiti nel periodo;
più costi dei fattori produttivi a fecondità semplice e dei prodotti provenienti dal passato;
meno costi dei fattori produttivi a fecondità semplice e dei prodotti rinviati al futuro.

L'inserimento nel conteggio della variazione del valore delle rimanenze di prodotti (pari alla differenza tra il valore dei prodotti disponibili alla fine e all'inizio del periodo) appare necessario per trasformare il consumo dei fattori a fecondità semplice per la produzione *ottenuta* in consumo dei fattori a fecondità semplice per la produzione *venduta.*

Infatti, la somma algebrica tra i costi di acquisto, i costi provenienti dal passato (rimanenze iniziali) ed i costi da rinviare al futuro (rimanenze finali) dei fattori a fecondità semplice determinerebbe il *consumo degli stessi per la produzione ottenuta nel periodo*, mentre a fronte dei ricavi della produzione venduta occorre contrapporre i consumi di fattori per ottenere la produzione venduta nel periodo.

Anche la voce *sub* b), che segnala il consumo (o ammortamento) dei fattori produttivi a fecondità ripetuta, deriva dalla somma algebrica dei seguenti valori, separatamente inseriti nel precedente schema del reddito del periodo ennesimo:

costi originari sostenuti nel periodo per l'acquisto di fattori produttivi a fecondità ripetuta;
più costo dei fattori produttivi a fecondità ripetuta proveniente dal passato;

meno costo dei fattori produttivi a fecondità ripetuta da rinviare al futuro.

La rielaborazione della struttura del reddito di periodo sopra descritta può essere presentata anche in forma scalare. Si parte dal «tetto» del conto del reddito, i ricavi, e si detraggono i consumi delle differenti categorie di fattori produttivi, opportunamente organizzati in modo da pervenire a significativi risultati intermedi, particolarmente utili a chi sviluppa analisi di bilancio per acquisire significative informazioni sulle modalità di formazione della ricchezza all'interno delle differenti gestioni (caratteristica, accessorie, ecc.) o delle attività produttive aziendali.

3.3. Valore della produzione e valore aggiunto. Valore e costo della produzione realizzata

In termini piuttosto generali e con riferimento alla realtà di ogni singola unità di produzione, per *valore aggiunto* si intende quel maggior valore che, rispetto ai mezzi inizialmente impiegati, l'impresa è in grado di creare grazie all'attivazione del processo produttivo [8].

A tal fine, con riferimento ad un periodo di tempo, appare opportuno conoscere:

a) il valore della produzione realizzata;
b) la parte di esso che serve per riacquisire i fattori produttivi in quantità e qualità adeguati a sostituire quelli consumati (materie, impianti, servizi);
c) il valore aggiunto come valore differenziale tra i due sopra elencati ed indicatore della «nuova ricchezza» che l'attuazione del processo produttivo ha reso disponibile;
d) le remunerazioni attribuite agli altri fattori produttivi:
   - retribuzioni corrisposte a lavoratori dipendenti ed ai dirigenti di ogni livello;

---

[8] Sull'importanza del valore aggiunto come strumento di valutazione delle performance non solo di imprese, ma altresì di altre tipologie aziendali non necessariamente orientate al profitto, si veda, in particolare: O. Gabrovec Mei 1995.

- interessi riconosciuti al capitale di proprietà e di prestito;
- imposte sul reddito prelevate dallo Stato e da altri enti pubblici come corrispettivo per quei «servizi generali» (territorio, infrastrutture, servizi pubblici, ordine pubblico, ecc.) che consentono alle imprese un proficuo svolgimento della loro attività economica;
- remunerazione al soggetto (imprenditore) responsabile delle strategie adottate.

I punti sin qui elencati e le relazioni che da essi derivano sono riassunti nella formula sottostante:

$$P - (P' + Q) = R_l + R_c + I + R_i$$

dove:

P	= valore della produzione realizzata	=	Rimanenze finali di prodotti
		+	Vendite
		–	Rimanenze iniziali di prodotti;
P′	= consumi di materie e di servizi	=	Rimanenze iniziali di materie
		+	Acquisti
		–	Rimanenze finali di materie;

Q = quota di ammortamento;
R_l = remunerazione del lavoro (può essere scissa in sottogruppi);
R_c = remunerazione del capitale (può essere scissa in sottogruppi);
I = imposte (dirette e indirette);
R_i = remunerazione dell'imprenditore = profitto (o residuo economico).

Con riferimento agli elementi sopra evidenziati, attraverso agevoli raffronti, è possibile conoscere l'incidenza del valore aggiunto sulla produzione ottenuta, nonché l'assorbimento di valore aggiunto netto (ricchezza che non deve essere impiegata per ricostituire le risorse di cui si disponeva inizialmente) da parte degli altri fattori produttivi (lavoro, capitale, servizi di enti territoriali e funzione imprenditoriale).

Inoltre, sviluppando tali analisi nel tempo (più periodi), si può individuare l'evoluzione della capacità dell'impresa di produrre «valore aggiunto» e di remunerare congruamente i vari fattori che hanno partecipato a tale attività, nonché eventuali assorbimenti anomali o eccessivi di «valore aggiunto» da parte di taluni di essi.

In definitiva, si può affermare che l'analisi in oggetto permette di comprendere, almeno parzialmente, l'attitudine dell'impresa a soddisfare le sue fondamentali funzioni di:

a) *produzione della ricchezza*;
b) *distribuzione della stessa tra i fattori che partecipano a tale produzione.*

In relazione al punto *sub* b), è importante osservare che la remunerazione dei vari fattori della produzione (quali il lavoro, il capitale e lo Stato) è solitamente ritenuta *strumentale* rispetto a quella del soggetto economico d'impresa, esprimibile in termini di un adeguato tasso di redditività del capitale di proprietà investito. In altre parole, partendo dall'assunto che l'obiettivo principale del soggetto economico d'impresa è quello di realizzare nel tempo un profitto soddisfacente [9], si tende a ritenere che la soddisfazione delle attese dei soggetti che, in diverso modo, contribuiscono alla realizzazione dell'attività d'impresa sia una costrizione alla quale il soggetto economico stesso deve sottostare per raggiungere il suo scopo principale (il profitto, appunto). In realtà, sembra potersi affermare che le imprese proiettate su sentieri vincenti sono quelle che interpretano il rapporto con i soggetti in questione e con gli altri interlocutori sociali in una logica sostanzialmente differente, creando *rapporti di collaborazione sistematica e di aggregazione del consenso intorno ai propri obiettivi.*

Certamente il modello del valore aggiunto è segnalatore di tale attitudine.

In conclusione, si può affermare che il modello di valore aggiunto è particolarmente utile a segnalare in quale misura i risultati dell'attività produttiva confluiscono ai soggetti. Tale conoscenza serve a misurare la capacità dell'impresa di sviluppare le combinazioni produttive assicurando nel tempo una idonea ripartizione del valore tra i protagonisti, tale cioè da «mantenerli avvinti» nel lungo periodo alle vicende produttive dell'impresa, realizzando nei loro confronti un grado accettabile di soddisfazione.

---

[9] Sul concetto di profitto, si veda nota 8 di p. 134.

In tal senso il valore aggiunto può essere assunto come *segnalatore del grado di economicità* (intesa come capacità dell'impresa di remunerare stabilmente e congruamente i fattori produttivi) e, conseguentemente, di capacità di sopravvivenza nell'attuale contesto economico e sociale, che richiede sempre più elevate performance in termini quantitativi e qualitativi.

La rappresentazione del valore aggiunto, poi, è particolarmente idonea a dimostrare la formazione e la distribuzione della ricchezza nelle altre aziende che non possono qualificarsi «imprese», nelle quali un conto economico tradizionale potrebbe essere molto meno significativo. In tali aziende, una appropriata conoscenza del valore aggiunto e della sua distribuzione, consente di meglio comprendere le modalità operative che caratterizzano tali organizzazioni e valutare la «missione», il ruolo che svolgono nel contesto socio-economico.

Ciò premesso, nella parte sinistra della pagina successiva si riporta uno schema del «valore della produzione realizzata e valore aggiunto», articolato in modo da permettere le analisi di cui si è in precedenza parlato. Come è immediato verificare, *questo schema scaturisce dalla riallocazione, effettuata seguendo l'impostazione logica sin qui descritta, degli elementi che compongono il più generale prospetto di determinazione del reddito di periodo.*

Lo schema in questione presenta le seguenti caratteristiche:

a) nella parte superiore del prospetto è evidenziato il calcolo del *valore aggiunto lordo*, costituito dalla nuova ricchezza resa disponibile dal processo produttivo aziendale per remunerare i soggetti e da quella recuperata a fronte dei consumi dei fattori a fecondità ripetuta, disponibile fino all'atto del rinnovo degli stessi (ammortamento); tale valore aggiunto lordo si forma tenendo presenti:

1. i valori dei ricavi netti (ricavi operativi + ricavi gestioni accessorie – rettifiche per resi e abbuoni), delle variazioni nelle scorte di prodotti e semilavorati (rimanenze finali di prodotti e semilavorati – rimanenze iniziali di prodotti e semilavorati [10]) e dei costi capitalizzati per lavori in economia, la cui somma algebrica fornisce il valore della produzione realizzata nel periodo;

---

[10] Si tenga presente che, al fine di poter valutare il grado di attendibilità del reddito, non basta porre nello schema in oggetto le sole variazioni delle rimanenze sia iniziali che finali, ma è necessario esplicitare i rispettivi valori.

RICLASSIFICAZIONE DEL REDDITO

Valori della produzione realizzata e valore aggiunto	*Valore e costo della produzione realizzata*
Ricavi netti	Ricavi netti
+ Δ scorte di prodotti	+ Δ scorte di prodotti
+ Δ scorte di semilavorati	+ Δ scorte di semilavorati
+ costi capitalizzati per lavori interni	+ costi capitalizzati per lavori interni
Valori della produzione realizzata	*Valori della produzione realizzata*
– consumi di materie:	– consumi di materie:
+ *acquisti*	+ *acquisti*
– Δ *scorte materie*	– Δ *scorte materie*
– costi dei servizi (escluso lavoro e interessi)	– costi dei servizi (incluso lavoro e interessi)
VALORE AGGIUNTO LORDO	
– consumo fattori a fecondità ripetuta (ammortamenti)	– consumo fattori a fecondità ripetuta (ammortamenti)
VALORE AGGIUNTO NETTO	
– remunerazione del lavoro	
– imposte	
– remunerazione del capitale:	
interessi passivi	
dividendi } Utile netto	Utile netto
residuo economico }	

2. gli importi delle rimanenze iniziali e finali e dei costi di acquisizione di fattori a fecondità semplice (lavoro escluso), la cui somma algebrica permette di dare espressione quantitativa al consumo di detti fattori;

b) sottraendo al valore aggiunto lordo l'importo relativo ai consumi dei fattori a fecondità ripetuta (ammortamenti) si ottiene il *valore aggiunto netto*.

Per quanto riguarda la parte inferiore dello schema (quella al di sotto del valore aggiunto netto), in essa si evidenziano:

1. le remunerazioni attribuite, in qualunque forma, al lavoro subordinato e direzionale;
2. le remunerazioni del capitale di prestito (interessi) e di proprietà (dividendi);
3. la parte di reddito lordo devoluto allo Stato sotto forma di imposte dirette e indirette, idealmente a fronte dei servizi generali dallo stesso ricevuti;
4. il residuo economico, cioè la remunerazione dell'imprenditore.

Sotto il profilo prettamente contabile occorre, quantomeno, segnalare che il calcolo del valore aggiunto non è certamente privo di problemi interpretativi.

Al di là della scelta tra valore aggiunto lordo o netto, rimane controversa la composizione di taluni elementi del conto, di non trascurabile importanza sul risultato finale, inseriti nel calcolo del valore della produzione, o nei consumi dei fattori, o nella ripartizione del valore aggiunto. Così, ad esempio, si discute su come determinare la retribuzione del lavoro (solo con riferimento al lavoro dipendente o anche a altre forme di collaborazione?), o su come intendere la parte di reddito prelevata dallo Stato (solo imposte dirette o qualsivoglia forma di imposizione fiscale?), o su come considerare i canoni di *leasing* (costi di acquisto di servizi o interessi corrisposti su finanziamenti attinti nella «forma tecnica» del *leasing* finanziario?) e su altri problemi dalla cui soluzione – come è agevole constatare – dipende lo spostamento di valori dalla formazione del valore aggiunto alla sua distribuzione, e viceversa.

Un'ultima osservazione. La consapevolezza che, con sempre maggior frequenza, l'impresa deve vivere la sua esperienza produttiva in simbiosi con altre imprese, in un reciproco interscambio di conoscenza, induce a riflettere sul fatto che il calcolo del valore aggiunto riferito a ciascuna singola unità o – al limite opposto – all'intero macrosistema possa essere convenientemente integrato con la determinazione e la conoscenza del valore aggiunto creato da sistemi di imprese che collaborano alla realizzazione di un disegno produttivo complesso o che si integrano in strutture sovraaziendali idonee ad assicurare la sopravvivenza e lo sviluppo delle singole unità. Il valore aggiunto delle reti d'impresa (aggregazioni volontarie, gruppi, distretti, ecc.) non è privo di significato economico nell'attuale momento di sviluppo dei sistemi di produzione.

Nella parte destra dello schema della pagina 273 viene proposta, altresì, la struttura del reddito «a valore e costo della produzione realizzata».

In questa ulteriore riclassificazione del reddito di periodo, dal valore della produzione realizzata (ottenuto nel modo precedentemente descritto) si sottraggono i costi della produzione realizzata, ossia tutti i consumi dei fattori a fecondità semplice e dei fattori a fecondità ripetuta (compresi, quindi, i costi per remunerare il lavoro ed il capitale preso a prestito da terzi, nonché le imposte sul reddito, che nel precedente conteggio non venivano considerati) ottenendo direttamente l'utile (a copertura della remunerazione del capitale di proprietà e del residuo economico).

Questa configurazione del reddito di periodo assume particolare rilievo in quanto corrisponde, in sintesi, alla struttura di conto economico che il legislatore comunitario ha privilegiato per rappresentare il risultato economico delle imprese industriali e commerciali operanti nella comunità.

3.4. Orientamenti per la corretta assegnazione del reddito al periodo: l'omogeneità dei valori in periodi di inflazione

In economia aziendale, la conoscenza dei concetti di quantità e grandezza, classe o insieme, unità di misura e numero, costituisce premessa indispensabile alla comprensione dei problemi.

Mentre rinviamo il lettore alle opere che trattano i fondamenti della matematica logica ed il tema delle misurazioni di azienda [11], riteniamo

---

[11] Si vedano, tra gli altri: A. Frajese 1968; M. Cattaneo 1959; N. Colletti 1954; C. Masini 1959; L. Guatri 1953.

opportuno intrattenerci brevemente sulle relazioni che possono determinarsi fra i suddetti concetti, con riferimento a problemi economici.

I fatti economici, derivanti dallo svolgersi dell'attività economica, si manifestano nelle loro espressioni qualitative e quantitative [12].

L'espressione qualitativa consiste nell'individuazione e nella descrizione delle quantità del sistema economico-aziendale implicate nel fatto, mentre *l'espressione quantitativa consiste nella determinazione della grandezza e cioè della misura di tali quantità* [13].

L'attività economica che si sviluppa nelle aziende, quindi, richiede una opportuna analisi volta ad individuare le quantità del sistema economico-aziendale che di volta in volta si manifestano.

Una quantità ha una sua individualità soltanto quando è stata *definita*, cioè quando sono noti i concetti con i quali è stata posta in corrispondenza biunivoca.

La definizione delle quantità del sistema economico-aziendale è premessa indispensabile in quanto porta alla conoscenza dei caratteri di ognuna di esse e consente di aprire lo studio teorico sulle relazioni logiche che possono essere poste fra differenti quantità e fra classi di quantità in gioco nel sistema aziendale.

---

[12] «A stretto rigore la qualità non è un modo di apparire antecedente alla quantità, poiché il fatto qualitativamente può dirsi che esista, obiettivamente, quando assume una consistenza quantitativa. Il costo, il prezzo, il reddito, il patrimonio, ecc., come fenomeni, qualitativamente esistono in quanto assumono una data quantità, sicché l'aspetto qualitativo riesce difficilmente ad essere colto con la sola descrizione degli elementi appariscenti e trae definizione più propria appunto dallo studio quantitativo del fatto». Cfr. A. AMADUZZI 1966, p. 11.

[13] Ad esempio, le *quantità* implicate nell'acquisto di un fattore *iesimo* di produzione sono:

fi *quantità* di fattore *iesimo* acquistata
pi *prezzo unitario* del fattore *iesimo*
fi × pi *costo* di acquisto del fattore *iesimo.*

I numeri esprimenti la misura delle suddette quantità, con riferimento ad un acquisto individuato della materia prima A:

10 unità acquistate,
2.400 prezzo unitario,
24.000 costo di acquisto,
sono grandezze.

Le quantità, infatti, per fini di conoscenza, vengono necessariamente ordinate in classi significative (insiemi), per costruire le quali debbono essere definiti i criteri logici di appartenenza di ogni quantità alla classe. Tali criteri possono essere dati sia dalla elencazione dei componenti o membri della classe (definizione estensiva), sia dall'individuazione di una caratteristica o proprietà che sia comune a tutti i membri della classe stessa, sicché diventano membri di una classe tutti gli «individui» che godono, in varia misura, di detta proprietà comune (definizione intensiva).

Le quantità appartenenti alle classi sono sottoposte a comparazioni logiche, volte a cogliere le linee caratteristiche dell'attività economica e a definire, per sintesi logica, altre quantità del sistema economico-aziendale che scaturiscono proprio dalle comparazioni poste [14].

La determinazione delle grandezze, ossia la misurazione delle quantità, pone relazioni di corrispondenza tra quantità da misurare e numeri; ciò avviene per mezzo delle unità di misura adottate.

Quando l'unità di misura si riferisce a singole quantità del sistema, al fine di definirne la grandezza, assume proprietà simili a quelle delle quantità che, di volta in volta, sono oggetto di misurazione [15]. In tal caso non è possibile, senza porre ulteriori precisazioni, effettuare comparazioni quantitative tra siffatte misurazioni; si giungerebbe infatti a risultati esatti dal punto di vista della matematica formale, ma privi di significato economico [16].

Il problema si supera facendo riferimento alle classi logiche di quantità, formate al fine di spiegare i fenomeni economici e le relazioni fondamentali che tra essi si possono porre; per ciascuna di queste classi è stata identificata la «legge» di appartenenza di ogni quantità alla classe stessa e cioè la caratteristica che accomuna quantità del sistema econo-

---

[14] La quantità reddito d'esercizio, ad esempio, scaturisce dalla comparazione di altre quantità del sistema economico-aziendale, i costi e i ricavi che hanno avuto manifestazione finanziaria nel periodo, opportunamente riclassificati nel tempo.

[15] Se assumiamo la tonnellata come unità di misura delle quantità di carbone e di minerale ferroso, la tonnellata assumerà, rispettivamente, proprietà simili a quelle del carbone o del minerale ferroso, a seconda dell'elemento oggetto di misurazione.

[16] (10 t. di carbone – 5 t. di minerali ferrosi) è un esempio di operazione che, a meno di ulteriori precisazioni, non ha significato logico.

mico-aziendale che, per altri aspetti, sono completamente differenti l'una dall'altra.

L'unità di misura può riferirsi, dunque, alle differenti quantità che appartengono ad una classe, al fine di porre comparazioni quantitative tra esse. In tal caso l'unità di misura deve, secondo le leggi dell'aritmetica logica (insiemistica), assumere non già la caratteristica di ogni singola quantità della classe, ma quella che è comune a tutti gli elementi della classe considerata [17].

Il che significa, rovesciando il senso del discorso, che *l'unità di misura può porsi come comune denominatore solamente di quantità che, agli effetti della misurazione, godono delle stesse proprietà*, hanno cioè una o più caratteristiche comuni che le fanno appartenere ad una classe logica precedentemente determinata.

Non è quindi l'uso di una unità di misura comune che rende possibili comparazioni quantitative fra grandezze relative a quantità del sistema economico-aziendale di caratteristiche differenti; l'unità di misura, infatti, non ha la facoltà di rendere omogenee grandezze che, agli effetti della misurazione, sono eterogenee.

Le grandezze si possono considerare omogenee quando sono relative a quantità omogenee, in quanto appartenenti ad una classe logica individuata. Ne consegue che il concetto di omogeneità riferito a quantità del sistema economico-aziendale non è assoluto, ma *relativo* al rispetto delle ipotesi poste a base del concetto-classe, nella classificazione intensiva, e al grado di godimento, da parte di ogni quantità di una classe, della qualità che la fa appartenere alla classe stessa, nella classificazione estensiva [18].

Il concetto di omogeneità riferito alle grandezze, e cioè alla misura delle quantità, non può che essere il riflesso del *precedente*: le grandezze

---

[17] Così, se il carbone e i minerali di ferro sono i due elementi della classe «minerali disponibili a parco», della quale vogliamo determinare la consistenza, avremo che la tonnellata – unità di misura – non determina più la quantità di carbone o di minerale di ferro, bensì la qualità di minerali disponibili a parco, essendo questa la qualità comune ai due elementi della classe individuata, qualità che li fa appartenere alla classe stessa.

[18] Per più diffuse considerazioni sulla relatività del concetto di omogeneità, si veda M. CATTANEO 1959, p. 13 ss., ove si parla di errori nella classificazione intensiva ed estensiva.

sono omogenee quando, ripetiamo, sono l'immagine quantitativa di quantità omogenee.

Le comparazioni quantitative, tuttavia, non si pongono fra quantità, bensì fra grandezze che sono «qualcosa di più astratto della quantità» [19].

Operando su queste ultime, quindi, è facile perdere di vista il necessario e costante riferimento alle classi di quantità del sistema economico-aziendale e porre in essere comparazioni tra grandezze omogenee solo apparentemente, in quanto espresse nella stessa unità di misura.

Il calcolo numerico, cioè, ove non venga contenuto entro limiti ben precisati, può facilmente prendere la mano all'operatore e condurre a risultati che possono contenere errori di differente gravità, tali, a volte, da inficiare il valore informativo del risultato ottenuto. Ciò può avvenire indipendentemente dal fatto che il calcolo numerico si sviluppi nell'ambito di procedimenti contabili o matematico-statistici. Certamente è più facile seguire l'aspetto formale e dimenticare il sostanziale riferimento alla quantità cui il numero è intimamente associato, quando si abbandonano i conti e si impiegano strumenti che appartengono alla matematica; il conto, infatti, è nato nell'ambito della ragioneria per accogliere fondamentalmente quantità connesse con la formazione del reddito, e «... specialmente si adatta alla rilevazione quantitativa di quei fenomeni di gestione, i quali non solo possono trovare propria espressione in valori monetari, ma che di più si manifestano in scambi monetari» [20].

Le quantità del sistema economico-aziendale hanno una loro esistenza in quanto sono la manifestazione qualitativa dei fatti economici. Lo studio di dette quantità e delle relazioni che è possibile porre tra esse, quindi, ha carattere generale, pur investendo l'attività economica con particolare riferimento al sistema aziendale.

È compito dell'economia aziendale individuare le quantità in gioco nel sistema aziendale, studiarne le relazioni logiche al fine di tracciare le condizioni di equilibrio del sistema stesso.

Le grandezze, invece, si riferiscono a specifici fatti economici e forniscono la misura delle quantità in essi implicate. La definizione delle grandezze relative a fatti aziendali non può quindi prescindere dal riferimento diretto a particolari esperienze.

---

[19] Cfr. M. Cattaneo 1959, p. 45.

[20] Cfr. G. Zappa 1946, p. 40.

È compito della contabilità e degli altri ordini di rilevazione che operano con metodo matematico-statistico effettuare la misurazione delle quantità implicate nei concreti fatti aziendali, porre comparazioni quantitative fra le misure rilevate, al fine di valutare in via preventiva e consuntiva le posizioni di equilibrio raggiungibili o di fatto raggiunte.

Le comparazioni quantitative di cui sopra si possono porre, sulla base della teoria degli insiemi, tra grandezze omogenee, ossia tra grandezze relative a quantità omogenee, che appartengono cioè ad una stessa classe (o insieme).

* * *

La moneta è comunemente impiegata, assieme alle classiche unità di misura, per determinare le grandezze attribuibili a quantità del sistema economico-aziendale; tali quantità, in effetti, possono essere distinte in quantità monetarie e quantità non monetarie a seconda che siano suscettibili o meno di misurazione per mezzo della moneta. Le grandezze espresse in moneta si dicono, propriamente, valori[21].

Alla luce della teoria insiemistica, la determinazione del valore delle quantità del sistema economico si sviluppa attraverso una duplice corrispondenza biunivoca, in funzione della quale:

a) gli elementi dell'insieme numeri naturali relativi sono posti in corrispondenza biunivoca con gli elementi dell'insieme moneta, nel senso che ad ogni elemento dell'insieme numeri corrisponde un elemento dell'insieme moneta, e viceversa;
b) gli elementi dell'insieme moneta sono posti in analoga corrispondenza biunivoca con le quantità del sistema economico delle quali debbono determinare il valore[22].

Tra i valori definiti attraverso le corrispondenze suesposte si pongono, nell'ambito di ciascun procedimento di rilevazione e per differenti finalità di conoscenza dei vari aspetti della gestione, comparazioni quanti-

[21] Sull'impiego di misurazioni non monetarie nel sistema informativo aziendale, si vedano: M. Cattaneo 1959, p. 108 ss. G. Ferrero 1968, p. 282 ss.

[22] Si veda, Antonio Amaduzzi 1970, p. 179 ss.

tative che hanno significato informativo nei limiti della «omogeneità» dei valori oggetto di comparazione.

È opportuno che il concetto di omogeneità dei valori venga precisato, per evitare che si possa confondere l'omogeneità formale o apparente con l'omogeneità sostanziale.

L'omogeneità formale nasce dalla possibilità di impiegare una stessa moneta per determinare il valore di differenti quantità in gioco nel sistema economico-aziendale. Per questo si ritiene, erroneamente, che la moneta svolga il ruolo di comune denominatore di qualsiasi quantità suscettibile di valutazione. Si ritiene anche di poter effettuare qualsiasi comparazione quantitativa tra i valori definiti per mezzo di una stessa moneta, proprio a seguito della loro presunta omogeneità.

Affinché si possa parlare di *omogeneità sostanziale*, aldilà dell'illusione monetaria, debbono congiuntamente verificarsi le due condizioni che seguono.

1. La corrispondenza definita *sub* b) dovrebbe essere posta, nell'ambito di ciascun procedimento di rilevazione, tra elementi dell'insieme moneta e quantità del sistema economico-aziendale appartenenti, secondo leggi definite, a classi (insiemi) costituite logicamente per gli scopi conoscitivi cui il procedimento tende.

Questa prima condizione stabilisce che la moneta si pone come comune denominatore solamente nei confronti di quantità del sistema economico-aziendale che presentano, agli effetti della misurazione, caratteristiche comuni; sono, cioè, elementi di un insieme costruito per porre in evidenza taluni parziali aspetti della complessa realtà fenomenica d'azienda[23].

Nel porsi in corrispondenza con le quantità facenti parte di un in-

---

[23] «Erroneo è il concetto di omogeneità dei valori di conto che spesso è accettato. L'omogeneità dei dati contabili discende dalle caratteristiche del processo di classificazione ...». Cfr. M. CATTANEO 1959, p. 96.

«Di fronte a grandezze economiche diverse per qualità, per destinazioni economiche, l'unità monetaria potrebbe essere considerata comune denominatrice, solamente se la sua proprietà fosse simile a quella d'insieme, comprensivo delle grandezze economiche diversificate per i motivi suddetti. Il che, sul piano della logica economica può ammettersi solo entro limiti che debbono essere studiati e posti, nei vari casi». Cfr. A. AMADUZZI 1966, p. 12.

sieme, la moneta assume, secondo la logica insiemistica, non già la caratteristica di ogni singola quantità dell'insieme, bensì quella che è comune a tutte le quantità (elementi) dell'insieme stesso [24].

I valori così *determinati presentano un grado di omogeneità che è relativo alle ipotesi che reggono i criteri di appartenenza di ogni quantità ad una classe,* a prescindere dagli errori che possono essere stati commessi nella fase di classificazione intensiva o estensiva.

2. La corrispondenza definita *sub* a) dovrebbe essere posta – nell'ambito di ciascun procedimento di rilevazione – tra elementi dell'insieme numeri relativi ed elementi dell'insieme moneta aventi la stessa «proprietà».

Relativamente ai procedimenti di rilevazione contabile posti in essere per la determinazione del reddito di periodo, la condizione ora enunciata potrebbe ritenersi verificata qualora la moneta mantenesse nel tempo una relativa stabilità del suo potere d'acquisto (stessa proprietà) [25]; il che dipende dall'esistenza di una «... sufficiente «normalità» delle circostanze che caratterizzano la dinamica del sistema dei prezzi negoziati dall'azienda» [26].

L'ipotesi secondo la quale la moneta conserva un potere d'acquisto – in termini generali o con riferimento a particolari gruppi di beni – «relativamente costante» nel tempo non trova riscontro nella odierna realtà, sicché i valori che traggono origine dagli scambi monetari, fatti o previsti, dovrebbero subire correzioni nel tempo attraverso opportuni «indici di adeguamento monetario» [27].

---

[24] «L'unità monetaria deve avere una proprietà simile a quella dell'insieme da misurare». *Ibidem*, p. 12.

[25] «Il mantenimento della stessa proprietà agli elementi della classe moneta di conto, richiesta dalla logica aritmetica, si verifica in economia aziendale, quando la moneta conserva la sua potenzialità generica e specifica di acquisto nei confronti degli «oggetti» con cui è posta in corrispondenza. A tale riguardo l'omogeneizzazione richiede in sostanza la stabilità dei prezzi, in funzione di stabilità sia di cause inerenti alla moneta, sia di cause inerenti a negoziazioni di mercato». Cfr. ANTONIO AMADUZZI 1970, p. 181.

[26] Cfr. M. CATTANEO 1959, p. 97.

[27] Si veda A. AMADUZZI 1966, pp. 192, 193.

È opportuno, anche sotto questo profilo, abbandonare il concetto di omogeneità assoluta e parlare più precisamente di un *grado di omogeneità dei valori* (che nascono da negoziazioni di mercato fatte in tempi differenti) *che è relativo al grado di stabilità dei prezzi nel tempo.*

Con riferimento ai procedimenti di rilevazione posti in essere per finalità informative diverse da quelle della determinazione del reddito di esercizio, occorre enunciare chiaramente quale moneta è stata assunta a base di ciascuno di essi, in modo da poter definire il valore informativo dei risultati, anche in relazione ai confronti che potranno essere fatti con i risultati di altri procedimenti [28].

La logica insiemistica pone a base della determinazione dei valori la duplice corrispondenza numero-moneta e moneta-quantità del sistema economico-aziendale. Avverte inoltre che, per non privare di validità informativa i risultati che si ottengono operando comparazioni quantitative tra i valori definiti, è necessario che la moneta presenti carattere di relativa stabilità e che sia sempre utilizzata con riferimento a classi (o insiemi) di quantità costruite logicamente per finalità di conoscenza.

In momenti di intensa inflazione, la determinazione del reddito di periodo può presentare difficoltà considerevoli.

Costi e ricavi che vengono accostati per definire la misura del reddito, infatti, possono derivare da atti di scambio separati da un ampio intervallo temporale. Se in tale intervallo l'unità di misura «moneta» si è largamente deteriorata, le relative grandezze di costo e ricavo hanno perduto l'omogeneità sostanziale ed i risultati che dalla loro comparazione

---

[28] «... Un sistema di rilevazioni a valori, avente un fine, un metodo e un oggetto definiti, è espresso in una particolare moneta. È fonte di errore sottintendere questa scelta, supponendo cioè che un unico valore della moneta valga come mezzo di espressione comune per tutte le rilevazioni. Il valore della moneta di conto, proprio di un sistema contabile, non è necessariamente lo stesso in cui si esprime una situazione finanziaria o uno studio di dinamica dei prezzi. Diversi sono i prezzi considerati nei vari casi, per fini plurimi». Cfr. M. CATTANEO 1959, pp. 106-107.

Nel caso della contabilità industriale, a titolo di esempio, i prezzi che possono essere presi a base della determinazione dei costi di produzione possono essere «prezzi di ricostituzione dei fattori», anziché prezzi negoziati dall'impresa. In tali casi, eventuali comparazioni con le risultanze di altre contabilità non possono porsi senza gli adeguamenti eventualmente necessari, per il diverso sistema di prezzi usato.

emergono sono formalmente corretti, *ma privi di significato economico* (illusione monetaria).

Anche il valore assegnato agli elementi del capitale (processi produttivi in corso di svolgimento a fine periodo) non può rimanere orientato al costo storico, in quanto «... l'inflazione, con la rottura della corrispondenza tra i valori di *stock* e quelli di flusso che determina, va ad incidere negativamente sulla capacità del capitale di funzionamento, le cui attività siano valutate sulla base della convenzione del costo storico, di rappresentare una base significativa per la determinazione del reddito di periodo»[29].

È evidente che al costo storico, diventato inadeguato a confrontarsi con i ricavi correnti, deve sostituirsi il suo equivalente in termini di potere d'acquisto corrente (costo storico rivalutato). Occorre sempre e comunque verificare che tale valore non sia superiore al valore corrente del bene oggetto di valutazione (altrimenti deve essere assegnato tale valore corrente, in quanto espressione di un particolare andamento dei prezzi del mercato di quel bene specifico) ed al valore di presumibile realizzo diretto o indiretto (che *in ogni caso* rappresenta il massimo valore attribuibile).

3.5. Il valore economico del capitale (o capitale economico)

Il valore economico del capitale (o capitale economico) di un'impresa in funzionamento – si è detto in un precedente paragrafo – è espressione della complementare utilità economica che tutte le condizioni positive e negative di produzione, unitariamente considerate, riescono ad esprimere in prospettiva. Tale utilità economica prospettica assume la sostanza di un flusso di redditi futuri, la consistenza e l'entità dei quali determinano l'altezza del capitale economico.

Tale flusso di redditi prospettici, che si presumono realizzabili nei differenti periodi, deve essere attualizzato al tempo di valutazione utilizzando un tasso adeguato. Con la formula di attualizzazione finanziaria avremo:

---

[29] Cfr. F. Ranalli 1988, p. 51.

$$Ce = R \frac{(1 + i)^n - 1}{i (1 + i)^n} = R \, a_{\overline{n}|i} \qquad [1]$$

dove:

Ce capitale economico;
R reddito medio di periodo (previsto);
i tasso di attualizzazione;
n periodi di tempo.

Quanto sia ardua ed aleatoria la determinazione del capitale economico è considerazione che non sfugge a nessuno. Infatti, i tre fondamentali elementi da assumere per il suo calcolo (il reddito prospettico, il tempo ed il tasso di attualizzazione) sono grandezze largamente permeate di soggettivismo.

Il reddito medio presunto è legato ovviamente alla possibilità di sopravvivenza dell'impresa nel tempo futuro; alla capacità del governo d'impresa di mantenere nel tempo flussi di ricavi remuneratori nei confronti dei costi di produzione, di attuare – cioè – scelte strategiche vincenti, individuando *produzioni e strutture* idonee alle esigenze che si manifesteranno nell'ambiente economico.

Il grado di idoneità delle strutture di cui già l'impresa dispone non è circostanza di poco conto nel definire il flusso del reddito prospettico.

La crescente variabilità ambientale, indotta da spinte competitive, da elevati tassi di innovazione e da altre circostanze, rende l'orizzonte sempre meno scrutabile e le previsioni sulle future condizioni economico-finanziarie dell'impresa sempre più difficili.

Il tempo da assumere come valido ai fini del calcolo può essere definito o indefinito: ciò dipende dalle prospettive di vita utile dell'impresa o dall'esistenza di vincoli giuridici che possono limitare nel tempo l'attività della stessa (scadenza di concessioni, ecc.). In generale, può essere assunta abbastanza facilmente l'ipotesi di un flusso di reddito indefinito (una sorta di rendita perpetua, non certa, ma soggetta al rischio d'impresa). Quando i tassi di capitalizzazione sono abbastanza elevati, poi, la differenza tra il valore attuale di un flusso di redditi assunto a tempo indefinito ed il valore attuale di un flusso di redditi assunto per *n* anni tende a diventare trascurabile con valori di *n* relativamente bassi.

Qualora si ritenesse indefinito il flusso di reddito, la formula di attualizzazione diventerebbe:

$$Ce = \frac{R}{i} \qquad [2]$$

Il tasso di capitalizzazione, infine, deve essere definito tenendo conto non solamente dei tassi di interesse dettati dall'andamento del mercato dei capitali, ma anche del grado di rischio al quale è sottoposta l'attività della specifica impresa. Non si tratta, dunque, di determinare il valore capitale di una rendita perpetua certa, bensì di un flusso di reddito che si *ritiene* di poter conseguire come risultato di un'attività – quella d'impresa – soggetta a rischi di variabile entità. Poiché l'apprezzamento del grado di rischio è soggettivo, la scelta del tasso di attualizzazione più opportuno non appare facile, né priva di incertezze.

Pur con tutte le difficoltà connesse alla scelta delle variabili in base alle quali effettuare il calcolo, il *valore economico del capitale rimane* – a nostro avviso – *un fortissimo strumento concettuale in economia d'impresa.*

Esso, infatti:

a) rappresenta il valore assegnabile ad una impresa in funzionamento, definito in base al flusso prospettico di reddito, secondo le attese del soggetto valutatore. Tale soggetto giudica il flusso prospettico di reddito da capitalizzare anche in funzione della capacità imprenditoriale che ritiene di poter esprimere e delle possibilità di integrazione operativa e finanziaria con altre eventuali strutture produttive ad esso facenti capo o comunque con esso collegate;
b) è espressione di tutte le condizioni e le potenzialità di produzione: non solamente di quelle singolarmente quantificabili, ma anche di quelle più astratte, più *soft*, che tuttavia sono determinanti ai fini dell'esistenza e dell'altezza dei flussi di reddito;
c) costituisce un fondamentale punto di riferimento per orientare la formazione del *prezzo di cessione* di un'impresa in funzionamento. Quando un'impresa in funzionamento diventa oggetto di negoziazione e deve essere ceduta, le valutazioni di capitale economico sono fatte non solamente dal soggetto venditore, ma anche dai potenziali soggetti acquirenti.

Ciascuno, in relazione alla propria capacità imprenditoriale e alle potenzialità di integrazione operativa e finanziaria che può assicurare all'impresa, *esprime valutazioni circa il flusso futuro di redditi da prendere a riferimento per il calcolo del capitale economico* che, di tale flusso di redditi, costituisce il valore attuale.
Il capitale economico calcolato dal venditore, in relazione al flusso di redditi che ritiene di realizzare con le potenzialità di cui potrà disporre, costituisce il *valore minimo* al quale è disposto a cedere l'impresa (anzi rappresenta il suo punto di indifferenza). Sotto un profilo strettamente economico, la cessione non dovrebbe avvenire per valori inferiori (il venditore, infatti, avrebbe convenienza a *non cedere* l'impresa e a realizzare il flusso di reddito previsto, il cui valore attuale è superiore); la convenienza per il venditore aumenta a mano a mano che il prezzo di cessione sale al disopra del valore economico del capitale, così come dal venditore stesso calcolato.
Il capitale economico analogamente calcolato dai potenziali compratori rappresenta il *valore massimo* al quale questi ultimi sono disposti ad acquistare l'impresa funzionante. Prezzi superiori, infatti, non potrebbero razionalmente essere pagati, perché la parte di investimento eccedente il capitale economico non appare, in prospettiva, recuperabile dal flusso previsto dei redditi futuri. La convenienza per il compratore emerge e si consolida a mano a mano che il prezzo di cessione scende al disotto del valore economico del capitale, così come dal compratore stesso calcolato.
Quando tra il minimo del venditore ed il massimo del/dei compratori si apre uno spazio di valori intermedi, il negozio diventa possibile ed il prezzo di cessione si posizionerà a favore dell'uno o dell'altro contraente a seconda della capacità contrattuale, di vincoli a comprare o a vendere, di molteplici condizioni soggettive e di fattori extraeconomici che non mancano di produrre la loro influenza sulla misura del prezzo effettivo di cessione.
Si comprende così come possono essere cedute «aziende in perdita», e cioè imprese che da tempo producono flussi di reddito negativo per ragioni di carattere organizzativo, o per ragioni di dimensionamento critico o ancora perché appartenenti alla sfera pubblica e tenute a soddisfare obiettivi di carattere sociale.

La cessione di tali aziende in perdita può avvenire a prezzi di grande rilievo, sempre che il compratore intravveda la possibilità di generare dalla loro gestione flussi di reddito positivo, potendo rimuovere le cause di inefficienza o superare il dimensionamento critico o abbandonare i condizionamenti (ed i relativi oneri) indotti da obiettivi sociali[30];

d) *costituisce il limite superiore per qualsiasi valutazione del capitale di un'impresa in funzionamento.* Valori assegnati al capitale di un'impresa in funzionamento aldilà del capitale economico sarebbero irragionevoli, anzi privi di contenuto economico, in quanto non realizzabili in prospettiva attraverso il flusso dei ricavi che si ritiene possa essere generato dall'attività dell'impresa.

In tale ottica, occorre verificare che il valore concretamente assunto dal capitale in sede di assegnazione del reddito ad un periodo non superi in alcun caso l'altezza del capitale economico. Tale verifica è di notevole rilievo sotto il profilo della razionalità dei valori assegnati perché l'altezza dei valori del capitale economico è determinata tenendo conto delle attese circa l'evoluzione dell'attività dell'impresa nel tempo futuro.

Se prospettive di caduta dei flussi reddituali conducono ad affermare valori negativi o valori poco elevati del capitale economico, l'eventuale eccedenza del capitale, concretamente determinato per assegnare il reddito ad un definito periodo, rispetto ai suddetti va-

---

[30] È il caso, ci sembra, dell'Alfa Romeo, sottodimensionata ed appesantita da strutture obsolete e da eccessiva occupazione, acquistata ad un prezzo considerevole dalla Fiat nell'ottica di una integrazione produttiva ritenuta essenziale per il consolidamento delle posizioni su taluni segmenti di mercato. È il caso dell'impresa agricola pubblica Maccarese, inefficiente ed oberata da eccessivi costi di manodopera, che stava per essere acquistata da privati ad un prezzo considerevole; tale prezzo si giustificava nell'ottica di una conduzione più efficiente ed integrata, capace – nelle prospettive degli acquirenti – di generare rapidamente redditi positivi tali da assicurare, in breve tempo, il recupero degli investimenti necessari per l'acquisto e l'eventuale ristrutturazione.

È evidente che il capitale economico dell'Alfa Romeo, calcolato alla luce dell'integrazione nel gruppo Fiat, era largamente positivo e giustificava il prezzo pagato.

Analogamente considerazioni possono valere per il prezzo offerto in relazione alla ipotizzata cessione della Maccarese.

lori del capitale economico vale a segnalare l'errore (per eccesso) commesso nell'attribuzione del reddito al periodo.

Nella dottrina e nella prassi il valore economico del capitale viene determinato anche facendo riferimento a metodi differenti da quello «reddituale» [31], sinteticamente descritto in queste pagine, basato sul valore attuale del flusso di redditi che in prospettiva l'azienda può realizzare.

Possono essere utilizzati «metodi finanziari» che attualizzano flussi di cassa prospettici, metodi patrimoniali che attribiscono maggior rilevanza alla qualità e al valore degli investimenti realizzati o metodi indiretti collegati a taluni elementi di carattere operativo o a valori desunti dal mercato, con riferimento ad altre imprese ritenute similari.

Ogni metodo presenta pregi e limiti e può essere di volta in volta ritenuto, a preferenza di altri o congiuntamente ad altri, più idoneo ad esprimere il valore di un complesso economico in funzionamento. L'idoneità dipende da numerose circostanze tra le quali segnaliamo, ad esempio, le caratteristiche e l'entità degli investimenti, la prevalenza di risorse materiali o di risorse intangibili nel determinare il successo dell'impresa ed il flusso dei suoi redditi, l'arco di tempo considerato, le finalità per le quali il valore è determinato, l'esigenza di praticità.

Tuttavia, la determinazione del valore dell'impresa attraverso i metodi reddituali appare concettualmente la più appropriata, considerando che il valore di un sistema orientato alla creazione di ricchezza, qual è

---

[31] «Tali metodi, a ben vedere, sono divisibili in tre grandi categorie: quelli che si basano fondamentalmente sull'osservazione dei *valori patrimoniali*, quelli che assumono a base della valutazione *flussi di ricchezza* (di reddito o di cassa) prodotti dall'impresa e quelli, infine, che utilizzano parametri predefiniti o fanno riferimento ad aziende similari.

Concretamente i metodi di stima del valore economico del capitale si possono ricondurre alle seguenti tipologie:

a) *metodi patrimoniali* semplici o complessi;

b) *metodi reddituali* (flussi di reddito netto attualizzati);

c) *metodi misti* patrimoniali-reddituali (valori patrimoniali e stima autonoma dell'avviamento);

d) *metodi finanziari* (flussi di «cassa» attualizzati);

e) *metodi indiretti* che fanno riferimento a indicatori e moltiplicatori di mercato» [M. Cavalieri 2004 (2)].

l'impresa, non può che essere propriamente definito in funzione dell'altezza del reddito che è capace di esprimere in prospettiva.

L'utilizzo dei metodi patrimoniali, invece, non appare idoneo a determinare il valore di complessi aziendali in funzionamento, proprio in quanto non considera in alcun modo i flussi prospettici di ricchezza che l'azienda potrebbe realizzare.

Dalle precedenti considerazioni, comunque, emerge che il problema più delicato da affrontare in sede di determinazione del valore economico del capitale non è tanto quello del metodo più opportuno da selezionare ed utilizzare, quanto piuttosto quello dei «valori» (flussi di reddito o di cassa, tassi d'interesse, tempo) da inserire nelle «formule».

Il processo che avvicina alla conoscenza di tali valori è lungo e complesso e trova il suo fondamento nella disponibilità di adeguate informazioni sulle condizioni complessive dell'impresa e sui suoi livelli di conoscenza [32].

Ogni impresa, infatti, si presenta sui mercati a competere con il suo DNA, ossia con *le peculiarità, le doti di potenzialità ed i limiti che ne caratterizzano l'essere e l'operare* e che si possono riassumere negli elementi che costituiscono la sua «formula imprenditoriale» [33]. La qualità di tali elementi (sistemi competitivi, sistemi di prodotto, sistemi di relazioni con gl'interlocutori sociali, strutture organizzative ed operative) è di grande rilievo per la valutazione delle prospettive di successo dell'impresa.

3.6. Sui rapporti tra differenti configurazioni del capitale d'impresa

3.6.1. *Il capitale di funzionamento*

Il capitale di un'impresa in funzionamento può essere valutato per conoscere il suo pieno valore economico (capitale economico). In tale ipotesi, come si è visto, il capitale assume un valore che è funzione del flusso di ricchezza che l'impresa è in grado di realizzare in prospettiva.

Ma più frequentemente, in un'ottica completamente differente, il capitale viene determinato per assegnare ad un periodo ennesimo il reddi-

[32] Si vedano, in tal senso: L. GUATRI 2000; M. CAVALIERI 2004 (2).

[33] Si veda V. CODA 1988.

to relativo ai processi produttivi che in esso hanno avuto compimento; a tal fine, debbono essere valutati i «processi in corso di svolgimento», ossia l'insieme delle utilità economiche ancora disponibili al tempo *tn* e delle obbligazioni ancora da assolvere.

Se tale valutazione, fosse definita secondo i principi di ragionevolezza e di prudenza, condurrebbe ad assegnare al capitale determinato per esprimere il reddito di periodo (il c.d. «capitale di funzionamento») valori inferiori a quelli del capitale economico che, invece, attualizza tutti i redditi futuri.

Se, invece, il capitale di funzionamento, fosse determinato assegnando ai suoi componenti valori orientati al *fair value* (normalmente superiori a quelli di costo):

a) verrebbe anticipata a vantaggio del periodo considerato parte degli *utili potenzialmente realizzabili sui processi in corso*;
b) il valore del capitale netto tenderebbe ad avvicinarsi al valore economico del capitale, senza tuttavia raggiungerlo in quanto quest'ultimo includerebbe anche tutti gli utili attesi dai processi produttivi che sostituiranno quelli in corso;
c) i valori assegnati al capitale e al reddito del periodo dovrebbero comunque essere caratterizzati da un elevato «grado di attendibilità»[34].

Infatti, il capitale di funzionamento è determinato per assegnare a ciascun periodo *una porzione del reddito che l'impresa è capace di generare nel tempo,* e precisamente quella *riveniente dai processi produttivi «compiuti» nel periodo stesso.* La valutazione dei componenti attivi e passivi del capitale viene quindi fatta in modo da consegnare ai periodi futuri un'entità del capitale netto che, normalmente, sarà realizzabile per gli stessi valori o valori più elevati.

Il valore economico del capitale, invece, è il valore attuale di tutto il flusso dei redditi che l'impresa presume di poter, in prospettiva, realizzare.

---

[34] Osserva, tuttavia, l'Ardemani: «È appena il caso di ricordare che i valori del capitale sono definiti in funzione di quelli da assegnare al reddito di periodo: quanto più i valori di fatto assegnati al reddito e al capitale si avvicinano ai massimi attribuibili, tanto minore appare il loro grado di attendibilità e maggiore il rischio che non trovino conferma negli accadimenti futuri».

Cfr. E. Ardemani 1978, p. 135.

3.6.2. *Il capitale di liquidazione*

Il «capitale di liquidazione» è il valore che può essere assegnato al capitale di un'impresa nella fase di cessazione dell'attività per liquidazione dell'attivo e del passivo. Si tratta di un'impresa il cui soggetto economico non vuole più o non è in condizioni di svolgere la normale attività produttiva, e tenta di realizzare il massimo possibile volume di mezzi monetari vendendo *direttamente e separatamente i* componenti attivi del capitale (dopo averli stralciati dalla combinazione produttiva) ed estinguendo gli eventuali debiti residui.

Il capitale di liquidazione, quindi, è la somma dei valori assegnabili a ciascuno di tali beni (già appartenenti alla combinazione produttiva dell'impresa in funzionamento), somma considerata al netto delle obbligazioni ancora da assolvere.

I beni in discorso, non più legati da complementarietà economica avendo perduto il vincolo di destinazione all'attività produttiva dell'impresa, possono mantenere tuttavia un valore che è strettamente correlato alla loro singola attitudine allo scambio. La loro valutazione, quindi, non può che attestarsi sui valori che si pensa di realizzare sul mercato, essendo venuta meno la logica dell'impresa in funzionamento, ove ogni fattore con gli altri si combina e, per il tramite del processo produttivo, concorre a generare nuova ricchezza.

La maggior parte dei fattori produttivi ha un elevato valore in funzione dell'utilità economica che è capace di generare partecipando al processo produttivo per il quale ogni fattore è stato acquisito. Ove tale partecipazione per qualsivoglia ragione venga meno, i fattori produttivi – salvo casi del tutto particolari – perdono una parte più o meno ampia della suddetta utilità economica (e, quindi, del loro valore) a seconda che siano o meno utilizzabili per altri processi produttivi attivati presso altre unità di produzione oppure utilizzabili come beni di consumo.

Saremmo portati ad affermare che il valore loro attribuibile nell'ipotesi di funzionamento dell'impresa, in normali condizioni di redditività, è ben più elevato di quello attribuibile in un'ipotesi di liquidazione. Ma dobbiamo sempre ricordare che in ipotesi di funzionamento il valore di ogni componente del capitale è strettamente correlato al valore di ogni altro componente: solo il valore del complesso, e cioè il valore economico del capitale assume significato compiuto.

Tuttavia, alla valutazione dei singoli componenti si dà seguito anche nell'ipotesi di impresa in funzionamento, ma non per valutare il capitale, quanto piuttosto per assegnare correttamente il reddito al periodo considerato. A tal fine, infatti, la valutazione dei componenti attivi e passivi del capitale è – come ripetutamente affermato – strumentale.

Il valore economico del capitale, normalmente, è ben maggiore del valore del capitale netto di liquidazione, *giusta* il fatto che il sistema aziendale funzionante e capace di produrre reddito positivo ha un valore complessivo ben più elevato della somma dei valori attribuibili alle parti che lo compongono, singolarmente considerate. La differenza, infatti, è proprio dovuta all'«effetto organizzazione» e cioè alla nuova ricchezza che il *sistema organizzato* è capace di generare.

Tuttavia, il valore economico del capitale potrebbe, in taluni casi, essere inferiore al valore del capitale netto di liquidazione, ottenuto assegnando alle attività i valori che si presume di realizzare dalla loro vendita diretta (dopo averle stralciate dal processo produttivo) e, alle passività, i valori di presumibile estinzione.

Tale situazione si verifica quando le previsioni relative alla prosecuzione dell'attività aziendale segnalano redditi negativi, o redditi molto bassi, mentre si possono prevedere interessanti recuperi connessi alla vendita dei singoli componenti attivi, alcuni dei quali, seppur isolatamente considerati, possono mantenere un interessante valore di mercato.

La situazione rappresentata suggerisce la cessazione dell'attività dell'impresa: l'«effetto sistema» è negativo non esistendo (almeno nelle attese del soggetto valutatore) prospettive di reddito tali da giustificare il mantenimento in vita delle combinazioni produttive. Infatti, i recuperi che per il loro tramite si ipotizzano appaiono complessivamente inferiori a quelli che la vendita separata dei componenti del capitale potrebbe generare.

3.6.3. *Sui rapporti tra capitale economico e capitale netto di funzionamento: riserva occulta, riserva potenziale, annacquamento di capitale*

Al fine di meglio comprendere i rapporti di valore che intercorrono tra il capitale economico ed il capitale di funzionamento, possiamo utilizzare gli schemi 15, 16, 19 e 20, ove sono rappresentate differenti possibili altezze del capitale di un'impresa in funzionamento.

I limiti superiore ed inferiore del capitale di un'impresa in funzionamento sono rappresentati, nei vari schemi, con linee tratteggiate, per sottolineare anche visivamente *l'esistenza, per ciascuno di tali limiti, di un «intorno» di valori possibili.* Si tratta, infatti, di valori in larga misura correlati al tempo futuro e pertanto solamente congetturabili: l'ampiezza di tali «intorni» varia in funzione della più o meno elevata possibilità di previsione.

Si vuole con ciò affermare l'impossibilità di definire in modo univoco, sia nella teoria che nella considerazione di specifiche fattispecie operative, l'ampiezza della fascia dei valori possibili del capitale netto di un'impresa in funzionamento. Tale «definizione», infatti, è il risultato di indagini e conseguenti giudizi sul futuro svolgersi dell'attività dell'impresa e sull'attitudine dei fattori produttivi costituenti il capitale ad esprimere, in coordinamento tra di loro, utilità economica nel tempo e nello spazio futuro.

Non si tratta, dunque, di valori certi, quanto piuttosto di orientamenti circa l'altezza del capitale definito per differenti scopi di conoscenza.

Il limite superiore (o, meglio, l'intorno di valori che segna il limite superiore) si *identifica nel valore economico del capitale di un'impresa in* funzionamento (il c.d. «capitale economico»).

Il limite inferiore (o, meglio, l'intorno dei valori che segna il limite inferiore) corrisponde, invece, ad un ben diverso concetto di capitale di un'impresa in funzionamento; *in tale intorno dovrebbero essere ricompresi i valori del capitale che trovano espressione nei bilanci, eretti dalle imprese per assegnare una corretta misura di reddito ai differenti periodi individuati* (capitale netto di bilancio).

Osserviamo che ove il capitale netto di bilancio fosse ricompreso tra i due limiti segnalati, *assumerebbe egualmente valori accettabili e manterrebbe pienezza di valore in tutta la sua estensione.*

Assumerebbe valori accettabili in quanto compresi tra un «minimo», definito valutando i componenti in modo da assegnare correttamente il reddito al periodo ed un «massimo», definito esprimendo tutte le potenzialità future del capitale (e cioè attualizzando il flusso dei redditi che da esso possono promanare).

Manterrebbe pienezza di valore in tutta la sua estensione in quanto i valori espressi si presumono «realizzabili» attraverso il futuro svolgersi delle vicende produttive.

La Tavola n. 15 rappresenta un'ipotesi *di stima corretta del capitale ai fini dell'assegnazione del reddito al periodo: il* «capitale netto di bilancio», infatti, è stato determinato nella logica della ragionevolezza ed il

Tavola 15

STIMA CORRETTA DEL CAPITALE (Netto di bilancio)
AI FINI DELL'ASSEGNAZIONE DEL REDDITO AL PERIODO

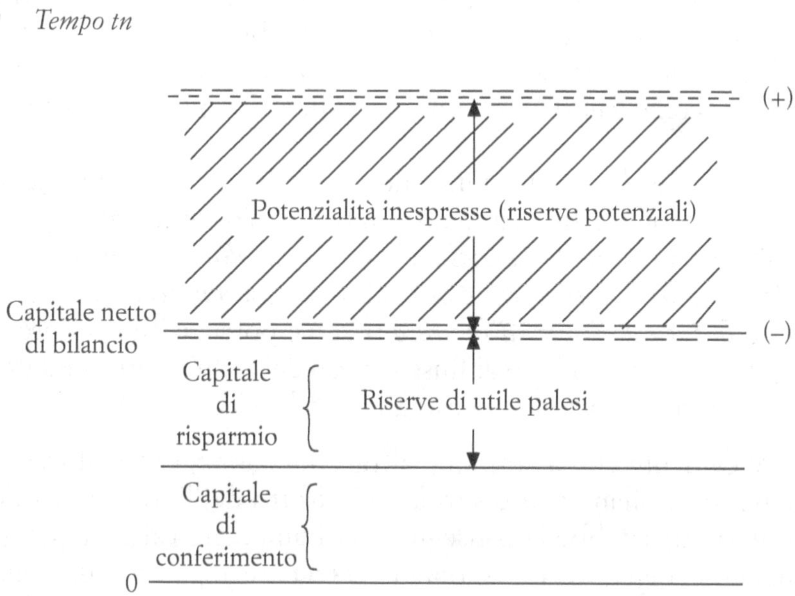

Legenda:

(+) limite superiore del valore del capitale di un'impresa in funzionamento: intorno dei valori del capitale economico.

(–) limite inferiore del valore del capitale di un'impresa in funzionamento: intorno dei valori ai quali deve orientarsi il capitale netto di bilancio ai fini di una corretta assegnazione del reddito al periodo.

Il tratteggio obliquo indica la fascia dei valori che possono essere assegnati al capitale di un'impresa in funzionamento.
Le linee continue indicano valori risultanti dalla contabilità; le linee tratteggiate indicano valori congetturati del capitale netto di un'impresa in funzionamento.

valore che ha assunto è situato nell'intorno dei valori che segnano il limite inferiore del capitale di un'impresa in funzionamento. Il reddito, conseguentemente, è stato assegnato al periodo in una misura corretta.

Osserviamo:

a) il capitale netto di bilancio è formato dal capitale a qualsiasi titolo conferito dalla proprietà (capitale di conferimento) e dall'entità degli utili conseguiti nel tempo e non distribuiti (capitale di risparmio). Si tratta, in questo caso, di *utili non distribuiti che figurano in bilancio* come valori all'interno del capitale netto (*riserve palesi di utile*);
b) lo spazio che separa il capitale netto di bilancio dal valore del capitale economico (massimo attribuibile) corrisponde alle «potenzialità inespresse». *Potenzialità, cioè, che il valore assegnato al capitale di bilancio non esprime, ma che si presumono realizzabili attraverso la futura attività d'impresa* (riserve potenziali): il valore del capitale definito in base al flusso atteso dei redditi futuri, infatti, è ben superiore al valore del capitale di bilancio.

Appare evidente che qualunque altra valutazione, che collocasse il capitale netto di bilancio al disopra o al disotto dell'intorno di valori per esso previsti, sarebbe la conseguenza di un errore valutativo o, più probabilmente, della precisa volontà di assegnare al periodo una misura di reddito superiore o inferiore a quella che si può ritenere ragionevole.

La Tavola n. 16 rappresenta un'ipotesi *di sottostima del capitale netto ai fini dell'assegnazione del reddito al periodo*: il capitale netto di bilancio e, parallelamente, il reddito di periodo sono stati sottostimati assegnando ai componenti attivi e passivi del capitale valori complessivamente inferiori, rispetto a quelli rivenienti dalla corretta applicazione del principi di ragionevolezza.

Osserviamo:

a) il capitale netto di bilancio è formato dal capitale di conferimento e da una parte del capitale di risparmio: quella corrispondente all'entità degli utili rilevati e non prelevati (riserve palesi di utile);
b) gli ulteriori utili, che sarebbero emersi se le valutazioni fossero sta-

Tavola 16

SOTTOSTIMA DEL CAPITALE (Netto di bilancio)
AI FINI DELL'ASSEGNAZIONE DEL REDDITO AL PERIODO:
RISERVA OCCULTA, RISERVA POTENZIALE

Tempo tn

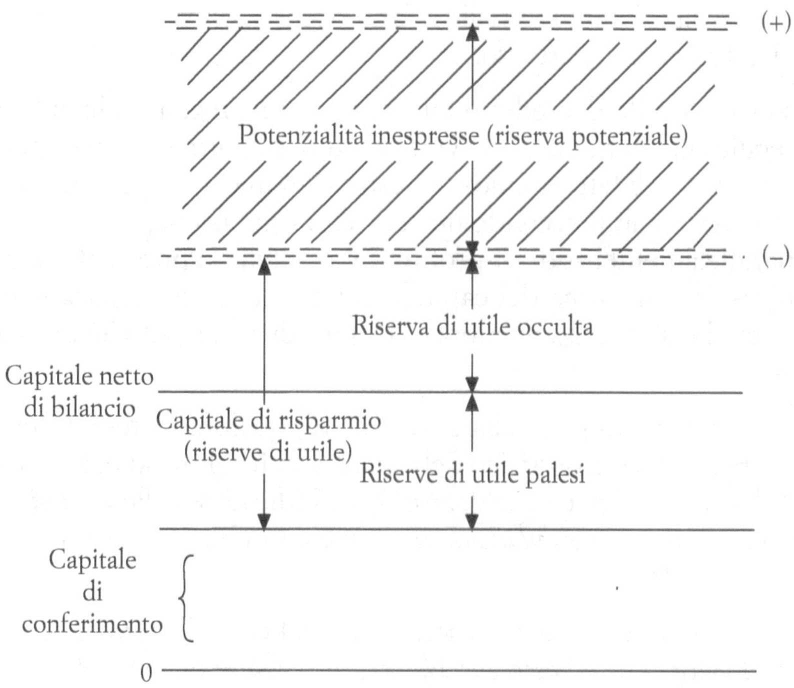

te correttamente effettuate, possono ragionevolmente ritenersi acquisiti all'economia dell'impresa. Tali utili, volutamente o per errore occultati nella sottostima del capitale netto (realizzata come somma algebrica delle sottostime e sovrastime delle attività e delle passività) non sono stati prelevati e formano, quindi, il capitale di risparmio occulto (riserva occulta).

Il capitale netto di bilancio, infatti, avrebbe dovuto essere collocato nell'intorno di valori che segnano il limite inferiore del capitale di un'impresa in funzionamento (–); la sua sottostima implica una eguale sottostima del reddito attribuito al periodo, in quanto – giova ricordarlo – i componenti del capitale, in quanto espressione dei processi in corso di svolgimento a fine periodo, sono altresì componenti del reddito di periodo.

Il capitale di risparmio che si può ragionevolmente ritenere acquisito in relazione ai processi compiuti, pertanto, è complessivamente formato dalle riserve palesi di utile e dalla riserva occulta.

La riserva occulta, pertanto:

- sotto il profilo del reddito rappresenta utile ragionevolmente conseguito nel periodo, non evidenziato per il fatto che costi, perdite o consumi di fattori sono stati esposti in misura superiore a quanto determinabile secondo una corretta valutazione;
- parallelamente, sotto il profilo del capitale, rappresenta la complessiva sottostima del capitale netto di bilancio conseguente al fatto che sono stati manipolati i valori di talune attività e/o passività.

Sempre con riferimento alla Tavola n. 16, qualora l'intera differenza positiva tra il valore economico del capitale ed il valore ad esso assegnato nel bilancio si volesse considerare come indicatore delle «*potenzialità comunque inespresse nel bilancio medesimo*», sarebbe opportuno distinguere, in tale differenza:

la riserva occulta, insita nella sottostima del capitale netto di bilancio rispetto al valore che ad esso avrebbe dovuto essere ragionevolmente assegnato;

la riserva potenziale, che si estende fino al valore-limite segnato dal capitale economico.

Le Tavole nn. 17 e 18 propongono gli schemi del capitale e del reddito nell'ipotesi di sottostima del capitale netto di bilancio conseguente a sottostime o sovrastime di attività e di passività.

Il passivo, soprattutto nelle sue componenti congetturate (passività presunte), è rappresentato per valori superiori (64 anziché 60); l'attivo è rappresentato per valori inferiori (94 anziché 100). Ciò comporta l'abbattimento del valore attribuito al capitale netto di bilancio (30) rispetto al valore corretto che avrebbe dovuto assumere (40).

I consumi dei fattori e/o le perdite ed i costi futuri presunti appaiono rappresentati per un importo superiore a quello ragionevolmente definibile. L'utili di bilancio, conseguentemente, si riduce da 15 a 5.

Appare evidente che, nella realtà, la sottostima (così come la eventuale sovrastima) del capitale netto di bilancio, rispetto al valore che avrebbe dovuto assumere per effetto di valutazioni ragionevoli è dovuta all'effetto congiunto (somma algebrica) di tutte le sovrastime e le sottostime eventualmente presenti in ognuna delle attività e delle passività.

La Tavola n. 19 rappresenta *un'ipotesi di sovrastima del capitale netto di bilancio ai fini dell'assegnazione del reddito al periodo.*

Parte degli utili, che in base ad una corretta applicazione del principio della competenza economica avrebbero dovuto costituire «dotazione» dei periodi futuri (utili presunti), sono stati anticipati a vantaggio del periodo considerato. Il reddito attribuito a tale periodo è tanto meno attendibile quanto più i valori assegnati al capitale netto sono elevati, non tengono conto dei rischi in essere e possono essere smentiti dai minori realizzi futuri.

L'entità contabile del capitale di risparmio, pertanto, dovrebbe essere rettificata eliminando tale componente di utili presunti anticipati.

La Tavola n. 20 rappresenta *un'ipotesi più grave di sovrastima del capitale ai fini dell'assegnazione del reddito al periodo*: ed infatti, i valori assegnati al capitale netto di bilancio aldilà del valore economico del capitale (annacquamento di capitale) sono privi di contenuto economico, in quanto non appaiono realizzabili attraverso il flusso dei ricavi futuri.

Osserviamo:

a) se si verificheranno le prospettive che hanno dato vita al calcolo del capitale economico, il valore assegnato al capitale netto di bilancio non potrà essere interamente realizzato: si prospettano *perdite* a carico dei periodi futuri, a mano a mano che i processi pro-

Tavola 17

SOTTOSTIMA DEL CAPITALE (Netto di bilancio)
CONSEGUENTE A SOTTOSTIMA DELL'ATTIVO E
A SOVRASTIMA DEL PASSIVO

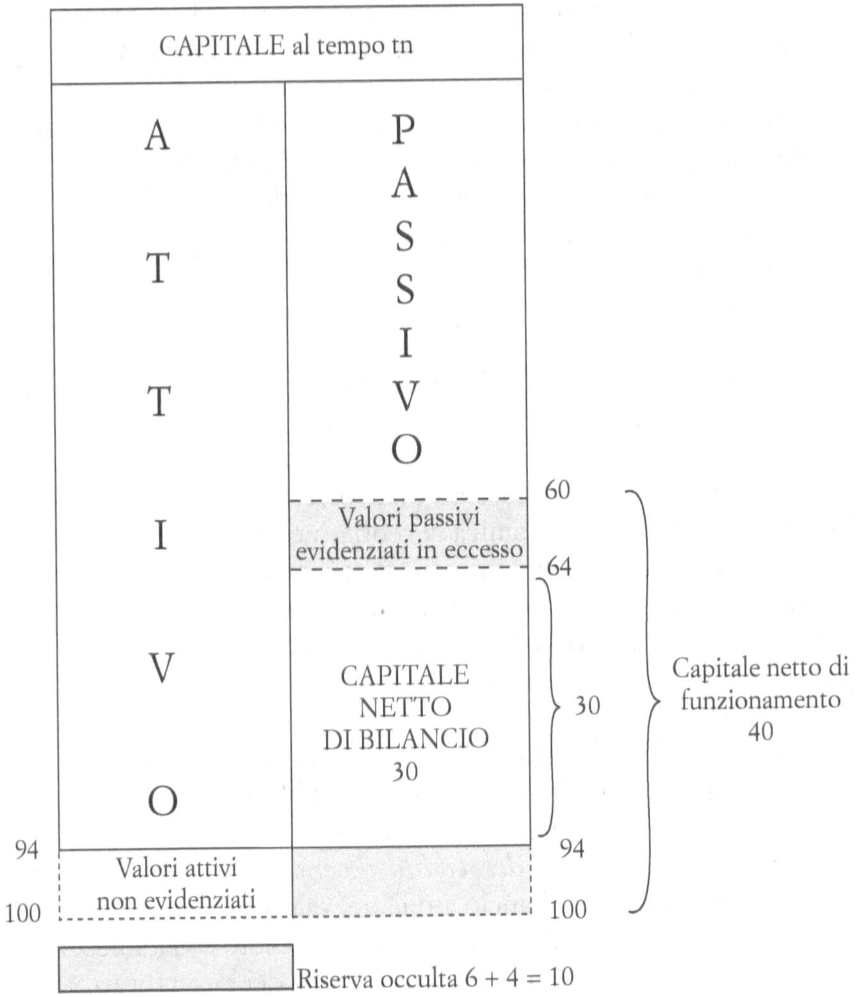

Il passivo, soprattutto nelle sue componenti congetturate (passività presunte), è rappresentato per valori superiori (64 anziché 60); l'attivo è rappresentato per valori inferiori (94 anziché 100). Ciò comporta l'abbattimento del valore attribuito al capitale netto di bilancio (30) rispetto al valore corretto che avrebbe dovuto assumere (40).

Tavola 18

SOTTOSTIMA DEL CAPITALE (Netto di bilancio):
EFFETTI SUL REDDITO DI PERIODO

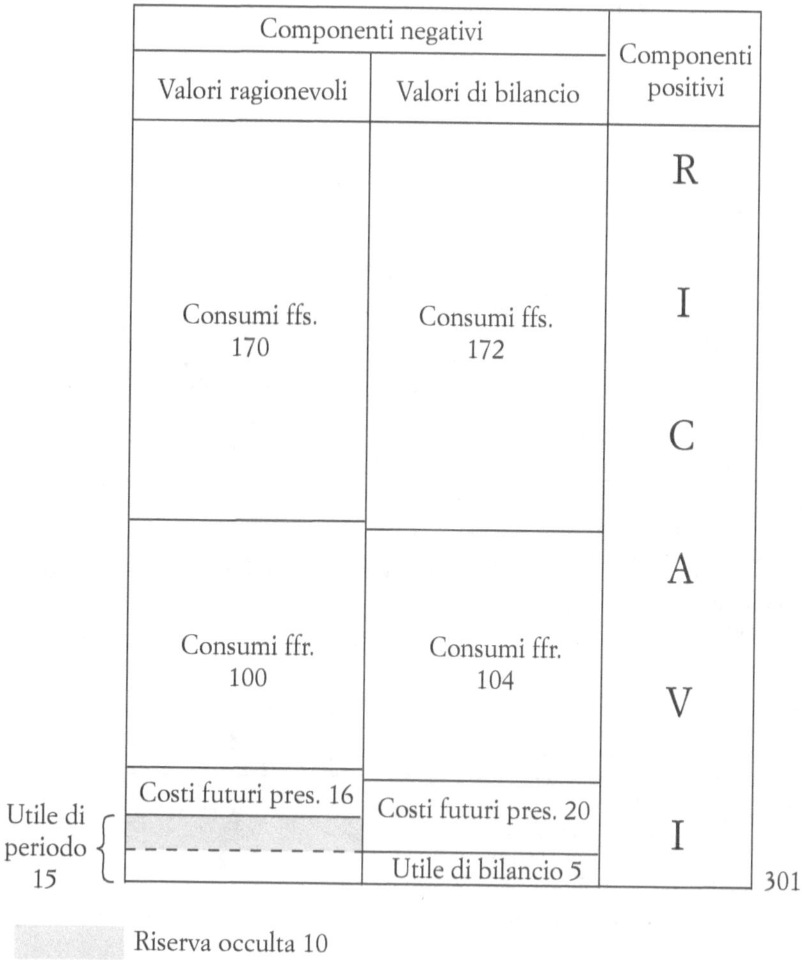

I consumi dei fattori e/o le perdite e i costi futuri presunti appaiono rappresentati per un importo superiore a quello ragionevolmente definibile. L'utile di bilancio, conseguentemente, si riduce da 15 a 5.

Tavola 19

SOVRASTIMA DEL CAPITALE (Netto di bilancio) AI FINI DELL'ASSEGNAZIONE DEL REDDITO AL PERIODO

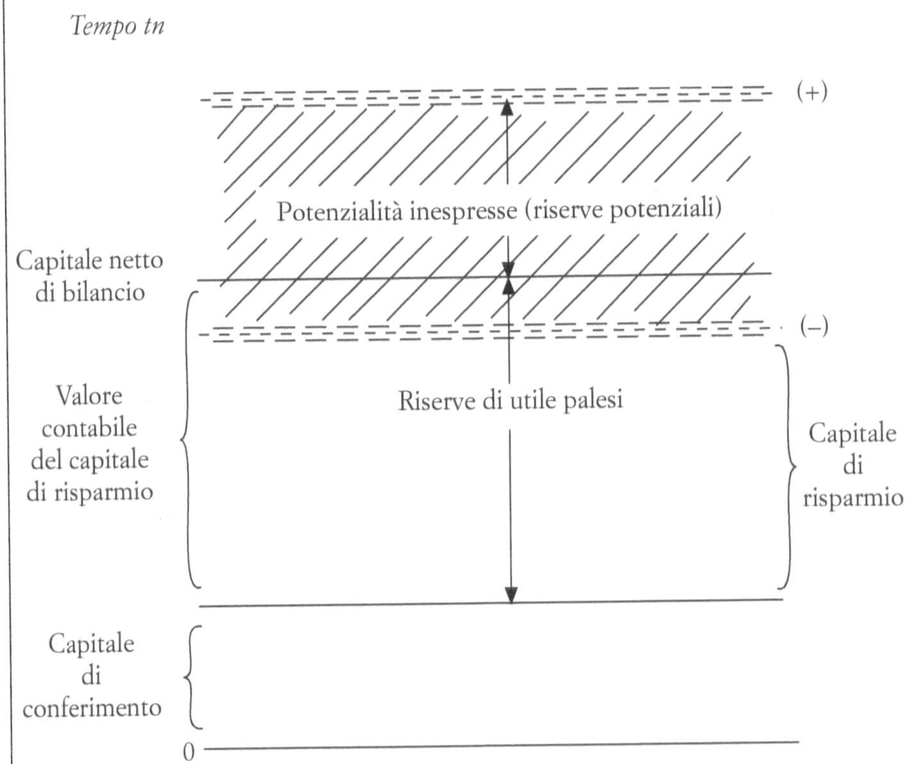

Tavola 20

SOVRASTIMA DEL CAPITALE (Netto di bilancio)
AI FINI DELL'ASSEGNAZIONE DEL REDDITO AL PERIODO
(Annacquamento di capitale)

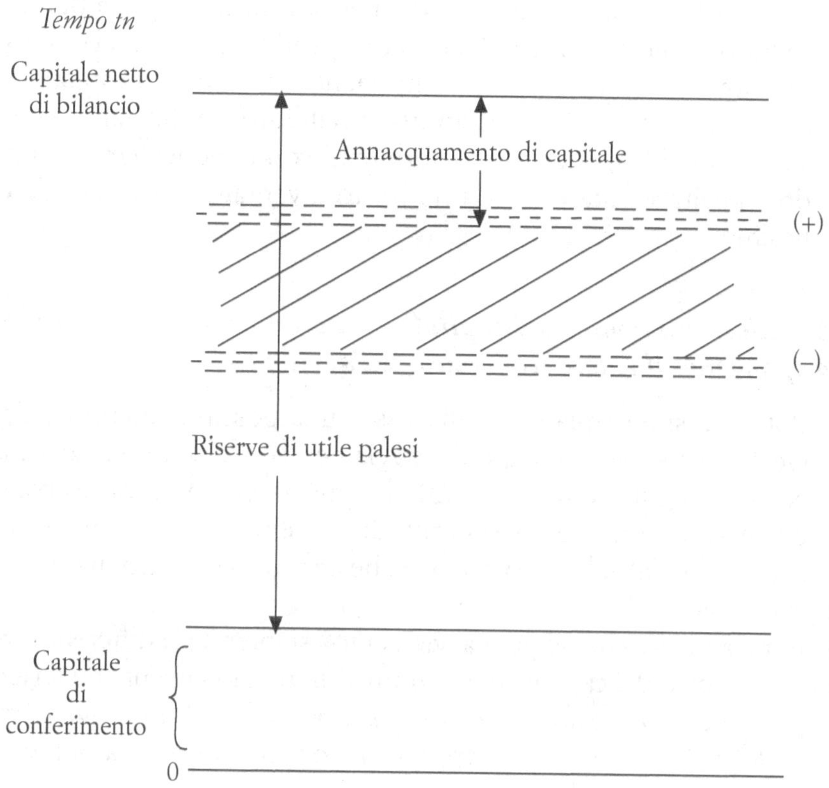

duttivi saranno compiuti con il conseguimento dei ricavi e/o con il sostenimento dei costi; tali perdite compenseranno, nel tempo, l'eccesso di reddito assegnato al periodo considerato per effetto della sovrastima del capitale;

b) al valore assegnato al capitale di bilancio dovrebbe essere sottratto l'annacquamento di capitale per riportarlo all'altezza del capitale economico e, quindi, ridargli pienezza di valore in tutta la sua estensione; così operando, ai periodi futuri non sarebbero consegnate perdite, ma neppure utili (anticipati a vantaggio del periodo considerato);

c) se si vuole lasciare a ciascuno dei periodi futuri la quota parte del reddito totale riveniente dai processi produttivi che in ciascuno di essi potranno avere inizio e compimento, il valore del capitale netto di bilancio deve essere riportato nell'intorno dei valori che gli sono propri (–), in quanto determinati con ragionevolezza, in modo da evitare l'anticipo di utili futuri a vantaggio del periodo ennesimo.

3.6.4. *Valore economico del capitale e valore corrente dei beni che lo compongono: il valore economico dell'avviamento*

In dottrina, si è ampiamente discusso sulla possibile identificazione dei concetti di riserva occulta e di «avviamento»[35]. Le precisazioni appena poste sulla differenza (relativa) che può essere fatta tra riserva occulta e riserva potenziale consentono di pervenire ad una conclusione che è consequenziale all'impostazione che abbiamo ritenuto di poter dare al problema.

Sembra evidente che, se per «avviamento» si intende la differenza tra il valore economico del capitale di un'impresa in funzionamento ed il valore del capitale netto *quale dovrebbe essere assegnato nell'ottica della determinazione del reddito*, esso si sovrappone al concetto di riserva potenziale precedentemente formulato.

Qualora, invece, l'intera differenza positiva tra il valore economico del capitale ed il valore ad esso assegnato nel bilancio si volesse conside-

---

[35] Sul problema segnaliamo le differenti opinioni di: D. AMODEO 1964, p. 833 ss.; VIANELLO 1907, p. 5 ss.; U. DE DOMINICIS 1976, p. 395 ss.

rare come valore positivo dell'avviamento [36], dovremmo rilevare che tale differenza *non necessariamente coincide* con l'ampiezza delle riserve potenziali. Potrebbe, infatti, includere *una parte soltanto di esse (in* caso di stima non ragionevole, ma inferiore al valore economico del capitale), oppure includere *anche* la riserva occulta (in caso di sottostima).

Secondo l'Amaduzzi, invece, l'avviamento è costituito dall'«... eccedenza *del valore del capitale economico del complesso, rispetto al valore delle singole parti patrimoniali che lo compongono*» e «*indica di quanto l'insieme vale più della somma delle parti*» [37-38].

Quest'ultima concezione dell'avviamento sembra più convincente, in quanto non si identifica in una mera differenza contabile, che oltretutto sconta le eventuali distorsioni introdotte dal valutatore nel bilancio; al contrario, *segnala il peso, in termini di valore, dell'«effetto sistema» rispetto alla somma di valori disgiunti.*

Rimane il problema di determinare quale sia il valore delle singole parti patrimoniali disgiuntamente considerate. Tale valore dovrebbe far riferimento al mercato ed orientarsi sui prezzi correnti, e cioè su quelli che si dovrebbero pagare *per acquisire* i componenti del capitale, nelle medesime condizioni funzionali in cui si trovano.

I prezzi di cui parliamo sono diversi rispetto a quelli da assumere a riferimento per determinare il «capitale di liquidazione»: questi ultimi, infatti, sono i prezzi ai quali si presume di *poter cedere* i componenti del capitale (stralciati dalla combinazione produttiva), e sono solitamente minori.

Avremo, quindi:

$$A = Ce - Cc$$

---

[36] L'Amodeo considera tale differenza come valore positivo dell'avviamento e ritiene che sia l'unica riserva occulta concepibile.

Si veda: D. Amodeo 1960.

[37] Cfr.: A. Amaduzzi 1966, p. 282.

[38] Nella prassi contabile ha trovato diffusione il *concetto giuridico di avviamento*, inteso come maggior valore *pagato* per rilevare un complesso aziendale funzionante, rispetto al valore del capitale netto risultante in bilancio, eventualmente rettificato.

dove:

A avviamento;
Ce valore economico del capitale;
Cc somma dei valori dei componenti del capitale a prezzi correnti.

A ben vedere, il valore del capitale determinato come somma dei valori dei componenti a prezzi correnti non dovrebbe allontanarsi molto dal valore del capitale netto determinato per assegnare il reddito al periodo. Tale ultimo valore, infatti, è una somma algebrica di valori basati in parte sui prezzi di costo e in parte sui prezzi correnti per le attività, e di valori di presumibile estinzione per le passività.

Capitolo 4

Il controllo dell'efficienza interna

Enrico Cavalieri

4.1. Le relazioni tra fattori produttivi e prodotti: rendimenti e produttività

Il concetto di produttività implica lo studio delle relazioni quantitative (quantità fisiche e valori) tra input e output dei processi produttivi, tra i differenti fattori (materiali ed immateriali) ed i differenti prodotti (beni e servizi).

Cominciamo a considerare la *produttività*, nella sua più semplice accezione, *come il rapporto tra la quantità fisica del prodotto ottenuto (ottenibile) e la quantità fisica di ogni singolo fattore consumato (consumabile) per realizzare il prodotto*. In tal senso, comunemente, si parla anche di *rendimento fisico* del fattore produttivo considerato.

Difficilmente i rendimenti dei fattori rimangono costanti nel tempo partecipando a differenti combinazioni produttive. Incrementi della produttività (rendimento fisico) di un fattore si ottengono quando si riscontra un minor impiego dello stesso in relazione ad una definita quantità-qualità di prodotto, oppure una maggiore quantità di prodotto ottenuta con una definita quantità del fattore considerato.

La produttività in senso tecnico (o rendimento fisico), come sopra definita, può riferirsi ad ogni singolo fattore, ma non anche ad una fase o ad un processo produttivo.

Non assumerebbe, infatti, significato alcuno sommare i consumi fisici dei differenti fattori, utilizzati in tempi differenti per realizzare una fase del processo o un intero processo produttivo, e comparare i consumi complessivi ai fini di giudizi di produttività. I fattori, infatti, come si è detto, si rapportano l'un l'altro diversamente ad ogni ulteriore ciclo produttivo cui partecipano. Scoprire che in un successivo ciclo produttivo il consumo fisico di alcuni fattori è diminuito, mentre sono aumentati in vario modo i consumi di altri fattori non è significativo a dimostrare un incremento o un decremento della produttività complessiva dell'intero processo.

Neppure possono confrontarsi tra di loro processi diversi che implicano consumi differenti di differenti fattori, non potendosi affermare la superiorità di una tecnologia sulle altre semplicemente in termini di consumi fisici dei fattori implicati.

Con riferimento ad una fase o ad un intero processo produttivo, oppure ancora a processi che utilizzano differenti tecnologie, *qualsivoglia confronto non può essere fatto se non termini economici*, valorizzando i consumi dei fattori con la considerazione del prezzo degli stessi.

La comparazione potrà così avvenire tra costi di produzione (quantità dei fattori impiegati moltiplicate per i relativi prezzi) riferiti a prodotti di livello qualitativo definito.

L'ONIDA (1971, p. 92) parla di produttività economica anche «... con riferimento alla complessa economia dell'impresa, per significare la maggiore o minore attitudine di quest'ultima – in virtù non solo dei detti rendimenti ma pure della razionalità ed efficienza della complessa organizzazione e delle condizioni di mercato – a rimunerare congruamente il lavoro umano ed il capitale in essa impiegati, ed a fornire i prodotti – grazie ai limitati costi di produzione – a prezzi che favoriscano il consumo, la competitività e lo sviluppo dell'impresa», per concludere che «la produttività dell'impresa come istituto economico-sociale è la stessa economicità ...» nel senso che verrà più avanti chiarito (si veda *infra*, cap. 7).

Sempre all'interno delle relazioni che legano i fattori ai prodotti assume importanza come *strumento concettuale di conoscenza* l'osservazione della *produttività di un sistema produttivo nei confronti dei differenti fattori (risorse) impiegati per la realizzazione dei prodotti.*

In tale accezione, la produttività dipende da come il sistema produttivo è riuscito a far lievitare il valore di ciascuna delle risorse (fattori) (o gruppi di risorse) utilizzate e trasformate in definiti prodotti.

In un modello di programmazione lineare [1] i «prezzi ombra» (u^{i*}) *rappresentano il valore marginale di ciascuna delle risorse limitatamente disponibili,* impiegate nella soluzione ottimale del problema primale. Da ciò consegue che i valori (u^{i*}) sono nulli per le risorse che non sono state completamente utilizzate nell'ambito della soluzione ottimale: infatti, un loro incremento quantitativo non comporterebbe nessun vantaggio economico, essendo già esuberanti rispetto al fabbisogno e, pertanto, inutilizzate.

I differenti valori che assumono gli (u^{i*}) esprimono, di fatto, una *«scala di priorità delle risorse disponibili»,* alla cui sommità vengono poste le risorse più «desiderate» e cioè quelle che hanno un più elevato valore marginale.

Poiché i prezzi ombra rappresentano, da altro punto di vista, il valore che acquisiscono le risorse per effetto della loro trasformazione in prodotti, osserviamo che possono essere utilizzati per calcolare indici di «produttività» del sistema produttivo in cui le risorse sono impiegate [2].

Per ogni risorsa R_i, impiegata in un sistema produttivo, possiamo assumere il rapporto tra prezzo ombra e prezzo di mercato come misuratore della produttività del sistema nei confronti della risorsa R_i:

$$r_i \text{ (rapporto di produttività per la risorsa } R_i) = \frac{(u_i^*)}{p_i}$$

Infatti, il rapporto si pone tra il valore della risorsa lievitato dalla produzione che l'ha trasformata in prodotto o servizio (u_i^*), ed il valore della risorsa

[1] Per una interpretazione economico-aziendale di tale modello, facciamo rinvio a quanto esposto nell'«Appendice» al paragrafo 4.3.

[2] Si veda ancora: M. VOLPATO 1971, p. 125 ss.

quale si determina sul mercato dei fattori (p_i), operando una media fra i prezzi di un determinato periodo[3].

Tali rapporti di produttività possono fornire un altro criterio, oltre a quello del valore marginale, per ordinare le risorse disponibili nel sistema.

Analogamente, estendendo le considerazioni svolte per R_i a tutte le risorse globalmente considerate, possiamo definire il rapporto di produttività del sistema produttivo nei confronti di tutte le risorse in esso utilizzate per attivare i processi ai livelli previsti dalla soluzione ottimale:

$r_{1,2...n}$ (rapporto di produttività per le risorse) =

$$= \frac{b_1u_1^* + b_2u_2^* + \ldots + b_nu_n^*}{b_1p_1 + b_2p_2 + \ldots + b_np_n}$$

dove:

b_i (per i = 1, 2, ... n) rappresenta le quantità di ogni risorsa disponibili nel sistema, mentre u_i^* e p_i assumono i significati già noti, per ciascuna delle risorse.

Indici di produttività possono essere determinati anche per gruppi di risorse.

---

[3] «È evidente che se risulta

$$r_i = 1$$

il sistema produttivo restituisce la risorsa R_i (mascherata, dopo la trasformazione, nei vari beni) allo stesso prezzo di mercato p_i che aveva la risorsa stessa prima della trasformazione. Il sistema non ha fatto lievitare questo prezzo! E pertanto dovremo dire che nei confronti di quella risorsa il sistema ha produttività nulla. Se poi dovesse risultare

$$r_i < 1$$

noi dovremo concludere che il sistema produttivo ha addirittura operato una contrazione (dilatazione con coefficiente minore di uno) del prezzo della R_i nei confronti della quale quindi il sistema ha una produttività negativa.

Solamente quando risulta

$$r_i > 1$$

potremo dire che il sistema ha dilatato il prezzo che aveva la risorsa prima della trasformazione e che nei suoi confronti il sistema ha quindi una redditività positiva». Cfr. M. Volpato 1971, p. 126. La produttività, così intesa, è indicatore di come l'impresa è capace di creare valore per il mercato.

4.2. La ripartizione dei costi e dei ricavi nel tempo e nello spazio: costi e ricavi di attività produttive e di prodotti

Ripartire i costi (ed i ricavi) originari nel tempo e nello spazio significa – come è già stato precisato – attribuirli alle singole produzioni ottenute (e vendute) in un definito periodo.

I costi ed i ricavi possono essere riferiti ad «aree produttive» e quindi, a tutte le produzioni connesse a ciascuna di tali aree in una unità di tempo; *ma possono anche riferirsi a singoli «prodotti»* (beni o servizi, intermedi o finiti) ottenuti con il contributo operativo di una o più aree produttive.

I costi ed i ricavi possono anche riferirsi a «processi produttivi (filiere)», intesi come successione di «attività» e «fasi» che debbono essere svolte, utilizzando e consumando differenti fattori, per l'ottenimento di un definito risultato produttivo, finalizzato ad un utilizzatore (cliente).

Tutto ciò esige la costante applicazione di particolari cautele, stante la comunanza di tutti i costi ed i ricavi nel tempo e nello spazio, riveniente dalla comunanza di tutte le operazioni elevate a sistema per perseguire i fini aziendali.

La definizione dell'oggetto cui riferire valutazioni economiche (in termini di costi o di differenze tra costi e ricavi) è uno dei compiti più delicati nella fase di organizzazione dell'analisi dei risultati dell'attività produttiva.

(a) *Il riferimento dei costi e ricavi ad «aree produttive» e «prodotti»*

Per quanto riguarda l'individuazione delle *aree produttive*, cui riferire in modo significativo costi e ricavi, occorre svolgere qualche precisazione.

La complessa attività produttiva, in qualsivoglia unità di produzione, è organizzata e svolta in «centri operativi» di differente ampiezza (stabilimenti, filiali, reparti, uffici, ecc.).

I «centri operativi», comunque denominati, sono spazi fisici rilevanti sotto il profilo tecnico-operativo, in quanto racchiudono attività (talora anche complesse) che presentano uniformità e peculiarità tali da suggerire o richiedere una loro gestione congiunta.

I «centri operativi» sono certamente aree produttive in quanto derivano da una divisione spaziale dell'attività produttiva dell'impresa, concepita nell'ottica della soluzione di problemi tecnici di produzione.

Si potrebbe allora riferire il calcolo dei costi e dei ricavi a ciascuno dei centri operativi già costituiti dall'organizzazione, se non intervenissero ulteriori considerazioni di notevole importanza. Non si può, infatti, affermare che un complesso di attività rilevanti sotto il profilo tecnico-operativo sia in egual misura rilevante sotto il profilo economico: può quindi accadere che «centri operativi» costituiti nell'ottica del processo produttivo non vengano trasformati automaticamente in «centri di costo (o di profitto)» di eguale ampiezza, risultando più significativo – per le finalità tipiche del controllo economico della produzione – considerare congiuntamente in un unico «centro di costo (o di profitto)» i costi (ed i ricavi) rivenienti dall'attività di due o più centri operativi.

Può anche verificarsi la situazione opposta; un unico centro operativo può racchiudere attività che richiedono di essere valutate separatamente a fini economici, originando al suo interno due o più centri di costo (o di profitto) [4].

I centri di costo (o di profitto), dunque, *sono aree operative che si stimano rilevanti ai fini del controllo economico della produzione.*

Proprio in quanto strumenti organizzativi predisposti per il controllo economico della produzione e per la definizione di responsabilità, non possono essere vagamente costituiti ed individuati.

Al contrario, richiedono accurate *«specifiche»* volte a definirne in modo rigoroso i confini, a descrivere le attività che in ciascuno di essi vengono eseguite, ad individuare le risorse (fattori) necessarie per svolgere le suddette attività.

---

[4] Si ipotizzi una produzione così organizzata:

– i reparti 1 e 2 racchiudono le aree di produzione dei semilavorati «X» e «Y», rispettivamente;

– il reparto 3 racchiude l'area di montaggio per l'ottenimento del prodotto finale.

a) si possono costituire due soli centri di costo se, sotto il profilo economico, si ritiene significativo controllare separatamente il costo per la produzione dei pezzi, da un lato, ed il costo del montaggio, dall'altro;
b) ciascuno dei tre reparti può corrispondere ad un centro di costo, ma può anche essere suddiviso in più centri di costo, quando ciò sia richiesto dalla necessità di conoscere più analiticamente i costi di differenti fasi, all'interno di un reparto.

Le variabili tenute sotto controllo nei centri di costo possono identificarsi con la somma dei costi dei differenti fattori che si ritengono utilizzati (o utilizzabili, se la determinazione del costo è riferita a produzioni che ancora non sono eseguite) per ottenere l'output del centro di costo. Sono quindi determinate come sommatoria dei costi ottenuti moltiplicando le quantità di ogni singolo fattore consumate nel centro per i relativi prezzi.

$$C^{(K)} = \sum_{t=t_n}^{t_n+1} \sum_{i=1}^{m} f_i^{(K)} p_i^{(K)t}$$

dove:

$C^{(K)}$	costo di produzione del centro (K);
$f_i^{(K)}$	quantità di fattori utilizzati nel centro (K);
$p_i^{(K)}$	prezzi dei fattori utilizzati nel centro (K);
t	tempo di riferimento.

L'output di un centro di costo può essere costituito da beni o servizi, utilizzabili come «fattori produttivi» (input) in centri «a valle», oppure destinati alla vendita (Tavola n. 21).

I centri di costo, pertanto, possono essere differenziati a seconda che siano *produttori di servizi o produttori di beni*, e questi ultimi, a seconda che siano *«intermedi» o «finali»*.

È stato detto che i costi (ed i ricavi) possono essere anche riferiti ai singoli prodotti finiti (beni o servizi) che costituiscono l'«output» dei differenti processi produttivi attivati all'interno della complessa combinazione produttiva, ed altresì ai prodotti intermedi che scaturiscono dalle singole fasi dei processi produttivi.

Il costo di un prodotto finito che scaturisce dall'ultima fase del processo produttivo non può che essere una sommatoria dei costi di tutti i fattori produttivi utilizzati (o utilizzabili) in tutte le fasi attraverso le quali è passata (o dovrà passare) la lavorazione del bene/servizio in discorso.

Ma il ragionamento è perfettamente analogo per il costo di qualsivoglia prodotto intermedio, in relazione alle fasi attraverso le quali è passata (o dovrà passare) la lavorazione dello stesso.

Le variabili tenute sotto controllo nei centri di profitto possono identificarsi nella differenza tra ricavi e costi relativi alla produzione del centro. Tale differenza, in effetti, assume significati e denominazioni diverse

Tavola 21

CENTRI DI COSTO PRODUTTORI
DI BENI E SERVIZI, INTERMEDI E FINALI

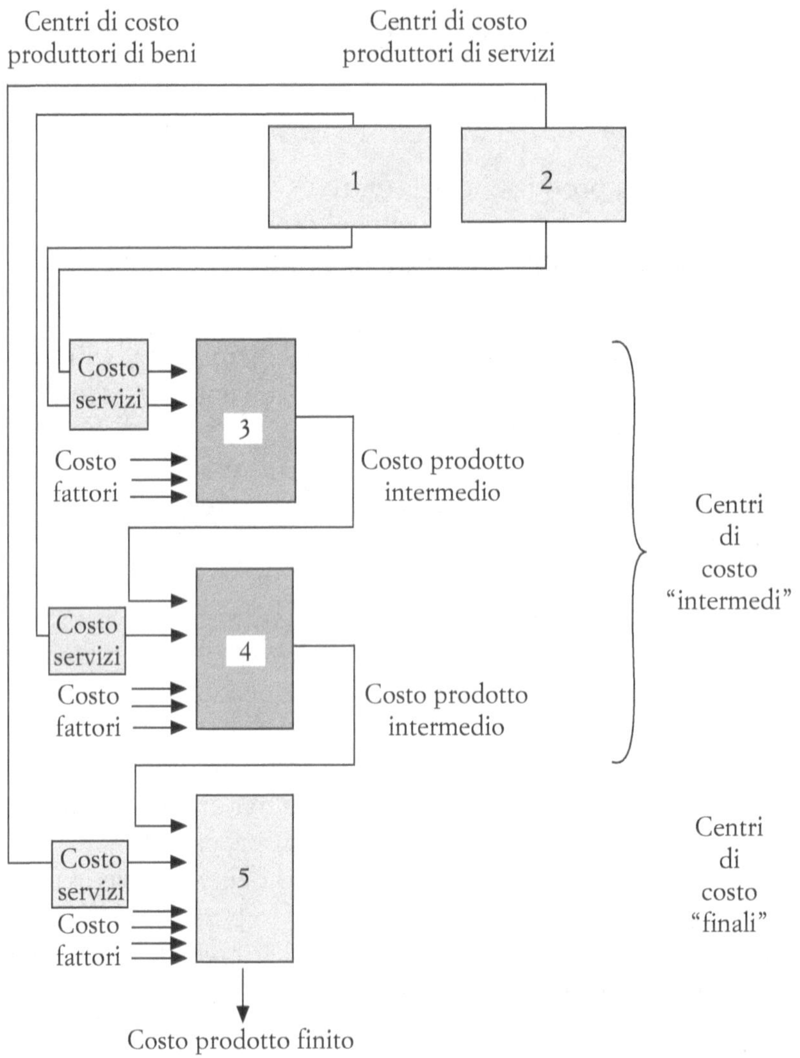

a seconda della «configurazione» di costo che viene utilizzata, e cioè a seconda dei fattori che vengono considerati nel calcolo dei costi.

Pertanto, come meglio vedremo nel seguito della trattazione, la denominazione di «centro di profitto» è certamente impropria in quanto a fronte dei ricavi si pongono sempre configurazioni parziali di costo (solitamente «costi diretti» del centro) e da tale comparazione scaturiscono tipicamente «utili lordi», «margini di contribuzione» e non «profitti (netti)»[5].

Un centro di profitto si identifica con ogni area di produzione che vende il suo «output» o lo cede ad altri centri di produzione o di vendita.

Ogni centro produttore, infatti, *vende o ipotizza di vendere* la sua produzione di beni o servizi, realizzando un «profitto» pari alla differenza tra il costo di produzione, effettivo o standard, ed il ricavo di vendita o quello connesso alla cessione ad un altro centro (ad un *prezzo di trasferimento* convenientemente determinato) delle quantità di prodotto ottenuto o da ottenere.

Osserviamo che i centri di profitto, così intesi, si possono identificare solamente con quei centri produttori che, dal punto di vista contabile, sono diventati centri di costo. Solamente un centro del quale si conoscano i costi, infatti, potrebbe essere trasformato in centro di profitto mediante la considerazione dei prezzi di vendita o la definizione dei prezzi di trasferimento dei beni o servizi che escono dal centro e vanno al servizio vendite o ad altri reparti produttori.

In tal senso, un centro di profitto si pone come evoluzione del concetto di centro di costo, al fine di meglio responsabilizzare il dirigente e sviluppare il suo spirito di competizione.

La chiave per un corretto funzionamento dei centri di profitto sta nella determinazione di un equo prezzo di trasferimento dei vari prodotti o servizi, tipicamente dai centri produttori intermedi a quelli finali e dai centri produttori finali ai centri di vendita (o al magazzino prodotti finiti).

Il prezzo di passaggio interno viene solitamente calcolato con riferimento al prezzo di mercato del prodotto oggetto di trasferimento o al suo costo totale, maggiorato dell'utile. Nel secondo caso, il calcolo del costo

---

[5] Sul concetto di profitto richiamiamo la nota 8 a p. 134.

totale deve essere eseguito su base standard e non sul costo effettivo, evitando così di includere nel prezzo di trasferimento le eventuali inefficienze del centro cedente. Questo criterio è lo stesso che si segue per il trasferimento dei semilavorati tra centri di costo che lavorano in sequenza, dei quali si debbano determinare separatamente le responsabilità.

Comunque venga determinato il prezzo di trasferimento, osserviamo che questa concezione di centro di profitto, contrariamente alla precedente, tende ad esaltare la visione settoriale dei problemi, tipica di una struttura decentrata, creando tra i vari centri costituiti un antagonismo che non sempre è utile per conseguire i risultati migliori a livello globale. La limitazione spaziale si accompagna spesso a quella temporale: la ricerca di un più alto profitto può portare ciascun centro a preferire soluzioni che tendono al massimo risultato immediato, a prescindere da considerazioni di più lungo periodo e da problemi di coordinamento con le altre attività.

Per questi motivi lo strumento dei centri di profitto legato al prezzo di trasferimento interno, pur inserito in una pianificazione integrale al di fuori della quale non avrebbe significato alcuno, appare abbastanza pericoloso in quanto stimola per sua natura una quantità maggiore di impulsi e decisioni suscettibili di effetti frenanti sul sistema d'impresa. Deve essere, quindi, proposto con grande cautela e reso operante solamente in presenza di un buon grado di maturità dei dirigenti e di un elevato livello di organizzazione generale.

Un modo ancora differente di intendere i centri di profitto deriva dalla pratica di quelle imprese che considerano unitariamente le aree di produzione e di distribuzione. *In tali esperienze si sviluppa il collegamento tra le attività di produzione e di vendita connesse a prodotti significativi*, risultando evidente che qualsiasi mutamento delle vendite (in tempi, condizioni, quantità, qualità, ecc.) rispetto al piano deve essere definito e discusso in accordo con le aree di produzione e viceversa.

Ogni centro è così responsabile sia dei costi di produzione che dei ricavi di vendita, ed il risultato economico, per ogni centro nasce dal miglior coordinamento tra tutte le aree interessate.

Questo ultimo modo di procedere ha il pregio di realizzare il superamento delle barriere tra produzione e vendita senza le limitazioni e gli artifici connessi alla concezione di centro di profitto legata al prezzo di trasferimento.

Ritorniamo ora a considerare il modello di programmazione lineare introdotto nell'appendice del paragrafo 4.3.

Dall'equazione [6] si ricava che Z*, beneficio massimo ottenibile dal sistema produttivo (utile lordo o netto globale, profitto globale, margine di contribuzione globale), è uguale alla somma delle risorse disponibili valorizzate a «prezzi ombra».

In effetti, non tutte le risorse disponibili, ma solo quelle completamente saturate nella soluzione ottimale hanno un valore (in termini di prezzo ombra) ↑ 0. Possiamo quindi riguardare la [6] come il riparto del beneficio globale Z* tra le risorse saturate, fatto in base al prodotto tra quantità e prezzo ombra di ciascuna di tali risorse.

Ogni risorsa saturata è dunque responsabile dell'ottenimento di una parte del beneficio globale posto come obiettivo al problema primale. Nell'ipotesi che tale beneficio globale sia stato espresso in termini di profitto, si verifica che «ognuna di esse risorse è da considerare in pratica come un centro di responsabilità dei profitti, quindi come un centro di profitto» [6].

Qualora l'obiettivo fosse quello di rendere massimo l'utile o il margine lordo di contribuzione, le risorse saturate si porrebbero egualmente come centri di responsabilità nei confronti di questi obiettivi.

In altri termini, *coloro che hanno il compito di gestire le risorse sono responsabili delle variazioni di profitto* (o, in generale, di risultato economico) derivanti da un impiego delle stesse in modo differente da quello previsto nella soluzione ottimale.

Questo modo di porre in diretta relazione il comportamento degli utilizzatori delle risorse con il risultato economico globale d'impresa apre la strada a considerazioni di importanza notevole.

Innanzitutto viene spontaneo osservare che l'organizzazione delle responsabilità, tipica del sistema di controllo dei costi, può subire notevoli cambiamenti, sia perché alle responsabilità sul contenimento dei costi di produzione e di distribuzione si sommano responsabilità in ordine all'ottenimento dei profitti, sia perché tali ultime responsabilità sono estensibili anche ad altre aree (settori) dell'impresa, al di fuori dello stabilimento o delle zone di vendita [7].

---

[6] Cfr. A. CORSO 1969, p. 8.

L'A. così prosegue: «È da notare che alcuni di tali centri di profitto si identificano con attività produttive e cioè con i tradizionali centri di costo delle moderne contabilità, ma altri vanno a coincidere con risorse di approvvigionamento, possibilità del mercato di vendita, vincoli di qualità, di programmazione e simili».

[7] «Una grande conseguenza di tutto quanto è stato detto è che la suddivisione

Successivamente osserviamo che un tale modo di affrontare il problema delle responsabilità circa l'ottenimento del risultato economico serve a realizzare in coloro che operano, nei differenti settori e a differenti livelli, una maggiore consapevolezza circa le conseguenze dei loro comportamenti sul risultato economico complessivo da perseguire. In altre parole, *è possibile assegnare una concreta dimensione quantitativa – il cui grado di attendibilità varia a seconda di come è stato impostato e definito il modello matematico di programmazione lineare – alle valide, ma astratte affermazioni sull'interdipendenza dei settori aziendali e sull'unitarietà del sistema*, visto come trasformatore di risorse in prodotti o servizi, il collocamento dei quali chiude il ciclo che fa scaturire il risultato economico globale.

I «centri di profitto» che abbiamo ora definito sono strettamente legati all'impiego dei modelli matematici di programmazione lineare e alla determinazione dei prezzi ombra delle risorse.

È nota la difficoltà di impostare matematicamente i modelli globali di programmazione lineare dai quali trarre i prezzi ombra delle risorse impiegate. Ciò non toglie affatto importanza al modello matematico, che rimane *concettualmente lo strumento più idoneo a dimostrare l'unitarietà del fenomeno produzione-distribuzione.*

(b) *Il riferimento dei costi ai «processi orientati all'ottenimento del prodotto (filiere)»*

L'evoluzione concettuale dei centri di profitto – da ultimo proposta – a ben vedere, introduce ed applica la logica dell'analisi dei risultati (costi e ricavi) per ogni processo produttivo volto all'ottenimento di un prodotto.

La matrice del modello di programmazione lineare, infatti, è la descrizione delle risorse che devono essere consumate con riferimento allo svolgimento di un processo produttivo (e non ad una definita area produttiva.

Siamo, cioè, già entrati in un'ottica di riclassificazione che non assume più come oggetto un'«area produttiva» (centro di costo, di profitto, o altre analoghe denominazioni), ma un *processo*, al fine di poter individuare analiticamente quali sono le risorse che si consumano nell'ambito

---

del fenomeno aziendale in ricavi e costi, gli uni attribuiti agli uffici commerciali e gli altri, prevalentemente a quelli produttivi e di acquisto, non è matematicamente valida: è un modo artefatto di suddividere una fenomenologia di profitti che in realtà è unitaria!». Cfr. A. Corso 1969, p. 8.

delle varie attività e fasi che lo caratterizzano fino all'ottenimento del prodotto.

Il percorso di tale analisi si sviluppa seguendo le attività che compongono le fasi del processo produttivo e taglia trasversalmente l'organizzazione; deve essere supportato da un adeguato sistema informativo che sia orientato *a misurare analiticamente i consumi dei fattori produttivi (elementi di costo) per ognuna delle attività individuate all'interno del processo.*

Lo schema che segue fornisce visivamente un'idea dell'attribuzione dei costi ai processi.

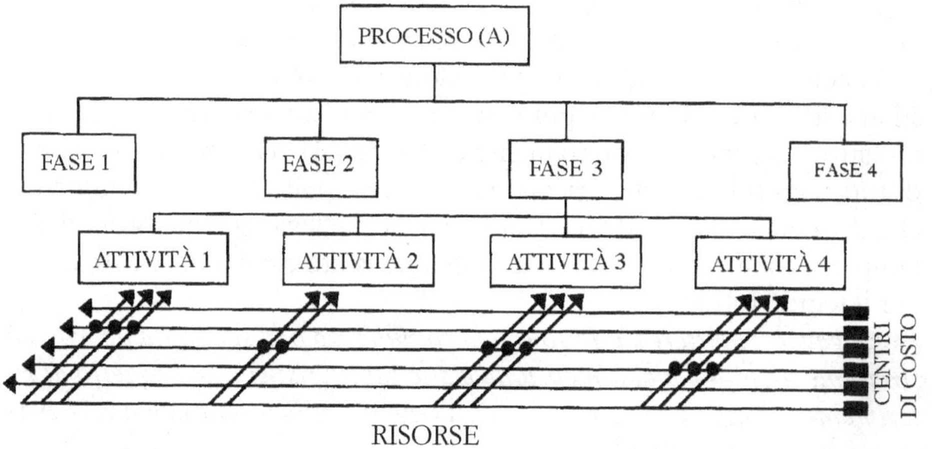

4.3. Costi e ricavi diretti e comuni. Le produzioni a costi congiunti

L'importanza informativa delle analisi dei costi all'interno della combinazione produttiva nasce dalla *necessità di porre significative relazioni tra prezzi di vendita e costi, calcolati a differenti livelli e riferiti ad attività produttive o a singoli prodotti.*

La conoscenza di queste relazioni facilita, di volta in vota, la scelta delle alternative di produzione e vendita che esprimono il rapporto più favorevole tra situazioni di mercato e struttura interna d'impresa.

Senonché, la determinazione del costo di un qualsiasi *oggetto* (area di uno stabilimento, sezione operativa di un'impresa, processo produttivo, attività, famiglia di prodotti o singole unità) incontra ostacoli non trascurabili sul piano della logica contabile per la presenza di costi relativi *a fattori produttivi utilizzabili per sviluppare la produzione di più oggetti.* In altre circostanze riesce particolarmente difficile definire il consumo di ciascuno di quei fattori in relazione a ciascuno dei definiti oggetti.

Sotto questo profilo, concernente le modalità di utilizzo dei fattori, i costi si definiscono *diretti o,* meglio, *specifici* quando si riferiscono a fattori utilizzati esclusivamente in relazione alla produzione di un definito oggetto; *comuni* quando, invece, si riferiscono a fattori utilizzati, simultaneamente o in tempi successivi, in relazione a più oggetti di costo.

Quanto sia discutibile e priva di valore assoluto la separazione dei costi in «diretti» e «comuni», pur con riferimento ad un definito oggetto, è un fatto logicamente e strettamente collegato alla già rilevata *comunanza* di tutti i costi (e di tutti i ricavi) nel tempo e nello spazio. Comunanza che discende dalla stretta interdipendenza che lega ogni operazione che l'impresa compie con quelle compiute in passato e con quelle progettate per il tempo futuro [8].

È agevole riflettere sul fatto che la comunanza o la specialità dei costi è strettamente legata alla dimensione e alle caratteristiche dell'oggetto di riferimento. Maggiore è l'ampiezza dell'oggetto, più accentuata è la prevalenza dei costi specifici [9].

I costi comuni possono anche essere attribuiti ai differenti oggetti cui si riferiscono: ciò può avvenire scegliendo ed utilizzando adeguati

---

[8] «Ora è assai dubbio, anzi è assolutamente innegabile in via di principio, che nella coordinazione inscindibile di impresa abbiano insorgenza e vita elementi specifici di questo e quell'oggetto di costo o di ricavo ... Solo per un arbitrio logico assai grande si può pensare all'esistenza di costi e di ricavi che si connettono particolarmente ed indubitabilmente a certi fenomeni e non ad altri; solo una visione estremamente semplificatrice può ignorare o attenuare i vincoli irrecusabili che legano tutti i fenomeni che nell'impresa hanno manifestazione». (D. AMODEO 1964, p. 183).

[9] Tutti i costi dei «servizi di stabilimento» sono «specifici» se l'oggetto di costo è lo stabilimento; sono – invece – «comuni» se ad oggetto di costo assumiamo le singole produzioni di quello stabilimento (aree produttive e prodotti).

coefficienti di imputazione (o opportune combinazioni di differenti coefficienti). Tali procedimenti, tuttavia, consentono di calcolare il costo di singoli prodotti o di aree produttive o di processi in modo tutt'altro che certo ed autonomo: la misura del costo di ogni oggetto rimane, infatti, legata ai parametri soggettivamente scelti per il riparto dei costi comuni.

I fattori produttivi, poi, vengono normalmente acquistati in quantità definite (non infinitesimali) e a prezzi, di volta in volta, diversi. Non sempre è possibile risalire alla conoscenza del prezzo pagato per acquisire le dosi di fattore produttivo che si stanno consumando in relazione ad uno o più oggetti: la scelta, di un prezzo medio, o di un prezzo definito sulla base di ipotesi assume come reali (LIFO, FIFO, ecc.) consente, in tali circostanze, di determinare il costo di produzione dell'oggetto, ma introducendo una ulteriore ragione di soggettivismo e di approssimazione nel calcolo.

Nel ripartire nel tempo e nello spazio i costi originari (sostenuti per l'acquisizione di definite quantità di fattori) al fine di determinare il costo di aree produttive, processi o prodotti, si incontrano – dunque – difficoltà dovute alla comunanza dei costi nei confronti di definiti oggetti.

Tali difficoltà non possono essere eliminate, bensì superate mediante astrazioni di vario grado, che consentono di attribuire all'oggetto un costo soggettivamente calcolato.

La determinazione del costo del prodotto può talora incontrare ostacoli insuperabili nella natura stessa del processo produttivo; ci riferiamo al caso delle c.d. «*produzioni congiunte*», nelle quali la rilevazione analitica dei costi segue e determina il costo della lavorazione fino al momento in cui da una fase del ciclo di produzione si ottiene congiuntamente una gamma di prodotti e sottoprodotti vendibili, differenti per qualità e quantità: in tale caso tutti i costi sostenuti sono comuni a tutti i prodotti ottenuti dalla lavorazione, ed appare arbitrario ogni tentativo di ricercare ed applicare determinanti ritenuti idonei ad operare una distribuzione dei costi sui differenti prodotti. Un tale modo di procedere, salvo casi del tutto particolari, sarebbe contrario dalla logica del sistema informativo: si otterrebbero, infatti, sull'entità dei singoli costi, informazioni del tutto soggettive, sulla cui base nessuna decisione seria di politica di produzione e di vendita potrebbe ragionevolmente essere presa.

Il problema si imposta in modo più idoneo ponendo a confronto l'insieme dei ricavi connessi alla gamma dei prodotti ottenibili e vendibili con l'insieme dei costi di produzione.

Uno sviluppo estremamente interessante può nascere quando si verifichino modificazioni nelle quantità e prezzi di mercato dei prodotti collocabili o delle risorse utilizzabili, tali da richiedere lo studio della convenienza ad indirizzare le risorse precedentemente disponibili o eventuali nuove risorse ad una gamma di prodotti o sottoprodotti di composizione qualitativa e quantitativa differente da quella precedentemente determinata come più conveniente.

Problemi di questo tipo sono stati concretamente affrontati attraverso l'impiego dei modelli di programmazione matematica di cui si è detto in precedenti paragrafi.

Tali modelli, composti sulla base delle possibilità operative definite dalla struttura interna dell'impresa, individuano la distribuzione ottimale delle risorse, comunque disponibili, tra i vari processi produttivi, in funzione del valore delle risorse stesse e del prezzo di collocamento dei prodotti ottenibili congiuntamente dai processi produttivi. Ogni spostamento significativo del valore delle risorse o della loro disponibilità, così come ogni modifica dei prezzi e delle possibilità di collocamento di ciascuno dei prodotti ottenibili, richiede l'aggiornamento del modello e la riottimizzazione.

Ciò può provocare, sempre nell'ambito della stessa struttura produttiva, una differente soluzione al problema di scelta delle risorse e di distribuzione delle stesse tra i processi e, quindi, una differente gamma di produzioni ottenibili, nel rispetto del principio di massima convenienza. La convenienza alle accennate sostituzioni viene valutata nei limiti dell'incremento del valore-obiettivo che a seguito di esse verrebbe a determinarsi.

Così operando, si *riesce a mettere in relazione la struttura interna d'impresa con il variabile andamento dei mercati di acquisizione dei fattori e di collocamento dei prodotti individuando, di volta in volta, le più convenienti politiche di produzione e vendita anche nel caso di produzioni congiunte*: il modello, infatti, risponde proponendo una nuova soluzione ottimale che tiene conto dei mutamenti intervenuti nella disponibilità delle risorse, nei loro prezzi di acquisto, nei prezzi di collocamento di ciascuno dei prodotti o sottoprodotti congiuntamente ottenibili.

Quando, in una soluzione ottimale, la misura degli utili ombra (valori marginali) di alcune risorse appare elevata e tali risorse si identificano con impianti o gruppi di impianti che costituiscono «strozzature» e limitano l'ottenimento di certi prodotti altamente remuneratori, *si apre il discorso circa la valutazione della convenienza ad incrementare la dotazione degli impianti in oggetto.*

In tali circostanze un modello di programmazione lineare non è in grado, proprio a seguito delle ipotesi che lo reggono, di segnalare l'entità del nuovo investimento in impianti. Occorre definire per altra via, e cioè con il ricorso alla valutazione di ipotesi alternative di investimenti, la dimensione e le caratteristiche della nuova struttura produttiva.

Appendice

INTERPRETAZIONE ECONOMICO-AZIENDALE DI UN MODELLO DI PROGRAMMAZIONE LINEARE

Un problema di programmazione lineare, nella sua forma classica, ricerca il massimo della funzione

$$Z = p_1 x_1 + p_2 x_2 + \dots + p_m x_m \qquad [1]$$

soggetta a

$$\begin{cases} a_{11} x_1 + a_{12} x_2 + \dots + a_{1m} x_m \; '' \; b_1 \\ a_{21} x_1 + a_{22} x_2 + \dots + a_{2m} x_m \; '' \; b_2 \\ . \\ . \\ . \\ a_{n1} x_1 + a_{n2} x_2 + \dots + a_{nm} x_m \; '' \; b_n \\ \text{per } x_1, x_2, \qquad x_m \geq 0 \end{cases} \qquad [2]$$

L'interpretazione a livello economico-aziendale, *che interessa i problemi che intendiamo discutere in questo capitolo*, assegna ai simboli riportati nella [1] e nelle [2] i seguenti significati:

– *nella funzione obiettivo [1]:*

i valori p_j (per j = 1, 2, ..., m), determinati dall'operatore, possono assumere vari significati quali, ad esempio, prezzi di vendita, profitti unitari, utili lordi unitari, per ognuna delle m produzioni;

gli x_j (per j = 1, 2, ... m), determinati risolvendo il sistema [2] con la limitazione $x_j \geq 0$ non essendo, ovviamente, possibile produrre quantità negative, sono i livelli ai quali dovranno essere avviati gli m processi produttivi;

– *nel sistema dei vincoli [2]*

gli a_{ij} (per i = 1, 2, ... n; j = 1, 2, ... m) rappresentano i coefficienti di produzione a livello unitario, cioè la quantità della risorsa i necessaria per attivare il processo j a livello unitario;

gli $a_{ij}\, x_j$ sono i coefficienti di produzione che indicano la quantità della risorsa i necessaria per attivare il processo j a livello x_j.

Ogni riga del sistema [2] rappresenta la distribuzione di una delle n risorse disponibili tra gli m processi attivabili data la struttura produttiva considerata. La quantità globale di ogni risorsa impiegata nei vari processi attivati non potrà superare il suo limite massimo di disponibilità b_i (per i = 1, 2, ... n).

Ogni colonna rappresenta uno degli m processi produttivi, definito dalle risorse che in esso debbono essere impiegate ed attivato al livello x_j.

L'impostazione del problema richiama alla mente la necessità di aver definito:

– la struttura produttiva d'impresa, e cioè aver determinato i *consumi standard* (o standard base) delle n risorse disponibili per ognuno degli m processi (o pratiche operative standard), e individuato i limiti della disponibilità delle risorse stesse;

– i valori p_i che compaiono nella funzione obiettivo.

Risolvendo con un procedimento iterativo il problema di produzione posto, è possibile individuare la politica di produzione ottimale che, tra le molte consentite dal sistema dei vincoli, assegna alla funzione obiettivo Z il più alto valore possibile. Essa è definita dai valori x_j^* ai quali i processi produttivi debbono essere attivati:

$$\text{MAX } Z = Z^* = p_1 x_1^* + p_2 x_2^* + \ldots + p_m x_m^* \qquad [3]$$

Ad essa si giunge partendo da una prima soluzione (generalmente non ottimale) ed esaminando se l'introduzione di nuovi processi produttivi, in sostituzione di quelli operanti nella soluzione di partenza, aumenta il valore della funzione obiettivo.

Se e fino a quando ciò avviene, è conveniente spostare quantità di fattori verso i nuovi processi produttivi, più efficienti. Si procede fino a quando nessuna nuova sostituzione aumenta il valore della funzione obiettivo.

Abbiamo, allora, individuato la soluzione ottimale che ha caratteristiche tali che:

$$\sum_{j=1}^{m} p_j x_j^* \geq \sum_{j=1}^{m} p_j x_j' \qquad [4]$$

dove x_1', x_2', ... x_m' rappresentano ogni altra soluzione possibile.

L'aumento o la diminuzione netta nel valore della funzione obiettivo risultante dall'aver introdotto, poniamo, un processo produttivo s ad un livello θ è dato da:

$$\sum_{j=1}^{m} p_j (x_j^2 - x_j^1) + p_s \theta \qquad [5]$$

dove:

x^2 = livelli a cui sono posti i valori delle variabili dopo che è stato introdotto il nuovo processo produttivo;

x^1 = livelli a cui erano operati i valori delle variabili prima della introduzione;

θ = livello al quale è operato il nuovo processo produttivo che si introduce.

La conoscenza dei valori x_j^* consente di calcolare la quantità globale di ciascuna risorsa necessaria per attuare la politica di produzione prevista. Infatti, le risorse disponibili ad un determinato tempo vengono, dalla soluzione ottimale, assegnate, in tutto o in parte ai processi produttivi. Talune risorse risultano esuberanti rispetto alla loro possibilità di impiego, altre, invece, sono carenti e quindi totalmente utilizzate.

Ciò posto, introduciamo il concetto di *"prezzo ombra"* delle risorse. Definiamo "prezzi ombra" i valori che le risorse assumerebbero qualora fossero vendute su un ipotetico mercato (mercato ombra) alle seguenti condizioni:

1) il beneficio ottenibile dalla ipotetica vendita di tutte le risposte disponibili (b_i) a prezzi ombra (u_i^*) dovrebbe eguagliare il beneficio massimo ottenibile dal sistema produttivo in oggetto a seguito della vendita dei prodotti (Z^*). Ciò equivale a scrivere:

$$b_1 u_1^* + b_2 u_2^* + \dots + b_n u_n^* = \text{MAX } Z = Z^* \qquad [6]$$

2) le quantità di risorse necessarie per attivare un processo a livello unitario, e cioè ad ottenere una unità di prodotto, valorizzate a prezzi ombra, dovrebbero dare un beneficio non inferiore a quello derivante dall'ottenimento dell'unità del bene (p_j). Ciò si può esprimere con le seguenti relazioni:

$$\begin{array}{l} a_{11} u_1^* + a_{21} u_2^* + \dots + a_{nl} u_n^* \geq p_1 \\ . \\ . \\ . \\ a_{1m} u_1^* + a_{2m} u_2^* + \dots + a_{nm} u_n \geq p_m \end{array} \qquad [7]$$

per le n risorse impiegate negli m processi (*).

Da quanto precede si deduce che i prezzi ombra u_i^* (per i = 1, 2, ... n) rappresentano *il valore che acquisiscono le n risorse per effetto della loro trasformazione in prodotti* quando i processi produttivi siano attivati al livello indicato dalla soluzione ottimale.

Si dimostra che gli u_i^* sono ricavabili risolvendo il "problema duale", intimamente associato ad ogni problema di programmazione lineare.

(*) Sul concetto di prezzi ombra e su alcune possibilità di un loro impiego, si veda: MARIO VOLPATO, *I prezzi ombra come fattori di decisione,* nel citato volume: *Nuovi studi e modelli di ricerca operativa*, Utet, Torino 1971.

Il "duale" del problema di programmazione lineare posto, infatti, si presenta nella seguente formulazione: ricercare il minimo della funzione

$$U = b_1u_1 + b_2u_2 + \dots + b_nu_n \qquad [8]$$

soggetta a:

$$\begin{cases} a_{11}\, u_1 + a_{12}\, u_2 + \dots + a_{n1}\, u_n \geq p_1 \\ a_{12}\, u_1 + a_{22}\, u_2 + \dots + a_{n2}\, u_n \geq p_2 \\ \cdot \\ \cdot \\ \cdot \\ a_{1m}\, u_1 + a_{2m}\, u_2 + \dots + a_{nm}\, u_n \geq p_m \\ \text{per } u_1, u_2, \dots u_n \geq 0 \end{cases} \qquad [9]$$

I prezzi ombra delle n risorse vengono definiti dalla soluzione ottimale:

$$\text{MIN } U = U^* = b_1u_1{}^* + b_2u_2{}^* + \dots + b_nu_n{}^* = \text{MAX } Z = Z^* \; (*) \qquad [10]$$

I coefficienti della funzione obiettivo del problema primale diventano termini noti nel duale, e viceversa; la matrice dei coefficienti (a_{ij}) nel duale appare trasposta.

Quando il problema primale ricerca l'utilizzazione ottimale di risorse limitatamente disponibili (come nel caso che stiamo trattando), il *duale appare come un problema di assegnazione a tali risorse del valore* (valutazione) *conseguito mediante il loro utilizzo nella soluzione del primale.* Gli ($u_i{}^*$), come abbiamo già precisato, si possono riguardare come *"valori di trasformazione"* delle risorse.

Poiché, per ogni riga del sistema [9], i coefficienti a_{ij} rappresentano le quantità delle n risorse impiegate per ognuno degli m processi produttivi,

$$a_{11}u_1 + a_{21}u_2 + \dots + a_{n1}u_n \geq p_1$$

rappresenta il valore (a prezzi ombra) degli importi di risorse consumati per attivare a livello unitario il processo x^1, e cioè i costi di x^1, ovvero il risultato economico alternativo (utile lordo, profitto, ecc., a seconda del significato attribuito ai p_j) al quale si rinuncia per produrre 1 unità di attività x^1.

Dalla [10] si può facilmente comprendere che gli ($u_i{}^*$) rappresentano gli incrementi di valore della funzione obiettivo $U^* = Z^*$ (e, quindi, incrementi di profitto o di utile lordo, ecc., a seconda del significato assegnato ai p_j), ottenibili nell'ipotesi di poter aumentare di 1 unità la disponibilità b_i delle relative risorse limitate e di riottimizzare il problema.

(*) Giusta la relazione definita in [6].

4.4. Le configurazioni di costo di aree, processi produttivi e prodotti. Utili e margini lordi di contribuzione

Definiti gli oggetti (aree produttive, processi, prodotti semilavorati o prodotti finiti) ai quali riferire costi e ricavi, si pone il problema di scegliere la «configurazione» di costo di volta in volta più idonea.

Una configurazione di costo, riferita ad un definito oggetto, può essere vista come un «addensamento» di taluni elementi di costo sull'oggetto medesimo [10]. Con l'espressione «elementi di costo» (dell'oggetto) intendiamo riferirci ai fattori produttivi che si ritengono utilizzati (o, se si preferisce, che cedono utilità economica) nello svolgimento delle attività produttive al definito oggetto di costo.

Gli elementi di costo che possono essere presi in considerazione variano in relazione agli scopi conoscitivi per i quali l'analisi del costo di un oggetto viene effettuata. Con riferimento ad un oggetto, quindi, possiamo avere molteplici configurazioni di costo a seconda che si vogliano considerare *solamente* i fattori produttivi utilizzati in modo specifico ed esclusivo per la produzione di quell'oggetto, oppure si vogliano altresì considerare i consumi di *alcuni* fattori che cedono la loro utilità economica anche per la produzione di altri oggetti, oppure – al limite – si vogliano considerate *tutti* i fattori comunque utilizzati (Tavola n. 22).

Le configurazioni di costo di un oggetto sono tanto più complete quanto più si tende a considerare tutti gli elementi di costo in qualche modo utilizzati per la produzione dell'oggetto. Il costo dell'oggetto, per contro, è più significativo ed attendibile se è determinato considerando solamente i consumi dei fattori produttivi che sono utilizzati in modo specifico per la produzione di quel solo oggetto (costi diretti), *tralasciando ogni soggettiva ripartizione di costi comuni a più oggetti.* Infatti, il passaggio a configurazioni di costo più complete, che addensano sull'oggetto considerato non solo costi diretti, ma anche quote calcolate di costi comuni ad altri oggetti, pone l'analista di fronte a risultati meno attendibili, proprio in quanto le valutazioni per l'attribuzione dei costi comuni ai differenti oggetti cui possono riferirsi finiscono per introdurre nel calcolo ineliminabili e talora pesanti elementi di soggettivismo.

---

[10] D. Amodeo 1964, p. 181.

Tavola 22

SVILUPPO DEL COSTO DI UN OGGETTO
(Prodotto, attività produttiva, area produttiva):
PRIMO COSTO, COSTO COMPLESSIVO, COSTO ECONOMICO-TECNICO

Costo fattori produttivi diretti:

(lavoro, merci e materie, energia, servizi)

---

* *Primo costo* ——→ primo costo

+ quote di costo
  di fattori produttivi comuni

(servizi di produzione
servizi di distribuzione
servizi amministrativi
servizi finanziari
servizi fiscali)

---

* *costo complessivo (totale)*

+ interesse sul capitale di proprietà
+ salario direzionale

---

* *costo economico-tecnico*

Altre configurazioni intermedie tra il primo costo ed il costo complessivo sono possibili ed utilizzate nella pratica delle imprese

---

Le considerazioni volte introducono momenti di riflessione nella valutazione critica dei cosiddetti «margini di contribuzione» o «utili (lordi/netti)» determinabili fondamentalmente con riferimento ad aree produttive o prodotti (Tavola n. 23).

Con riferimento ad un'area produttiva (che assumerebbe, in tal caso, la funzione di «centro di profitto») potrebbero determinarsi risultati più o meno lordi a seconda di come si pongono le relazioni quantitative tra il volume dei ricavi, attribuibile all'area in oggetto in un definito arco di tempo, ed il volume di costi, *relativo ad una definita configurazione.*

Viene in tal modo a delinearsi il *contributo* dell'area in questione al risultato economico complessivo dell'impresa: tale contributo, però, può essere determinato in modo più o meno netto a seconda del «livello» di costi che è stato considerato a fronte del volume dei ricavi.

Così, se i ricavi sono comparati con i soli costi diretti dell'area produttiva (primo costo), il *margine lordo* che ne deriva segnala la capacità di contribuzione dell'area alla copertura dei costi comuni non addebitati alle singole aree produttive. Se, invece, i ricavi sono comparati con una configurazione di costo complessivo e all'area produttiva sono stati addebitati i costi diretti ed altresì quote – soggettivamente determinate – di costi comuni, la quota di *utile (o perdita) netto* che ne deriva segnala il contributo dell'area considerata alla produzione del risultato netto complessivo. Ma, in tale seconda ipotesi, la *misura* del contributo può essere – anche largamente – inficiata dai criteri che sono stati seguiti nel riparto dei costi comuni ai differenti centri di profitto che costituiscono la struttura.

Anche *con riferimento ad un prodotto* (bene o servizio), in relazione al quale si vogliono esprimere giudizi di convenienza, potrebbero determinarsi risultati più o meno lordi a seconda di come si pongono le relazioni tra il prezzo di vendita del prodotto ed il costo dello stesso, riferito ad una definita configurazione.

Così, se a fronte del prezzo di vendita si considerano i soli costi diretti del prodotto (primo costo), il *margine lordo* che ne deriva segnala la contribuzione del prodotto in questione alla copertura della massa dei costi comuni, non attribuiti ai singoli prodotti e all'ottenimento dell'utile netto. Se, invece, il prezzo di vendita viene comparato con il costo complessivo del prodotto, comprensivo di quote di costi comuni, *l'utile (o la perdita) netto* che ne deriva vale a segnalare il contributo del pro-

Tavola 23

UTILI E MARGINI LORDI
(riferimento ad un prodotto)

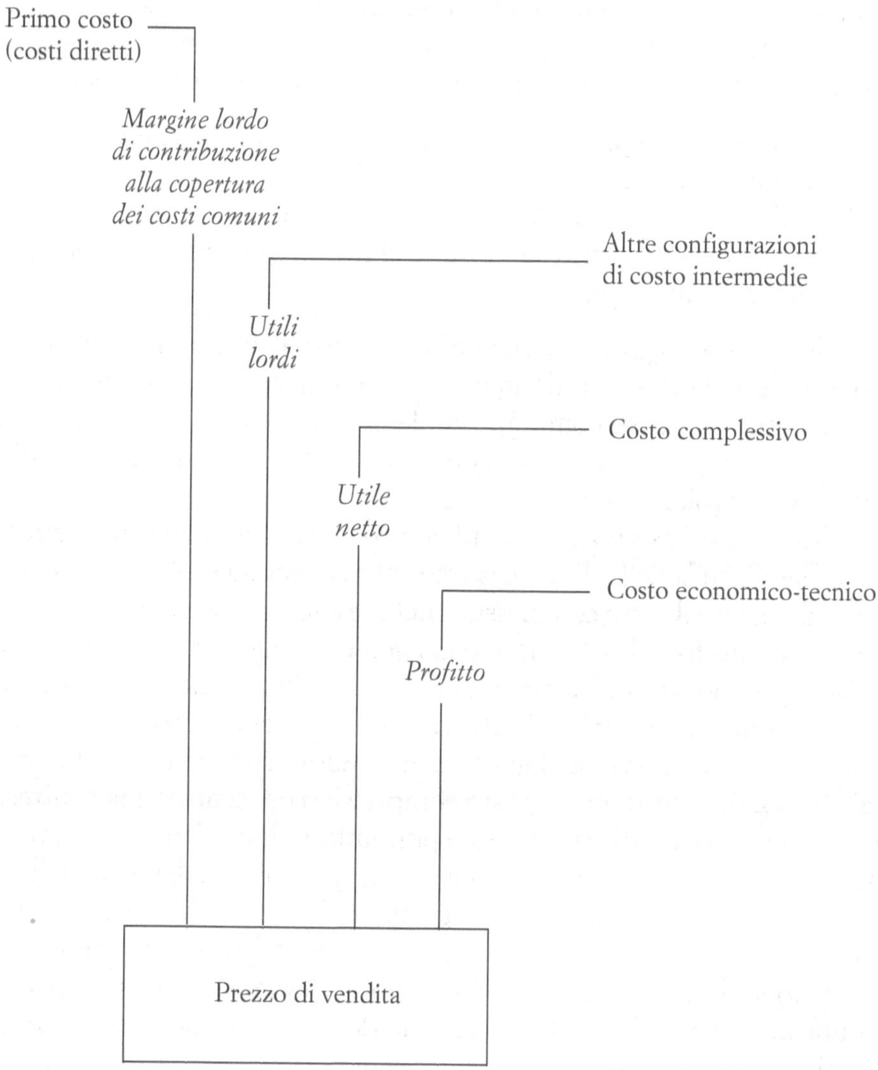

dotto alla produzione del risultato complessivo netto. Ma, anche in tale ipotesi, la misura del contributo può essere – anche largamente – inficiata dai criteri seguiti nel riparto dei costi comuni tra i differenti prodotti.

Le analisi sui costi, e soprattutto quelle sui contributi di aree e prodotti ai risultati complessivi, in via di principio, dovrebbero privilegiare la scelta di configurazioni di costo caratterizzate dalla prevalenza di elementi di costo diretti: i «margini di contribuzione» appaiono più significativi degli utili lordi o degli utili netti, specialmente quando l'analisi dei risultati parziali viene effettuata per uno dei fini appresso indicati:

(a) individuare le produzioni più convenienti con riferimento ad una definita struttura produttiva;
(b) individuare e controllare il contributo (e le responsabilità) di ciascuna area produttiva in ordine al raggiungimento degli obiettivi globali d'impresa.

Nell'ipotesi *sub* (a) le produzioni più convenienti saranno quelle che consentono l'ottenimento di un più elevato «margine di contribuzione» alla copertura dei costi comuni, complessivamente considerati. L'altezza del costo o del prezzo di vendita non sono certamente indicatori significativi, ove singolarmente considerati.

La differenza tra prezzo di vendita e costo complessivo (utile netto) è meno significativa della differenza tra prezzo di vendita e costo primo (diretto), in quanto il costo complessivo include anche quote di tutti i costi comuni a più prodotti, l'entità delle quali non è di oggettiva determinazione.

Nell'ipotesi *sub* (b), l'attribuzione ad un definito centro di profitto di costi comuni a più centri o di costi comuni all'intera struttura non solo è sconsigliabile in relazione al grado di attendibilità del risultato differenziale (ricavi del centro meno costo complessivo del centro), ma contrasta con l'obiettivo di individuare le responsabilità di ogni area produttiva. Ogni centro, infatti, deve essere ritenuto responsabile solamente delle risorse che può e deve direttamente gestire e dei ricavi che riesce ad ottenere attraverso le vendite o che gli sono riconosciuti in relazione alla produzione da esso ottenuta (valorizzata a «prezzi di trasferimento») e ceduta ad altri centri. In tal modo si può determinare con accettabile approssimazione il contributo che ogni centro riesce a dare all'economia del sistema impresa.

Conviene sempre richiamare e sottolineare la concezione unitaria dei costi e dei ricavi nel tempo e nello spazio al fine di *valutare con le necessarie cautele i risultati parziali comunque ottenuti.* Un margine di contribuzione (di un centro o di un prodotto), pur dimostrando in modo meno approssimativo il «peso» del prodotto e del centro sull'economia generale del sistema produttivo, rimane pur sempre il risultato di accostamenti contabili tra ricavi e costi parziali, *e tale risultato non può assumere valore assoluto* se è vero che costi e ricavi sono legati da vincoli di interdipendenza (comunanza dei costi e dei ricavi nel tempo e nello spazio), derivanti da vincoli che legano tra di loro le operazioni necessarie al raggiungimento degli obiettivi d'impresa.

Altre ragioni di incertezza nella determinazione del costo di aree produttive e/o di prodotti derivano dalla presenza di costi fissi (di struttura), che incidono sui costi unitari in relazione al volume di produzione realizzato dall'impresa. L'argomento verrà approfondito nei successivi paragrafi.

Si è detto che, *in via di principio*, sarebbe opportuno privilegiare la scelta di configurazioni di costo caratterizzate dalla prevalenza di elementi di costo diretti. Ciò non esclude affatto che – in talune circostanze e per definite finalità conoscitive – sia opportuno scegliere configurazioni di costo più piene, fino alla configurazione di costo complessivo. In particolare, tali configurazioni potranno essere utili nella determinazione del costo di beni o servizi per i quali si debbano verificare le possibilità di collocamento sul mercato a prezzi remuneratori.

Le affermazioni fatte *sub* (a) e (b), peraltro, perdono validità nei casi di produzioni (soprattutto di servizi) caratterizzate dal *dominio dei costi comuni*, in relazione alle quali il margine di contribuzione appare ben poco significativo.

4.5. Costanza e variabilità dei costi

4.5.1. *Inquadramento del problema della variabilità dei costi*

Abbiamo già avuto modo di parlare delle caratteristiche della combinazione produttiva e della ripartizione dei relativi costi:

1) nel tempo (secondo il principio della competenza economica);
2) nel tempo e nello spazio (per aree produttive, processi e prodotti).

L'argomento che andiamo ora ad affrontare riguarda l'andamento di tali costi in relazione a variazioni del volume produttivo, variazioni che possono scaturire da una semplice modifica del grado di sfruttamento della struttura esistente oppure dal cambiamento della stessa.

Per affrontare tale argomento, tuttavia, è doveroso fare alcune premesse:

a) saranno oggetto di indagine i costi relativi a fattori utilizzati, direttamente o indirettamente, per attivare e perpetuare, in senso dinamico, l'insieme dei processi produttivi dell'impresa (costi afferenti alla combinazione produttiva ovvero costi di produzione in senso lato [11]);
b) occorre aver presente che l'analisi sulla costanza e variabilità dei costi viene finalizzata a supporto delle scelte dell'impresa;
c) occorre considerare che tali scelte vengono normalmente effettuate in via preventiva ed investono principalmente la pianificazione di breve periodo: come avremo modo di chiarire meglio in seguito, l'impresa definisce la gamma delle alternative potenziali corrispondenti ad un certo «intervallo di occupazione delle capacità» entro il quale vuole operare ed analizza l'andamento dei costi con riferimento alle variazioni del volume di attività compreso in quest'intervallo.

Da ciò deriva che:

1. i costi in questione vengono per lo più calcolati prima del loro verificarsi: per cui, ai nostri fini, quando si parla di costi afferenti alla produzione, normalmente si intendono valori congetturati, scissi nella loro parte fissa e variabile in modo da essere impiegati, tramite appropriati strumenti operativi, a supporto delle suddette decisioni;
2. tali stime preventive abbisognano di una rigorosa ripartizione spazio-temporale dei costi comuni tra i diversi oggetti (singoli prodotti, processi e/o centri operativi), in modo che, ad ogni oggetto di costo, si assegnino elementi di costo che, per quanto possibile, siano espressione del concorso offerto da ciascun fattore produttivo all'oggetto medesimo.

---

[11] I costi afferenti alla combinazione produttiva (costi di produzione in senso lato) includono, oltre che i costi di produzione propriamente detti, anche altri costi (di distribuzione, di amministrazione, e così via) se e in quanto inerenti all'attività tipica d'impresa. In questa parte del libro, si farà riferimento ai costi di produzione nella loro accezione più ampia.

Tutto ciò è finalizzato ad approntare una serie di strumenti a supporto delle decisioni aziendali, l'attendibilità dei quali deriva dalla correttezza dei criteri di ripartizione dei costi (e dei ricavi) nel tempo e nello spazio, nonché dall'accuratezza delle stime.

Ai fini decisionali, infatti, non importa tanto lo studio dei costi di produzione quanto piuttosto l'osservazione del loro *andamento* nel tempo e nello spazio a seconda delle loro caratteristiche. Ciò non è evidenziabile attraverso documenti contabili che offrono informazioni di tipo «puntuale», ma richiede appropriati strumenti d'indagine di tipo comparativo (quali l'analisi differenziale, lo studio del punto d'indifferenza, del margine di contribuzione, ecc.), che verranno approfonditi in seguito.

L'importanza di tali strumenti deriva dalla caratteristica di essere volti a definire relazioni non solo tra quantità successive, ma anche tra quantità (o strutture) alternative, e ciò li rende oltremodo duttili sì da essere adottati quali strumenti di supporto a processi decisionali tesi a «... vagliare, per ciascun problema di scelta, il ventaglio delle soluzioni possibili, allo scopo di individuare quella più idonea a favorire il conseguimento della finalità aziendale» [12].

In prima approssimazione possiamo definire:

a) *«fissi» o «costanti»* quei costi che, ad una data unità di tempo, non variano al variare del volume produttivo (sino ad un limite estremo che è rappresentato dalla massima utilizzazione delle strutture disponibili, dopo di che subiscono bruschi incrementi qualora la dimensione produttiva dovesse svolgersi a volumi più elevati. La «Scala di Pantaleoni» (Tavola n. 24) rappresenta graficamente, con riferimento agli «impianti» l'andamento di tale categoria di costi;
b) *«variabili»* quei costi che, invece, subiscono modifiche al variare del volume produttivo [13].

[12] Cfr. V. Coda 1968, p. 48.

[13] Invero la variabilità di un costo può essere rapportata a numerose altre variabili (si pensi, a titolo esemplificativo, all'imposizione fiscale che è funzione del reddito prodotto o, più semplicemente, al prezzo di un fattore produttivo che può modificarsi nel tempo), e quindi i concetti di costanza e variabilità assumono diversi significati a seconda del parametro a cui tale concetto viene abbinato.

Tavola 24

SCALA DI PANTALEONI (Costi d'impianto)

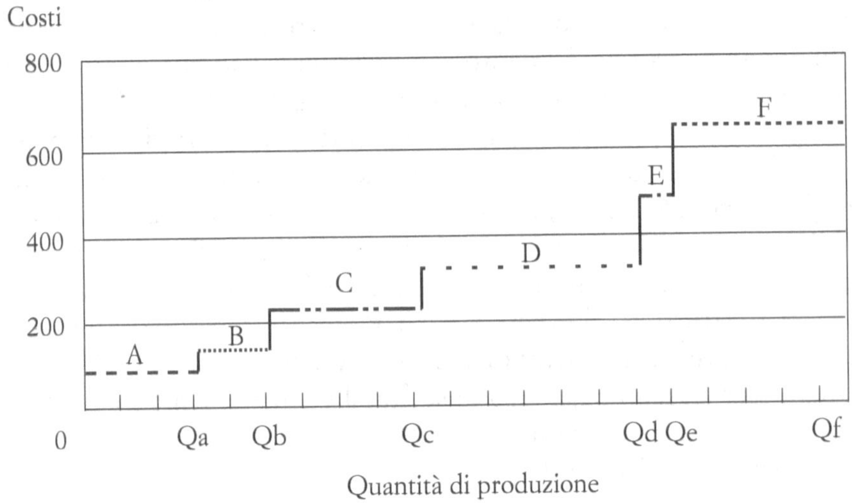

[1] A, B, ..., F – differente dimensionamento degli impianti cui corrisponde un livello via via crescente di costi fissi.

[2] Qa, Qb, ..., Qf – massima quantità di produzione ottenibile in base ai differenti dimensionamenti degli impianti ipotizzati (Qa con l'impianto di dimensione A, Qb con l'impianto B, ecc.) (*).

Breve spiegazione del grafico

A. La scala di Pantaleoni mostra l'andamento dei costi d'impianto all'aumentare del volume di produzione: tale grafico, infatti risulta inidoneo a rappresentare costi fissi d'altro genere.

B. Come si può notare, il grafico è caratterizzato da gradini di altezza ed ampiezza differenti: tale fenomeno, dipende dal fatto che ogni impianto è costituito da un insieme eterogeneo di «fattori-quanti» (macchinari, attrezzature, utensili e così di seguito) che vengono utilizzati secondo combinazioni diverse per ogni differente dimensionamento degli impianti. Ne consegue che il passaggio da un dimensionamento ad un altro si differenzia da tutti gli altri passaggi sia per quanto riguarda il costo d'acquisto dei «fattori quanti» occorrenti (altezza dei gradini), che per «l'intervallo occupazionale utile» degli stessi (lunghezza che intercorre da un gradino all'altro) (**).

Note:

* L'insieme degli impianti in dotazione determina (globalmente e per singolo prodotto) la «massima capacità produttiva teorica» dell'impresa (punti Qa, Qb ..., Qf, del grafico in corrispondenza al livello di massimo utilizzo degli stessi).

** Per «intervallo di occupazione utile» s'intende quell'intervallo produttivo a cui corrisponde un impianto non sovradimensionato rispetto alla produzione effettiva. Chiaramente «l'intervallo di occupazione» di un qualsiasi impianto va da una quantità di produzione nulla, sino alla massima capacità di sfruttamento dello stesso (0-Qa con l'impianto A, 0-Qb con l'impianto B, e così via).

Detto ciò, è agevole constare che nella realtà operativa tale distinzione, lungi dall'essere netta, riposa fondamentalmente su quei limiti di tempo e di volume produttivo ai quali, di volta in volta si fa riferimento, superati i quali uno stesso costo può assumere caratteristiche di costanza o di variabilità differenti da quelle evidenziate dall'analisi a cui è stato sottoposto.

In generale si osserva che taluni costi di organizzazione (quali le spese di amministrazione e gli stipendi dei dirigenti) tendono a conservarsi immutati anche per amplissime variazioni del volume produttivo, mentre i costi di impianti e macchinari restano immutati, ma per variazioni meno ampie; che i costi delle materie prime accusano variazioni sollecite ad ogni modifica del «grado di occupazione», mentre i costi della mano d'opera tendono ad aumentare ad ogni espansione del livello produttivo e si presentano rigidi in caso di contrazione dello stesso.

Ciò significa che «... Ogni elemento di costo ha una sua legge di variabilità per scaglioni ...» [14] e che la consistenza complessiva del costo di produzione (data dalla somma delle singole voci dei costi che lo compongono) presenta un andamento differente punto per punto, risentendo delle variabilità dei singoli elementi pur non coincidendo con nessun elemento di costo considerato.

Ne consegue che ogni impresa, per una corretta verifica dell'andamento dei costi, deve:

a) stabilire una «produzione base» (che può essere previsionale o assunta su dati consuntivi: ad esempio la produzione media raggiunta nell'anno);
b) definire il segno e l'ampiezza delle variazioni previste rispetto alla produzione base nel periodo di tempo considerato.

Solo a questo punto è possibile verificare in concreto, in base alla specifica situazione dell'azienda, quale andamento possono assumere gli elementi di costo in relazione alle variazioni di occupazione (o di struttura) ipotizzate, e per quali cause.

Nell'ottica di breve periodo solitamente tali variazioni sono di più lieve entità e la struttura aziendale, se non è da considerarsi un vero e proprio dato, certo è abbastanza vincolante per ogni ipotesi di sviluppo congetturata.

---

[14] Cfr. C. Sorci 1972, p. 91.

Perciò, in tale contesto, risulta costante il costo di quei fattori atti a creare la struttura permanente della combinazione produttiva, e variabile quello dei fattori che consentono l'attivazione di tale struttura, essendo questi ultimi i soli suscettibili di oscillare per effetto di decisioni che comportano relative modificazioni del livello di produzione e di vendita.

In altre parole, mentre i costi variabili producono una corrente di servizi, la cui utilizzazione può essere frazionata secondo le mutevoli esigenze produttive e che quindi si impiegano in quantità che variano al variare della produzione (assumendo, come vedremo meglio in seguito, andamenti che possono essere o meno proporzionali), i costi fissi sono caratterizzati da un flusso rigido di servizi.

Ciò significa che se un certo fattore produttivo è dimensionato per una capacità corrispondente ad un certo volume e, per qualsiasi motivo, quel volume è forzato alla riduzione, «... La capacità inutilizzata non può essere accantonata per futuri utilizzi: essa fluisce invano ed è perduta, e però sprecato è il costo relativo ...» [15].

La rigidità dei costi fissi comporta quindi che essi, una volta sostenuti, non si prestino ad essere ridimensionati al calare del volume produttivo, né ammettano, talora, un «uso» diverso rispetto agli scopi per i quali sono stati sopportati: ed è questa la ragione per cui vengono considerati «irreversibili», in quanto non consentono un loro trasferimento nel tempo e nello spazio.

Tale rigidità è rivolta soprattutto «verso il basso», sia a seguito della loro sopramenzionata irreversibilità, sia per il fatto che, storicamente, le aziende hanno incrementato il livello dei costi fissi nel tempo.

Le cause di tale incremento possono essere:

a) la conseguenza di differenti fenomeni di natura tecnico-economica quali, ad esempio, il progresso tecnologico ed i conseguenti livelli di innovazione o la perdita del potere di acquisto della moneta (che comportano un aumento di prezzo, nel tempo, dei fattori che compongono la struttura);
b) la conseguenza dell'imponente allargamento dei mercati e della naturale tendenza alla crescita dimensionale dell'azienda per far fronte a più elevati livelli della domanda.

---

[15] Cfr. D. Amodeo 1976, p. 568.

I costi fissi, quindi, se da un lato si caratterizzano per una «variabilità potenziale» di accrescimento molto più marcata rispetto a quella di compressione, dall'altro sono «costi di capacità»: rappresentano cioè l'onere che l'impresa decide di sostenere per essere in grado di effettuare un dato livello di attività.

In altre parole, l'ammontare e le caratteristiche dei fattori a flusso rigido di servizi, di volta in volta approvvigionati, vengono definiti dalla direzione strategica dell'impresa in base a valutazioni che necessariamente tengono conto delle future possibilità di utilizzo e sfruttamento di tali fattori e di recupero dei relativi costi.

Prima che il processo decisionale abbia luogo, infatti, l'azienda si trova di fronte a differenti vie di sviluppo, tra di loro alternative e non compatibili, ma una volta che il processo decisionale si è concluso con la scelta dell'alternativa giudicata migliore, si pianifica il sentiero di sviluppo dell'azienda, almeno nel breve periodo. Ne deriva il «carattere dispositivo» dei costi fissi in quanto rispecchiano decisioni che vengono adottate in sede di formulazione e di revisione dei piani [16].

Accanto poi ai costi fissi e variabili, vi sono costi che vengono comunemente definiti semivariabili.

Tali costi presentano una natura composita, in quanto costituiti da una componente fissa ed una variabile, essi perciò risentono solo parzialmente delle variazioni del volume produttivo [17].

---

[16] «... In sede di valutazione delle alternative di breve periodo, alcuni costi (non evitabili) sono fissi, mentre altri variano da alternativa ad alternativa. Questi costi non evitabili, soggetti a variabilità in sede di pianificazione, esprimono il campo di manovra concesso all'impresa ... Fino a questo punto la separazione tra costi fissi e costi variabili non si è ancora realizzata: si verifica quando l'impresa prende una decisione in merito alla capacità con la quale intende affrontare l'esercizio ...» cfr. A. SPRANZI 1972, p. 36.

[17] Non tutti gli Autori sono tuttavia convinti della giustificabilità economica dei costi semivariabili come specie a sé; ad esempio Spranzi rileva che: «... Questo diverso comportamento dei costi si spiega tenendo presente che i costi fissi sono costi di capacità, mentre i costi variabili sono costi di utilizzazione ... Detto questo il problema non è risolto. Ci si trova anzi di fronte ad un fenomeno che sembra smentire quanto abbiamo detto in precedenza ...

Si tratta della variabilità, che è frequentemente possibile osservare, di molti costi di capacità ... Queste perplessità, relative a comportamenti dei costi che si sottrag-

Nella pratica si sono individuati tre diversi tipi di costi semivariabili (Tavola n. 25):

a) costi caratterizzati da una parte fissa da sostenere ed una parte variabile che aumenta col crescere della produzione; sono certamente i più numerosi tra i costi semivariabili (curva A);
b) costi che rimangono costanti sino ad un certo livello di produzione per poi accrescersi da quel livello in poi: tale andamento, in un certo senso, potrebbe richiamare quello dei costi fissi sino ad un certo grado operativo, superato il quale assumono andamento variabile (curva B);
c) costi caratterizzati da numerosissimi, continui «scalini» all'interno dell'intervallo produttivo, nell'ambito della capacità produttiva esistente (curva C).

4.5.2. *Criteri di distinzione tra costi fissi e variabili*

Sino ad ora non si è fatto cenno a quali costi assumono, in concreto la qualifica di fissi o variabili: ciò non deriva da negligenza, ma da una serie di considerazioni che verranno di seguito esplicate.

Innanzitutto non vi sono costi che presentano la caratteristica di essere completamente fissi o variabili; i costi, invero, si presentano con un grado di rigidità crescente a mano a mano che si procede verso quelli che abbiamo classificato come «costi fissi» [18].

---

gono ad una netta classificazione in termini di costanza e variabilità, hanno dato origine ad alcune categorie ibride quali i costi semi-fissi, i costi semivariabili, i costi variabili a gradini, ecc. ... Il problema non è di difficile soluzione, solo che si consideri attentamente il processo di pianificazione che si traduce nella formazione del budget ... Una volta che l'impresa ha definito, sempre in sede di budget, l'intervallo di occupazione entro il quale pensa di (e vuole) operare nel successivo periodo economico ... si blocca la variabilità potenziale dei costi di capacità, e questi entrano nel calcolo economico di breve periodo come costi fissi, e tali rimangono fin tanto che l'impresa non riveda la propria decisione ...» cfr. A. Spranzi 1986, pp. 28-30.

[18] La tesi secondo cui non esistono costi assolutamente fissi o assolutamente variabili è condivisa da numerosi Autori, tra i quali Giannesi il quale asserisce che: «... Ora si avvicinano a quello che nel mondo economico si chiama costanza ed ora a quello che si chiama variabilità, senza tuttavia coincidere mai con queste sue posizioni estreme ...» cfr. E. Giannesi 1955, p. 25.

Tavola 25

ANDAMENTO DEI COSTI SEMIVARIABILI

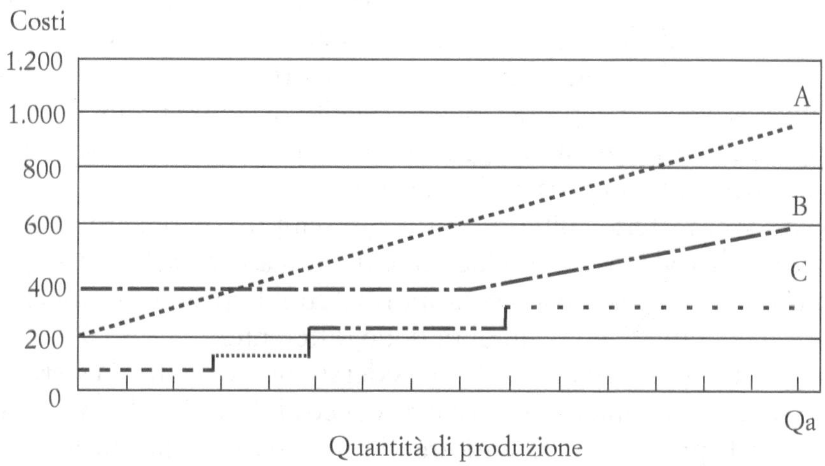

[1] CURVA A - curva di costo caratterizzata da una componente fissa ed una variabile (nel grafico assunta come proporzionale)*.

[2] CURVA B - curva di costo che rimane costante fino ad un certo ammontare di livello produttivo, dopodiché, superato tale limite, assume andamento crescente*.

[3] CURVA C - curva di costo caratterizzata da numerosissimi, continui scalini all'interno dell'intervallo occupazionale (nell'ambito, cioè, della capacità produttiva esistente)*.

Note:

* Nel grafico in oggetto le variazioni dei costi semivariabili sono all'interno «dell'intervallo di occupazione utile» (0 – Qa), così come spiegato nella tavola 25.

Infatti, la distinzione dei costi tra fissi, variabili e semivariabili, pur feconda di interessanti sviluppi, deriva da una «semplificazione» della realtà, tuttavia necessaria per meglio comprendere i fenomeni aziendali. È in base a tali esigenze conoscitive che i costi vengono classificati a seconda del loro «grado di reattività» al variare della quantità prodotta: se tale correlazione è scarsamente significativa, suole dirsi che il costo è fisso (e viceversa).

In secondo luogo la maggiore o minore rigidità di un costo non deriva dalla natura dello stesso, ma dalle modalità di approvvigionamento dei fattori [19], anche se in pratica vincoli, opportunità e limitazioni poste alla libera scelta dell'impresa (anche a seguito di consuetudini di mercato oppure di disposizioni di legge) comportano che taluni costi si ritrovino normalmente tra i costanti ed altri tra i variabili [20].

Non è senza effetto l'ulteriore fatto che, sempre con riguardo alle modalità di approvvigionamento (ad esempio nel caso di scelta tra acquisto o locazione di un fattore a fecondità ripetuta), l'opzione si esplichi tra costi fissi definiti ad intervalli di periodo differente.

Ed è appunto l'arco di tempo considerato uno dei fattori esterni che incide sulla variabilità o sulla costanza dei costi. Infatti, nel lungo periodo, l'azienda pone in essere importanti processi di ristrutturazione produttiva ed organizzativa sicché, a mano a mano che l'arco temporale si espande, diminuisce il numero dei costi fissi ed aumenta quello dei costi variabili e viceversa [21]: ciò è reso possibile dal fatto che molti costi, pur

---

[19] «... Un costo è costante o variabile a seconda del modo con cui il fattore produttivo è pervenuto all'impresa: se l'approvvigionamento è fatto di volta in volta, in armonia con le esigenze del processo produttivo, il costo si presenta variabile; se invece esso è effettuato in modo da assicurare all'impresa una corrente di servizi la cui utilizzazione è estremamente connessa con lo svolgimento del tempo in cui ha vita, il costo si presenta costante ...» cfr. D. AMODEO 1976, p. 570.

[20] Non vi è identità tra i concetti di fattori a fecondità semplice e ripetuta, da un lato, e fattori variabili e fissi dall'altro. In pratica, tuttavia, i fattori a fecondità semplice, salvo rare eccezioni, sono a considerarsi fattori a flusso variabile di servizi mentre è possibile che anche fattori a fecondità ripetuta siano causa di costi variabili.

[21] «... Se a riferimento si prendesse un periodo di tempo brevissimo ... l'attributo di costante dovrebbe riconoscersi a tutti i costi ... Per contro, immaginando periodi di tempo molto lunghi ... tutti i costi apparirebbero variabili ...» cfr. L. DE MINICO 1946, p. 149.

presentandosi essenzialmente rigidi nel breve andare, sono modificabili in periodi più lunghi [22].

Inoltre, l'andamento dei costi dipende dal tipo di indagine che si fa sugli stessi, e cioè dai fini, dal tipo di approccio richiesto nonché dall'ottica con la quale ci si pone.

Prendiamo ad esempio il costo dell'energia elettrica, esso è considerato un costo semivariabile in quanto caratterizzato da una componente fissa ed una variabile: tale componente fissa, tuttavia, può essere vista sia come il canone fisso che si paga per aver diritto all'uso dell'energia elettrica, che come la quantità minima necessaria di energia per attivare gli impianti al livello minimo di produzione.

Analoghe considerazioni si possono poi fare per il costo del lavoro che nel breve periodo, globalmente, può essere considerato un fattore fisso, in quanto altamente rigido rispetto ad ipotesi di contrazione dell'attività produttiva. L'azienda ha certamente possibilità di mitigare tale rigidità mediante l'adozione di alcuni strumenti (contratti a termine, ricorso alla cassa integrazione, agli straordinari, ecc.); esso purtuttavia rimane, nel complesso, essenzialmente poco manovrabile. Vi è però un fatto: la possibilità di spostamento della mano d'opera diretta da reparto a reparto (mobilità interna) fa sì che nell'ottica del singolo reparto esso assume, entro certi limiti, andamento variabile. Lo stesso costo, quindi, presenta caratteristiche diverse a seconda che l'indagine venga fatta a livello complessivo aziendale oppure a livello di singola area o di singolo reparto.

Quest'esempio sul costo del lavoro, tra l'altro, pone in evidenza un altro aspetto significativo del problema, e cioè la capacità dell'ambiente esterno (naturale od umano) di influire sull'andamento di alcuni costi: a tal proposito si potrebbe dire che un'azienda situata in un paese estero

---

[22] Ed anzi, anche i costi cosiddetti variabili, in concreto, non posseggono quella immediata reattività essendo invece «... Caratterizzati da una viscosità, da una isteresi, che voglia dirsi, che rende la reattività loro alle variazioni dell'occupazione quasi mai immediata, anzi sovente lenta e faticosa ... Si che di fatto questi adeguamenti non possono essere semplicisticamente riguardati come agevoli, e quasi automatici: ma appaiono come oscillazioni intorno a un nuovo assetto, che viene raggiunto solo con certa difficoltà e con certo decorso di tempo ...» cfr. D. AMODEO 1976, pp. 583-584.

caratterizzato da una minor tutela sociale del lavoro, considererebbe i costi in questione, a pieno diritto, come variabili.

Tutte queste considerazioni riportano a quanto detto in precedenza, che la qualifica di costi fissi o variabili dipende dalle finalità che si pone l'impresa, dall'arco temporale di riferimento e dall'ambiente in cui si opera.

4.6. Costi aziendali e funzione di produzione

4.6.1. *L'andamento dei costi variabili*

Dopo aver individuato le modalità concettuali di separazione tra costi fissi e variabili, studiamo ora il possibile andamento di questi ultimi rispetto al variare della produzione. Andamento, come già precedentemente accennato, che può essere proporzionale, progressivo, degressivo o regressivo.

Prendendo una generica funzione:

$$CV = c(Q)$$

indichiamo con CV l'ammontare del costo variabile considerato, Q la quantità prodotta e c il costo variabile unitario (cioè il costo che scaturisce da ogni unità aggiuntiva di prodotto che viene posta in essere).

Se ipotizziamo c costante, il costo variabile si dice «proporzionale» in quanto varia sempre nella stessa proporzione al variare della quantità prodotta, cosa che deriva, appunto, da un costo variabile unitario identico a qualsiasi volume produttivo.

Questo fenomeno può essere agevolmente visualizzato mediante rappresentazione grafica. Ne risulta una retta passante per l'origine degli assi (Tavola n. 26 - curva A) la cui inclinazione deriva, appunto, da c.

I costi variabili si definiscono progressivi quando sono caratterizzati da un coefficiente angolare crescente (c che aumenta con l'aumentare della quantità prodotta): perciò il loro andamento è più che proporzionale rispetto alla crescita del volume produttivo. Ad un incremento di quest'ultimo, fa riscontro un aumento del relativo costo in misura via via maggiore quanto più elevata è la quantità sino a quel momento prodotta (Tavola n. 26 - curva B).

Per contro, si dicono regressivi quei costi che crescono in modo me-

Tavola 26

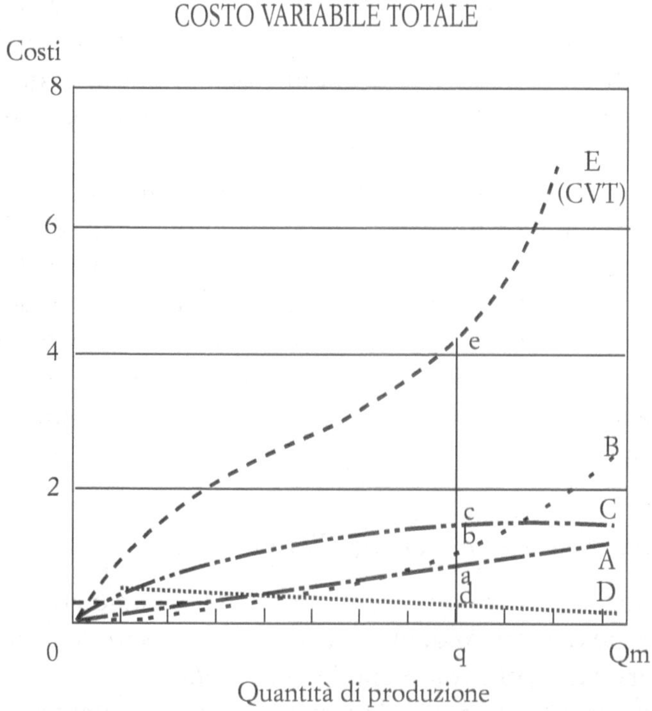

[1] Tale grafico ci permette di visualizzare la costruzione della curva di costo variabile totale (CVT – curva E) in base alle diverse «voci» dei costi variabili che la compongono (mano d'opera, approvvigionamento materie prime, ecc.…) – curve A, B, C, D (*).

[2] CURVA A: curva di costo di tipo proporzionale (costo che aumenta in modo perfettamente proporzionale all'aumentare della quantità prodotta).

[3] CURVA B: curva di costo di tipo progressivo (costo che aumenta in modo più che proporzionel all'aumentare della quantità prodotta).

[4] CURVA C: curva di costo di tipo regressivo (costo che aumenta in modo meno che porporzionale all'aumentare della quantità prodotta).

[5] CURVA D: curva di costo di tipo degressivo (costo che diminuisce all'aumentare della quantità prodotta: nel grafico in oggetto tale andamento degressivo, essendo rettilineo, è di tipo proporzionale).

[6] CURVA E: curva del costo variabile totale (o complessivo). L'entità di tale costo è data dalla somma delle entità dei costi variabili A, B C, D: per cui, da un punto di vista grafico, l'altezza di tale costo è pari, in ogni suo punto, alla somma delle altezze dei costi variabili A, B, C, D che lo compongono (**).

Note:

* Per motivi didattici si suppone che l'azienda debba sostenere quattro tipi di costi variabili, ognuno caratterizzato da un proprio peculiare andamento (A, B, C, D).

** Ipotizzando una quantità prodotta ad un livello q qualsiasi, avremo (vedi grafico) che:

$$e - q = (a - q + b - q + c - q + d - q)$$

dove le espressioni a – q, b – q, c – q, d – q, e – q esprimono la distanza tra l'altezza del costo e l'asse delle ascisse: tale distanza dipende dall'entità dei costi (al livello ipotizzato di quantità q prodotta).

no che proporzionale rispetto all'incremento del volume produttivo (coefficiente angolare decrescente, Tavola n. 26 - curva C).

Infine si dicono degressivi quei costi che diminuiscono con l'aumentare della quantità prodotta: detti costi, invero assai rari nella pratica, producono effetti benefici nell'economia dell'impresa, in quanto inversamente rapportati al volume produttivo (coefficiente angolare negativo, Tavola n. 26 - curva D) [23].

A questo punto se noi analizziamo l'andamento del costo variabile complessivo CVT (la cui altezza, ad ogni suo punto, è sempre pari alla somma delle altezze dei costi che la compongono: Tavola n. 26 - curva E) in presenza di costi proporzionali, progressivi, regressivi e degressivi, ci accorgiamo che tale curva, caratterizzata da un coefficiente angolare diverso punto per punto, può assumere andamenti più o meno che proporzionali a seconda dell'incidenza che le singole categorie di costi hanno su di essa.

4.6.2. *Prezzi, rendimenti e variabilità dei costi*

Visto come si muovono i costi variabili, cerchiamo adesso di individuare il perché del loro andamento, spunto necessario per poi giungere ad una osservazione più completa del fenomeno.

Iniziamo con il considerare la funzione rappresentativa del costo di un generico fattore i:

$$ci = fi \times pi$$

dove ci è il costo del fattore produttivo i, fi la quantità e pi il relativo prezzo. Tale funzione esplicita che le cause di andamento non proporzionale dei costi possono essere due:

---

[23] Costi regressivi, ad esempio, sono quelli di riscaldamento di un locale aperto al pubblico: all'aumentare del numero dei clienti diminuisce il fabbisogno di energia per mantenere la temperatura costante. Matematicamente tali costi vengono rappresentati con un'espressione di questo genere:

$$CV = C - c(Q),$$

dove C indica il massimo valore che assume il costo variabile regressivo CV ad un livello «minimo» di produzione, mentre c può essere o meno costante.

1) variabilità del prezzo di acquisto dei fattori (p);

oppure:

2) variabilità del loro rendimento [24].

Le suddette due cause sono tra di loro in stretta connessione in quanto, pur incidendo in modo antitetico, hanno effetti assai simili sull'andamento dei costi: infatti ad un rendimento costante di un fattore, un maggior prezzo di acquisto dello stesso comporta un aumento di costo più che proporzionale rispetto alla maggior quantità ottenuta. Lo stesso dicasi in caso di rendimento decrescente e prezzo costante.

Ma cosa si intende per prezzo e rendimento?

Il prezzo è la quantità di moneta che viene ceduta per acquisire un'unità di fattore produttivo: esso quindi rappresenta il valore di scambio del fattore sul mercato.

Il rendimento, invece, attiene alla quantità fisica di un fattore occorrente per ottenere una certa quantità di prodotto. Esso è legato al concetto di consumo, senza tuttavia identificarsi con quest'ultimo, in quanto individua il rapporto esistente tra consumi fisici di un fattore (input) e quantità prodotta (output).

Sul lato prezzi l'impresa subisce sostanzialmente le regole di mercato: infatti, se da un lato può beneficiare di rapporti privilegiati con i propri fornitori grazie a mirate politiche di approvvigionamento (lotti, contratti di fornitura, ecc. ...) o sfruttando la propria forza contrattuale, dall'altro non è in grado di disporre a proprio piacimento del prezzo di acquisto dei fattori produttivi di cui abbisogna.

Il prezzo, infatti, è il risultato della dinamica globale di contrattazione e risente di tutta una serie di variabili esogene all'impresa, quali la relativa scarsità dell'offerta rispetto alla domanda, l'innovazione tecnologica, la perdita del potere di acquisto della moneta (inflazione), il sistema legislativo interno ed internazionale (imposte, dazi doganali, tariffe per servizi di pubblica utilità, ecc.).

A ciò si aggiungano le altre numerosissime cause di variabilità esterna, sovente imprevedibili ed improvvise (aspettative di mercato, specu-

---

[24] Ciò implica che il fabbisogno quantitativo di uno stesso fattore sia crescente in modo più o meno che proporzionale rispetto alla maggiore quantità prodotta.

lazione, eventi politici e naturali di vario genere, ecc.) che rendono non sempre controllabili i prezzi.

Al contrario, i rendimenti sono grandezze che l'azienda può e deve governare, sono indici di efficienza dell'attività produttiva: la loro «significatività», tra l'altro, è praticamente povera di contenuto quando sono intesi in senso assoluto, mentre acquista rilievo quando vengono utilizzati per raffrontare la posizione relativa tra due o più imprese concorrenti oppure, all'interno della stessa azienda, tra diversi livelli di produzione o di modalità organizzative.

Occorre poi ricordare che i calcoli sull'efficienza aziendale difficilmente vengono improntati nell'ambito del mero computo dei consumi fisici, in quanto il raffronto di questi termini, *salvo casi particolari*, non è elemento sufficiente a determinare validi giudizi.

Nel passare dalla produzione Q a quella Q + DQ i rendimenti dei fattori non sono omogenei, nel senso che l'aumento del consumo di ognuno di essi sconta una diversa intensità (cambia cioè la proporzione di utilizzo dei singoli fattori).

Abbiamo già rilevato che quando il rendimento di alcuni fattori aumenta mentre diminuisce il rendimento di altri (in termini di fabbisogno fisico dei fattori rispetto alla maggior quantità prodotta), non è più possibile valutare se l'efficienza globale della produzione (produttività) sia aumentata o diminuita.

Per far ciò l'azienda deve ragionare esclusivamente in termini di costo: gli studi sull'efficienza dei processi produttivi, infatti, più che riferirsi a rapporti espressi in termini fisici, devono basarsi su calcoli in termine di valore, e cioè sulle variazioni del costo di produzione per unità di prodotto al variare della quantità prodotta.

4.6.3. *Il costo differenziale*

Passiamo ora ad analizzare la problematica relativa ai costi differenziali.

Definiamo *costo differenziale la variazione di costo totale che si sopporta in conseguenza del passaggio del volume produttivo di un determinato prodotto da una certa quantità (Q) ad una quantità maggiore (Q + T), con T sufficientemente grande per consentire adeguate valutazioni di convenienza*. Il suo ammontare è funzione sia della quantità di volume produttivo base sino a quel momento considerata (Q), che della quantità da aggiungere (T).

I motivi che inducono l'azienda a ragionare in termini differenziali si spiegano innanzitutto con il fatto che la produzione, a differenza di quanto ipotizzato dagli economisti neoclassici, è una funzione «a quantità finite» e non «continua»; le valutazioni di convenienza, poi, vengono effettuate solamente nei casi in cui le quantità addizionali da considerare siano «significative» ai fini di scelte aziendali, spesso non di poco conto[25].

Nella pratica operativa, quindi, il costo differenziale viene inteso come il costo aggiuntivo da sostenere per aumentare la produzione di un «minimo tecnico».

Cosa si intende per valutazione di convenienza è abbastanza intuibile se solo si fa riferimento al concetto di ricavo differenziale: per un certo prodotto (P), il passaggio da una produzione (Q) ad una (Q + T) è conveniente solo se il ricavo differenziale che si consegue è superiore al costo differenziale che si sopporta (con susseguente miglioramento del risultato reddituale complessivo).

Si noti comunque che, almeno nel breve periodo, un aumento della quantità prodotta è generalmente ottenibile per mezzo di un maggior grado di sfruttamento della struttura esistente. Ne consegue che, in questi casi, il costo differenziale appare la risultante dell'incremento dei soli costi variabili relativi alla quantità aggiuntiva T di prodotto: da qui un risultato reddituale positivo tutte le volte in cui i ricavi unitari di vendita

---

[25] Negli studi microeconomici si parla, invece, di «costo marginale», intendendo, con tale dizione, il costo aggiuntivo derivante da una quantità infinitesimale di prodotto. Tale concetto, rivestendo per lo più significato teorico (essendo proprio dell'approccio di scuola neoclassica), mal si presta ad idonee valutazioni di convenienza nei casi pratici: sia perché nella realtà operativa l'unità di misura può essere «troppo piccola» per essere utilizzata a fini pratici (si pensi, ad esempio, alla proporzione in termini di costi/benefici nell'indagare sulla convenienza di produrre un chiodo in più), sia perché «troppo grande» (in quanto l'analisi marginalistica è inidonea a verificare l'impatto nell'economia d'impresa delle modificazioni strutturali necessarie a produrre quantità aggiuntive di prodotto, come può accadere, per esempio, nel campo delle grandi lavorazioni «su commessa»).

dei prodotti aggiuntivi siano superiori ai costi medi unitari variabili necessari a tale maggior produzione[26].

Tuttavia l'equivalenza tra costo differenziale e costo variabile sussiste solo in parte, fino al momento di massima utilizzazione degli impianti, dopo di che il costo differenziale divergerà dal costo variabile in quanto comprensivo anche dell'aumento dei costi fissi: infatti esso «... non comporta un processo di ripartita attribuzione dei costi a dati oggetti e, pertanto, non solleva problemi di scissione congetturale di costi ...»[27], essendo il suo calcolo basato sulla somma delle variazioni subite da ciascun elemento del sistema dei costi di produzione, in relazione alle alternative di quantità prodotta che vengono prese in esame.

Ma l'analisi differenziale non serve solamente per determinare la convenienza a produrre quantità supplementari di prodotto: essa «... può risultare utile per indirizzare le scelte aziendali ... relative allo smaltimento dei prodotti, permettendo di accertare la convenienza a vendere beni a prezzi differenziati per non ridurre il grado di attività dell'impresa in determinate circostanze di mercato. Infatti, al fine di mantenere il volume operativo entro livelli di soddisfacente redditività, può convenire vendere quantità supplementari di prodotto al di sotto dei costi unitari medi ...»[28].

Se noi definiamo il *costo differenziale unitario* come il rapporto tra il costo differenziale complessivo e la variazione intervenuta sul volume prodotto[29], *ci accorgiamo come esso rappresenti il limite inferiore di prezzo al quale quantità supplementari possono essere vendute incrementando il risultato di gestione* (o attenuando le perdite subite). Il costo differenziale è l'equivalente, nel discontinuo, del costo marginale.

A questo punto occorre sottolineare che il risultato differenziale è, in

---

[26] Queste problematiche verranno poi approfondite in seguito, quando analizzeremo il «margine unitario di contribuzione alla copertura dei costi fissi» (vedi *infra*, par. 4.7.1).

[27] Cfr. V. Coda 1968, p. 44.

[28] Cfr. G. Cavazzoni 1988, p. 60.

[29] Per cui «... I costi differenziali unitari sono la media dei costi di un parte soltanto della produzione e precisamente della variazione intervenuta nella produzione ...» cfr. L. Guatri 1954, p. 121.

effetti, di difficile determinazione in quanto dipende da una serie di circostanze differenti da azienda ad azienda.

Infatti, esso può assumere andamenti diversi a seconda che si produca su commessa o in serie, ma dipende anche dalle condizioni produttive, dal grado di sfruttamento degli impianti, dalla situazione delle scorte di magazzino (quantità e tipologia), dall'esistenza di processi congiunti (e quindi dalla maggiore o minore difficoltà di smercio della differente gamma di prodotti nascenti da un unico processo), dalla possibilità o meno di utilizzo di scarti e prodotti deviati, da vincoli nei processi produttivi e negli approvvigionamenti (visto che certe produzioni o certi acquisti si possono fare solo per «lotti minimi»), e così via.

Normalmente, però, l'andamento del costo differenziale unitario ricalca all'incirca, come abbiamo già detto, quello del costo marginale. Costo marginale che in tale ottica può essere considerato alla stregua di un'estrapolazione teorica del costo differenziale unitario (sempreché non intervengano rilevanti mutamenti strutturali).

Così come il costo marginale ha andamento ad «U» e «porta verso di sé» la curva di costo unitario medio, anche il costo differenziale unitario (CUD) ha, di solito, lo stesso andamento di fondo (Tavola n. 27) e, in ogni caso, ha «capacità di attrazione» del costo unitario medio differenziale (CUMD).

Lo studio concreto dei risultati differenziali porta a comporre grafici assai simili a quello esposto nella tavola 27 dal quale emerge come l'impresa possa formulare giudizi di convenienza a produrre (e vendere) quantità aggiuntive di prodotto, anche al di sotto dei costi medi unitari (nell'ipotesi di cui alla tavola 27, la quantità prodotta che minimizza le perdite è pari a Q).

4.7. Le relazioni costi-volumi-prezzi

4.7.1. *Diagramma di redditività: analisi delle principali grandezze*

Il diagramma di redditività è uno strumento concettuale volto innanzitutto a *risolvere*, sia pure in forma approssimativa, *il non trascurabile problema della conoscenza del volume minimo di produzione-vendita in corrispondenza del quale i ricavi totali riescono a coprire i costi totali* («punto di pareggio» o «*break even point*»).

Tavola 27

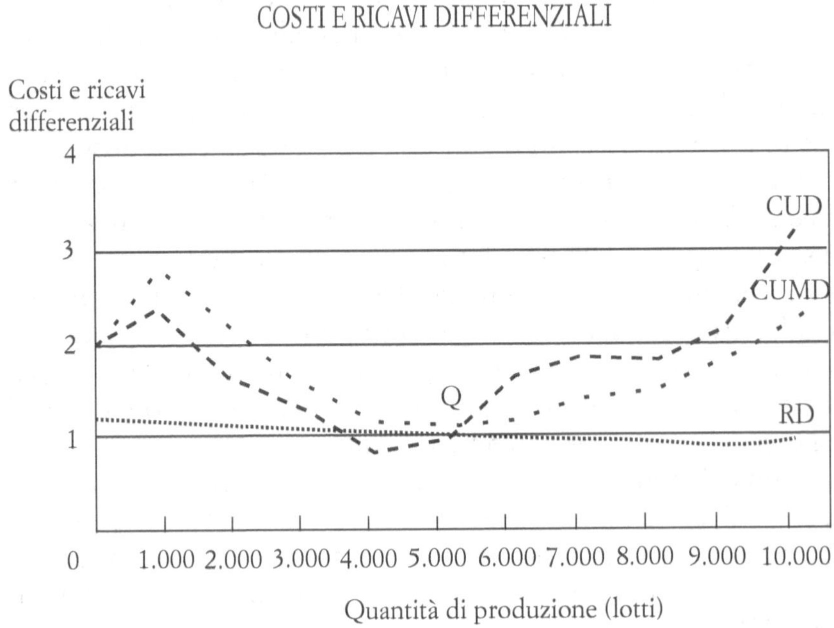

[1] Tale grafico ci permette di analizzare le scelte aziendali di breve periodo in merito alla quantità da produrre: infatti, data una certa capacità produttiva e l'unità minima di produzione (lotto), l'impresa deciderà quanti lotti produrre in base ai costi e ricavi differenziali per ogni partita di prodotti da immettere sul mercato (*).

[2] Nell'asse delle ascisse compare la quantità che si è in grado di produrre: in tal caso tuttavia, il livello di produzione non è più una funzione continua, ma risulta a quantità finite e per unità minime di produzione (lotti) (**).

[3] Ne consegue che lo studio dell'andamento dei costi e dei ricavi sarà di tipo puntuale (livello per lotto).

[4] CUD (costo unitario differenziale): indica l'ammontare del costo aggiuntivo necessario per passare da un lotto di produzione ad un altro (costo medio del lotto). Come si può notare l'andamento del CUD richiama, nel discontinuo l'andamento di fondo del costo medio (***).

[5] CUMD (costo unitario medio differenziale): indica l'ammontare dei costi medi di tutti i lotti sino a quel momento prodotti. Come si può notare l'andamento del CUMD richiama la curva teorica del CTM (o CUM) (****).

[6] RD (ricavi differenziali): i ricavi differenziali indicano il prezzo di vendita medio lotto per lotto. Tali ricavi, che richiamano nel discontinuo la retta dei Rm, sono stati ipotizzati «sostanzialmente» stabili per evidenziare quelle lievi differenze di prezzo che possono scaturire da accordi tra le parti oppure da contingenze di mercato e così via (*****).

Note:

* La produzione per lotti successivi è tipica di quelle aziende che, per vincoli tecnici oppure economici, trovano possibile o conveniente produrre quantità aggiuntive di prodotto a quantità predeterminate (tipico esempio è quello di imprese che operano su commessa, che quindi devono attivare di volta in volta processi produttivi differenziati che daranno luogo a quantità di prodotto vincolate dalla natura stessa del processo produttivo).

** Nel nostro caso il lotto minimo è di 1000 unità: l'azienda, quindi, sarà in grado di produrre quantità che siano multiple di mille sino al livello di massima capacità produttiva (pari a 10.000 unità).

*** Indicando con «Clk» il costo di produzione del generico lotto kappesimo, e con «Qlk» la quantità di lotto, l'espressione matematica del CUD (del lotto kappesimo) può essere la seguente:

$$CUD_{lk} = \frac{Clk}{Qlk}$$

dove l'espressione al numeratore indica l'aumento dei costi in seguito alla produzione del lotto aggiuntivo, e quella al denominatore il numero di unità di prodotto aggiuntive (non è detto, infatti, che tutti i lotti esprimano una quantità aggiuntiva di prodotto sempre uguale).

**** Indicando con «C11, C12, ..., Clk» i costi di produzione dei lotti 11, 12, ..., lk e con Q la somma di tutte le quantità di lotti 11, 12, ..., lk, sino a quel momento prodotte, si ha la seguente espressione matematica relativa al CUMD:

$$CUMD_{lk} = \frac{\text{som}\ (C11, C12, ..., Clk)}{Q}$$

***** Indicando con «Rlk» i ricavi di lotto e con «Qlk» la quantità di lotto, l'espressione matematica dei ricavi differenziali è la seguente:

$$RD_{lk} = \frac{Rlk}{Qlk}$$

Ci si riferisce ad un'azienda monoprodotto caratterizzata dal fatto che, essendoci un unico «*genus*», tutti i costi, anche quelli non attinenti direttamente al processo produttivo, si identificano con l'unico tipo di prodotto. Questa caratteristica, insieme ad altre, la rende idonea ad un'indagine diagrammatica «globale», a livello di sistema, in quanto le condizioni produttive sono relativamente omogenee nel tempo e nello spazio.

Omogeneità che, invece, non sussiste affatto nelle aziende pluriprodotto. La presenza cioè di una gamma di prodotti, ognuno dei quali con prezzi di vendita, costi e processi differenziati, rende lo strumento diagrammatico, come meglio vedremo, inidoneo a risultanze attendibili. Ecco quindi che nelle aziende pluriprodotto il diagramma di redditività viene utilizzato soprattutto a livello settoriale perché è in tale ambito che si ricompongono quelle condizioni di omogeneità minime necessarie per renderne attendibili gli esiti.

Tale strumento, che è alla base di importanti relazioni di tipo matematico, «... può essere considerato un'estensione delle relazioni espresse ... da una serie di conti economici, caratterizzati ognuno da un diverso volume di attività ...»[30].

Il diagramma di redditività viene, quindi, utilizzato per la costruzione di «budget flessibili» e, in genere, quale strumento di supporto alla pianificazione di breve periodo in quanto è in grado di fornire, per qualsiasi volume di produzione e di vendita[31], il previsto risultato reddituale.

Date però tutte le ipotesi semplificatrici e le astrazioni che caratterizzano il modello, esso deve essere considerato un punto di partenza per ulteriori analisi, e non un punto di arrivo in base al quale formulare decisioni strategiche.

Infatti, per la sua costruzione s'impone il ricorso a «realistiche» ipotesi semplificatici per consentire la conoscenza di una realtà complessa con un rado di approssimazione (dimensione di errore prescelta) che si ritiene «soddisfacente» agli scopo conoscitivi prefissati.

Con riferimento al diagramma di redditività le fondamentali ipotesi specifiche che è necessario formulare sono le seguenti:

---

[30] Cfr. G. Cavazzoni 1988, p. 30.

[31] Questo naturalmente entro i limiti della capacità operativa consentita dalla struttura tecnica, organizzativa e distributiva dell'azienda.

1. *che vi sia identità tra quantità prodotta e venduta*: tale sincronismo rende possibile legare direttamente le grandezze da analizzare (costi e ricavi) al livello di produzione. Si ragiona quindi esclusivamente in termini di volume produttivo senza alcun riguardo a problemi derivanti dalla variazione delle scorte e dalla loro valutazione[32];
2. *che il prezzo unitario di vendita sia costante qualsiasi sia la quantità venduta*. Non si prendono cioè in considerazione ipotesi di revisione dei prezzi di vendita o di una loro differenziazione nei diversi mercati di sbocco, in modo che la funzione del ricavo risulti lineare rispetto all'incremento produttivo;
3. *che i costi variabili siano proporzionali* (andamento rettilineo di tali costi): e quindi che il costo medio variabile unitario rimanga costante per qualsiasi livello di produzione ipotizzato (invarianza dei prezzi e dei rendimenti dei fattori);
4. *che la produzione sia assolutamente omogenea nel tempo e nello spazio*: ciò si manifesta in presenza di un unico centro produttivo, o di più centri caratterizzati da identici «standard» (sia strutturali che di processo) che non variano nell'arco di tempo considerato, in modo che vi sia identità di costi, qualunque sia il livello operativo ipotizzato, a prescindere dalla collocazione spazio-temporale dell'attività produttiva[33];
5. *che si trascuri ogni riferimento all'aspetto qualitativo della produzione* (si ipotizza, cioè, che il prodotto presenti identiche caratteristiche nell'arco di tempo considerato);
6. *che la capacità massima degli impianti sia individuata* (cosa assai problematica sia per la presenza di produzioni congiunte sia per il fatto che la capacità produttiva definita come «normale» può essere accresciuta intensificando i turni di lavoro);

---

[32] Rileviamo tuttavia, che tale ipotesi è accettabile: nella misura in cui i volumi della produzione e delle scorte siano stati normalizzati, la variazione delle scorte potrebbe assumere valori trascurabili.

[33] Le ipotesi di omogeneità e di invarianza delle situazioni vengono all'atto pratico temperate precalcolando le variazioni che si presume interverranno nell'arco di tempo considerato. Si ottiene così la «situazione di riferimento» (a cui si associano costi e ricavi) come media ponderata delle singole situazioni che si è ipotizzato succedersi nel periodo di tempo considerato.

7. *che i costi fissi rimangano assolutamente invariati* quale che sia il livello produttivo ipotizzato (ciò è possibile solo per variazioni non troppo ampie del volume produttivo e per periodi di tempo relativamente brevi);
8. *infine, che i valori di prezzo e di costo previsti, assumano «condizione di certezza»* (mentre all'atto pratico tali valori possono discostarsi, e di molto, dalle previsioni).

Tutto ciò presuppone che il processo produttivo si svolga in condizioni di «normalità» nel periodo interessato all'indagine, sia con riguardo alla quantità e al prezzo dei fattori da impiegare, che ai prezzi di vendita.

Il diagramma di redditività deve essere interpretato non trascurando le suddette considerazioni e neppure il fatto che la costruzione del grafico, comportando una problematica scissione dei costi tra la componente fissa e quella variabile, tramite apposite «tecniche di separazione», viene a scontare un ulteriore grado di approssimazione. Tali tecniche, che si concretizzano a seguito di una fase preliminare in cui si scindono i costi nelle due categorie secondo un processo logico di natura empirica, si basano su dati consuntivi (rilevazioni storiche) oppure congetturali (standard) e possono essere di natura analitica oppure sintetica.

I metodi analitici attengono all'osservazione diretta del comportamento i ogni singolo elemento di costo «... sulla base di studi tecnici e sull'interpretazione dei possibili riflessi delle politiche direzionali sulla variabilità e rigidità del costo stesso ...»[34].

Assai più utilizzati sono, invece, i metodi sintetici[35] che si basano sulla rilevazione di una serie storica di dati (livelli di costi, ricavi e produzione) per poi ricavare una linea interpolatrice per ciascuna aggregazione (costi fissi, costi variabili e ricavi) che ne esprime l'andamento di fondo attraverso strumenti di tipo statistico-matematico.

Il basarsi su rilevazioni storiche, tuttavia, comporta una particolare attenzione sulla loro attendibilità, condizione questa soddisfatta se:

a) le rilevazioni contengono dati relativamente recenti. La loro validità, tuttavia, è subordinata al fatto che, nel frattempo, non vi sia-

[34] Cfr. S. Furlan 1973, p. 96.

[35] Per un approfondimento dell'argomento vedi: G. Cavazzoni 1988, p. 22 ss.

no state significative variazioni di struttura, o fattori di perturbabilità di mercato tali da inficiarne ogni spessore[36];

b) vengono adoperate esclusivamente per proiezioni di breve periodo (in quanto, con il passare del tempo, la struttura e le condizioni di mercato vengono a modificarsi pesantemente: c.d. «*gap* temporale» del diagramma di redditività).

A questo punto è possibile impostare le relazioni matematiche del caso per poi tracciare il diagramma di redditività. Posti:

CF = costo fisso totale (dato dalla somma delle singole voci di costi fissi della funzione di produzione);
CV = costo variabile totale (somma dei costi variabili);
RT = ricavo totale (indicato anche come fatturato (F));
CT = costo complessivo;
c = costo variabile medio unitario (si presume costante, in quanto il costo variabile è assunto «proporzionale»);
p = prezzo unitario di vendita (anch'esso ipotizzato costante);
Q = quantità prodotta e venduta;

e sapendo che:

a) $CT = CF + CV$;
b) $CV = cQ$;
c) $RT = pQ$;

si può determinare:

A] il *punto di pareggio («break even point»)* cui corrisponde il livello di produzione minimo necessario affinché i costi totali uguaglino

[36] Secondo un'autorevole corrente di pensiero (cfr. ad esempio S. SCIARELLI 1985, pp. 442-443), per una stima corretta del comportamento dei costi, occorre procedere ad osservazioni storiche di lungo periodo (nell'ordine dei 5-10 anni) in modo da depurare il «trend» di fondo da cause di perturbazioni estemporanee. Tale modo di procedere, tuttavia, è di difficile applicazione sia in ordine al «deflazionamento dei dati» (bisogna cioè riportare i costi storici ai valori attuali in base al deprezzamento del potere di acquisto della moneta, deprezzamento che non è uniforme rispetto ai fattori acquisiti), sia in ordine alla valutazione degli effetti sui costi delle modificazioni che nel frattempo si sono verificate nella struttura.

i ricavi totali. A tale livello l'azienda non opera né in utile, né in perdita (perciò esso è denominato anche *punto di indifferenza*):

$$RT = CT$$
$$pQ_i = CF + cQ_i$$
$$pQ_i - cQ_i = CF$$

da cui:

$$Qi = \frac{CF}{(p - c)} \qquad [1]$$

dove Qi indica il livello di produzione corrispondente al punto di pareggio, mentre il denominatore (p – c) viene detto «*margine (unitario) di contribuzione*» (mc). Tale valore, dato dal surplus tra il ricavo riveniente dalla vendita del singolo prodotto ed il costo variabile necessario per ottenerlo, ci indica di quanto la vendita di ogni unità di prodotto contribuisce alla copertura dei costi fissi.

Da ciò deriva che Qi è la quantità di produzione che consente di coprire i costi fissi sommando i margini di contribuzione rivenienti dalla vendita di ciascuno dei Qi prodotti ottenuti e venduti.

In altri termini, *nel punto di equilibrio*, l'ammontare dei costi fissi risulta coperto dalla somma dei margini di contribuzione «rilasciati» dai Qi prodotti ottenuti e venduti.

Naturalmente tale copertura è possibile solo se i prodotti finiti vengono venduti a prezzi superiori rispetto ai costi medi unitari per l'ottenimento di tali prodotti (cioè se mc > 0); in caso contrario vi sarà una perdita che aumenta all'espandersi delle vendite. In tal modo è agevole constatare se eventuali perdite siano frutto di inadeguati volumi produttivi, o di un'errata politica di prezzi, oppure ancora di inefficienze che fanno lievitare i costi variabili a dismisura;

B] il *prezzo unitario di vendita. Dall'equazione* [1] del punto di equilibrio è altresì possibile determinare il prezzo unitario di vendita:

$$p = \frac{(CF + cQi)}{Qi} = \frac{CF}{Qi} + c \qquad [2]$$

dove CF/Qi esprime il costo fisso unitario medio al volume operativo corrispondente al punto di pareggio (CUMF°);

C] il *costo variabile proporzionale*. Allo stesso modo si può ricavare il costo variabile proporzionale unitario:

$$c = p - \frac{CF}{Qi} \qquad [3]$$

D] l'*utile (o la perdita) dell'attività produttiva considerata*. Infatti è evidente che, in caso di margine di contribuzione positivo:

1. una volta raggiunto il livello di produzione corrispondente al «*break even point*» ogni unità aggiuntiva di prodotto venduta consente un utile addizionale pari al margine di contribuzione apportato da quell'unità supplementare;

2. che quindi l'utile totale è dato dalla somma dei margini di contribuzione di tutte le unità vendute, cioè dal margine totale di contribuzione (MCT), depurati i costi fissi:

$$\begin{aligned} \text{UTILE} &= pQ - (CF + cQ) \\ &= (p - c)\,Q - CF \\ &= (mc)\,Q - CF \\ &= MCT - CF \qquad [4] \end{aligned}$$

o, se si preferisce, dalla somma dei margini di contribuzione delle unità vendute in aggiunta a quelle che sono occorse alla copertura dei costi fissi:

$$\begin{aligned} \text{UTILE} &= (p - c)\,Q - [(p - c)\,Qi]^{37} \\ &= (p - c)\,(Q - Qi) \\ &= mc\,(Q - Qi) \end{aligned}$$

per cui, se il margine di contribuzione è positivo, l'azienda presenterà un utile se e solo se $Q > Qi$, utile tanto maggiore quanto maggiori sono il margine di contribuzione e la differenza tra Q e Qi (surplus della produzione rispetto al livello minimo di pareggio); in caso di margine negativo, invece, l'azienda resterà comunque in perdita (crescente all'aumentare di Q, mentre il valore Qi non è determinabile).

A questo punto costruiamo il diagramma di redditività (Tavola n. 28).

---

[37] Si rammenta che tale seconda espressione indica la quantità prodotta necessaria per la copertura dei costi fissi (punti di pareggio).

Tavola 28

DIAGRAMMA DI REDDITIVITÀ

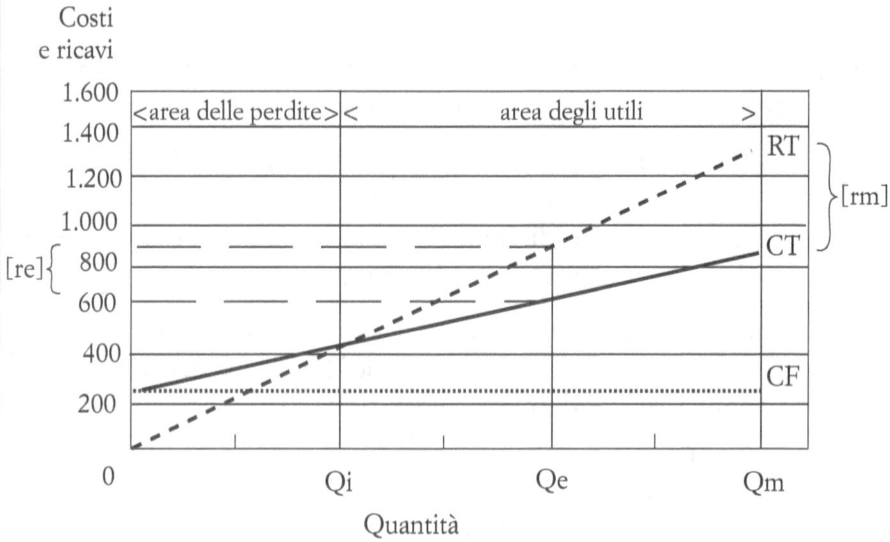

[1] Dato un certo dimensionamento della struttura produttiva, tale grafico ci permette di visualizzare il risultato reddituale dell'impresa al variare della quantità prodotta (cioè in funzione del grado di sfruttamento della struttura). Il grafico ci permette cioè di studiare, punto per punto, il risultato reddituale atteso (come differenza, sull'asse delle ordinate, tra ricavi totali conseguibili (RT) e costi totali da sostenere (CT), e le sue variazioni ad ogni variazione del livello produttivo (*) (**).

[2] Sull'asse delle ascisse compare la dizione «quantità», con riferimento alternativamente, alle quantità:
- che verranno effettivamente prodotte in quanto presubilmente richieste dal mercato (Qe);
- che l'azienda è in grado di produrre a livello di massimo struttamento della capacità produttiva (Qm).

[3] Sull'asse delle ordinate viene invece evidenziato il livello dei costi e dei ricavi.

[4] CF (costi fissi): sono i costi di struttura che devono essere sostenuti qualsiasi sia il livello produttivo. Ipotizzando data la struttra essi appaiono come una retta parallela all'asse delle ascisse.

[5] CT (costi totali): l'inclinazione di tale retta è data dall'incidenza dei costi variabili (che si presumono proporzionali), che in aggiunta ai costi fissi, danno il livello del costo totale di produzione dell'impresa, livello che varia al variare della quantità prodotta (***).

[6] RT (ricavi totali): anch'essi presunti proporzionali (prezzo del prodotto sul mercato costante), hanno andamento rettilineo. L'inclinazione di tale retta è in funzione del prezzo di vendita del prodotto sul mercato.

[7] Qi: indica la quantità che esprime il «punto di indifferenza», in cui il livello dei costi totali uguaglia quello dei ricavi totali. A tale livello produttivo l'impresa opera in assenza sia di utile che di perdita (****).

[8] Qe: indica il livello presunto della richiesta del mercato verso il nostro prodotto. Il risultato reddituale di tale quantità (re), esprime l'utile dell'impresa nel caso soddisfi integralmente la domanda di mercato*****.

[Qm] Quantità che esprime la massima capacità produttiva reale dell'impresa date le strutture di cui dispone. Il risultato reddituale di tale quantità (rm) esprime l'utile (o la perdita) dell'impresa nell'ipotesi che la stessa possa produrre e vendere in regime di piena utilizzazione della struttura, e cioè che la produzione effettiva sia pari al livello della massima capacità produttiva reale dell'impresa.

Note

* Lo strumento diagrammatico è un tipico strumento di pianificazione di breve periodo. Per cui il livello dei costi, quello dei ricavi, nonché quello della quantità di produzione ed il livello della domanda di mercato, sono quantità congetturali che possono essere (e spesso vengono) disattese «ex-post». Naturalmente, tale diagramma può anche essere poi utilizzato a fini di controllo consuntivo sulla base di dati storici.

** Il diagramma di redditività necessita, in ogni caso, un arco temporale di riferimento nel cui ambito studiare la dinamica dei costi. Infatti, come si è già visto in precedenza, la qualificazione di un costo come fisso o variabile, la sua evoluzione ed il suo «peso» variano al variare dell'arco temporale cui ci si riferisce.

*** Il fatto che i costi variabili siano proporzionali presuppone che i costi variabili unitari siano costanti (prezzi dei fattori e rendimenti costanti).

**** Qi quindi suddivide il grafico in due grandi aree. L'area delle perdite, in cui le quantità prodotte risultano insufficienti a coprire i costi d'impresa e l'area degli utili, in cui l'impresa si trova a produrre in quantità necessarie a garantire un reddito positivo.

***** Il livello di produzione attesa dell'impresa permetterà un risultato reddituale pari alla somma dei margini di contribuzione rivenienti dalla vendita di ciascun prodotto, depurata dai costi fissi.

Sull'asse delle ascisse compare il volume produttivo (Q), su quello delle ordinate il livello dei costi e dei ricavi.

Altra variabile che entra a far parte del diagramma, pur non comparendo direttamente, è quella relativa al fattore tempo: infatti, i volumi produttivi considerati (ed i costi e ricavi ad essi inerenti) si riferiscono ad un periodo di tempo prefissato (di solito rapportato all'anno, o a periodi infrannuali).

Il riferimento al tempo, però, non deve indurre a credere che tale rappresentazione sia di tipo «dinamico»; essa è invece di tipo «statico-comparato» in quanto visualizza l'andamento dei costi e dei ricavi al variare del volume produttivo ferme rimanendo le ipotesi iniziali che si considerano immutabili per il periodo di tempo interessato dal modello[38]. I costi totali (CT) partono da un punto che è determinato dall'altezza (ammontare) dei costi fissi (CF) e crescono secondo il coefficiente c rappresentativo del costo variabile unitario. I ricavi, dal canto loro, crescono in funzione del coefficiente p che esprime il prezzo di vendita del prodotto.

Il grafico ci permette di visualizzare con immediatezza, nell'arco di tempo considerato:

a) la quantità da produrre necessaria a raggiungere il punto di pareggio (Qi);
b) la quantità massima producibile da parte dell'impresa (Qm);
c) la quantità (Qe) che si ritiene verrà di fatto prodotta in quanto corrispondente al livello di capacità di assorbimento del mercato previsto.

Il valore di cui al punto *sub* a) suddivide il grafico in due parti.

La prima (0 – Qi) viene detta «area delle perdite» in quanto una produzione effettiva all'interno di quest'area è caratterizzata dal fatto che la somma dei margini di contribuzione rivenienti dalla vendita di ciascun prodotto risulta insufficiente a coprire i costi fissi[39], la seconda, (Qi – Qm) vi-

---

[38] Per visualizzare andamenti di tipo dinamico occorre ricorrere ad altri strumenti, quali la rappresentazione curvilinea delle variabili economiche poste a base del calcolo del diagramma di redditività, oppure l'utilizzazione di «monografi».

[39] Infatti se Qe viene a trovarsi all'interno di quest'area l'azienda nonostante un prezzo di vendita remuneratore, si troverà in perdita (che progressivamente si riduce a mano a mano che Qe si avvicina a Qi).

ceversa, detta «*area dell'utile*», garantisce tale risultato. Perciò in presenza di un margine di contribuzione positivo la situazione reddituale è tanto migliore quanto più è elevato il grado di sfruttamento della struttura operativa (quanto più, cioè, Qe tende a Qm).

Non bisogna dimenticare però che la produzione effettiva è vincolata dal livello di domanda di mercato: in altre parole l'azienda, se non vuole produrre per il magazzino, non può attestarsi su di un livello operativo superiore a Qe. Se quindi la capacità produttiva aziendale (Qm) è superiore alla capacità di assorbimento del mercato (Qe), significa che la struttura è sovradimensionata.

Tale sovradimensionamento può essere il risultato sia di una precisa politica manageriale (si parlerebbe in tal caso di «*riserve di capacità produttiva*» in quanto l'esuberanza rispetto alle esigenze contingenti serve a far fronte a futuri accrescimenti della domanda previsti a tempi brevi), sia di pregressi errori di programmazione (si tratterebbe, viceversa, di «*costi sprecati*» per indicare una situazione venutasi a creare a seguito di aspettative, poi disattese, che hanno indotto il management ad accrescere la dimensione oltre misura).

È chiaro come l'azione strategica, in caso di esuberanza delle strutture, debba essere profondamente diversa a seconda che ci si trovi di fronte a riserve di capacità produttiva o a costi sprecati.

Nel primo caso l'azione sul mercato deve essere tesa a sollecitare, per quanto possibile, la crescita della domanda prevista; nel secondo caso, invece, l'azienda potrebbe ridurre i prezzi in modo da incrementare le vendite (scontando, però, un margine di contribuzione meno elevato), oppure ampliare la gamma dei prodotti offerti previa riconversione dell'apparato produttivo, oppure, se ciò non risulta possibile o conveniente, ridimensionare la struttura (in modo da abbassare il livello dei costi fissi e conseguentemente quello della capacità operativa).

Viceversa, se la capacità produttiva è sottodimensionata, siamo in presenza di una fascia di «*riserve di ricettività*», cioè una capacità di assorbimento del mercato superiore alla capacità produttiva massima dell'azienda. Se tale esuberanza si rivelasse stabile, l'azienda si troverebbe nella condizione di considerare e valutare l'opportunità di una possibile crescita dimensionale [40].

---

[40] Naturalmente l'azienda può anche non essere in grado di cogliere tali oppor-

Ma il punto Qi ha anche un altro importante significato economico: viene denominato anche «punto di indifferenza» per il fatto che indica la condizione minima di entrata di un'azienda in un definito settore. Se infatti un'azienda non è ancora operante in un settore, la condizione minima necessaria ad entrarvi è un livello ipotizzato di vendite che almeno copra i costi totali di produzione[41].

Differente è, invece, il concetto di «*punto di fuga*» (anche detto «*out of pocket recovery point*») *che indica la condizione minima essenziale* di *permanenza di un'impresa in un settore in cui già opera*: l'impresa troverà conveniente cessare la produzione nel momento in cui le entrate rivenienti dalla vendita dei prodotti non riescono a coprire nemmeno i costi-uscita necessari a produrli.

In altre parole il «punto di fuga» è il limite inferiore al di sotto del quale si determina uno squilibrio tra entrate ed uscite finanziarie della gestione corrente e, conseguentemente, si prospetta il mancato recupero delle erogazioni monetarie necessarie per il rinnovo dei fattori a fecondità semplice, con conseguente rapida tendenza allo squilibrio di cassa. Il che comporterebbe un crescente fabbisogno finanziario nel tempo per far fronte al surplus delle uscite correnti rispetto alle entrate correnti con conseguente lievitazione dei costi a livello esponenziale (in quanto alle perdite proprie del ciclo produttivo si aggiungerebbero i costi dei finanziamenti attinti, peraltro difficilmente ottenibili in tali situazioni).

Ipotizziamo, per semplicità, che la quantità prodotta coincida con il livello di domanda di mercato per quel bene. Possiamo immaginare due possibili situazioni che generano squilibri di cassa:

1. la prima si determina allorquando il margine di contribuzione è negativo (Tavola n. 29);
2. la seconda si verifica nel caso di margine di contribuzione positi-

---

tunità perché priva di quella forza (finaziaria, organizzativa, manageriale) occorrente per accrescere la struttura.

[41] L'affermazione non è del tutto corretta infatti, salvo casi limite, la condizione minima di entrata in un settore non è la mera copertura dei costi totali di produzione, ma nasce nel momento in cui il flusso dei ricavi atteso è in grado di garantire la copertura del costo economico-tecnico (livello produttivo che segna l'inizio del profitto): in corrispondenza, cioè, di un livello produttivo superiore a Qi.

vo accompagnato, tuttavia, da un livello di produzione insufficiente a coprire i costi fissi misurati da uscite finanziarie effettive (punto Qe1 di Tavola 30)[42].

Nel primo caso i ricavi non sono in grado di coprire neppure i costi variabili ed il risultato della gestione conosce un peggioramento a mano a mano che aumenta il livello produttivo. L'azienda, se non è in grado di abbattere i costi variabili unitari o di agire utilmente sul prezzo di vendita, sarà costretta ad abbandonare il settore e, nel caso si tratti di un'impresa monoprodotto, incapace di una riconversione della struttura produttiva, cesserà la propria attività[43].

Il secondo caso, invece, merita un approfondimento. Abbiamo già visto come i costi originari vengano ripartiti nel tempo secondo il principio della competenza economica e come tale ripartizione renda possibile distinguere tra consumi di fattori a fecondità semplice, ripetuta e costi (o perdite) futuri presunti.

Con un passaggio logico successivo è agevole constatare che soltanto i consumi di fattori a fecondità semplice sono da annoverarsi tra i «costi-uscita» in quanto caratterizzati da molteplici uscite finanziarie nell'arco di un periodo in concomitanza con il loro approvvigionamento frazionato; mentre i costi (o perdite) futuri presunti ed i consumi dei fattori a fecondità ripetuta sono costi non misurati da uscite finanziarie effettive, in quanto la loro incidenza di periodo viene solo «calcolata» a fronte di

---

[42] Le rappresentazioni grafiche adottate nelle Tavv. 29 e 30 non presentano differenze concettuali dai diagrammi già visti in precedenza solo che, mostrando in primo luogo l'andamento dei costi variabili, mettono meglio in evidenza «l'effetto leva» del margine di contribuzione.

[43] L'abbandono di un settore o la cessazione dell'attività comportano effetti assai differenti fra di loro in ordine alla susseguente evoluzione dei costi aziendali, infatti:

1. nel caso di cessazione dell'attività, oltre che i costi variabili, anche i costi fissi monetari assumono la veste di «costi evitabili» (ad esempio in seguito a licenziamento del personale) mentre costi «non monetari» danno luogo ad uscite monetarie immediate (come avviene per la liquidazione del trattamento di fine rapporto);

2. al contrario, nel caso di abbandono del settore, gli eventi sopraindicati non sono poi così automatici (il che potrebbe comportare, visto il criterio di ripartizione «funzionale» dei costi fissi, una maggiore incidenza sui rimanenti settori ferma rimanendo la loro costanza a livello globale).

Tavola 29

MARGINE DI CONTRIBUZIONE NEGATIVO

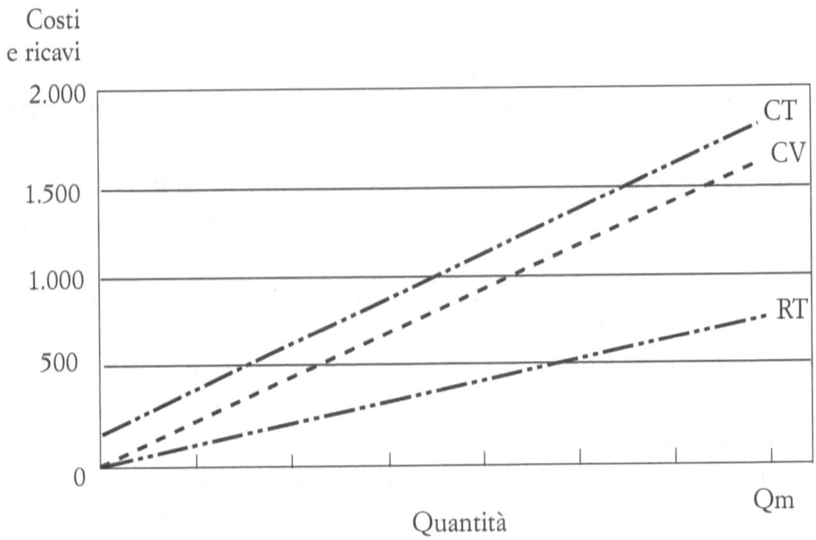

[1] Tale grafico ci mostra l'andamento del reddito d'impresa nel caso in cui il margine di contribuzione sia negativo (nel caso, cioè, in cui $p < c$). Come è agevolmente verificabile, in questo caso l'azienda subisce perdite che aumentano all'aumentare della quantità prodotta: ciò posto, se il prezzo di vendita non è renumeratore e l'azienda non è in grado di agire né sui costi né sui prezzi, sarà costretta ad abbandonare l'attività (o quontomeno il settore).

[2] RT, CT e Qm hanno lo stesso significato di cui alla tav. 28.

[3] CV (costi variabili): nel grafico, al fine di meglio visualizzare il fenomeno «dell'effetto leva negativo» ($p < c$) è stata evidenziata la retta dei costi variabili che, trasposta verso l'alto per effetto dei costi fissi (distanza tra CV e CT) consente di ottenere la retta dei costi totali.

un'effettiva uscita finanziaria che può essere già avvenuta (al momento dell'acquisto dei fattori a fecondità ripetuta) o, si presume, avverrà in futuro (per i costi (o perdite) futuri presunti).

Analizzando l'andamento dei costi in funzione della variazione del volume produttivo si può osservare che i costi variabili, nella quasi totalità dei casi, sono costi uscita [44]; viceversa i costi fissi possono a) essere misurati da uscite finanziarie effettive, b) non essere misurati da uscite finanziarie effettive:

a) i primi sono quei costi fissi che danno luogo ad uscite finanziarie periodiche ed investono la gestione corrente (soprattutto stipendi al personale in ipotesi di scarsa flessibilità del lavoro, fitti, canoni);
b) i secondi si riferiscono, invece, ai consumi dei fattori a fecondità ripetuta (impianti, macchinari, ecc.) ed ai costi (o perdite) futuri presunti di competenza del periodo.

Orbene (Tavola n. 30) nel caso in cui la quantità effettiva (Qe1) risulti inferiore alla quantità (Qf) corrispondente al «punto di fuga» (quantità minima necessaria affinché i ricavi rivenienti dalla vendita dei prodotti coprano i costi-uscita necessari ad ottenere tali prodotti), l'azienda, che non sia in grado di modificare tale situazione, sarà costretta, come nel caso precedente (margine di contribuzione negativo), a cessare la propria attività, se si tratta di impresa monoprodotto, oppure ad abbandonare il settore, se impresa pluriprodotto [45].

Nel caso, poi, che la quantità prodotta si attestasse a livello Qe2 l'azienda, pur essendo in perdita, sarebbe in grado di autofinanziarsi [46].

---

[44] Ciò, naturalmente, non è sempre vero: si pensi, ad esempio, al rischio di svalutazione crediti, oppure al servizio di garanzia sui prodotti venduti. Tali perdite e costi futuri presunti, a carattere «non monetario», non è detto che possano annoverarsi tra i costi fissi in quanto l'ammontare del rischio finanziario legato a tali eventi cresce al crescere della quantità venduta.

[45] Una situazione del genere permette di evidenziare come non esista un «prezzo remuneratore» in senso assoluto, ma che un prezzo può essere più o meno remuneratore a seconda della quantità venduta; e ciò a causa del fatto, già analizzato in precedenza, della minor incidenza dei costi fissi per unità di prodotto (sia monetari che non monetari) al crescere della quantità prodotta.

[46] Sull'autofinanziamento si veda *infra*, vol. I, par. 6.3.

Tavola 30

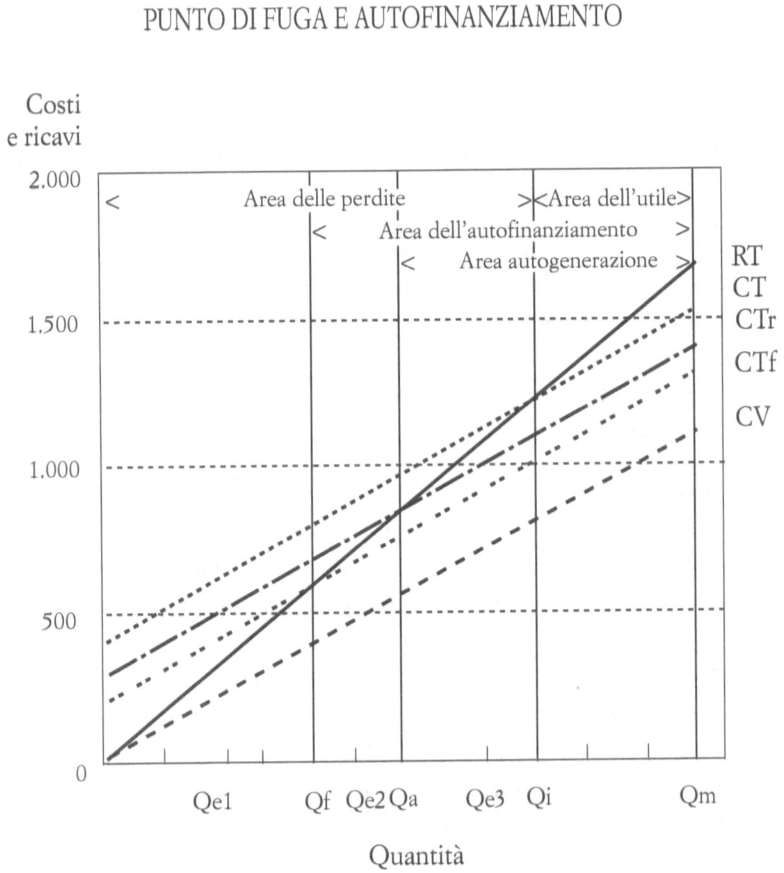

[1] Tale grafico ci permette di individuare, per ogni livello produttivo, l'entità dell'autofinanziamento prodotto dalla gestione.

[2] RT, CT, CV, Qm e Qi assumono lo stesso significato di cui alle tavole precedenti.

[3] CTf (costi totali misurati da uscite finanziarie effettive). Il livello dell'autofinanziamento di periodo in corrispondenza dei differenti livelli di quantità prodotte e vendute è dato dalla differenza tra RT e CTf.

[4) CTr: costi totali misurati da uscite finanziarie effettive e costi (calcolati) corrispondenti all'ammortamento dei fattori a fecondità ripetuta.

[5] CTf<—>CT: la distanza tra CT e CTf rappresenta l'altezza dei costi fissi non misurati da uscite finanziarie effettive (calcolati, congetturati). Essi sono suddivisi in:

– consumo dei fattori a fecondità ripetuta e perdite future presunte (distanza tra CTr e CTf);

– costi futuri presunti (distanza tra CTr e CT).

[6] CV<—>CTf: la distanza tra CV e CTf rappresenta l'altezza dei costi fissi misurati da uscite finanziarie effettive nel corso del periodo.

[7] Qf: quantità corrispondente al punto di fuga *.

[8] Qa: quantità corrispondente al volume di ricavi che consente di rigenerare il capitale investito (compreso il consumo dei fattori a fecondità ripetuta e le perdite future presunte). Oltre tale quantità l'impresa riesce altresì ad autogenerare nuove risorse, parte delle quali saranno trattenute a fronte di ipotesi di costi futuri presunti e parte costituiranno l'utile del periodo considerato.

[9] Qe1, Qe2, Qe3, Qm: differenti livelli di produzione ipotizzati (si presume allineati al livello della domanda per il prodotto):

– se la produzione si attestasse al livello Qe1, l'impresa sarebbe costretta ad abbandonare il settore (o l'attività);

– se la produzione raggiungesse livelli successivi compresi tra Qf e Qi (ad esempio i livelli Qe2 e Qe3), l'impresa, pur essendo in perdita, produrrebbe autofinanziamento in misura crescente;

– se la produzione raggiungesse livelli superiori a Qi (ad esempio il livello Qm), l'impresa produrrebbe autofinanziamento in misura corrispondente alla parte di ricavi idealmente a fronte dei consumi dei fattori a fecondità ripetuta e delle perdite future presunte (capitale rigenerato), ed altresì dei costi futuri presunti e dell'utile (capitale autogenerato).

Note

* – Se la produzione fosse inferiore a tale quantità (livello Qe1) l'impresa, pur vendendo a prezzi remuneratori, sarebbe costretta ad abbandonare il settore in quanto i ricavi rivenienti dalla vendita dei prodotti non riuscirebbero nemmeno a coprire i costi uscita del periodo;

– se la quantità fosse superiore, la permanenza dell'azienda nel settore dipenderebbe dalla dinamica dei flussi finanziari netti di lungo periodo (cfr. esempio «Effetto Lohmann Ruchti).

A prima vista tale autofinanziamento risulterebbe largamente insufficiente ad assicurare un adeguato sviluppo nel tempo in quanto, a tale volume produttivo, l'ammontare dei ricavi non riuscirebbe a garantire nemmeno il rinnovo degli investimenti già effettuati in fattori a fecondità ripetuta. In altre parole l'azienda non riuscirebbe ad effettuare completamente il c.d. «ammortamento economico (recupero)» di tali fattori.

Questa incapacità di rigenerare completamente il capitale investito nell'acquisto dei fattori d'impianto, in mancanza di correttivi adeguati (interventi di sostegno da parte di nuovi finanziatori, inversione positiva del trend di mercato, ecc.) dovrebbe comportare, quanto meno, una progressiva contrazione della dimensione d'impresa a seguito di una riduzione del livello degli investimenti realizzabili, se non addirittura la cessazione dell'attività d'impresa nel momento in cui la stessa si trovasse costretta a rinnovare gli investimenti più costosi.

Situazione apparentemente diversa si verificherebbe ad un livello produttivo pari a Qe3. In questo caso, infatti, l'azienda apparirebbe non solo in grado di rigenerare il capitale investito, ma anche di autogenerare nuove risorse, tuttavia, in quanto destinate idealmente «a coprire» i costi (o le perdite) futuri presunti rimarrebbero per loro natura, a disposizione nell'economia del sistema per periodi di tempo limitati (c.d. «autofinanziamento temporaneo»).

Questo fatto, che si somma alla relativa modestia del loro ammontare (fenomeno, questo, che accompagna normalmente le aziende in perdita), dovrebbe inibire la capacità di crescita dell'impresa nel tempo, vincolandola ad una sostanziale stagnazione, anche perché un aumento dimensionale necessita di mezzi adeguati alla copertura di un fabbisogno finanziario che si presenta, nel caso, tendenzialmente crescente e di tipo durevole.

Bisogna però tener conto degli effetti espansivi dell'autofinanziamento anche quando lo stesso sia temporaneo e di modesta entità: infatti, al suo verificarsi, viene reso possibile l'immediato reinvestimento delle risorse liberate in modo da ottenere o un'espansione dell'attività operativa, a parità di fonti finanziarie esterne, oppure un miglioramento dell'autonomia finanziaria dell'impresa, a parità di livello degli investimenti.

Uno dei possibili impieghi delle risorse liberate sta nell'acquisto di fattori a fecondità ripetuta: con tale forma di investimento è possibile ipotizzare, al verificarsi di determinate condizioni ed anche in assenza di utili, la crescita dimensionale dell'impresa senza che si debba ricorrere a fonti di finanziamento esterne.

Sulla base di quanto detto, si può concludere che un «adeguato sviluppo» è concretamente realizzabile solamente quando l'azienda sia «in utile» ed è tanto maggiore quanto più è elevato l'utile che essa trae dalla vendita dei propri prodotti (il che implica, che nel caso di margine di contribuzione positivo, uno sviluppo potenziale che cresce a mano a mano che il livello produttivo si avvicina al massimo grado di sfruttamento degli impianti con la struttura esistente: punto Qm del grafico).

Solitamente, tuttavia, il grado di sviluppo effettivo è inferiore a quello potenziale in quanto risente sia delle politiche di reimpiego dell'autofinanziamento che della possibile destinazione a dividendo dell'utile realizzato.

Il tasso di sviluppo dell'impresa, pertanto, è legato sia alla capacità di autofinanziarsi (ed in quale misura), sia alla destinazione che si dà a quella parte di autofinanziamento corrispondente all'utile, l'unica potenzialmente idonea a permanere nell'economia dell'impresa per periodi di tempo teoricamente illimitati [47].

Le relazioni tra costi fissi, variabili, ricavi e reddito possono mettere in evidenza il «*grado di sensibilità*» che una definita struttura di costi conferisce al sistema aziendale.

In effetti, l'equazione [4] dell'utile di cui al par. 4.7.1. della Sezione II:

$$\text{Utile} = \text{MCT} - \text{CF}$$

Si può riscrivere, in forma contabile:

Ricavi totali
– Costi variabili totali

Margine di contribuzione totale
– Costi fissi

Reddito

[47] Sulle reazioni indotte dall'autofinanziamento in ordine alle risultanze del diagramma di redditività cfr. C. Sorci 1972, p. 122 s.

essendo il margine di contribuzione totale pari alla differenza tra ricavi totali e costi variabili totali.

Si denomina «*grado di leva operativa*» la sensibilità del reddito alla variazione delle vendite (ricavi) e/o dei costi variabili. Ricordiamo che un elevato grado di leva operativa «*denota una elevata sensibilità del sistema aziendale a fattori ambientali esterni e dunque un elevato grado di rischio e di "vulnerabilità" del sistema stesso, con particolare riferimento ad eventuali contrazioni del livello della domanda*» ed altresì mette in evidenza «*la possibilità per l'azienda di ottenere sensibili variazioni percentuali del reddito (operativo) attraverso minime percentuali di variazione dei costi variabili*»[48].

Nell'ipotesi in cui CF = 0, una variazione dei ricavi o dei costi variabili produrrebbero una analoga variazione sul reddito (il grado di leva operativa sarebbe pari a 1); maggiore è l'incidenza dei CF di struttura minore è la sensibilità del reddito alla variazione delle vendite (ricavi) o dei costi variabili.

4.7.2. *Limiti di rappresentatività dell'approccio diagrammatico nelle imprese monoprodotto e pluriprodotto*

Dopo aver visto le ipotesi specifiche a base della costruzione del diagramma di redditività, nonché l'andamento teorico dei costi di produzione cerchiamo di verificare se tale diagramma ha sufficiente capacità informativa ed entro quali limiti.

Premesso che le ipotesi semplificatrici non hanno effettivo riscontro, bisogna verificare se l'ordine di grandezza dei loro effetti distorsivi è tale da inficiare ogni validità.

Così, ad esempio, i ricavi unitari «... subiscono variazioni non solo in dipendenza del mercato, o da fattori inerenti l'area socio-economica in cui l'azienda opera, ... ma anche in funzione della quantità venduta: minori volumi di produzione possono essere smerciati a prezzi più alti di quelli normali, viceversa, maggiori volumi ... Anche sulla base di queste semplici considerazioni ci si rende immediatamente conto che ... La retta dei ricavi al passaggio da un ipotetico scaglione di produzione ad uno successi-

[48] Cfr. Di Lazzaro 1997, pp. 16 e 17.

vo che comporti modifiche nelle condizioni di vendita assumerebbe un'inclinazione diversa sull'asse delle ascisse e, pertanto, più che di una retta si tratterebbe di una spezzata se non addirittura una curva ...»[49].

Analoghe conclusioni valgono anche con riguardo ai prezzi e consumi dei fattori variabili, nonché a livello dei costi fissi (abbiamo già detto sulla legge di «costanza per scaglioni» di ciascun elemento di costo fisso all'interno della capacità produttiva massima dell'azienda). Altrettanto irrealistiche sono poi le condizioni di «identità» tra produzione e vendita (che si verificano solo nelle attività di servizi ma non necessariamente in quelle produttrici di beni), di costanza qualitativa del prodotto (soggetto a continui miglioramenti e, comunque, a modifiche), e così per le altre ipotesi assunte.

Il diagramma di redditività, d'altra parte, si basa su criteri di normalità (con riguardo ai prezzi e ai rendimenti) che vengono assunti e restano validi solamente all'interno di un determinato «intervallo produttivo».

Le grandezze che si trovano all'interno di quest'area (detta «area di significatività») godono di un elevato grado di attendibilità, viceversa le grandezze che cadono al di fuori, risultano assai poco significative.

Non bisogna dimenticare, tuttavia, che tale intervallo corrisponde allo scaglione di produzione attesa nell'ambito del «budget flessibile[50]»: ciò vuol dire che i valori assunti nell'area di significatività sono proprio quelli che interessano maggiormente, in quanto è proprio su tali livelli che è destinata «a cadere» la produzione dell'impresa; viceversa, le risultanze al di fuori dall'area corrispondono ad intervalli di utilizzo della capacità non previsti.

Graficamente si può notare (Tavola n. 31) come la rappresentazione lineare delle grandezze economiche si approssimi ai valori teorici solo al-

---

[49] Cfr. C. Sorci 1972, p. 90.

[50] Il budget flessibile è uno strumento di pianificazione caratterizzato da un certo «intorno di tollerabilità» nelle previsioni in modo che i quadri intermedi, a seguito di turbative che non eccedano i limiti del margine, possano prendere le opportune decisioni, nell'ambito della funzione di cui sono responsabili, per riportare l'azienda lungo il sentiero di sviluppo migliore. In tal modo l'azienda tende a realizzare le necessarie «correzioni di rotta», senza che intervengano nuove direttive di piano. Tale strumento, peraltro, è sempre più utilizzato nella pratica a seguito dell'accresciuta variabilità ambientale.

Tavola 31

GRADO DI ATTENDIBILITÀ DEL DIAGRAMMA DI REDDITIVITÀ

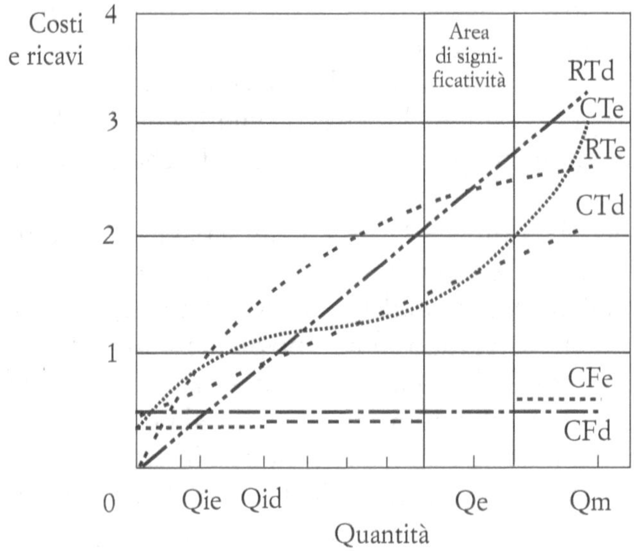

[1] Tale grafico ci permette di visualizzare, dal confronto tra l'andamento dei costi e ricavi così come ipotizzato in base alle ipotesi semplificatrici assunte in base al diagramma di redditività ed a quello (presumibile) dei costi e ricavi effettivi, il grado di attendibilità ed i limiti di tale strumento.
[2] RTd, CTd, CFd: costi e ricavi «diagrammatici».
[3] RTe, CTe, CFe: costi e ricavi effettivi.
[4] Qid: punto d'indifferenza in base alle ipotesi del diagramma di redditività.
[5] Qie: punto d'indifferenza effettivo.
[6] Qe Q m, infine, hanno lo stesso significato di cui ai grafici precedenti.

Breve spiegazione del grafico:

1) Tale grafico, permettendo il confronto tra dati teorici e dati effettivi ci permette il controllo, a qualsiasi livello produttivo, del grado di attendibilità dello strumento diagrammatico.
2) Come si nota, lo strumento diagrammatico assume valori attendibili solamente all'interno di un'area relativamente ristretta dell'intervallo produttivo (area di significatività).
3) Tuttavia quest'area di significatività, se le procedure di formazione del diagramma (tecniche di separazione dei costi, previsione dei prezzi, ecc.) sono corrette, dovrebbe coincidere con l'intervallo produttivo pianificato cui dovrebbe attestarsi il livello produttivo d'impresa (produzione «normale»).
4) I valori al di fuori di quest'area (compreso quindi il punto di indifferenza) sono, invece, scarsamente attendibili con tutte le conseguenze del caso.

l'interno dell'area di significatività (unico intervallo di valori attendibile) ma si discosti, anche in modo evidente, nelle restanti parti del grafico i cui risultati sono quindi assai poco attendibili (nel caso, anche con riguardo al punto di pareggio).

Visto che le ipotesi di «normalità» assunte consentono di dare significato economico esclusivamente a quei risultati all'interno di un determinato intervallo produttivo, si può dire che la funzionalità del diagramma dipende dagli scopi cui è preposto.

In altre parole, nel caso di cui alla tavola 31, se la direzione non avesse particolare interesse ad un'individuazione puntuale del «*break even point*», ma piuttosto delle grandezze attinenti al budget flessibile, la capacità informativa del diagramma sarebbe da considerarsi soddisfacente; viceversa, occorrerebbe perfezionarlo.

Il modo più semplice al riguardo è quello di individuare diversi criteri di normalità, corrispondenti ciascuno ad un «diverso scaglione di utilizzo della capacità produttiva», in modo da approssimare il diagramma agli andamenti curvilinei dei costi e ricavi effettivi (Tavola n. 32).

Naturalmente più numerosi sono tali suddivisioni e tanto più il diagramma si approssima all'andamento effettivo dei costi e dei ricavi, incrementando così il proprio grado di attendibilità. La ricerca di tale attendibilità, tuttavia, ha un costo (di tempo, mezzi ed uomini), per cui ci si spingerà sino al punto in cui il beneficio derivante dal maggior livello informativo sia superiore al costo dello stesso[51].

Un secondo limite del diagramma di redditività attiene al fattore tempo. Lo strumento diagrammatico, infatti, non è in grado di offrire informazioni attendibili nel medio-lungo periodo.

Ipotizzando che un'impresa abbia immesso sul mercato un nuovo prodotto e che la direzione voglia analizzare, con il metodo diagrammatico, quel che dovrebbe accadere durante tutto l'arco di vita del prodotto, vediamo quale genere di problemi nascano per costruire il modello:

A) riguardo ai ricavi non sarà possibile determinare le quantità alla fine collocate, né i prezzi medi di vendita praticati. Infatti, anche

---

[51] La rappresentazione non in forma lineare, inoltre, fa perdere al diagramma quell'immediatezza visiva che è uno dei suoi maggiori punti di forza.

Tavola 32

AUMENTO DEL GRADO DI ATTENDIBILITÀ
DELLO STRUMENTO DIAGRAMMATICO

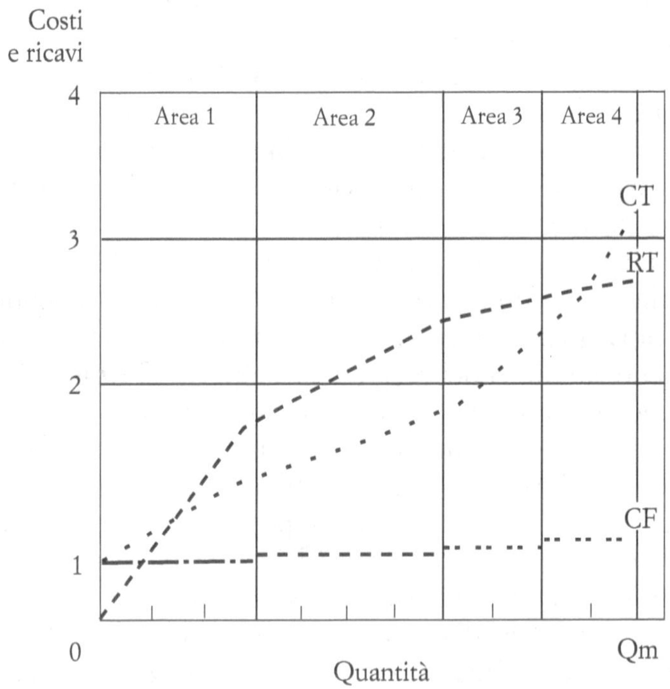

[1] Tale grafico ci permette di visualizzare la possibilità di migliorare il grado di attendibilità dello strumento diagrammatico, attraverso la suddivisione dello stesso in diverse aree, ognuna delle quali caratterizzata da ipotesi di normalità differenti (confronta il grafico in oggetto con le curve dei costi effettivi di cui alla tav. 31 (*).

[2] AREA 1, ..., 4: aree che delimitano le curve diagrammatiche dei costi e dei ricavi secondo ipotesi di normalità differenti (ognuna delle diverse aree è perciò, un'area di significatività).

[3] CF, CT, RT: costi e ricavi diagrammatici.

Note:

* Il grafico, infatti, pur mantenendo quella linearità necessaria all'interno di ciascuna area, globalmente assume una forma che, attraverso «spezzate» successive, si avvicina alle curve dei costi e dei ricavi effettivi.

nell'ipotesi di una corretta attualizzazione dei dati in via preventiva, non si possono prevedere né contingenze di mercato, né la lunghezza del ciclo di vita del prodotto, né tanto meno la sua intensità [52] o il futuro sviluppo settoriale della capacità produttiva dell'impresa nei riguardi del prodotto specifico;

B) lo stesso dicasi a riguardo dei fattori variabili. Ed anzi, il mutamento relativo dei prezzi e dei rendimenti fa sì che, nel lungo periodo, vengano a modificarsi quei criteri di «normalità» assunti a base del modello;

C) circa i costi fissi, invece, l'ottica di lungo periodo sembrerebbe comportare certezze sconosciute nel breve andare. Ma a ben vedere le cose non stanno esattamente in questo modo perché, a parte il peso relativo degli impianti sul totale dei costi fissi (ben più decisivi possono essere, ad esempio, i costi di personale che conoscono le stesse mutazioni temporali dei costi variabili) [53], potrebbe crearsi l'esigenza di rinnovo di impianti durante il ciclo di vita del prodotto, oppure di una crescita dimensionale che richieda un maggior numero di macchinari, ecc. ..., eventi, questi, che rendono praticamente impossibile la determinazione del livello dei costi fissi nel lungo periodo.

Un ultimo, rilevante limite del diagramma si rinviene, infine, nella sua inidoneità a rappresentare adeguatamente una situazione complessa quale può essere quella di un'impresa pluriprodotto.

Certo, la possibilità di avere un quadro completo della situazione globale di un'azienda pluriprodotto è assai attraente; d'altra parte, abbiamo già visto che una delle ipotesi prese a base del modello è quella della «omogeneità della funzione di produzione», sulla quale poi si sviluppa il diagramma.

Orbene, nel caso in cui un'azienda venda più prodotti su diversi mercati a prezzi differenziati, è ben possibile costruire più diagrammi di redditività suddivisi per «aree», in quanto all'interno della singola area sus-

---

[52] Bisogna tenere presente che il ciclo di vita di un prodotto non ha solo incidenza sulla quantità venduta, ma anche sul prezzo di vendita: se un prodotto è in fase di declino l'impresa tende a contrarne il prezzo per sostenerne le vendite.

[53] Nello stesso senso cfr. A. SPRANZI 1972, p. 32.

siste quella omogeneità necessaria allo sviluppo dell'analisi diagrammatica, almeno per quel che riguarda i costi diretti di produzione[54].

Se però ci si pone il problema di rappresentare la «situazione globale» dell'impresa, non basta che si verifichi un'omogeneità all'interno di ciascuna area, ma occorre che l'omogeneità sia generale, cosa che si verifica solo se non varia, nell'arco di tempo considerato, la composizione produttiva e distributiva.

Ipotizzare però simile invarianza delle proporzioni relative per ciascuna area è un postulato inaccettabile visto che l'impresa tende, appunto, a variare l'entità di tali proporzioni (ad esempio, spingendo le vendite verso quei mercati che garantiscono margini di contribuzione più elevati) per migliorare la propria posizione reddituale e di mercato.

4.8. Sintesi dei rapporti tra costi, ricavi, prezzi

Il riferimento diretto di costi a prezzi di mercato, effettivamente negoziati in una economia di scambi monetari, si ha solamente se si considerano costi originari di fattori produttivi, non solo, ma anche di fattori produttivi acquistati con un singolo atto di negoziazione. I costi di fattori produttivi originati da più atti di scambio sono riferibili a vari prezzi, negoziati in momenti e condizioni diversi.

Il costo originario singolo di fattori produttivi o i costi originari compositi di fattori produttivi possono poi essere riveduti, rivalutati, per agganciarli a nuove situazioni di mercato, con riferimento, quindi, soltanto indiretto a prezzi fattibili (presunti).

I costi di aree produttive, di processi, di prodotti derivano dal pas-

---

[54] Infatti occorre sottolineare che, all'interno della singola area, l'omogeneità sussiste solo per i costi diretti di prodotto, mentre la ripartizione dei costi comuni (che, nella quasi totalità, sono costi fissi) sconta il mutamento del mix produttivo dato che gli stessi si ripartiscono («logica funzionale») tra le diverse aree, a seconda del «peso» relativo di ciascuna area sul totale. Ne consegue che un'eventuale rappresentazione grafica del fenomeno basata sul costo pieno sconterebbe una generale indeterminatezza, e questo a causa della differente incidenza dei costi comuni al variare del livello produttivo dell'area rispetto alle variazioni delle altre aree. Per un approfondimento sul tema cfr. M. BERGAMIN BARBARO 1991, pp. 152-157.

saggio da costi di fattori acquistati a costi di fattori *utilizzati*, il che implica una ripartizione delle utilizzazioni nei vari periodi di tempo e, quindi, tra aree, processi e prodotti. Da ciò si desume che il riferimento di tali costi, risultanti da calcoli, ai prezzi è solamente indiretto.

I costi di periodo, dunque, derivano da una riclassificazione dei costi originari di fattori nel tempo. I costi di aree, processi e prodotti derivano da una riclassificazione dei costi originari di fattori nel tempo e nello spazio.

Il riferimento diretto dei ricavi ai prezzi di mercato si ha solamente se si considerano i ricavi originari rivenienti dalla vendita di prodotti o i ricavi accessori.

I ricavi di periodo derivano da una riclassificazione nel tempo dei ricavi originari. I ricavi che possono essere ricondotti ad aree produttive o a prodotti derivano da una riclassificazione dei ricavi originari nel tempo e nello spazio.

I concetti esposti assumono importanza pratica per il fatto che dal confronto tra costi e ricavi di periodo scaturisce il risultato economico attribuibile al periodo stesso, mentre dal confronto tra costi e ricavi riferiti ad aree produttive o prodotti scaturiscono differenze (margini di contribuzione, utili) che vengono normalmente assunte come significative a dimostrare il contributo dell'area produttiva o del prodotto alla realizzazione del risultato globale e, quindi, a formulare giudizi di convenienza ad attivare, implementare o cessare (dismettere) alcune attività produttive.

È necessario tenere ben presente che la misura di detti risultati non viene determinata dal confronto tra costi e ricavi originari, bensì dal confronto tra costi e ricavi calcolati, riclassificati nel tempo e nello spazio.

Le modalità necessariamente utilizzate per tali riclassificazioni creano ineliminabili incertezze nei risultati e li rendono poco attendibili e poco idonei ad esprimere – in assenza di ulteriori elementi – valutazioni e giudizi assoluti di convenienza. In altri termini, occorre prendere coscienza che il significato delle «differenze» positive o negative, che si ottengono ponendo a confronto dei ricavi le diverse configurazioni di costo, deve essere accolto nella consapevolezza della sua relatività.

Ciò è dovuto al fatto che la ripartizione dei costi e dei ricavi nel tempo implica – come si è visto – congetture sul futuro andamento delle vicende produttive dell'impresa, mentre la ripartizione dei costi e dei ricavi nello spazio richiede che vengano in qualche modo affrontati i problemi di comunanza dei costi in relazione a definiti oggetti e di riparto dei componenti di costo a carattere costante sulle aree produttive, sui processi o sulle unità prodotte.

Occorre anche considerare che qualsiasi confronto tra costi e ricavi *può* denunciare risultati inficiati dal differente potere d'acquisto che la moneta ha assunto nel tempo, qualora non si provveda, ove necessario, ad una razionale perequazione dei valori monetari inseriti nel calcolo.

Il raffronto dei costi e dei prezzi viene effettuato abitualmente per determinare la convenienza dell'azienda a proseguire o a sospendere le differenti attività intraprese.

Tale raffronto, però, non è sufficiente per risolvere il problema indicato in quanto il calcolo dei costi e dei ricavi dipende dai procedimenti di rilevazione, distribuzione ed imputazione adottati, nonché dal volume di produzione che l'azienda realizza in un determinato intervallo di tempo (ripartizione dei costi di struttura sull'unità prodotta).

Il secondo degli elementi sopra richiamati (volume di produzione) è legato al fenomeno denominato «*Kreislauf*» e non può essere eliminato né formalmente, né sostanzialmente.

Il fenomeno in discorso si estrinseca in una catena di dipendenze reciproche, in una «circolarità» che determina l'impossibilità di definire l'altezza del costo del prodotto. La formazione del «*Kreislauf*», infatti, è dovuta alla circostanza che «il rapporto di incidenza dei componenti di costo a carattere costante varia col variare del volume di produzione; che il volume di produzione dipende dalla politica dei prezzi seguita dall'azienda; che la politica dei prezzi dipende dalla conoscenza più o meno esatta dei costi e questa dal rapporto di incidenza dei componenti di costo a carattere costante, legato a sua volta all'entità del volume di produzione» [55]. Senza conoscere il volume della produzione è impossibile determinare il rapporto di incidenza dei componenti di costo a carattere costante sui costi di aree o prodotti; senza conoscere questo rapporto è impossibile parlare di costi di produzione esatti.

Il raffronto tra costi e ricavi è sempre problematico, non soltanto per le differenti classi di incertezze che si incontrano, ma anche perché i costi, cui si associano le uscite, ed i ricavi, cui si associano le entrate, man-

---

[55] Si veda E. GIANNESI 1955.

cano del necessario processo di sincronizzazione atto ad eliminare il rischio. Nella maggior parte dei casi il raffronto avviene tra costi già sostenuti, o da sostenere nel prossimo futuro, e prezzi di vendita semplicemente congetturati, oppure tra prezzi già negoziati e costi da sostenere nel futuro, talvolta anche entro intervalli notevolmente lunghi di tempo. Poiché il volume degli affari, nel momento in cui devono essere formulati i giudizi, è solitamente ignoto, l'azienda si trova nuovamente di fronte al fenomeno del «*Kreislauf*», che impedisce di prendere decisioni su basi esclusivamente matematiche.

L'incidenza di tale fenomeno è tanto più grave quanto più i termini del raffronto sono di portata ragguardevole e notevolmente discosti tra loro.

L'analisi proposta evidenzia come la mancanza di sicurezza nei confronti delle formazioni di costo pone in grande imbarazzo l'operatore quando debba procedere alla formulazione di giudizi di convenienza a svolgere o meno determinate produzioni. La formulazione di tali giudizi, pertanto, deve essere fatta con la massima cautela e non per semplice raffronto di costi, prezzi e ricavi, che sono quasi sempre il frutto di congetture più o meno attendibili.

Tale raffronto deve essere integrato dallo studio attento della portata, dell'intensità e della direzione del moto che si sviluppa, per effetto del «*Kreislauf*», nel campo dei costi, dei prezzi e del volume di produzione.

Per valutare criticamente le performance dell'impresa e formulare meditate scelte di convenienza, è necessario saper riconoscere l'importanza, ma anche la relatività del calcolo aziendale e, di conseguenza, prendere in considerazione ogni altro elemento che, pur stando al difuori di esso, possa assumere un ruolo significativo nella formulazione dei giudizi di valore.

Capitolo 5
L'aspetto finanziario della gestione

Enrico Cavalieri

5.1. Sui caratteri del fabbisogno di finanziamento e delle sue forme di copertura

Cominciamo a svolgere un'analisi delle relazioni che si pongono fra caratteristiche degli investimenti e dei relativi fabbisogni, da un lato, e caratteristiche delle fonti di copertura, dall'altro.

Le considerazioni che vengono proposte in questo paragrafo sono di estrema rilevanza ai fini della valutazione degli equilibri finanziari in un'ottica di lungo periodo. Si tratta di equilibri di struttura, di equilibri legati alla *solidità* delle relazioni tra investimenti e fonti.

Ai fini della individuazione dei caratteri del fabbisogno di finanziamento può essere opportuno riclassificare gli investimenti, che costituiscono l'attivo del capitale, in relazione alla loro destinazione e le fonti di finanziamento in rapporto al tipo di vincolo che le lega all'economia dell'impresa.

In tal senso *gli investimenti* possono essere distinti in due gruppi: immobilizzazioni e disponibilità (in senso proprio) [1].

Le *immobilizzazioni* riguardano tutte quelle risorse monetarie, investite in fattori a fecondità semplice e ripetuta, che non possono essere distolte dall'attuale destinazione, pena l'interruzione dell'attività aziendale o, comunque, il verificarsi di riflessi negativi sulla capacità dell'impresa di mantenersi in condizioni di equilibrio economico-finanziario nel tempo.

Il concetto di «immobilizzazioni» che viene proposto in questa riclassificazione degli investimenti non corrisponde a quello di «immobilizzazioni» contenuto nello schema di Stato Patrimoniale di cui all'art. 2424 del cod. civ. (ove le immobilizzazioni si suddividono in materiali, immateriali e finanziarie). La classificazione proposta dal nostro legislatore, infatti, è tratta dalla IV Direttiva comunitaria ove (nel testo originario) l'attivo era suddiviso in «*actif circulant*» e «*actif fixe*».

Nel proporre il testo italiano la locuzione «*actif fixe*» è stata tradotta in «immobilizzazioni», mantenendo una terminologia già precedentemente in uso e creando, però, sul piano sostanziale, una non trascurabile confusione con la concezione di immobilizzazioni correttamente intesa, che non si riferisce soltanto agli investimenti che costituiscono la struttura dell'impresa o sono recuperabili in tempi lunghi (attivo fisso), bensì a tutti quegli investimenti che non possono essere distolti dall'attuale destinazione senza compromettere il livello di attività aziendale e che, pertanto, assorbono mezzi monetari in modo durevole. Le immobilizzazioni, così intese, sono profondamente differenti, per natura e com-

---

[1] Per un approfondimento della distinzione in oggetto si veda, innanzitutto, A. AMADUZZI 1930; si vedano, inoltre, L. DE MINICO 1929, pp. 135-137 e 153-155; D. AMODEO 1976, p. 36 ss.; G. FERRERO 1979, pp. 13-24; M. CATTANEO 1979, pp. 64-66; P. ONIDA 1951, pp. 34-40.

Taluni Autori usano distinguere le immobilizzazioni e le disponibilità in relazione alla tendenza dei singoli investimenti a tonare o meno in forma liquida attraverso il completamento del ciclo operativo aziendale.

In tal senso si denominano disponibilità tutti quegli investimenti che tendono a ritornare in forma liquida al compimento di tale ciclo e immobilizzazioni quelli che non presentano tale attitudine.

In proposito si vedano, tra gli altri, G. ZAPPA 1957, p. 478 ss.; L. AZZINI 1954, p. 47; L. AZZINI 1962, p. 167.

Intesa nel modo sopra indicato, la distinzione in oggetto è poco significativa e finisce per sovrapporsi a quella tra attivo circolante e attivo fisso.

ponenti, dalla concezione di attivo fisso (comunque intesa) ed includono anche larga parte dell'attivo circolante.

Le *disponibilità* sono rappresentate, invece, da tutti quegli investimenti che possono essere distolti dall'attività aziendale senza pregiudicarne lo svolgimento.

In altri termini, sono immobilizzati tutti gli investimenti che contribuiscono alla determinazione di *un fabbisogno finanziario durevole*; rappresentano disponibilità, invece, tutti gli elementi che generano un *fabbisogno temporaneo*[2] (Tavola n. 33).

In tal senso sono da considerare immobilizzazioni:

a) le scorte di fattori a fecondità semplice (merci, materie prime) e di prodotti, in quanto necessarie ad evitare una forzata interruzione dei processi produttivi e/o delle vendite aziendali[3];
b) i crediti verso clienti, fisiologicamente necessari per mantenere un adeguato livello di sbocco ai prodotti realizzati dall'impresa[4];
c) le scorte monetarie liquide, necessarie per spese di minimo importo;
d) le partecipazioni in società controllate e/o collegate con le quali si abbiano legami di tipo economico o finanziario, che si ritiene di dover mantenere nel tempo[5];

---

[2] Per approfondimento delle relazioni che legano gli investimenti e la determinazione del fabbisogno finanziario, nonché dei caratteri di temporaneità-durevolezza di quest'ultimo, si vedano, tra gli altri: L. Azzini 1954, *passim*; L. Azzini 1962, pp. 164-252; P. Capaldo 1967, pp. 165-171; R. Ruozi 1971, pp. 667-720; F. Superti Furga 1974, pp. 87-204.

[3] In tal senso si vedano, tra gli altri, P. Onida 1951, p. 35; e L. De Minico 1929, pp. 153-154.

[4] In tal senso si vedano, tra gli altri, L. Azzini 1954, p. 48; e P.H. Hunt, C.M. Williams, G. Donaldson 1972, p. 84 ss.

[5] Al fine di non generare confusione sull'impiego dei termini «finanziario» ed «economico» con riferimento alle partecipazioni, è opportuno precisare che per legame di tipo economico alludiamo a partecipazioni di controllo o di collegamento in società i cui processi produttivi integrino in qualche modo quelli sviluppati dall'impresa controllante; per legame di tipo finanziario intendiamo riferirci, invece, a quelli inerenti a partecipazioni i controllo o di collegamento in società il cui oggetto è del tutto eterogeneo rispetto a quello della controllante.

In proposito si vedano, tra gli altri, P.E. Cassandro 1982, pp. 24-41; e L. Azzini 1975, p. 112 ss.

Tavola 33

CARATTERI DEL FABBISOGNO FINANZIARIO
E DELLE FONTI DI COPERTURA

	Tipo di fabbisogno finanziario	Forme di copertura del fabbisogno finanziario
IMMOBILIZZAZIONI	DUREVOLE STABILE	Capitale permanente
IMMOBILIZZAZIONI	DUREVOLE VARIABILE	Passivo consolidato
DISPONIBILITÀ	TEMPORANEO	Passivo a breve

e) i fattori a fecondità ripetuta materiali ed immateriali, il cui recupero possa avvenire solo oltre il breve periodo (convenzionalmente, può essere assunto come parametro discriminatorio l'anno);
f) i crediti di finanziamento;
g) gli investimenti accessori, di tipo patrimoniale e/o finanziario che per decisione del soggetto economico, devono permanere in azienda nel tempo. Il fabbisogno finanziario generato da questi investimenti può, infatti, essere agevolmente trasformato da lungo a breve termine, attraverso una semplice decisione aziendale circa la destinazione dei beni.

Le risorse monetarie investite nei modi indicati *sub* a) e b), a mano a mano che vengono recuperate attraverso i ricavi, devono necessariamente essere destinate alla riacquisizione o alla predisposizione di scorte di fattori a fecondità semplice e prodotti e alla concessione di crediti equivalenti a quelli recuperati.

Pur nel continuo rinnovarsi degli investimenti, si genera, quindi, *un fabbisogno durevole di finanziamento che, in uno stato stazionario, tende, peraltro, ad essere stabile finché l'attività aziendale permane agli stessi livelli operativi.*

Più in generale, tale fabbisogno finanziario varia, al variare dell'attività aziendale, nello stesso senso.

Le risorse investite nel modo *sub* d) formano un fabbisogno che durerà finché tali investimenti permarranno nell'economia dell'impresa. Siccome abbiamo fatto riferimento a imprese controllate e collegate con cui si abbiano rapporti di integrazione economica o finanziaria, c'è da ritenere che tali investimenti siano destinati a permanere fino a quando il soggetto aziendale non dovesse decidere di mutare la struttura operativa dell'azienda.

Gli investimenti in fattori a fecondità ripetuta, invece, tendono a generare un fabbisogno finanziario di tipo, per così dire, variabile, nel senso che le risorse monetarie ad essi inizialmente destinate vengono gradualmente recuperate per il tramite dei ricavi e, fino al momento del rinnovo di tali fattori, rimangono a disposizione dell'azienda per la copertura del fabbisogno finanziario generato dagli altri investimenti.

In tal modo, le risorse monetarie investite in fattori a fecondità ripetuta generano un fabbisogno finanziario il quale, benché durevole, tende a non essere stabile nel tempo, bensì a decrescere sistematicamente fino al momento del rinnovo di tali fattori produttivi. A tal punto si riespande, per poi tornare a decrescere nuovamente, a mano a mano che i valori investiti vengono recuperati attraverso il conseguimento di ricavi remuneratori [6].

Comportamento analogo può essere quello connesso ai crediti di finanziamento nell'ipotesi in cui la forma tecnica adottata preveda recuperi graduali in tempi lunghi: le risorse monetarie investite all'atto della concessione del credito generano, pertanto, un fabbisogno finanziario durevole, variabile. Il fabbisogno sarebbe stabile se la forma tecnica di finanziamento adottata prevedesse il rimborso, dopo tempi lunghi, in unica soluzione.

Tra le disponibilità, invece, vanno incluse:

1. le scorte monetarie liquide eccedenti quelle minime necessarie per le transazioni di minimo importo;
2. gli investimenti in attività accessorie agevolmente recuperabili;
3. le scorte di fattori a fecondità semplice e di prodotti, eccedenti quelle funzionali, acquisite per motivi speculativi o di convenienza operativa;
4. i fattori a fecondità ripetuta e i crediti di finanziamento, per la parte recuperabile entro l'anno.

Tutte le risorse finanziarie, investite in attività disponibili possono essere agevolmente liberate nel breve periodo, attraverso il realizzo diretto o indiretto per il tramite dei ricavi: generano, quindi, un fabbisogno temporaneo di finanziamento.

Ad un osservatore non superficiale appare evidente che nella maggior parte dei casi gli investimenti immobilizzati costituiscono la quasi totalità dell'attività e che solamente una parte non rilevante di attività può essere annoverata tra le disponibilità.

Le *fonti di finanziamento* possono essere suddivise, invece, in relazione al vincolo temporale che le lega all'attività aziendale. In tal senso possiamo individuare:

a) passivo corrente o debiti a breve scadenza;
b) passivo consolidato o debiti a media e lunga scadenza;
c) capitale permanente.

---

[6] Sui caratteri del fabbisogno finanziario derivante dagli investimenti in impianti, si veda, tra gli altri, P. CAPALDO 1967, p. 5.

La prima categoria di passivo per la sua estinzione richiede risorse finanziarie entro un breve periodo di tempo; la seconda, oltre un certo lasso di tempo (la distinzione tra breve e lungo termine può essere effettuata convenzionalmente con riferimento all'anno, come parametro discriminatorio).

Il capitale di proprietà, invece, si lega all'economia dell'impresa finché non dovesse andare disperso a causa di perdite. Tendenzialmente finché l'impresa è in funzionamento non dovrebbe richiedere nessun tipo di impegno finanziario per il suo rimborso.

Tra le fonti di finanziamento meritano, infine, una particolare menzione:

a) i debiti verso fornitori fisiologicamente acquisibili, i quali in condizioni normali, pur nel loro continuo rinnovarsi, rappresentano una fonte permanente di finanziamento dell'impresa, destinata, peraltro, a variare nella stessa direzione del grado di attività svolto dalla medesima;
b) i debiti per le «indennità di fine rapporto» [7] che, per il loro particolare meccanismo di calcolo (salario differito maturato nell'anno più adeguamento dell'importo delle annualità pregresse in relazione all'andamento del costo della vita), rappresentano anch'essi una fonte permanente di finanziamento dell'azienda, se non per la parte relativa alle indennità da corrispondere ai dipendenti che è previsto cessino il loro rapporto di lavoro entro breve tempo (un anno). Quest'ultima componente, peraltro, tende ad essere esigua nei periodi di crescita occupazionale e nei periodi di stabilità economica in imprese con forze di lavoro mediamente giovani; tende, invece, ad essere cospicua nei casi opposti.

Sulla base di queste considerazioni nel passivo corrente occorre considerare:

a) debiti formalmente a breve (verso banche per c/c passivi o altre forme tecniche);

[7] Si tratta, ovviamente, delle indennità di fine rapporto che i dipendenti hanno scelto di non trasferire a fondi pensione integrativa e che – pertanto – rimangono nelle disponibilità dell'azienda.

b) parti in scadenza di debiti a medio e lungo termine;
c) parte di utile di esercizio prelevata o assegnata sotto forma di dividendo;
d) debiti verso fornitori, eccedenti la componente fisiologica;
e) parte del fondo indennità di fine rapporto che si riferisce ai dipendenti che entro l'anno cessano la prestazione della loro attività lavorativa presso l'azienda.

Tra le poste del passivo consolidato troviamo, invece, i debiti di finanziamento, per le parti che scadono oltre l'anno.

All'interno del capitale permanente, infine, è possibile individuare due componenti;

a) il capitale di proprietà dell'impresa, meno la parte di utile di esercizio assegnata a dividendo;
b) i debiti fisiologici verso fornitori, i quali, pur nel continuo rinnovarsi, rappresentano un finanziamento che permane all'interno dell'impresa e quelli verso i dipendenti per salario differito (indennità di fine rapporto), tranne la componente che si pensa di dover corrispondere entro un anno.

In definitiva, una volta distinti gli investimenti, in relazione al tipo di fabbisogno finanziario dagli stessi generato, e le fonti di finanziamento, in rapporto alla loro attitudine a richiedere risorse finanziarie per la loro estinzione, è possibile individuare le correlazioni che dovrebbero, a parità di condizioni, sussistere tra tipi di fabbisogno e forme di copertura, sia pure all'interno della generale correlazione che tra gli stessi necessariamente sussiste[8].

In tal senso, una struttura finanziaria equilibrata si qualificherebbe per la sostanziale correlazione e per l'armonica evoluzione dei rapporti tra:

a) *disponibilità* e passivo corrente;
b) immobilizzazioni a fabbisogno *semidurevole* e passivo consolidato;
c) immobilizzazioni a fabbisogno *rigido* e capitale permanente.

---

[8] «La distinzione ora illustrata – scrive il Ferrero – si fonda su un criterio che può riuscire opportuno specialmente quando trattasi di studiare la struttura finanziaria dell'azienda, quindi, le conseguenti relazioni tra forme di finanziamento e forme d'impiego del capitale d'impresa». Cfr. G. FERRERO 1972, p. 131.

Sarebbe comunque auspicabile un'adeguata eccedenza del capitale permanente rispetto alle immobilizzazioni a fabbisogno rigido, che contribuirebbe a conferire all'impresa una adeguata elasticità finanziaria di tipo strategico [9].

Questa impostazione è sostanzialmente diversa rispetto a quella che sostiene la razionalità di finanziare il capitale circolante con il passivo a breve, ritenendo che si possa porre una correlazione tra il recupero a breve dei componenti del capitale ed il rimborso a breve dei debiti e dimenticando che i componenti del capitale circolante, ove mantenuti a livello fisiologico, *assorbono masse monetarie in modo durevole stabile* [10].

L'importanza di queste relazioni noin sarà mai sufficientemente evidenziata. *I recenti dissesti finanziari sono stati caratterizzati dalla presenza di rapporti patologici non solo tra indebitamento e capitale di proprietà, ma anche tra caratteristiche degli investimenti (e dei relativi fabbisogni), da un lato, e caratteristiche delle fonti di copertura, dall'altro.*

Nell'esempio che segue viene presentato il capitale dell'impresa ALFA.

---

[9] Con tale espressione ci si riferisce alla possibilità che l'azienda, in virtù della struttura finanziaria di cui dispone, riesca a procurarsi i finanziamenti necessari per coprire il fabbisogno finanziario generato da investimenti volti a modificare la struttura aziendale per adeguarla alle nuove condizioni di ambiente.

[10] I magazzini di materie prime, semilavorati, prodotti finiti, così come gli altri componenti del capitale circolante (crediti commerciali e liquidità), hanno un andamento del tutto simile a quello di una diga che a monte riceve un affluente e a valle alimenta una centrale: l'*acqua nella diga circola, ma il livello dell'acqua si mantiene sempre costante*. Se ipotizzassimo di pagare 1 euro per ogni m^3 di acqua che entra e di recuperalo a valle, avremmo tanti milioni di euro investiti permanentemente quanti sono i m^3 di acqua permanentemente presenti nell'invaso per mantenere costante il livello.

Esempio

IMPRESA ALFA S.P.A.
CAPITALE IN T_N

Investimenti — *Fonti*

		(*)				(**)	
Disponibilità liquide	50			Debiti funzionamento (commerciali)	400		
Crediti funzionamento (commerciali)	500			Debiti finanziamento (breve termine)	1370		
Crediti finanziamento	150	50	100	Debiti finanziamento (medio/lungo termine)	550	100	450
Scorte materie	250			TFR	100		
Scorte semilavorati	100			Passività presunte	100		
Scorte Prodotti	200						
Impianti e attrezzature	1000	200	800	Capitale sociale	400		
Brevetti, marchi	400	100	300	Capitale di risparmio	350		
Partecipazioini in società controllate	550			Reddito del periodo	50		
Titoli	100						
Totale investimenti	**3320**			*Totale fonti*	**3320**		

(*) Importi in scadenza o recuperabili entro l'anno
(**) Importi in scadenza entro l'anno

Esempio

IMPRESA ALFA S.P.A.
RICLASSIFICAZIONE DEL CAPITALE IN T_N
(caratteri del fabbisogno finanziario e delle fonti di copertura)

Fabbisogno finanziario determinato dagli investimenti		*Fonti di copertura*	
Immobilizzazioni che determinano un fabbisogno durevole stabile	**1670**	**Capitale permanente**	**1300**
Disponibilità liquide	50	*Capitale di proprietà*	800
Crediti commerciali	500	*Debiti commerciali*	400
Scorte materie	250	*TFR*	100
Scorte semilavorati	100		
Scorte prodotti	220		
Partecipazioni in società controllate	550		
Immobilizzazioni che determinano un fabbisogno durevole variabile	**1200**	**Passivo consolidato**	**550**
Crediti finanziamento	100	*Debiti finanziamento medio/lungo termine*	450
Impianti e attrezzature	800	*Passività presunte*	100
Brevetti, marchi	300		
Disponibilità che determinano un fabbisogno temporaneo	**450**	**Passivo a breve**	**1470**
Crediti finanziamento medio/lungo termine (in scadenza)	50	*Debiti finanziamento medio/lungo termine (in scadenza)*	100
Impianti (recuperabili entro l'anno)	200	*Debiti a breve*	1370
Brevetti, marchi (recuperabili entro l'anno)	100		
Titoli	100		
Totale	**3320**	*Totale*	**3320**

Esempio

L'analisi delle relazioni tra tipo di fabbisogno finanziario generato dagli investimenti e relative forme di copertura evidenzia:

- l'insufficienza del capitale permanente a finanziare almeno gli investimenti che assorbono mezzi monetari in modo durevole stabile;
- l'eccessivo ricorso al passivo a breve, utilizzato non solamente a fronte degli investimenti che assorbono mezzi monetari in modo temporaneo, ma altresì per finanziare parte (non trascurabile) delle immobilizzazioni.

La situazione finanziaria che emerge, con riferimento alle relazioni orizzontali tra investimenti e fonti, appare poco equilibrata, sia per una insufficiente dotazione di mezzi propri, sia per la prevalenza di debiti a breve rispetto a debiti di finanziamento a medio/lungo termine. La dipendenza dai finanziatori, in termini di sistematico rinnovo dei finanziamenti a breve, unitamente alla carenza di capitale di proprietà conferiscono alla situazione finanziaria dell'impresa un non trascurabile grado di rischio, che potrebbe produrre conseguenze rilevanti in ipotesi di crisi dell'azienda o di andamenti negativi della congiuntura.

5.2. Ulteriori indagini sul capitale di funzionamento: capitale fisso e capitale circolante

La separazione dei componenti attivi del capitale nelle classi di capitale fisso e capitale circolante si fonda su differenti chiavi di lettura rispetto a quella – precedentemente proposta – di immobilizzazioni e disponibilità.

Ciò che discrimina, infatti, le due classi qui considerate *è la funzione che gli investimenti e le fonti sono chiamati ad assolvere all'interno del sistema produttivo.* In tale ottica di osservazione, infatti, con riferimento ai componenti attivi del capitale si possono separare gli investimenti che concorrono a formare la struttura dell'impresa, da quelli necessari per assicurare il funzionamento della struttura medesima. I primi, caratterizzati da tempi lunghi di recupero, costituiscono il *capitale fisso*; i secondi, tendenzialmente a rapido ciclo di recupero, determinano il *capitale circolante.*

Sono, pertanto, elementi del capitale circolante:

- le disponibilità liquide immediate;
- i crediti di funzionamento;
- le scorte di fattori a fecondità semplice e di prodotti.

Il capitale fisso accoglie:

- i fattori a fecondità ripetuta, materiali ed immateriali;
- i crediti di finanziamento;
- le partecipazioni di controllo e di collegamento.

Così definito, il capitale circolante non può certamente essere confuso con il concetto di disponibilità precedentemente considerato; né può esistere sovrapposizione tra la concezione di capitale fisso (attivo fisso) e quella di immobilizzazioni presentata nel precedente paragrafo.

A chiarire la differente ottica di osservazione delle classi proposte è sufficiente ricordare che le scorte di fattori a fecondità semplice e di prodotti, fisiologicamente necessarie ad assicurare la prosecuzione dell'attività produttiva nonché il flusso delle vendite, sono da iscriversi nel capitale circolante *giusta* il fatto che rappresentano investimenti atti a garantire il funzionamento della struttura, ma appartengono alla categoria delle immobilizzazioni in quanto non possono essere ridotte senza penalizzare il normale susseguirsi dei circuiti produttivi. Ciò significa che tali scorte, a mano a mano che vengono realizzate o utilizzate, debbono essere ripristinate nella precedente consistenza e ciò implica, di fatto, la previsione di un fabbisogno durevole stabile in relazione a tali componenti del capitale.

Considerazioni del tutto analoghe possono essere fatte per i crediti di funzionamento verso i clienti per la parte che si ritiene fisiologicamente necessaria a realizzare le politiche di vendita dell'impresa.

È opportuno osservare come siano prive di fondamento le affermazioni secondo le quali gli investimenti in capitale circolante possono essere coperti dal passivo a breve, mentre gli investimenti in capitale fisso devono essere finanziati dal capitale di proprietà e dal passivo consolidato.

Le osservazioni proposte nel precedente paragrafo consentono di affermare che proprio *le componenti del capitale circolante, nella misura fisiologicamente necessaria per alimentare la normale attività dell'impresa, sono gli investimenti più immobilizzati*, che assorbono mezzi monetari in modo durevole stabile e che, pertanto, richiedono fonti di copertura che siano sempre disponibili (capitale permanente).

Il mancato rispetto dei delineati equilibri orizzontali tra investimenti e fonti, ove si manifesti per importi significativi, comporta una preoccupante dipendenza dai finanziatori esterni, chiamati a rinnovare sistematicamente i finanziamenti concessi per assicurare la continuità aziendale. Il mancato rinnovo, infatti, comporterebbe l'immediato obbligo di restituzione, mentre i mezzi monetari sono assorbiti in investimenti che non possono essere dismessi.

Con riferimento alle fonti si possono separare le obbligazioni rivendenti dalla normale attività operativa (debiti di funzionamento e ricavi anticipati), che formano il passivo corrente, da quelle connesse alle operazioni di raccolta di mezzi finanziari di proprietà o di terzi. Se l'ammontare del passivo corrente viene sottratto al capitale circolante (lordo) si determina l'entità del capitale circolante netto (*net working capital, founds de roulement*) (Tavola n. 34).

La concezione di capitale circolante netto, come definita nel testo, non necessariamente identifica anche l'eccedenza degli investimenti a rapido ciclo di reintegro finanziario sulle obbligazioni finanziarie a breve termine. Crediti e debiti, infatti, non sono classificati in relazione al tempo di recupero o di estinzione, bensì per la loro funzione nel sistema produttivo, sicché i crediti e i debiti di funzionamento possono includere anche valori che sono realizzabili o pagabili in tempi lunghi.

Tavola 34

COMPONENTI LOGICHE DEL CAPITALE CLASSIFICATE
IN RELAZIONE ALLA FUNZIONE CHE RIVESTONO
NEL SISTEMA PRODUTTIVO D'IMPRESA

INVESTIMENTI		FONTI	
Capitale circolante lordo CCL	Disponibilità liquide immediate	Debiti di funzionamento Ricavi anticipati	Passivo corrente
	Crediti di funzionamento	Debiti di finanziamento	
	Scorte di ffs e prodotti		
Capitale fisso AF	ff ripetuta materiali ff ripetuta immateriali	Passività presunte	
	Crediti di finanziamento Partecipazioni	Capitale di proprietà	

La separazione tra gli elementi del capitale fisso e del capitale circolante potrebbe essere riferita, anziché alla gestione corrente, alla sola gestione caratteristica (tipica) dell'impresa: ne deriverebbero configurazioni parziali, utili tuttavia per svolgere indagini sull'entità dei mezzi monetari assorbiti all'interno di tale gestione.

Sono state proposte altre configurazioni di capitale circolante e di capitale fisso; ciascuna di esse si basa su una differente ottica di osservazione degli elementi del capitale e può essere assunta in relazione a definite finalità di indagine. Giova tuttavia rilevare che alcune di tali configurazioni si limitano ad esporre con le denominazioni di «capitale fisso» e «capitale circolante» alcune caratteristiche dei componenti del capitale già note al lettore sotto altra veste.

(a) Una prima configurazione distingue il capitale circolante dal capitale fisso a seconda della destinazione dei componenti del capitale, nel senso che il primo accoglierebbe tutti i componenti «destinati» direttamente o indirettamente alla vendita, mentre il secondo accoglierebbe ogni altro componente.
(b) Una seconda concezione di capitale circolante e di capitale fisso può essere posta distinguendo i componenti a seconda del contributo che assicurano al processo produttivo. Il capitale circolante sarebbe formato dai fattori a fecondità semplice che assicurano unicità di contributo ed esauriscono la loro utilità economica partecipando ad un unico processo; il capitale fisso sarebbe formato dai fattori a fecondità ripetuta che assicurano una pluralità di contributi e mantengono la loro utilità economica pur partecipando a molteplici processi.
(c) *La separazione tra capitale fisso e circolante può essere fondata sul tempo necessario a far sì che un componente del capitale dia origine ad un flusso monetario in entrata o in uscita e cioè sulla durata del ciclo di reintegro monetario degli investimenti*, con riferimento ad un intervallo di tempo necessariamente convenzionale, solitamente reso pari all'anno [11].

---

[11] Questo criterio di classificazione, che fa riferimento al tempo convenzionale di 1 anno, rappresenta un'approssimazione rispetto al criterio che assume come tempo di riferimento la reale durata del ciclo operativo. «Pur rappresentando un

> In tale ottica, sono elementi del capitale circolante quelli che si prevede possano assumere consistenza monetaria (ovvero tradursi in liquidità) entro l'anno, elementi del capitale fisso quelli per i quali non si prevede la possibilità di realizzo entro l'anno.

Tale concezione di capitale circolante appare di indubbia utilità non solamente per sviluppare analisi sulla capacità dell'impresa di onorare le obbligazioni nel breve periodo (indice di liquidità), ma anche per esprimere una valutazione, seppur approssimativa, del grado di rischio connesso con gli investimenti effettuati dall'impresa, nel senso che tale rischio appare normalmente più elevato nelle imprese in cui prevalgono gli investimenti in capitale fisso, caratterizzati da lunghi tempi di recupero. Ciò è particolarmente vero in periodi di intensa variabilità, come l'attuale.

Gli investimenti in capitale circolante, per contro, sono suscettibili di più rapidi adeguamenti e conferiscono alla struttura un minor grado di rigidità.

Con riferimento alle fonti, osserviamo come la separazione tra passivo e capitale di proprietà consenta di determinare il grado di autonomia finanziaria dell'impresa, definito dal rapporto tra capitale netto e totale delle fonti. Un crescente livello di indebitamento, con conseguente abbassamento del suddetto rapporto, determina rigidità nella struttura dei finanziamenti, con conseguente aumento del rischio di insolvenza in relazione a possibili situazioni di crisi (generale dell'economia o specifica dell'impresa) che dovessero ridurre sensibilmente il flusso dei ricavi in presenza di rilevanti impegni di restituzione dei finanziamenti attinti e dei relativi interessi.

---

criterio di comodo, il suo utilizzo nelle analisi di bilancio è, però, pressoché generalizzato, poiché, a differenza dell'altro che non è facilmente individuabile ed è mutevole da impresa ad impresa, questo permette un'agevole individuazione dei due grossi raggruppamenti di voci che caratterizzano il capitale investito nell'impresa, visto in un'ottica finanziaria». F. Ranalli 1984, p. 130.

5.3. Autofinanziamento e capitale circolante netto

5.3.1. *La determinazione dell'autofinanziamento o capitale di origine interna*

Nel corso della precedente trattazione abbiamo considerato l'autofinanziamento come un fenomeno finanziario capace di produrre un miglioramento del preesistente rapporto tra investimenti e mezzi finanziari attinti da terzi o conferiti dalla proprietà.

Tale concezione allargata dell'autofinanziamento individua il *capitale di origine interna* che, assieme a quello di origine esterna, completa l'osservazione delle «fonti» dei mezzi monetari investiti.

Per meglio comprendere la natura del fenomeno e per consentire l'individuazione delle diverse componenti che formano l'autofinanziamento in senso ampio, ci sembra opportuno richiamare la rielaborazione della struttura logica del reddito di un periodo ennesimo, secondo lo schema presentato dalla tavola 14 che consente la diretta evidenziazione dei ricavi o delle varie categorie di costi afferenti alla produzione venduta nel periodo [12].

Ricordiamo che nella parte destra dello schema appaiono i ricavi di competenza del periodo mentre nella sezione sinistra sono evidenziati:

a) i consumi dei fattori produttivi a fecondità semplice utilizzati per realizzare la produzione venduta nel periodo;
b) i consumi o perdita di valore dei fattori produttivi a fecondità ripetuta (ammortamenti);
c) le perdite ed i costi presunti futuri;
d) l'utile di periodo.

Il riferimento a tale struttura del reddito di un ennesimo periodo, presentata alla Tavola n. 14, qui riproposta, ci consente di evidenziare agevolmente che l'autofinanziamento in senso ampio corrisponde alla differenza tra le entrate correlate ai ricavi e le uscite connesse ai costi dei fattori produttivi afferenti alla produzione venduta nel periodo.

---

[12] Si veda *supra*, paragrafo 3.2.

Tavola 14

STRUTTURA RIELABORATA DEL REDDITO DI PERIODO
(Ricavi e costi della produzione venduta)

<table>
<tr><th colspan="2">Reddito del periodo $tn_{n-1} - tn$</th></tr>
<tr><th>Costi di competenza</th><th>Ricavi di competenza</th></tr>
<tr><td>Consumi ffs.
per realizzare la
produzione venduta</td><td rowspan="5">R
I
C
A
V
I</td></tr>
<tr><td>Consumi di ffr.</td></tr>
<tr><td>Perdite future presunte</td></tr>
<tr><td>Costi futuri presunti</td></tr>
<tr><td>Utile di periodo</td></tr>
</table>

Infatti, mentre ai ricavi si associano entrate finanziarie (+ denaro; + crediti; – debiti), soltanto ai costi dei fattori produttivi a fecondità semplice utilizzati per realizzare la produzione venduta si associano uscite finanziarie (– denaro; – crediti; + debiti). Gli ammortamenti, le perdite ed i costi presunti futuri rappresentano, invece, *costi calcolati* cui non si associa alcuna uscita finanziaria.

In particolare, occorre considerare che le risorse finanziarie generate dai ricavi, idealmente a fronte dei consumi dei fattori a fecondità semplice utilizzati per realizzare la produzione venduta, devono essere immediatamente reimpiegate nell'acquisizione di fattori della stessa specie, al fine di mantenere lo stesso livello di attività operativa. Le risorse finanziarie, liberate dai ricavi che astrattamente possono essere considerati a fronte delle perdite di valore (ammortamento) dei fattori a fecondità ripetuta, rimangono, invece, temporaneamente a disposizione dell'azienda che può utilizzarle per coprire il fabbisogno finanziario derivante da altri investimenti o per rimborsare prestiti precedentemente contratti. I fattori a fecondità ripetuta, infatti, sono stati acquisiti in periodi precedenti a quello considerato e, soprattutto, saranno sostituiti in periodi successivi.

Le risorse finanziarie, liberate dal conseguimento dei ricavi che nell'esercizio realizzano l'ammortamento economico, rappresentano, quindi, *la rigenerazione del capitale precedentemente investito in fattori a fecondità ripetuta*, che può essere temporaneamente distolto – fino al momento del rinnovo di tali fattori – dalla destinazione originaria *e diversamente utilizzato per finanziare altri investimenti.*

Anche le risorse finanziarie generate dai ricavi, idealmente a fronte di altre perdite di valore delle attività, determinano effetti simili a quello dell'ammortamento economico. Esse, infatti, rappresentano il recupero di risorse finanziarie, precedentemente investite in vario modo e che – una volta recuperate – si rendono temporaneamente disponibili per usi differenti.

Nella misura in cui sono remuneratori, i ricavi, oltre a rigenerare le risorse finanziarie precedentemente investite in fattori a fecondità ripetuta, possono far nascere *ex-novo* risorse che resteranno a disposizione dell'azienda per periodi di tempo più o meno durevoli. In tal senso si parla anche di capitale autogenerato dalla gestione aziendale. Esso corrisponde, nella sostanza, alle risorse finanziarie generate dai ricavi che coprono costi presunti futuri, anticipati al presente a fronte di rischi in essere, e da quelle che, eccedendo rispetto alla somma di tutti i costi necessari per realizzare la produzione venduta, rappresentano l'utile del periodo considerato.

La prima componente del capitale autogenerato è soltanto temporanea. Essa si lega al fatto che i ricavi coprono costi presunti per i quali, durante il periodo, non sia stata sostenuta alcuna uscita finanziaria. Ci troviamo di fronte, infatti, a costi che si ritiene o si teme di dover sostenere in futuro, in relazione al verificarsi di eventi negativi che traggono la loro origine da rischi già in essere o comunque assunti nel periodo considerato. Proprio in rapporto al fatto che la loro origine è da ricercarsi nel presente, essi vanno considerati di competenza economica di tale periodo.

Le risorse finanziarie, generate dai ricavi che idealmente coprono tali costi, resteranno a disposizione dell'azienda soltanto fino al momento di verificazione degli eventi temuti.

Anche una porzione della seconda componente del capitale autogenerato è destinata a permanere in azienda per un breve periodo di tempo. Essa corrisponde alla parte di utili conseguiti che sono destinati ad essere distribuiti agli azionisti (sotto forma di dividendo) e/o ad altri soggetti, la cui remunerazione si leghi ai risultati gestionali dei vari periodi amministrativi.

Le risorse corrispondenti a tale componente sono destinate, appunto, a permanere in azienda soltanto fino al momento in cui si procede alla ripartizione dell'utile.

Le risorse finanziarie corrispondenti alla parte di utile da destinare a riserva rappresentano, invece, capitale autogenerato, deputato a permanere in azienda senza vincoli di tempo (Tavola n. 35).

La misura dell'autofinanziamento di un periodo non necessariamente corrisponde all'incremento di risorse monetarie a disposizione dell'impresa.

Per comprendere ciò, basti pensare che la differenza tra «ricavi» e «consumi dei fattori a fecondità semplice per realizzare la produzione venuta nel periodo di riferimento» non è una differenza tra flussi di entrate e di uscite monetarie. Infatti, con riferimento al periodo considerato:

Tavola 35

COMPONENTI DELL'AUTOFINANZIAMENTO

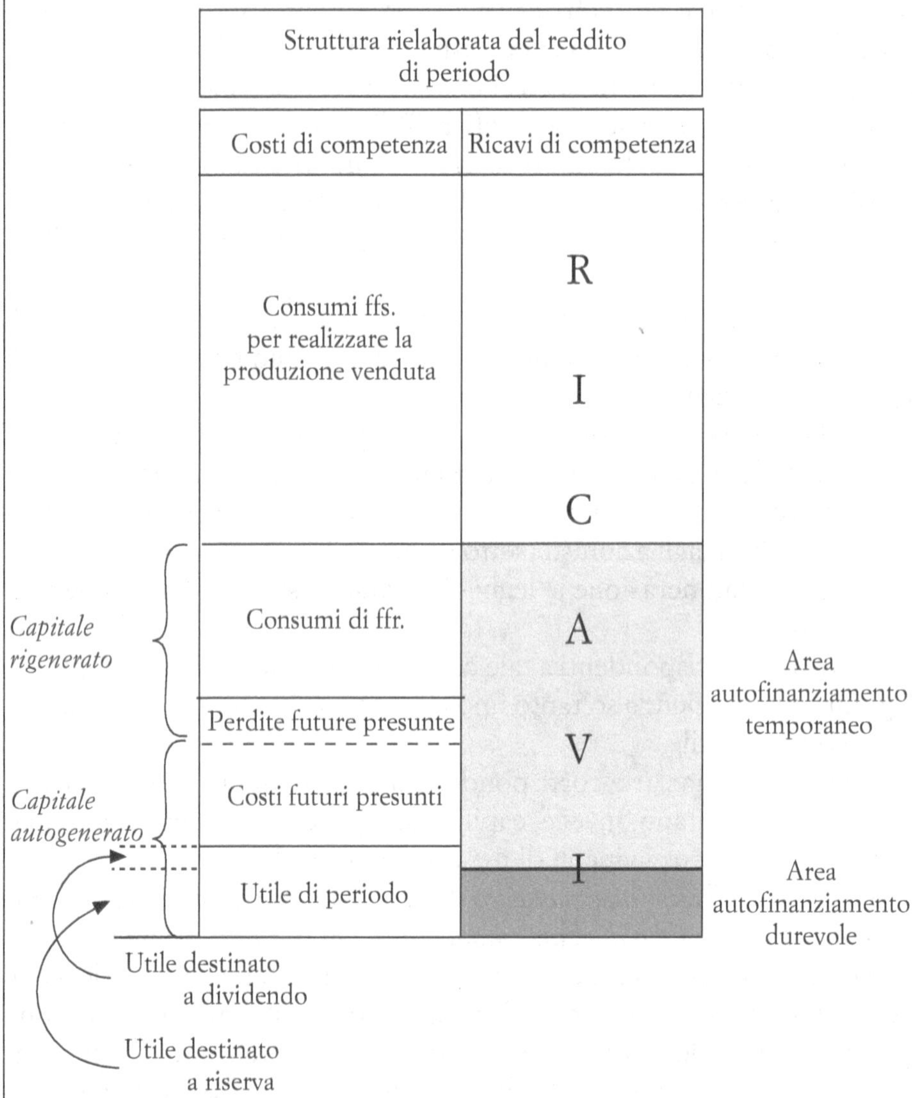

a) l'importo dei ricavi non si traduce in corrispondenti entrate di denaro, così come l'importo dei costi non dà luogo a corrispondenti uscite di denaro, e ciò per effetto della movimentazione dei debiti e dei crediti di funzionamento che sostituiscono temporaneamente le uscite e le entrate di denaro, rispettivamente;
b) occorre tener presente il trasferimento nel tempo delle rimanenze di fattori a fecondità semplice e prodotti e dei ricavi anticipati. Tali valori concorrono alla determinazione della differenza tra ricavi di competenza e consumi dei fattori a fecondità semplice per realizzare la produzione venduta, e cioè dell'autofinanziamento largamente inteso, ma non determinano movimentazioni monetarie.

La parte monetaria dell'autofinanziamento, pertanto, si ottiene come differenza tra *ricavi e costi monetizzati nel periodo*; la parte non monetaria si ottiene per somma algebrica delle variazioni intervenute nella consistenza delle scorte e dei crediti e debiti di funzionamento.

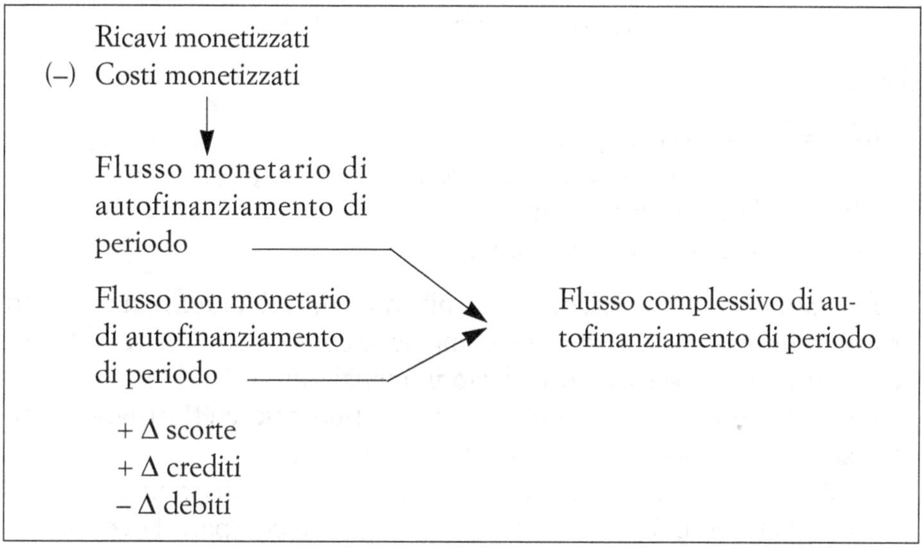

5.3.2. *Procedimento e metodi di calcolo dell'autofinanziamento in senso ampio*

L'autofinanziamento di periodo può essere calcolato sia a livello reddituale che patrimoniale. In ambedue i casi, inoltre, si può far riferimento a due diversi metodi: uno diretto, l'altro indiretto.

A livello reddituale, l'autofinanziamento può essere calcolato, con metodo diretto, mediante la seguente formula:

$$A = (V - Cffs)$$

dove:

A = Autofinanziamento;
V = Ricavi inerenti alla produzione venduta nel periodo;
Cffs = Consumo dei fattori a fecondità semplice per realizzare la produzione venduta nel periodo.

Sempre a livello reddituale, l'autofinanziamento può essere calcolato, con metodo indiretto, attraverso l'applicazione della seguente formula:

$$A = (Rn + Cffr + Pfp + Cfp)$$

dove:

Rn = Reddito netto;
Cffr = Consumo dei fattori a fecondità ripetuta;
Cfp = Costi futuri presunti;
Pfp = Perdite future presunte.

In pratica, in questo caso, per la misurazione dell'autofinanziamento in senso ampio si fa ricorso alla somma delle componenti del reddito cui nel periodo non si associano variazioni finanziarie.

La misurazione dell'autofinanziamento può essere effettuata anche utilizzando il metodo diretto a livello patrimoniale.

A tal fine è necessario calcolare la variazione degli investimenti che si è determinata in un definito periodo di tempo e compararla con le variazioni intervenute – nel medesimo periodo – nei debiti (di ogni tipo) e nel capitale netto di origine extra-gestionale.

Ciò corrisponde alla logica per la quale ove le variazioni aumentative (diminutive) degli investimenti di un periodo fossero maggiori (minori) delle variazioni aumentative (diminutive) dei mezzi di origine esterna, la differenza non potrebbe che essere finanziata da mezzi di origine interna (autofinanziamento). *Ne risulterebbe un miglioramento del preesistente rapporto tra investimenti e fonti esterne.*

Sulla base delle considerazioni finora svolte, la misurazione dell'autofinanziamento, *con metodo patrimoniale diretto*, può essere sintetizzata nella formula seguente:

$$A = [\Delta I - (\Delta D + \Delta Ne)]$$

dove, con riferimento ad un periodo:

ΔI = Variazione degli investimenti;
ΔD = Variazione dei debiti;
ΔNe = Variazione di capitale netto di origine extra-gestionale: (riassume: aumenti di capitale di conferimento; rimborsi di capitale e dividendi assegnati ai soci).

Al fine di meglio chiarire la «portata» dell'equazione proposta possiamo analizzare e commentare differenti situazioni rappresentate dalle grandezze in essa contenute.

I situazione

$$A = \Delta I - (\Delta D + \Delta Ne)$$
$$1.500 = 6.000 - (2.500 + 2.000)$$

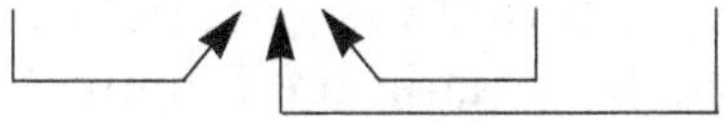

La semplice lettura delle relazioni espresse dall'equazione evidenzia che, con riferimento al periodo considerato, i mezzi finanziari assorbiti dall'incremento degl'investimenti (+ 6000) sono stati forniti da *fonti esterne* così ripartite:

– incremento di debiti (2.500);
– incremento di capitale di proprietà (conferito) (2.000).

Ovviamente, la parte dell'incremento degli investimenti non coperta dall'incremento delle fonti esterne (1.500) ha assorbito risorse finanziarie di origine interna (autofinanziamento, pari a 1.500).

Alla luce delle grandezze poste nell'equazione si potrebbe ritenere che siamo di fronte ad un classico esempio di *crescita degli investimenti con equilibrato ricorso ad una pluralità di fonti esterne ed interne.*

II situazione

$$\begin{array}{ccccc} A & = & \Delta I & - & (\Delta D + \Delta Ne) \\ 500 & = & -5.000 & - & (-6.000 + 500) \end{array}$$

Ci troviamo di fronte ad una situazione completamente differente rispetto a quella espressa nell'esempio precedente: la diminuzione degl'investimenti nel periodo considerato non ha «assorbito» risorse, ma – al contrario – ha «liberato» risorse finanziarie per 5.000. Tali risorse, unitamente a quelle fornite dai proprietari come incremento del capitale di conferimento (per 500) ed a quelle di origine interna (autofinanziamento, per 500) hanno consentito di ridurre l'indebitamento per un totale di 6.000.

Occorre conoscere le motivazioni che hanno condotto ad una riduzione degli investimenti per comprendere meglio la realtà sottostante. La situazione descritta, infatti, potrebbe avere più chiavi di lettura e prestarsi a differenti interpretazioni.

Potremmo ipotizzare di trovarci in un'azienda *assolutamente virtuosa*, nella quale un'attenta ristrutturazione organizzativa ha consentito di ridurre gl'investimenti superflui (crediti di funzionamento (commerciali) in eccesso e, soprattutto, scorte in eccesso), liberando disponibilità che sono state utilizzate per il rimborso dei debiti. Un ulteriore miglioramento della situazione finanziaria si è ottenuto destinando al rimborso dei debiti anche le risorse conferite dai proprietari e l'autofinanziamento generato dalla gestione.

In una differente ipotesi potremmo, invece, immaginare che le variazioni degl'investimenti espresse dall'equazione sintetizzino *una situazione di smobilizzo di una parte dell'apparato produttivo* (per abbandono di talune produzioni, per alienazione di partecipazioni in definiti settori, ecc.) allo scopo di concentrare le risorse sul proprio «*core business*».

III situazione

$$\begin{array}{ccccc} A & = & \Delta I & - & (\Delta D + \Delta Ne) \\ 100 & = & 6.000 & - & (5.000 + 900) \end{array}$$

Le grandezze inserite nell'equazione rappresentano un andamento aziendale che desta, comunque, qualche preoccupazione.

Nella migliore delle ipotesi, infatti, potrebbero segnalare una crescita interna attuata con nuovi investimenti, finanziati attraverso un eccessivo ricorso all'indebitamento. L'apporto del capitale di conferimento, infatti, non appare adeguato; l'autofinanziamento risulta assai contenuto.

Le stesse grandezze, però, potrebbero esprimere una pesante *situazione di difficoltà dell'impresa a collocare le sue produzioni, con conseguente lievitazione del livello delle scorte invendute*. Il deterioramento della situazione finanziaria, indotto dalla diminuzione dei ricavi, è stato temporaneamente risolto con il ricorso all'indebitamento. La scarsa entità dell'autofinanziamento fa pensare che l'andamento reddituale sia in diminuzione e che la situazione generale tenda ad un possibile ulteriore peggioramento.

Conviene subito osservare che l'entità delle suddette variazioni intervenute in un periodo non è di agevole determinazione, in quanto non si desume dalla semplice differenza tra i valori dei componenti del capitale all'inizio e alla fine del periodo considerato.

Appare quindi necessario sottoporre le variazioni rilevate per effetto della suddetta differenza ad adeguate rettifiche.

Per determinare in modo corretto le *variazioni effettive degli investimenti* intervenute nel periodo considerato, occorre tener conto degli abbattimenti di valore calcolati sui fattori a fecondità ripetuta per effetto del loro logorio economico, nonché sugli elementi dell'attivo per effetto delle perdite future presunte che si ritiene possano interessarli [13]. Occorre anche tener conto delle eventuali diminuzioni di attività conseguenti all'estinzione di passività presunte rivenienti da precedenti periodi.

Per determinare la variazione dei debiti, poi, occorre fare riferimento

---

[13] Così, ad esempio, se gli investimenti in fattori a fecondità ripetuta ammontavano all'inizio del periodo a 100, se nel periodo sono stati effettuati nuovi investimenti per 200 e a fine periodo il valore da rinviare al futuro è stato definito in 250, considerando una perdita di valore (ammortamento) di 50, la differenza tra il valore iniziale e finale degli investimenti nel prospetto del capitale ammonterebbe a 150, ossia (250 – 100), mentre l'entità dei nuovi investimenti effettuati nel periodo, che hanno assorbito risorse finanziarie, è stata pari a 200.

ad ogni tipologia di debiti (di funzionamento e di finanziamento) e considerare altresì le variazioni intervenute nei ricavi anticipati che rappresentano, comunque, mezzi finanziari di origine esterna.

In caso di ricorso al *metodo indiretto*, il calcolo dell'autofinanziamento risulta sintetizzabile nella formula:

$$A = \Delta pp + Upp + Cffr + Pfp + Rn$$

dove:

Δpp = Variazione delle passività presunte;
Upp = Utilizzo di passività presunte.

Gli utilizzi di passività presunte hanno semplicemente la funzione di integrare le variazioni delle passività presunte in modo che gli importi possano corrispondere a quelli dei costi futuri presunti.

Come è agevole osservare, gli addendi che compongono la formula, anziché essere una somma di componenti desunti dal prospetto del capitale, sono tutti di origine reddituale. Ciò in quanto le perdite future presunte (relative a componenti attivi del capitale) e le perdite di valore dei fattori a fecondità ripetuta sono state portate a diretto abbattimento del valore degli investimenti cui si riferiscono, anziché essere evidenziate in «poste di rettifica» dell'attivo iscritte – anche se impropriamente – nel passivo, come avveniva in passato nella prassi contabile del nostro paese.

Le variazioni intervenute nei consumi dei fattori a fecondità ripetuta e nelle perdite future presunte, pertanto, non possono essere desunte da poste del passivo, ma si conoscono solamente facendo riferimento al prospetto del reddito.

Ciò rende, di fatto, il metodo patrimoniale indiretto privo di contenuto autonomo, in quanto del tutto analogo il metodo reddituale indiretto.

Osserviamo, tuttavia, che anche utilizzando il metodo patrimoniale diretto per il calcolo dell'autofinanziamento è necessario fare ricorso ai dati presenti nella struttura del reddito, al fine di ricostruire la variazione degli investimenti.

La maggiore complessità e farraginosità del calcolo a livello patrimoniale del flusso di autofinanziamento, fanno decisamente propendere per una misurazione dello stesso a livello reddituale, con ricorso ad uno dei due metodi precedentemente illustrati.

Esempio

IMPRESA BETA S.P.A.: DETERMINAZIONE DELL'AUTOFINANZIAMENTO

Un esempio può aiutarci a comprendere i conteggi relativi ai differenti metodi di misurazione dell'autofinanziamento precedentemente esposti.

Nella tavola A vengono riportate le strutture del capitale dell'impresa Beta s.p.a. riferite al tempo tn – 1 e tn e nella tavola B la struttura del reddito dell'ennesimo periodo.

TAVOLA A
BETA S.P.A. - CAPITALE

Investimenti	tn – 1	tn	Δ
Disponibilità liquide	122	70	(52)
Crediti di funzionamento [1]	206	165	(41)
Crediti di finanziamento			
Scorte materie	89	95	6
Scorte prodotti	82	96	14
Impianti e attrezzature	235	215	(20)
Totale	734	641	(93)

Fonti dei mezzi	tn – 1	tn	Δ
Debiti di funzionamento [1]	367	221	(146)
Ratei passivi [2]	9	6	(3)
Debiti di finanziamento	120	160	40
Passività presunte	18	29	11
Ricavi anticipati	29	25	(4)
Risconti passivi [3]	9	12	3
Capitale di proprietà			
• Capitale sociale	100	100	
• Capitale risparmio	90	73	(17)
• Reddito del periodo	(8)	15	23
Totale	734	641	(93)

Esempio

TAVOLA B

BETA S.P.A. - REDDITO $t_{n-1} - t_n$

Componenti negative		Componenti positive	
Costi provenienti dal passato		*Ricavi provenienti dal passato*	
Scorte materie	89	Ricavi anticipati	29
Scorte prodotti	82	Risconti passivi [3]	9
Impianti	235		
Costi originari		*Ricavi originari*	
Acquisto materie prime	210	Ricavi [***]	399
Attrezzature	16	Fitti attivi	28
[*] Interessi passivi	21		
[**] Servizi	41		
Lavoro	86		
Ricavi da rinviare al futuro		*Costi da rinviare al futuro*	
Ricavi anticipati	25	Scorte materie	95
Risconti passivi [3]	12	Scorte prodotti	96
Costi futuri presunti	29	Impianti e attrezzature	215
Perdite future presunte su crediti	10		
Utile	15		
Totale	871	Totale	871

Note:

[1] Commerciali.
[2] Ratei passivi di interessi passivi su debiti di finanziamento.
[3] Risconti passivi su fitti attivi.
* Interessi passivi su debiti di finanziamento (gestione extracorrente).
** Compresi gli oneri per l'indebitamento necessario a finanziare la gestione corrente.
*** Compresi i proventi finanziari rinvenienti dalle normali eccedenze di liquidità.

Esempio

Nella Tavola C viene riportata la struttura del reddito dell'impresa Beta s.p.a., rielaborata in modo da evidenziare direttamente i costi ed i ricavi inerenti alla produzione ottenuta e venduta nel periodo.

TAVOLA C
BETA S.P.A. - SCHEMA RIELABORATO DEL REDDITO
DEL PERIODO $t_{n-1} - t_n$

Costi di competenza [1]		**Ricavi di competenza [2]**	
Consumi dei fattori a fecondità semplice per ottenere la produzione venduta	338	Ricavi di competenza	428
Consumi dei fattori a fecondità ripetuta	36		
Perdite future presunte su crediti	10		
Costi futuri presunti	29		
Utile di periodo	15		
Totale	428	Totale	428

[1] Costi di competenza
Consumi dei fattori a fecondità semplice per ottenere la produzione venduta.

Costi provenienti dal passato	
• Materie prime	89
Costi originari per l'acquisto di:	
• Materie prime	210
• Interessi passivi su finanziamenti	21
• Servizi	41
• Lavoro	86
Costi da rinviare al futuro	
• Materie prime	(95)
Consumi dei fattori a fecondità semplice per la produzione ottenuta	352
Rimanenze iniziali prodotti	82
Rimanenze finali prodotti	(96)
Consumi dei fattori a fecondità semplice per ottenere la produzione venduta	338

Esempio

Consumi dei fattori a fecondità ripetuta.

Costi provenienti dal passato	
• Impianti e attrezzature	235
Costi originari per	
• Attrezzature	16
Costi da rinviare al futuro	
• Impianti e attrezzature	(215)
Consumi dei fattori a fecondità ripetuta	36

[2] Ricavi di competenza

Ricavi provenienti dal passato	
• Ricavi anticipati	29
• Risconti passivi su fitti attivi	9
Ricavi originari per	
• Vendita prodotti e proventi finanziari	399
• Fitti attivi	28
Ricavi da rinviare al futuro	
• Ricavi anticipati	(25)
• Risconti passivi su fitti attivi	(12)
Ricavi di competenza del periodo	428

L'entità dell'autofinanziamento complessivo realizzato dall'impresa Beta s.p.a. nel corso del periodo $t_{n-1} - t_n$ può essere determinato, con i metodi reddituali e patrimoniali, utilizzando i dati precedentemente elaborati.

a) *Autofinanziamento calcolato con metodo reddituale*

a.1 – metodo reddituale diretto

Autofinanziamento = Ricavi di competenza – Consumi dei fattori a fecondità semplice per realizzare la produzione venduta

A = V – Cffs
90 = 428 – 338

Esempio

a.2 – metodo reddituale indiretto

Autofinanziamento = Consumo fattori a fecondità ripetuta + Perdite future presunte + Costi futuri presunti + Reddito netto del periodo

A = Cffr + Pfp + Cfp + Rn
90 = 36 + 10 + 29 + 15

Capitale rigenerato
(Ricavi di competenza a fronte del consumo dei fattori a fecondità ripetuta e delle perdite future presunte)
Cffr + Pfp
36 + 10 = 46

Capitale autogenerato
(Ricavi di competenza a fronte dei costi futuri presunti e dell'utile di periodo)
Cfp + Rn
29 + 15 = 44

Autofinanziamento = Capitale rigenerato + Capitale autogenerato
90 = 46 + 44

b) *Autofinanziamento calcolato con metodo patrimoniale*

b.1 – metodo patrimoniale diretto

Autofinanziamento = Variazione degli investimenti – (variazione dell'indebitamento esterno + variazione del capitale netto di origine extragestionale)
$A = \Delta I - (\Delta D + \Delta Ne)$
$90 = -29 - (-110 - 9)$
dove
ΔI = Δattività + Consumo fattori a fecondità ripetuta + Perdite future presunte + Utilizzo di passività presunte
$\Delta I = \Delta att + Cffr + Pfp + Upp$ *
$-29 = -93 + 36 + 10 + 18$

* Upp = Costi futuri presunti – Δpassività presunte
$Upp = Cfp - \Delta pp$
$18 = 29 - (29 - 18)$

Esempio

ΔD = ΔDebiti di funzionamento + ΔRatei passivi + ΔDebiti di finanziamento + ΔRicavi anticipati + ΔRisconti passivi
ΔD = ΔDeb. funz. + ΔRatei pass. + ΔDeb. fin. + Rant. + ΔRisc. pass.
$-110 = -146 - 3 + 40 - 4 + 3$
$\Delta Ne = 9$
[La variazione del capitale netto di origine extragestionale si determina osservando che il capitale di risparmio (riserve di utile) è diminuito di 17, mentre la perdita del precedente esercizio, che è stata portata a riduzione delle riserve di utile, ammontava solamente a 8. Evidentemente si è avuto da parte degli aventi diritto un prelevamento di 9 (per assegnazione di riserve disponibili, costituite in precedenti periodi) durante il periodo tn-1 – tn].
Questa equazione sintetica fonti-impieghi dimostra che nel periodo considerato (tn-1 – tn) è stato ridotto l'indebitamento per 110 e sono state assegnate risorse ai soci per 9, per un totale di 119, reso possibile dallo smobilizzo di mezzi finanziari che erano precedentemente investiti, per 29, e dall'utilizzo di mezzi finanziari di origine interna (autofinanziamento) per 90.

b.2 – metodo patrimoniale indiretto

Autofinanziamento = ΔPassività presunte + Consumi fattori a fecondità ripetuta + Perdite future presunte + Utilizzo di passività presunte + Reddito del periodo
$A = \Delta pp + Cffr + Pfp + Upp + Rn$
$90 = 11 + 36 + 10 + 18 + 15$

All'interno del flusso di autofinanziamento, pari a 90, possiamo separare la parte corrispondente al flusso monetario da quella non monetaria

Ricavi	427	Costi acquisto materie, lavoro, servizi	358
– ΔCrediti v/clienti	31	– ΔDebiti v/fornitori	149
Ricavi monetizzati	458	Costi monetizzati	507

flusso monetario di autofinanziamento – 49

Esempio

+	Δcrediti funzionamento	– 31
+	Δscorte	20
–	Δdebiti funz. e ratei pass.	149
–	Δricavi ant. e risc. pass.	1
	flusso non monetario di autofinanziamento	139
	flusso di autofinanziamento prodotto dalla gestione complessiva	(139 – 49) = 90

I flussi di autofinanziamento riferiti alla gestione corrente ed extracorrente si presentano come segue:

Autofinanziamento	*Flusso monetario*	*Flusso non monetario*	*Gestione corrente*	*Gestione extra corrente*	*Gestione complessiva*
Monetario gestione corrente (1)	*(25)*		*(25)*		*(25)*
Non monetario gestione corrente (2)		136	136		136
Monetario gestione extracorrente (3)	*(24)*			*(24)*	*(24)*
Non monetario gestione extracorrente (4)		3		3	3
Totali	*(49)*	139			90
Totali			111	*(21)*	90

Esempio

in cui:

(1)

Ricavi	427	Costi	337
Δ crediti commerciali	31	Δ debiti commerciali	146
	458		483
Flusso monetario autofinanziamento gestione corrente		(25)	

(2)

+ Δ crediti commerciali	*(31)*		
+ Δ scorte	20		
– Δ debiti commerciali	146		
– Δ ricavi anticipati e risconti passivi	1		
Flusso non monetario autofinanziamento gestione corrente	136	136	
Flusso autofinanziamento gestione corrente		111	111

(3)

Costi per interessi passivi	*(21)*		
– Δ ratei passivi	*(3)*		
Flusso monetario autofinanziamento gestione extracorrente	*(24)*	*(24)*	

(4)

– Δ ratei passivi	3		
Flusso non monetario autofinanziamento gestione extracorrente	3	3	
Flusso autofinanziamento gestione extracorrente		*(21)*	*(21)*
Flusso autofinanziamento complessivo			90

5.3.3. *L'autofinanziamento d'esercizio come flusso di capitale circolante netto della gestione corrente*

L'autofinanziamento può essere visto come un flusso di capitale circolante netto generato dalla gestione corrente. Occorre precisare che l'affermazione appena fatta circa la corrispondenza, con riferimento ad un periodo, tra autofinanziamento e variazioni di capitale circolante netto della gestione corrente presuppone l'assenza di componenti positivi o negativi di reddito non derivanti dalla gestione corrente. Se, invece, lo schema del reddito dovesse includere tali componenti, diverrebbe indispensabile separare dall'autofinanziamento complessivo la parte prodotta dalla gestione corrente, che può essere definita «autofinanziamento d'esercizio». Solo quest'ultima, infatti, corrisponderebbe alla variazione complessiva che il capitale circolante netto subisce nel periodo per effetto della gestione corrente.

Premesso che il capitale circolante netto è determinato come differenza tra le disponibilità liquide, i crediti di funzionamento, le scorte di ffs. e prodotti, da un lato, e i debiti di funzionamento, dall'altro, nella Tavola n. 36 vengono sintetizzati i rapporti tra le operazioni che caratterizzano la gestione corrente delle imprese e le variazioni analitiche di capitale circolante netto (CCN) che ad esse si associano.

Dall'analisi di tale schema si evince agevolmente che:

a) ai ricavi connessi alla produzione venduta si associa un aumento di CCN (+ denaro; + crediti di funzionamento; – debiti di funzionamento);
b) ai fattori produttivi a fecondità semplice acquisiti nel periodo si associa una diminuzione di CCN (– denaro; + debiti di funzionamento; – crediti di funzionamento). Tra i costi di acquisto dei fattori produttivi sono inseriti anche gli interessi passivi corrisposti a banche per il normale finanziamento degli scoperti correlati alla gestione corrente. Analoghe considerazioni valgono per gli interessi attivi sulle disponibilità liquide correlate alla gestione corrente.
Gli interessi relativi ai finanziamenti attinti per costituire la struttura si ritengono «capitalizzati» e cioè portati ad incremento del costo della struttura medesima;
c) tra i fattori a fecondità semplice, le materie, prima di passare in produzione, vanno ad alimentare il proprio magazzino.

Tavola 36

GESTIONE CORRENTE E VARIAZIONI DI CCN

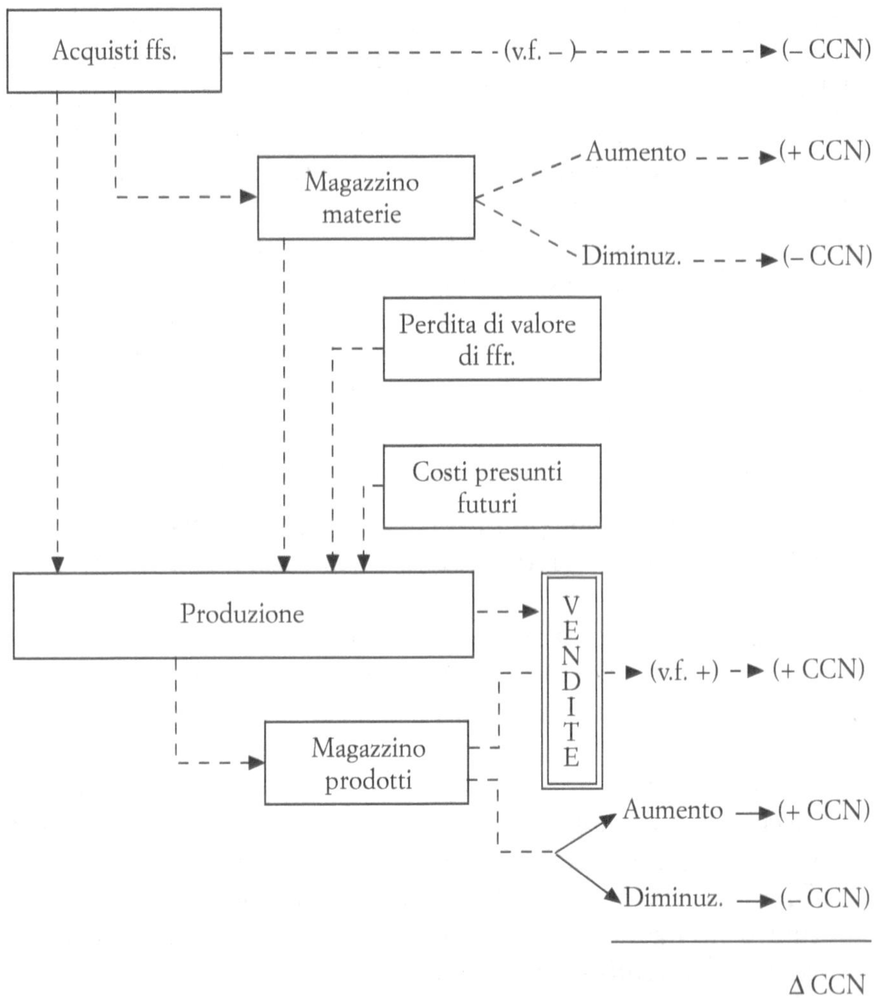

Può accadere che la quantità di tale fattore produttivo utilizzata per la produzione possa risultare:
1. uguale a quella acquistata;
2. inferiore a quella acquistata;
3. superiore a quella acquistata.

Nel primo caso non si ha una variazione delle scorte di materie prime, per cui non si hanno effetti sul CCN.

Nel secondo caso si accumulano scorte di materie prime, per cui si assiste ad un aumento di CCN che parzialmente va a rettificare la diminuzione connessa agli acquisti.

Nel terzo caso, infine, si verifica una diminuzione delle scorte di materie, in quanto parte di esse va ad alimentare la produzione insieme alle materie acquisite dall'esterno. Conseguentemente si assiste ad una diminuzione di CCN che va a sommarsi a quella connessa alle materie acquisite dall'esterno;

d) la perdita di valore dei fattori a fecondità ripetuta ed i costi presunti futuri, in quanto valori calcolati, durante il periodo amministrativo non generano variazioni di CCN.

In imprese con produzioni di massa, la produzione ottenuta di solito affluisce al magazzino prodotti, per poi essere venduta.

Ne consegue che possono verificarsi i seguenti casi:

1. viene venduta l'intera quantità prodotta;
2. viene venduta una quantità inferiore a quella prodotta;
3. viene venduta una quantità superiore a quella prodotta.

Nel primo caso si avrà una variazione positiva di CCN pari alla quantità venduta.

Nel secondo caso, alla variazione positiva connessa alla produzione venduta si associa un aumento di CCN derivante dall'aumento di scorte di prodotti.

Nel terzo caso, infine, alla variazione positiva di CCN connessa alla produzione venduta si associa una diminuzione di CCN determinata dalla diminuzione delle scorte di prodotti.

Ne discende che, all'*aumento* di CCN connesso ai ricavi del periodo, si contrappone una *complessiva diminuzione* di tale quantità economica pari al consumo dei fattori a fecondità semplice per realizzare la produzione venduta. Tale consumo, infatti, corrisponde alla somma algebrica delle diminuzioni di CCN connesse agli acquisti di fattori a fecondità semplice e delle variazioni di CCN relative agli aumenti e/o alle diminuzioni di scorte di materie prime e/o di prodotti. Conseguentemente, il *flusso netto di CCN generato dalla gestione* è pari alla differenza tra le variazioni aumentativa e diminutiva di CCN sopra indicate (Tavola n. 37) e corrisponde all'entità dell'«autofinanziamento d'esercizio».

5.3.4. *Alcuni effetti dell'autofinanziamento in senso ampio sull'economia dell'impresa*

Gli effetti dell'autofinanziamento in senso ampio sull'economia dell'impresa tendono a differenziarsi in relazione alle componenti cui si fa riferimento.

In proposito, occorre osservare che il capitale autogenerato va a migliorare la struttura ed il grado di autonomia finanziaria dell'impresa. Esso, infatti, determina:

a) un aumento degli investimenti, a parità di fonti finanziarie esterne (debiti e capitale netto di conferimento);
b) oppure una diminuzione del ricorso a fonti finanziarie esterne, a parità di investimenti;
c) oppure, più probabilmente, un aumento (una diminuzione) degli investimenti più (meno) che proporzionale rispetto a quello (quella) delle fonti esterne di finanziamento.

Tali miglioramenti saranno durevoli per la parte corrispondente agli utili da destinare a riserva. Saranno, invece, temporanei per la parte relativa all'utile da destinare a dividendo e per le risorse finanziarie a fronte dei costi futuri.

Caratteri particolari contraddistinguono gli effetti sulla struttura finanziaria dell'impresa determinati dalla parte del capitale fisso rigenerata attraverso i ricavi. Questa componente, infatti, determina *una trasformazione di attivo fisso* (investimenti che costituiscono la struttura produttiva) *in capitale circolante netto* (investimenti volti a favorire l'utilizzo della struttura e in tal modo a recuperare l'insieme degli investimenti in essere).

L'aumento del capitale circolante netto conseguente alla suddetta trasformazione può assumere la forma di:

Tavola 37

AUTOFINANZIAMENTO DI ESERCIZIO E VARIAZIONI DI CAPITALE CIRCOLANTE NETTO DELLA GESTIONE CORRENTE

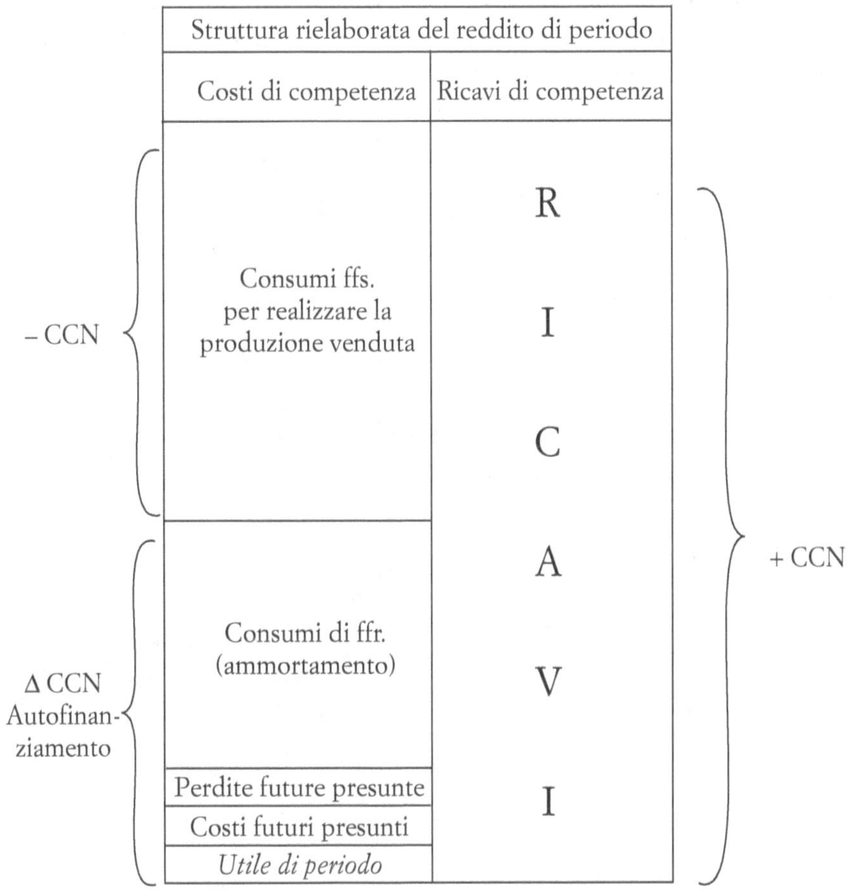

1. un aumento delle scorte di prodotti;
2. un aumento delle scorte di fattori a fecondità semplice;
3. un aumento dei crediti correnti;
4. un aumento delle disponibilità immediate;
5. una riduzione dei debiti correnti;
6. un mix tra le varie forme sopra indicate.

A prescindere dalle variazioni della sua composizione, l'aumento del CCN, attraverso le risorse liberate dal recupero degli investimenti nella struttura produttiva (che peraltro mantiene le medesime capacità funzionali, pur assorbendo minori risorse finanziarie), dovrebbe comportare un aumento dell'attività operativa dell'impresa o, comunque, una sua minore dipendenza dall'esterno.

Esempio

FLUSSO DI CAPITALE CIRCOLANTE NETTO
PRODOTTO DALLA GESTIONE CORRENTE

I dati che abbiamo utilizzato nell'esercizio precedente per illustrare i metodi di misurazione dell'autofinanziamento possono essere riprodotti al fine di osservare il flusso di capitale circolante netto generato dalla gestione corrente.

*Rendiconto finanziario delle variazioni di capitale circolante netto (working capital statement)**

	CCN		
	+	–	
Ricavi di vendita	428		
+ Δ scorte prodotti	14		
– Δ scorte materie	6		
Costi acquisto fattori a fecondità semplice		(337)	
Variazioni complessive	448	(337)	111

* Gli incrementi di capitale circolante netto sono dovuti all'ammontare dei ricavi (428), all'aumento delle scorte di prodotti finiti (passate da 82 a 96) e di materie (passate da 89 a 95).

Le diminuzioni di capitale circolante netto sono dovute agli acquisti di fattori a fecondità semplice (materie, lavoro, servizi) (337).

L'incremento differenziale del capitale circolante netto generato dalla gestione corrente (111) è pari alla misura dell'autofinanziamento di esercizio, ottenuto sottraendo ai ricavi di competenza (428) il consumo dei fattori a fecondità semplice (per ottenere la produzione venduta) *relativi alla sola gestione corrente* (317). In effetti, i consumi dei fattori a fecondità semplice inseriti nel conteggio della tavola C devono essere ridotti di un ammontare pari agli interessi passivi (21) che fanno parte della gestione extracorrente in quanto corrisposti sui debiti di finanziamento.

Esempio

Autofinanziamento di esercizio (gestione corrente)

Ricavi	428
Consumi dei fattori a fecondità semplice per ottenere la produzione venduta (gestione corrente)	(317)
	111

90 (autofinanziamento complessivo = 111 (autofinanziamento di esercizio, gestione corrente) + (– 21) (flusso di autofinanziamento della gestione extracorrente)

EFFETTO FINANZIARIO CONNESSO AL RECUPERO DEGLI INVESTIMENTI IN FATTORI A FECONDITÀ RIPETUTA

Un esempio può favorire la comprensione del funzionamento dell'effetto finanziario connesso al recupero (ammortamento economico) degli investimenti in fattori a fecondità ripetuta.

Si supponga che una azienda, all'inizio di un periodo ennesimo della sua vita, abbia una struttura finanziaria del tipo sintetizzato nella [1]:

Capitale in tn – 1

CCN	10	CN	110
AF	100		
Ci	110		

[1]

dove:

CCN = Capitale circolante netto;
AF = Attivo fisso;
Ci = Capitale investito;
CN = Capitale netto.

Esempio

Si supponga, inoltre, che durante il periodo considerato, tale azienda:

1) consegua ricavi per 100;
2) rilevi un consumo dei fattori a fecondità semplice per ottenere la produzione venduta (costo del venduto) di 80;
3) rilevi una perdita di valore degli impianti pari al 20% del loro costo.

Sulla base delle ipotesi assunte, l'azienda, alla fine del periodo considerato sarà in grado di redigere il seguente conteggio:

Capitale in tn

CCN	30	CN	110
AF	80		
Ci	110		

Reddito $t_{n-1} - t_n$

Costo del venduto	80	Ricavi	100
Consumo f.f.r. (ammortam.)	20		
Totale costi	100		

La gestione del periodo considerato si è chiusa in pareggio. Tuttavia essa ha determinato una diminuzione dell'attivo fisso, pari alla perdita di valore subìta dagli impianti, ed un aumento del capitale circolante netto di importo corrispondente. Durante il periodo, a fronte di un aumento di CCN di L. 100, generato dai ricavi, l'azienda ha subìto una diminuzione dello stesso di L. 80, relativa ai costi di fattori a fecondità semplice utilizzati per realizzare la produzione venduta, mentre nessun assorbimento di CCN si è avuto relativamente al consumo dei fattori a fecondità ripetuta, il cui ammontare, infatti, non deriva da atti di scambio, bensì da stime circa la perdita di valore degli impianti nel periodo. Ne deriva che la gestione corrente ha complessivamente determinato un aumento di CCN di L. 20, pari all'autofinanziamento di esercizio.

5.4. Determinazione dei flussi di cassa della gestione corrente e della gestione complessiva

Il flusso di cassa (*cash flow*) della gestione corrente (si veda *supra*, Sez. II, par. 1.12.) è formato dalle entrate e dalle uscite monetarie relative alle sole operazioni appartenenti a tale gestione. La sua quantificazione, pertanto, si estrinseca nell'individuazione di quella parte di costi e di ricavi che, nel periodo considerato, ha generato, rispettivamente, uscite ed entrate monetarie.

A tal fine, i dati del conto del reddito relativi alla gestione corrente debbono essere rettificati in relazione alla variazione dei debiti e dei crediti di funzionamento (correnti) che sono inseriti nello schema del capitale all'inizio e alla fine del periodo. In particolare, per trasformare i ricavi in entrate monetarie, è sufficiente aggiungere agli stessi le esistenze iniziali di crediti correnti (verso la clientela e ratei attivi) e sottrarre l'importo degli stessi alla fine del periodo. I crediti iniziali, infatti, si trasformano in liquidità immediate a mano a mano che vengono a scadenza e sono incassati. I crediti finali, invece, stanno a rappresentare la parte dei ricavi conseguiti durante l'esercizio o la parte dei crediti iniziali che si trasformerà in liquidità solo nel prossimo o nei prossimi periodi amministrativi.

La trasformazione dei costi in uscite monetarie richiede che agli stessi vengano aggiunti i debiti correnti (compresi i ratei passivi) esistenti all'inizio del periodo e sottratti quelli ancora da esigere alla fine del periodo.

La differenza tra entrate ed uscite, determinate nei modi sopra indicati, fornisce la misura del flusso di cassa generato dalla gestione corrente dell'impresa durante il periodo considerato (*net cash flow*).

Per determinare il flusso di cassa complessivo, correlato all'intera gestione, occorre considerare anche le entrate e le uscite monetarie rivenienti dalle operazioni della gestione extra-corrente, relative alle movimentazioni dei debiti e dei crediti di finanziamento e del capitale di proprietà (finanziamenti attinti e concessi), nonché alle acquisizioni e dismissioni di fattori a fecondità ripetuta.

La determinazione dei flussi di cassa prospettici serve a valutare la possibilità di onorare le obbligazioni alle relative scadenze contrattuali, facendo ricorso alle entrate monetarie, relative ai ricavi o al recupero dei prestiti concessi, e/o a *finanziamenti «per elasticità di cassa»*, utilizzati per coprire i temporanei sfasamenti che fisiologicamente si determinano tra entrate ed uscite monetarie correlate alla scadenza dei debiti e dei crediti di ogni tipo.

Esempio

FLUSSI DI CASSA DELLA GESTIONE CORRENTE E
DELLA GESTIONE COMPLESSIVA

Possiamo utilizzare i dati dell'esercizio proposto al paragrafo 5.3.2. per determinare i flussi di cassa della gestione corrente e della gestione complessiva.

	cash flow statement rendiconto finanziario delle variazioni di liquidità		
Entrate correnti			
Ricavi	427		
(ΔCrediti di funzionamento)	31	458	
Uscite correnti			
Costi	337[1]		
(ΔDebiti di funzionamento)	146	(483)	
Flusso di cassa della gestione corrente* **(net cash flow)**		(25)	(25)
Entrate extracorrenti			
ΔDebiti di finanziamento	40	40	
Uscite extracorrenti			
ΔInvestimenti in fattori a fecondità ripetuta	16		
ΔInt. passivi su debiti di finanziamento	21		
ΔRatei passivi (su interessi su deb. di finanz.)	3		
Prelievi	9		
Utilizzi di passività presunte	18	(67)	
Flusso di cassa della gestione extracorrente		(27)	(27)
Flusso di cassa della gestione complessiva			(52)
saldo iniziale di cassa (tn – 1)			122
Saldo finale di cassa (tn)			70

Esempio

[1] Costo acquisto fattori a fecondità semplice (358) al netto degli interessi passivi su debiti di finanziamento (21).

* Ricomposizione dei valori:

Flusso di cassa della gestione corrente	(25)
Interessi passivi su finanziamenti	(21)
Ratei relativi ad interessi su finanziamenti	(3)
Flusso monetario di autofinanziamento complessivo	(49)

FLUSSO DI RISORSE FINANZIARIE TOTALI

Siamo ora in grado di determinare il «flusso di risorse finanziarie totali» del periodo considerato, utile ad individuare le scelte dell'impresa Beta s.p.a. per finanziare gli impieghi effettuati.

Si tratta di un prospetto che pone in correlazione le variazioni complessive delle fonti e degli impieghi con riferimento ad un definito periodo.

Beta s.p.a.

IMPIEGHI			FONTI		
	Δ	flussi		Δ	flussi
scorte materie	6	6	debiti di finanziamento	40	40
scorte prodotti	14	14	risconti passivi	3	3
impianti e attr. (f.f.r.)	(20)	16	utile	23	23
utilizzo passività presunte	—	18	consumo f.f.r.	—	36
prelievi	—	9	passività presunte	11	29
debiti di funzionamento	(146)	146	crediti di funzionamento	(41)	41
ratei passivi	(3)	3			
ricavi anticipati	(4)	4			
capitale di risparmio	(17)	8			
		224			*172*
			diminuzione di liquidità	(52)	52
		224			**224**

Sintesi

Le relazioni che sono state evidenziate nei paragrafi precedenti tra:
- flusso di autofinanziamento complessivo e di esercizio (monetario e non monetario);
- flusso di capitale circolante netto prodotto dalla gestione corrente;
- flusso di cassa della gestione corrente e complessiva;

possono essere riassunte nel seguente quadro di sintesi.

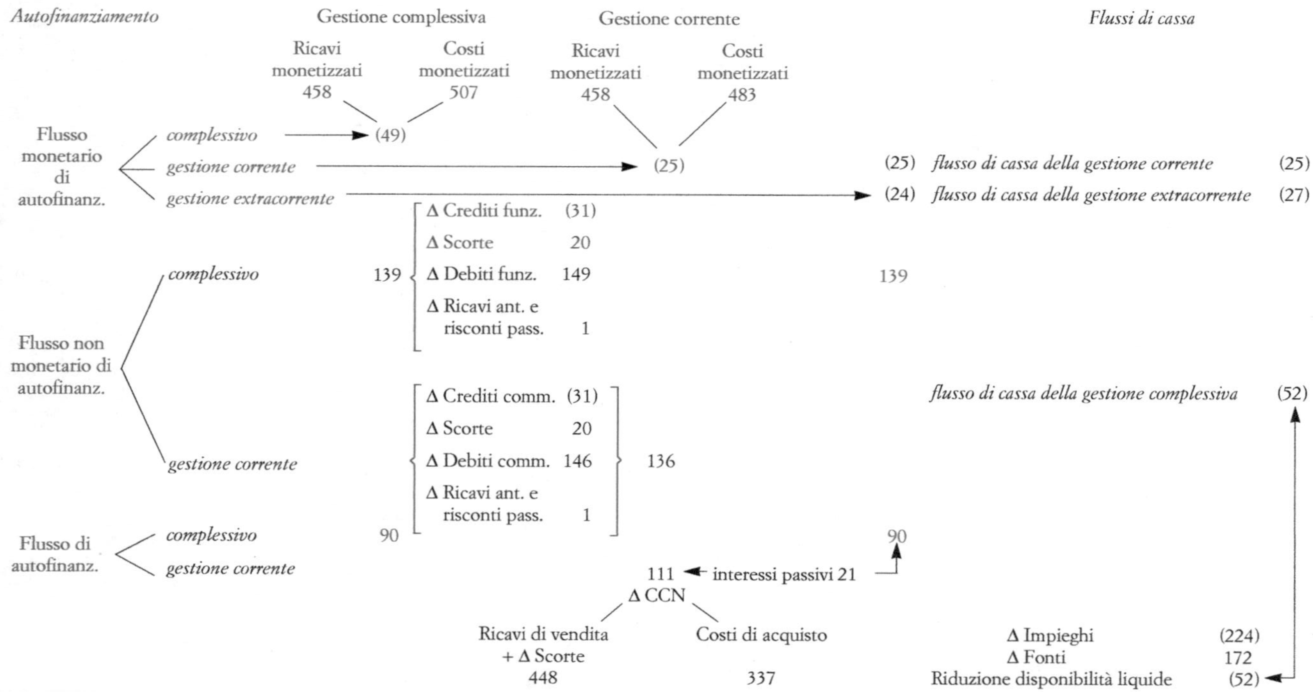

Capitolo 6

Creazione di valore ed equilibrio nel sistema aziendale

Enrico Cavalieri

SOMMARIO: 6.1. La teoria amaduzziana dell'equilibrio nelle imprese. – 6.2. Il cambiamento. – 6.3. I fondamenti per una rivisitazione della teoria dell'equilibrio. – 6.4. Lineamenti di una teoria dell'equilibrio aziendale. – 6.5. La verifica della creazione di valore nelle imprese e nelle altre classi di aziende. – 6.6. Creazione di valore ed economicità. – 6.7. Economicità e creazione di valore nei gruppi aziendali. – 6.8. Osservazioni finali.

6.1. La teoria amaduzziana dell'equilibrio nelle imprese

Con il saggio «*Il sistema produttivo dell'impresa nelle condizioni del suo equilibrio e nel suo andamento*» (1948) il Prof. Aldo Amaduzzi [1] pro-

---

[1] A. AMADUZZI con il saggio del 1948 riprende e completa un suo precedente scritto del 1943 «*Di una teoria delle condizioni di equilibrio d'impresa*», comparso sulla Rivista Italiana di Ragioneria.

Ulteriori precisazioni sulla teoria dell'equilibrio sono contenute in uno scritto dello stesso Amaduzzi: «*Indagini sull'efficienza. Teoria dell'equilibrio nella dinamica aziendale. Pianificazione integrale di azienda*» nel vol. I degli «Studi di tecnica, organizzazione e ragioneria», pubblicati in memoria di Gaetano Corsani, Editore Cursi, Pisa 1966. In tale saggio il Maestro, riflettendo su alcune osservazioni critiche avanzate da altri studiosi, puntualizza il suo pensiero sia in relazione alla possibilità di applicare la teoria dell'equilibrio anche alle imprese pubbliche mantenute in vita con l'obiettivo di realizzare finalità di carattere sociale (che

poneva all'attenzione degli studiosi e degli operatori le condizioni che devono essere rispettate nell'esercizio del governo d'impresa per assicurare la sopravvivenza dell'organizzazione nel tempo.

La verifica dell'equilibrio economico nel lungo e nel breve periodo veniva posta in correlazione con la verifica degli equilibri finanziari (di competenza e di cassa) e con la possibilità di copertura dei fabbisogni finanziari a fronte degli investimenti programmati[2].

Il contributo scientifico del Prof. Amaduzzi ha segnato un passaggio importante negli studi di economia aziendale e può essere sintetizzato nelle seguenti proposizioni:

1. la possibilità di sopravvivenza dell'impresa nel lungo periodo è strettamente correlata alla realizzazione congiunta di «condizioni (di equilibrio)» riguardanti gli aspetti economico, finanziario e patrimoniale dell'attività dell'impresa, espresse in equazioni poste a sistema; considerate, quindi, nelle loro reciproche interdipendenze;
2. il sistema delle condizioni di equilibrio:
   - definisce le relazioni quantitative che il sistema d'impresa deve sempre realizzare, pur nella infinita variabilità interna ed esterna *(l'invarianza nella variabilità)*;
   - segna il confine tra fisiologia e patologia del sistema d'impresa;
   - è assunto come fondamento teorico della pratica della pianificazione: costituisce un modello logico che disegna i limiti entro i quali devono muoversi le scelte strategiche poste in essere dal governo aziendale.

La teoria delle condizioni di equilibrio, tuttavia, evidenzia oggi alcuni limiti che si sono manifestati ed accentuati non tanto per il trascorrere del tempo, quanto, piuttosto, per il passaggio ad un differente stadio dell'economia.

La concezione amaduzziana dell'equilibrio, infatti:

---

impediscono l'ottenimento del pareggio economico), sia con riferimento alla natura (probabilistica) delle quantità espresse nelle equazioni di equilibrio (prospettico).

[2] Sulla determinazione dei fabbisogni finanziari necessari per attuare gli investimenti programmati e sulla copertura di detti fabbisogni facciamo rinvio agli approfondimenti contenuti nel saggio di E. GIANNESSI 1982.

a) è riferita solamente alle imprese e non può estendersi a tutte le classi di aziende presenti nell'economia;
b) pone «condizioni» espresse quantitativamente da entrate ed uscite in regime di scambi monetari e da ricavi e costi che di tali entrate ed uscite sono la riclassificazione;
c) valuta le performance (e, quindi, l'equilibrio economico) in termini di «reddito netto» (profitto), senza entrare nel merito di «come» le operazioni aziendali vengono condotte in termini di responsabilità largamente intesa. Negli anni in cui la teoria dell'equilibrio è stata enunciata, il problema dell'impatto ambientale dell'attività produttiva non era certamente all'ordine del giorno; era l'epoca del c.d. «capitalismo manageriale» che lasciava spazio a politiche di gestione condotte nella logica della durabilità delle organizzazioni. Si dava, in un certo senso, per scontato che il raggiungimento del profitto nel lungo periodo fosse condizione necessaria e sufficiente per assicurare un'adeguata soddisfazione di tutti i soggetti interessati alle vicende produttive.

La successiva concezione di *economicità* dell'Onida, peraltro, poneva la ricerca dell'autosufficienza economica non solo in relazione al lungo periodo, ma anche in relazione alle modalità di distribuzione della ricchezza prodotta: «... *le condizioni di questo sviluppo* (delle imprese) *sono assai più complesse della massimizzazione del saggio del profitto o – almeno – di una massimizzazione intesa in sistematica contrapposizione al meglio economico di quanti – oltre ai beneficiari del profitto – concorrono alla vita dell'impresa: dai lavoratori ai consumatori. Profitti, autofinanziamenti, salari, prezzi non sono quantità fra loro indipendenti*»[3].

Osservava ancora l'Onida come la redditività potrebbe essere ottenuta ad accresciuta, nel breve periodo, a danno di altri soggetti (con trattamento e remunerazioni inadeguate) o della stessa impresa (con investimenti speculativi), per concludere che «... *anche per le imprese ... la pro-*

---

[3] P. Onida 1989, p. 91.

Prima ancora, lo Zappa metteva in evidenza che «... l'efficienza economica e l'efficienza sociale non dovrebbero mai procedere con metodi e per fini contrastanti, o tanto difformi da addurre a risultati non compatibili e non riducibili ad unità d'insieme». G. Zappa 1962, p. 677.

sperità si conserva durevolmente, e si sviluppa, diffondendola presso gli altri, piuttosto che difendendola contro gli altri» [4].

6.2. Il cambiamento

Nell'arco di tempo intercorso dalle impostazioni dottrinali dei nostri Maestri ad oggi, il mondo della produzione si è profondamente evoluto; le organizzazioni produttive sono chiamate a sviluppare la loro attività con modi, tempi e percorsi completamente differenti: il passaggio dalle modalità produttive della c.d. «impresa fordista» alle modalità produttive attuali è stato epocale e può essere osservato nelle seguenti considerazioni, che appaiono rilevanti ai fini del discorso che stiamo conducendo:

a) dal dominio della conoscenza cristallizzata (macchine, tecnologia meccanica) siamo passati al dominio della conoscenza fluida che si ritrova nell'uomo, nella sua capacità innovativa, nella sua intelligenza creativa: l'innovazione, peraltro, non riguarda solamente la funzione produzione, ma investe l'intera organizzazione e coinvolge tutti i processi e tutte le funzioni aziendali [5];

---

[4] P. ONIDA, *ibidem*, p. 93.

Proprio con riferimento all'equazione dell'equilibrio economico, fondata esclusivamente sulla contrapposizione tra costi e ricavi misurati da variazioni finanziarie, R. COPPA, in un articolo su «*Significatività dell'equazione economica e del bilancio di esercizio nell'impresa di oggi*» (RIREA 1979, n. 9/10) ha sviluppato alcune considerazioni critiche con riferimento a talune trascurate categorie di «costi sociali» legati alle condizioni di lavoro ed agli impatti ambientali, nonché alla significatività dei prezzi di mercato in allora condizionati da pesanti interventi di politica economica.

[5] «Questo ci costringe a riconoscere la nuova importanza delle persone (perchè innovazione e creatività dipendono dalla loro qualità), dei processi di organizzazione (perchè nei processi di apprendimento il cambiamento non è una minaccia ma una promessa di opportunità) e di un atteggiamento responsabile (perchè l'azione umana non può essere intesa come un accadimento isolato ma deve essere vista nel contesto del suo sistema di relazioni)». J. LOZANO 2001, p. 342.

«La società della conoscenza non è semplicemente una società in cui la conoscenza è il bene principale». E anche una società in cui «*la conoscenza specialistica*

b) il modo di produrre caratterizzato dalla prevalenza della rigidità è stato sostituito dalla produzione flessibile, che investe non solamente l'apparato produttivo (automazione), ma anche le strutture organizzative e le modalità operative a tutto tondo;
c) l'economia della produzione di beni lascia sempre di più il posto all'economia della produzione di servizi sofisticati e di pacchetti integrati di beni e servizi;
d) l'azienda, un tempo definita nei suoi confini e caratterizzata da scarsa comunicazione esterna, si trasforma in una unità produttiva aperta ai mercati e all'ambiente, inserita in sistemi rete ove implementa e scambia la conoscenza: l'integrazione tra le differenti classi di aziende è sempre più stretta;
e) il potere delle aziende non è solamente economico, ma anche sociale e culturale: influenza le «attività di altre istituzioni» i «valori, costumi e stili di vita» [6];
f) la creazione di valore non è una finalità riservata solamente al mondo delle imprese, ma è un imperativo di tutte le organizzazioni produttive che operano all'interno dell'economia;
g) i mercati regolati e ristretti lasciano il posto a mercati globali, figli della caduta delle regole e delle barriere al trasferimento delle persone ed al libero scambio di beni e servizi. L'epoca in cui i cambiamenti erano relativamente lenti si è trasformata nell'epoca dei cambiamenti rapidi e traumatici, conseguenza del dominio della creatività, della globalizzazione dei mercati e dell'enorme accelera-

---

da sola non produce nulla. Può diventare produttiva solo quando è integrata in un compito. Ed è per questo che la società della conoscenza è anche una società di organizzazioni: lo scopo e la funzione di ogni organizzazione, impresa e non, è l'integrazione di conoscenze specialistiche in un compito comune». J. LOZANO 2001, p. 342 – Il corsivo che Lozano include nel suo pensiero è tratto da P.F. DRUCKER, *The New Society of Organisations*, in Harvard Business Review, 1992, Sept-Oct., p. 96.

[6] In tal senso si esprime Lozano, che precisa come le aziende «Hanno potere sui dipendenti , sia in termini di qualità della vita che di qualità del carattere. Hanno un potere tecnologico, che influenza l'innovazione, il management e l'innovazione tecnologica. Hanno potere sull'ambiente. E hanno potere politico, quanto meno relativamente al fatto che cercano di influenzare le decisioni politiche e di competere con altri gruppi, per far sì che venga data priorità ai loro interessi». J. LOZANO 2001, p. 335.

zione delle comunicazioni. Non si può più parlare di relativa prevedibilità in un ambiente caratterizzato dall'incertezza e dalla complessità.

6.3. I fondamenti per una rivisitazione della teoria dell'equilibrio

L'osservazione delle modalità con cui le organizzazioni producono beni e servizi consente di ribadire alcune importanti affermazioni, da *prendere a fondamento per le considerazioni successive.*

La prima di tali affermazioni riguarda il fatto che «*le aziende, di ogni natura e dimensione, rappresentano unità del sistema economico generale predisposte e strutturate tipicamente per lo svolgimento dei processi finalizzati alla produzione economica di beni e di servizi. L'azienda è sempre un fatto di produzione economica*» [7]. La separazione concettuale tra aziende di produzione e aziende di erogazione ha posto una muraglia cinese al progredire di una ricerca unitaria. Per fortuna i muri cadono, o sono inutili fin dall'inizio, e si ritorna a percorrere itinerari prima preclusi.

La seconda affermazione riguarda i *caratteri distintivi* che qualificano l'essere «azienda», che servono a discriminare il fenomeno aziendale tra i molti fenomeni della vita economica e che sono comuni a tutte le classi di aziende che possono essere considerate. Tali caratteri, come ampiamente illustrato nelle pagine precedenti, s'identificano nella *coordinazione sistemica*, nell'*economicità* e nell'*autonomia* [8].

Con questa impostazione appare evidente che possono esistere organizzazioni produttive che operano all'interno dell'economia senza «ele-

---

[7] Sulla riunificazione delle aziende nell'unica categoria logica delle «organizzazioni produttive che producono beni e/o servizi per gli utilizzatori», si veda il ns. articolo «*Organizzazioni produttive, aziende e imprese: considerazioni di carattere istituzionale*», RIREA 1999, n. 3/4, pp. 117, 118; si vedano, altresì: E. VIGANÒ 2000; si veda, infine, il «manifesto» della Società Italiana Docenti di Ragioneria ed Economia Aziendale (SIDREA).

[8] Si rinvia a quanto precisato nel paragrafo 6 della sezione I e nel paragrafo 1.1.3 della sezione II del presente volume.

varsi» a dignità di azienda. Si tratta di organizzazioni prive di uno o più dei caratteri distintivi sopra richiamati.

Per mettere in relazione quanto ora affermato con altre recenti impostazioni teoriche [9], rileviamo che *le aziende* (e, quindi, anche le imprese, che sono una delle possibili classi di aziende) *sono tali se si presentano ed operano in modo efficace ed efficiente come «sistemi» autonomi.*

La perdita del carattere della sistematicità, o dell'autonomia, o dell'economicità non implica, di per sé, la scomparsa dell'unità di produzione, ma semplicemente ne suggerisce la riclassificazione al di fuori dell'universo «aziende».

La terza affermazione riguarda le modalità con le quali si svolgono i processi produttivi: tali modalità sono differenti a seconda delle classi di aziende considerate [10]*,* delle loro tipologie produttive, delle scelte strategiche messe in atto da coloro che esercitano la funzione di imprenditorialità [11],

---

[9] R. Cafferata 2009(2).

[10] *Le unità che operano nel sistema economico sono organizzazioni che in vario modo assolvono la funzione di produrre beni o servizi per soddisfare bisogni individuali o collettivi.*

Possono essere elevate a dignità di aziende se in esse si riscontrano i caratteri distintivi che abbiamo in precedenza richiamato.

Le aziende, poi, *possono essere differenziate e classificate a seconda di come si rapportano al loro ambiente specifico,* e cioè ai mercati di acquisizione dei fattori produttivi e di collocamento dei prodotti.

Sotto questo profilo possono essere individuate le classi di aziende di cui si è trattato nel paragrafo 1.1.4 della sezione II del presente volume, cui facciamo rinvio.

[11] Con riferimento alla funzione di imprenditorialità riteniamo opportuno richiamare i seguenti concetti:

«Integrando e superando le differenti concezioni che si sono succedute nel tempo, potremmo oggi concepire *l'imprenditore* non tanto come "soggetto", quanto piuttosto come "funzione" (la *funzione di imprenditorialità*, appunto) cui spetta il compito di attuare la direzione strategica dell'azienda, assumendo tutte le decisioni idonee a realizzare la massima possibile compatibilità prospettica tra forze interne e forze esterne al sistema aziendale». SIDREA 2009, p. 35.

Ne consegue che in un'ottica allineata all'attuale complessità dei sistemi economici, la figura dell'imprenditore non può che coincidere con quel soggetto (individuale o collettivo) che possiede gli strumenti culturali e tecnici per assumere le deecc. Pur in tale varietà di *missions* e di comportamenti operativi, tutte le aziende si qualificano per la comunanza della *finalità generale* che debbono perseguire e per le *condizioni* che debbono essere verificate per assicurare alle stesse organizzazioni produttive e all'intera economia uno sviluppo sostenibile.

6.4. Lineamenti di una teoria dell'equilibrio aziendale

Dopo queste considerazioni di carattere introduttivo, possiamo proporre una rivisitazione della teoria dell'equi-librio aziendale che ne metta in evidenza una nuova, più ampia «dimensione» e che:

- sia riferibile a tutte le possibili classi di aziende e non solamente alle imprese;
- sostituisca ai concetti di costo e di ricavo, troppo legati agli scambi monetari per essere utilizzabili al di fuori delle imprese, i concetti di «valore delle risorse consumate» e di «valore delle produzioni ottenute». Ricordiamo che i «valori» delle risorse consumate e delle produzioni ottenute non si riferiscono solamente a prezzi realizzati su mercati competitivi (valori di scambio), ma anche al valore assegnato a beni e/o servizi, di ogni tipologia e natura, ricevuti o ceduti senza corrispettivo in denaro e, cioè, a razionali giudizi di valore emessi pur in assenza di atti di scambio monetario su mercati competitivi.

  Sempre con riferimento ai concetti di costo e ricavo, legati agli

---

cisioni determinanti per la sopravvivenza dell'organizzazione, che ha la competenza per progettare e rendere operativa una «*business idea*», che è ad un tempo coordinatore ed innovatore, nonché capace di realizzare l'integrazione prospettica tra azienda ed ambiente.

«... *La funzione d'imprenditorialità viene esercitata non solamente nelle imprese, ma altresì all'interno delle altre tipologie aziendali, nelle quali potrebbe, più propriamente, denominarsi «funzione di governo strategico.* Anche in tali aziende, non va dimenticato, si svolgono processi di produzione economica di beni e servizi per definite categorie di utilizzatori e si sviluppano attività di *direzione strategica* che, talora, assumono rilievo tale da richiedere doti di elevata professionalità ...». SIDREA 2009, p. 35.

scambi monetari, osserviamo che anche nelle imprese lo scambio di beni e servizi può avvenire in forme non necessariamente monetarie. La presenza di sofisticate conoscenze all'interno delle organizzazioni produttive tende, con sempre maggior frequenza ed intensità, ad alimentare e favorire *impensabili forme di baratto tra aziende che si scambiano tali conoscenze senza corrispettivo in denaro*[12];
- identifichi l'equilibrio economico nel concetto di «creazione di valore», ne chiarisca il significato e le modalità di realizzazione;
- chiarisca i rapporti tra equilibrio economico ed equilibri finanziario e monetario nelle imprese e nelle altre organizzazioni produttive (aziende) che imprese non sono e non operano necessariamente attraverso il mercato;
- consideri l'esigenza di porre sul medesimo piano degli equilibri economico e finanziario anche una concezione di «equilibrio strategico» (posizionamenti, relazioni interne ed esterne), determinante per il successo duraturo dell'organizzazione[13];
- sia compatibile con la infinita diversità delle unità di produzione, con i caratteri che qualificano l'attuale fase del capitalismo, con le esigenze di sviluppo di un modello di crescita sostenibile.

Osserviamo che, mentre le *finalità particolari* si riferiscono alle differenti tipologie aziendali e sono quelle assegnate dai soggetti che le istituiscono e le governano,

il *fine generale che accomuna tutte le aziende*, a prescindere dalla classe di appartenenza, *può essere ravvisato nella «creazione di valore per l'azienda stessa e per le differenti categorie di portatori di interesse comunque coinvolti e socialmente riconosciuti»*[14].

L'azienda deve sviluppare le proprie coordinazioni produttive in modo tale che il valore economico della produzione (da collocare sui mercati di

---

[12] Si veda, in proposito, quanto precisato al paragrafo 1.2.2 della sezione II del presente volume.

[13] «L'equilibrio aziendale non va inteso meramente come un fatto di bilancio». R. CAFFERATA 2009 (1), p. 180.

[14] Si vedano Atti del Convegno SIDREA, *cit.*

sbocco o da cedere agli utilizzatori) risulti sistematicamente superiore al valore delle risorse consumate nel processo produttivo. In tal senso l'attività dell'azienda «crea valore».

Nella creazione sistematica di valore (e non nell'ottenimento del profitto) si estrinseca la condizione di equilibrio economico «a valere nel tempo» [15].

A differenza della precedente concezione, che poneva una relazione tra «ricavi» e «costi» connessi a scambi monetari, *questa condizione di equilibrio economico*, che si realizza nella misura in cui l'azienda riesce a «creare valore» in prospettiva, *assume una valenza generale*. Utilizza i concetti di «valore delle risorse consumate per produrre» e di «valore delle produzioni ottenute», che non sono necessariamente legati a negoziazioni regolate da movimenti di denaro, ossia a quanto pagato per acquisire le risorse o a quanto incassato per la cessione delle produzioni; tali «valori» si correlano e mutano in relazione a come le risorse si posizionano all'interno del sistema di creazione del valore; esistono anche in presenza di scambi non monetari o quando le risorse sono gratuitamente disponibili e le produzioni sono gratuitamente cedute agli utilizzatori, il che avviene, in differente misura, soprattutto nelle tipologie aziendali che non si identificano nelle imprese.

Tuttavia, parlare di creazione di valore senza precisazione alcuna è privo di senso. *Bisogna, infatti, chiedersi «per chi», «con quali riferimenti temporali» e «come (e, cioè, a quali condizioni)» l'azienda debba creare valore.*

Con riferimento ai soggetti per i quali il valore deve essere creato, è opportuno rilevare che non si può concepire una organizzazione produttiva che ponga tra le sue finalità solamente l'interesse dei portatori del c.d. «capitale di rischio», e senza considerare il benessere di tutti i soggetti comunque interessati alla vita dell'organizzazione stessa. A ben vedere, il problema in discussione non riguarda le modalità di distribuzione tra i differenti soggetti del valore prodotto dall'organizzazione, riguarda invece – a monte – le logiche e le modalità attraverso le quali si progetta-

---

[15] L'espressione «a valere nel tempo» è stata introdotta da E. GIANNESSI (1960, pp. 72, 73), che considerava l'equilibrio economico a valere nel tempo come fine ultimo di tutte le aziende.

no, si organizzano e si svolgono le combinazioni produttive in termini di remunerazioni, coinvolgimento e rapporti con i differenti interlocutori sociali. *La distribuzione del valore tra i soggetti che partecipano all'attività produttiva non avviene dopo che il valore è stato prodotto, ma è implicita nelle modalità di produzione del valore.*

Aldilà dell'esigenza di organizzare le produzioni in modo da creare valore per tutti i soggetti interessati (e non solamente per gli azionisti o, peggio, per il solo capitale di comando), occorre sottolineare che il valore si deve creare anche per l'azienda stessa, che deve fortificarsi e crescere assecondando la sua naturale tendenza allo sviluppo in senso qualitativo e/o quantitativo. Ciò vale a prescindere dal fatto che ci si riferisca alle imprese e alle cooperative, piuttosto che alle pubbliche amministrazioni, alle associazioni o alle fondazioni; tutte le aziende appartenenti alle richiamate classi, infatti, devono incrementare i livelli qualitativi e/o quantitativi dell'attività attraverso la progressiva acquisizione di conoscenze e/o la messa in opera di capitale di origine interna (autofinanziamento).

In questo sottile gioco di equilibri tra valore riconosciuto ai differenti *stakeholders* e valore riconosciuto all'organizzazione per garantirne la sopravvivenza e lo sviluppo, si estrinseca la professionalità di chi esercita la funzione di imprenditorialità. La tentazione di seguire la via della massima remunerazione per il soggetto economico (e per i manager) è, purtroppo, ancora dominante, ma necessariamente produce le conseguenze disastrose che hanno caratterizzato la crisi globale in essere.

In relazione ai riferimenti temporali per la creazione di valore, appare logica la connessione al lungo periodo, all'ipotesi di continuità aziendale, alla durabilità dell'organizzazione.

Tale ottica si sostanzia nella necessità di mettere in atto decisioni strategiche volte alla sopravvivenza dell'unità produttiva, ma non trascura certamente la necessità di curare scelte, decisioni, comportamenti che producono effetti positivi nell'immediato. Il governo simultaneo del breve e del lungo periodo appartiene ai compiti di un *management* consapevole. «Ove invece prevalga, nella vita aziendale, un'ottica di breve periodo, tutto tende ad esasperarsi. Si esaspera, sino a diventare ossessiva, la ricerca del profitto di breve, quasi fosse un fine cui ogni altro valore deve essere piegato e sacrificato. Si esasperano i conflitti di interessi contrapposti e si innescano comportamenti distruttivi che possono minare le stesse basi di sopravvivenza dell'impresa»[16].

Con riferimento a «come» si debba realizzare l'equilibrio economico, e cioè a come l'azienda debba creare valore, è necessario puntualizzare che *le condizioni che debbono orientare e qualificare la creazione del valore riguardano il rispetto degli equilibri finanziario e monetario, ed altresì il rispetto dell'equilibrio strategico complessivo.* In particolare:

– *l'equilibrio finanziario*, è inteso come necessità di sviluppare adeguate correlazioni (quantitative e qualitative) tra investimenti e fonti, in modo da mantenere una sistematica capacità di onorare le proprie obbligazioni nei tempi e nei modi dovuti, senza pregiudizio per il futuro. In tale logica, assume particolare rilevanza la «*struttura finanziaria*» con la quale l'azienda si presenta ad operare. L'equilibrio di tale struttura, in termini di relazioni tra capitale di proprietà e capitale di debito, tra caratteristiche dei fabbisogni e caratteristiche delle relative fonti di copertura, in tutte le tipologie di azienda (ma, soprattutto, nelle imprese) è un elemento determinante per assicurare la continuità aziendale;

– *l'equilibrio monetario*, è inteso come capacità di far fronte al normale flusso di uscite monetarie nel tempo. Ciò può richiedere la predisposizione di idonei strumenti di accesso al credito, quando il flusso dei pagamenti (per fattori produttivi acquistati o per impegni contrattuali assunti) non è allineato, nel tempo, con il flusso degli incassi (rivenienti dalla vendita dei prodotti o dal recupero dei finanziamenti concessi). Potrebbero, in altri termini, verificarsi sfasamenti temporali tra uscite ed entrate monetarie conseguenti alla dinamica degli acquisti e delle vendite, alle differenti modalità di contrattazione, nonché alla dinamica dei finanziamenti attinti o concessi;

– *l'equilibrio strategico complessivo*, è inteso come posizione di equilibrio simultaneo a fronte dei differenti interlocutori sociali e dei mercati.

«La condizione di equilibrio strategico complessivo implica:

- la possibilità di mantenere in prospettiva posizionamenti vincenti sui mercati di acquisizione e di sbocco;
- la presenza di strutture organizzative e di livelli di conoscenza ca-

---

[16] V. Coda 1988, p. 116.

paci di sostenere ed innovare, nel tempo, le proprie competenze distintive, innalzando le performance e/o mantenendo e migliorando i vantaggi competitivi e le posizioni ottenute.

Richiede, altresì:

- che siano adottati comportamenti sistematicamente rivolti a creare e mantenere – attraverso adeguate modalità operative – rapporti di natura cooperativa (partecipativa) con le differenti categorie di soggetti interessati, rapporti basati sullo scambio di conoscenze, sul dialogo e sulla collaborazione verso obiettivi comuni e condivisi» [17];
- che siano esercitate le attività aziendali nel rispetto dell'integrità dell'ambiente naturale.

Appare evidente come quest'ultima condizione (l'equilibrio strategico complessivo) assuma valore e significati determinanti per la sopravvivenza dell'organizzazione produttiva e per una conduzione orientata alla responsabilità sociale [18]. Si tratta di un equilibrio a tutto tondo che investe tanto i rapporti dell'azienda con l'ambiente (mercati, società civile), quanto i rapporti interni, orientandoli a logiche di tipo relazionale [19]:

---

[17] In tal senso, si veda: M. CAVALIERI 2009, p. 44.

«Innanzitutto le organizzazioni dovrebbero sempre più diventare luoghi in cui le persone possono imparare l'una dall'altra, dove ognuno è un bene per gli altri e dove tutti ricevono aiuto e stimolo da una varietà di fonti. Questo allora significa che non stiamo parlando di apprendimento che sia esclusivamente strumentale ed operativo. Ci stiamo riferendo al fatto che le imprese sono spazi in cui si apprendono anche modi di pensare e valori». J. LOZANO 2001, p. 344.

Ciò che Lozano ipotizza per le imprese può essere sicuramente estrapolato a tutte le classi di aziende.

[18] Come afferma il Brunetti: «I rischi sono elevati se non si seguono le regole della *funzionalità economica duratura* di matrice zappiana ovvero degli equilibri da perseguire nella continuità *(azienda vive in quanto si trasforma)*. Corre rischi chi è troppo indebitato, chi non ha un posizionamento strategico adeguato». G. BRUNETTI 2010, p. 100.

[19] «In tutte le attività della catena (e della costellazione) del valore si avverte la necessità di superare la logica puramente contrattualistica dei rapporti per aprire la strada anche a comportamenti di tipo partecipativo (collaborativo). I limitati contenuti etici del rapporto contrattuale (correttezza delle parti nell'adempimento del-

richiama la qualità degli elementi della formula imprenditoriale, ossia dei sistemi competitivi, dei sistemi di prodotto, dei sistemi di relazioni e delle strutture organizzative ed operative [20].

L'equilibrio strategico complessivo a fronte degli interlocutori sociali e dei mercati esprime una posizione concettuale assai prossima a quella che il Cafferata denomina «equilibrio organizzativo», con riferimento alla necessità di realizzare armonie interfunzionali e interpersonali tali da eliminare disfunzioni, migliorare la produttività, agevolare la creatività e l'innovazione, «favorire anche la proiezione all'esterno dell'impresa stessa» in termini di miglioramento ed approfondimento del rapporto con i mercati [21]. Per il Prof. Cafferata, l'equilibrio organizzativo «... rappresenta una sorta di piattaforma ideale dalla quale le componenti economico-finanziarie possono (o non possono) decollare» [22].

---

le rispettive obbligazioni) lascerebbero il campo all'infinito ed imprevedibile potenziale che scaturisce dal dialogo, dalla condivisione dei progetti, dei rischi e delle relative responsabilità e dallo scambio di idee e conoscenze». SIDREA 2009, p. 32.

[20] «... il livello di eticità con il quale si svolgono le attività core del business ... ha un carattere pervasivo su tutte le politiche aziendali ed è un terreno sul quale si compie la convergenza tra strategie competitive dell'impresa e responsabilità sociale, tra strategia globale e applicazione locale. Si tratta di un aspetto della governance estremamente importante ed efficace: sia rispetto alla motivazione interna delle persone e al loro senso di appartenenza, alla capacità di essere innovative e flessibili, di generare valore aggiunto in ogni fase dei processi; sia rispetto alla reputazione e credibilità dell'impresa. È questo un terreno sul quale lavorare con grande coerenza e onestà intellettuale, sapendo che un uso meramente strumentale di questa leva rischierebbe di essere controproducente». D. Visconti 2010, p. 135.

[21] «Quando si gestiscono grandi gruppi di persone facendo leva sui valori, le aspirazioni e l'apertura verso l'esterno, anziché sui sistemi di controllo tradizionali, queste persone si dedicano al lavoro con energia e passione. I contributi sociali non sono più soltanto una considerazione secondaria – un lusso che solo le imprese già redditizie possono permettersi – ma un punto di partenza che aiuta le grandi imprese a trovare una crescita redditizia». R. Moss Kanter 2010, p. 146.

[22] Cfr. R. Cafferata 2009 (1), p. 174.

6.5. La verifica della creazione di valore nelle imprese e nelle altre classi di aziende

Per quanto riguarda *la possibilità di «verificare» se ed in quale misura si stia creando valore e si stiano realizzando le condizioni sopra elencate in aziende appartenenti a differenti tipologie*, dobbiamo necessariamente rilevare la difficoltà oggettiva di tale compito.

La misura del valore che l'azienda è in grado di creare *sembrerebbe* trovare più puntuale determinazione quantitativa nelle imprese, e cioè in quelle organizzazioni che vivono sui mercati di approvvigionamento e di collocamento in competizione dal lato della domanda dei fattori e dell'offerta dei prodotti. I valori dei fattori consumati e della produzione realizzata, in tali aziende, sono collegati, nella quasi totalità dei casi, ai prezzi di acquisto dei fattori ed ai prezzi di vendita dei prodotti che su tali mercati si formano ed evolvono nel tempo.

Con riferimento alle imprese, infatti, si afferma che il collocamento delle produzioni sui mercati di sbocco dovrebbe consentire, in una visione di lungo periodo, l'ottenimento di un flusso di ricavi tale da:

- permettere la reintegrazione dei costi sostenuti per l'acquisto dei fattori produttivi utilizzati per realizzare le produzioni;
- liberare, altresì, un adeguato margine di profitto [23], inteso (erroneamente) come espressione del «valore creato dall'iniziativa imprenditoriale» o, se si preferisce, dall'esercizio della funzione d'imprenditorialità.

Su quest'ultima affermazione, tuttavia, occorre soffermare l'attenzione in quanto il profitto si determina come somma algebrica tra componenti positivi e negativi di reddito, ma nulla dice sulle modalità di realizzazione di tale valore, sui rischi di struttura latenti, sui livelli di conoscenza disponibili, sulla forza dei posizionamenti e delle relazioni interne ed esterne [24].

---

[23] Sul concetto di «profitto» si veda la nota 8 a p. 134.

[24] «Il reddito di periodo non è idoneo a rappresentare lo stato di equilibrio dell'azienda; può essere uno degli elementi del giudizio, ma non è l'unico e assoluto elemento di giudizio». E. GIANNESSI 1960, p. 74.

«... le imprese spostano in termini generali la ricerca del risultato su di un ter-

In altri termini, *tale risultato residuale potrebbe essere assunto come* significativo indicatore *del valore che l'impresa è in grado di creare, ma solamente se venisse posta in essere una gestione imprenditoriale responsabile, tale da assicurare la durabilità dell'organizzazione e creare valore anche per le altre categorie di* stakeholders[25].

Una ipotesi di profitto elevata, ma ottenuta attraverso la sistematica mortificazione del lavoro, dell'ambiente, della trasparenza, della correttezza fiscale, ecc. non ha nulla a che vedere con la creazione di valore come precedentemente intesa. La creazione di valore nelle imprese esclude che il governo aziendale possa generare un profitto puramente contabile, perseguendo l'interesse di talune categorie di soggetti a scapito delle altre categorie e dell'organizzazione stessa; presuppone, invece, una positiva evoluzione dei rapporti con l'ambiente (mercati e ambiente naturale)[26] ed altresì con tutti i soggetti interessati, al fine di coinvolgerli nei progetti dell'organizzazione e nelle sue vicende produttive, in un'ottica

reno istituzionale. Nello stesso tempo, però, si avverte sempre più l'urgenza di sostituire parametri tradizionali di costo e risultato con indicatori a più alto valore soggettivo: la *customer satisfaction*, il valore, il contributo, la velocità sono termini ricorrenti sia nel neo che nel post-modernismo organizzativo. In altri termini, da un'era caratterizzata da un'arbitraria definizione di *utilità assoluta*, costruita secondo i criteri dell'economia classica e neo-classica, ci si sta muovendo verso un'epoca in cui l'azione manageriale è sempre più subordinata ad un giudizio di *utilità sostanziale*, da molti punti di vista assai meno oggettiva, non certo da quello di chi delle imprese guarda ciò che usa». C. TURATI 1998, pp. 271, 272.

[25] «Il profitto non è sufficiente per lo sviluppo. Perchè c'è il profitto senza sviluppo, c'è il profitto senza qualità, c'è il profitto senza il progresso dell'accumulazione tecnologica e della conoscenza organizzativa, c'è il profitto che deriva solo dalle convenienze di chi gestisce le casse pubbliche, c'è il profitto di chi devasta la terra, c'è il profitto di chi degrada le città, c'è il profitto che è solo apparente perchè parte dei suoi costi di produzione si scaricano su bilanci diversi da quelli dell'impresa, c'è il profitto che miete solo e ha smesso di seminare ... perchè ci sono i profitti di guerra; perchè ci sono i profitti di regime; perchè c'è il profitto che deriva da spericolate speculazioni finanziarie; perchè c'è il profitto tesaurizzato e non distribuito come equilibrio tra i fattori della produzione». M. VITALE 1973.

[26] «... la relazione tra l'impresa e l'ambiente risulta talmente profonda che la responsabilità non solo è conciliabile con la logica d'impresa, ma va vista come parte integrante ed essenziale della sua programmazione strategica fino a diventare un vero e proprio attributo manageriale». L. CASELLI 2007, p. 70.

di lungo periodo; presuppone, altresì, la capacità di valorizzare tutte le conoscenze e le possibili sinergie azionando le leve del valore disponibili[27].

---

[27] «... miglioramento delle condizioni di economicità non significa più, come una volta, maggiore profitto ai capitalisti, ma potenziamento dell'azienda in termini di dotazione delle risorse. Di apporto tecnologico, di aumento della forza competitiva, ed anche, naturalmente, di soddisfazione delle attesa di tutti i partecipanti alla vita dell'impresa». U. Bertini 1990, p. 23.

Mario Molteni, proponendo la concezione di «*creatività socio-competitiva*», così si esprime:

«Essa si connota per una duplice tensione:

- la tensione ad alimentare costantemente lo sviluppo dell'impresa e la crescita della produttività. Per sviluppo si intende un complesso fenomeno che consiste nella crescita dimensionale (che tipicamente trova espressione nell'incremento dei volumi delle attività di gestione caratteristica: fatturato e valore aggiunto) e qualitativa (si pensi alla qualità delle risorse e competenze impegnate nell'impresa e del sistema di offerta) nello stesso tempo. La crescita della produttività evoca l'impegno lungo l'asse dell'efficienza, in vista di ridurre i costi a parità di valore percepito dal cliente;
- la tensione a soddisfare in misura crescente le attese delle diverse classi di *stakeholder*. Questo implica un atteggiamento di ascolto nei confronti dei diversi interlocutori, a partire da quelli di maggior rilievo per l'impresa, che è condizione per cogliere le esigenze – siano esse manifeste o latenti – cui dare risposte sempre più adeguate». M. Molteni 2008, p. 80.

Lorenzo Caselli ripropone il problema, lungamente dibattuto, del *profitto come fine ultimo dell'impresa*, e riporta le differenti opinioni espresse in merito da taluni studiosi ed imprenditori. Conclude richiamando l'enciclica *Centesimus annus* (1° maggio 1991), della quale riporta alcuni passaggi che, a nostro avviso, appaiono significativi essendo perfettamente allineati e compatibili con l'impostazione teorica proposta:

a. L'economia è solo una dimensione della complessa attività umana. ... (n. 39);
b. La soluzione dei gravi problemi odierni non è solamente questione di produzione economica ma richiede valori etico-religiosi nonché cambiamenti di mentalità, di comportamenti, di strutture (n. 60);
c. I meccanismi del libero mercato offrono certamente dei vantaggi; non possono essere assolutizzati o addirittura idolatrati. (n. 34 e n. 35);
d. L'impresa e il mercato vanno orientati al bene comune. Devono essere funzionali e coerenti con l'integrale sviluppo della persona umana. Ciò non contraddice ma favorisce produttività ed efficacia del lavoro anche se ciò può indebolire assetti consolidati di potere (n. 43);

Osserviamo, inoltre, che una situazione di squilibrio della struttura finanziaria non garantisce affatto la possibilità di continuità aziendale.

Per quanto riguarda la condizione di equilibrio finanziario, infatti, appare evidente che se il flusso dei ricavi si ipotizzasse *sempre* superiore al flusso dei costi (in una prospettiva di lungo periodo) anche il flusso di entrate finanziarie (che misurano i ricavi) sarebbe superiore al flusso di uscite finanziarie (che misurano i costi). *Ma questa ipotesi non si verifica nella realtà, come si può facilmente constatare. L'equilibrio finanziario non è solamente legato alla correlazione ricavi-costi, ma esige una sua dinamica interna.* Ed infatti, la composizione degli investimenti e delle fonti, nonché le proporzioni e correlazioni tra i tipi di fabbisogno (che gli investimenti determinano) ed i caratteri delle relative forme di copertura devono essere tali da garantire all'azienda una sufficiente flessibilità e capacità di resistenza in occasione degli inevitabili ed imprevedibili periodi di crisi, segnati tipicamente dalla flessione dei ricavi, che azzera il profitto e può determinare, per taluni esercizi, risultati in perdita [28]. Gli eccessi di indebitamento e l'utilizzo di forme tecniche non correlate alle caratteristiche degli investimenti determinano situazioni di rischio latente, che esplode nei periodi di crisi, quando la leva finanziaria cambia segno e le entrate finanziarie connesse ai ricavi si affievoliscono. L'impresa, quindi, dovrebbe creare e mantenere una struttura finanziaria equilibrata e flessibile che le consenta di resistere fino al superamento delle crisi, onorando i propri impegni e contenendo il rischio di insolvenza a livelli fisiologici.

---

e. Il profitto è un regolatore importante della vita dell'azienda, ma non è l'unico; ad esso va aggiunta la considerazione di altri fattori umani e morali che nel lungo periodo sono essenziali per la crescita dell'impresa. I conti economici possono essere in ordine, ma gli uomini umiliati (n. 35). L. CASELLI 2007, pp. 79, 80.

[28] L'ipotesi che i ricavi siano superiori ai costi «... tuttavia, è destinata ad alterarsi, a mano a mano che sulle congetture fatte cominciano ad incidere i coefficienti di variabilità». «La variabilità delle ipotesi fatte, riguardanti i volumi di vendita e di produzione, i fattori produttivi ed i relativi prezzi, l'entità dei ricavi e la velocità dei cicli, modifica i termini dell'equazione di fabbisogno di finanziamento ...» e, naturalmente, le modalità di copertura di detto fabbisogno. E. GIANNESSI 1982, pp. 40, 41.

In conclusione, con riferimento alle imprese, *il profitto può essere assunto come relativo misuratore del «valore creato» solamente in presenza di una struttura finanziaria equilibrata e flessibile e di un forte posizionamento strategico complessivo, che interessa i mercati, le relazioni esterne, l'ambiente naturale, l'organizzazione ed i livelli di conoscenza disponibili*[29].

Quando la logica della creazione di valore nel tempo è riferita alle organizzazioni produttive diverse dalle imprese, che non necessariamente acquistano i fattori e vendono i prodotti su mercati competitivi, risulta ancora più difficile determinare il valore dei fattori consumati e della produzione realizzata in assenza di prezzi sufficientemente significativi, quali si determinano solamente per effetto della domanda e dell'offerta in mercati aperti alla competizione[30]. *Ci riferiamo alle pubbliche amministrazioni, alle fondazioni ed alle associazioni, la cui sopravvivenza, in ogni caso, non appare giustificata senza adeguata creazione di valore.*

Le pubbliche amministrazioni, nella loro posizione di monopolio naturale, non trovano nei valori di mercato la misura della loro economicità. La valutazione della qualità delle loro performance dovrebbe, per-

---

[29] Già nel suo lavoro del 1988 il Prof. Coda affermava: «Tutto ciò suggerisce l'ipotesi che il profitto, per essere vissuto come un valore funzionale alla prosperità di lungo periodo dell'impresa, debba accompagnarsi ad una qualche tensione ideale a sviluppare, rinnovare, migliorare l'impresa. In tal modo lo scopo di reddito si lega strettamente ai valori dell'autonomia e della continuità duratura e può essere perseguito con quella avvedutezza che è necessaria per coniugarlo sinergicamente con finalità e obiettivi competitivi e sociali». V. CODA 1988, p. 200.

«Ad un teorico di economia aziendale l'attuale valorizzazione degli aspetti sociali dell'impresa non suona novità, dacché per definizione la funzione dell'impresa è quella di accrescere il valore economico delle risorse utilizzate nella produzione, in beni, servizi e preziose energie umane, conseguendo beni e servizi di maggior valore. Altrimenti l'impresa anziché produrre «ricchezza» di cui beneficia la collettività, la distruggerebbe, il che non è naturalmente utile alla società» (A. AMADUZZI 1981, p. 692). Come si vede l'Amaduzzi aveva già intuito, pur con riferimento alle sole imprese, che la loro funzione si sostanzia nella necessità di conseguire «beni e servizi di maggior valore» rispetto al «valore economico delle risorse utilizzate nella produzione.

[30] Osserviamo che i mercati sono buoni indicatori del valore delle risorse sempre che non siano condizionati da forti spinte speculative, o non soffrano l'assenza di regole di equità e trasparenza.

tanto, essere ricercata ricorrendo ad altri parametri (controlli qualità, carta dei servizi, ecc.) certamente assai meno efficaci dei prezzi che si formano sui mercati competitivi.

Le fondazioni e le associazioni debbono orientare la loro azione verso il soddisfacimento dei bisogni istituzionali. Potranno sopravvivere nella misura in cui tale soddisfazione risulti, per i beneficiari, di grado accettabile. Si rende necessario un cambio di mentalità da parte dei responsabili di tali tipologie aziendali: occorre acquisire la consapevolezza che la capacità di tali organizzazioni di accedere alle risorse (finanziarie e non) è largamente condizionata dal livello di efficienza dei processi produttivi attuati e dal livello di efficacia dell'azione espletata per il raggiungimento delle finalità istitutive (di carattere privatistico o sociale). Sicché, sempre maggior rilievo assumono i processi informativi volti a far conoscere la qualità degli obiettivi prescelti e delle performance effettuate da tali aziende per accrescere l'immagine e consolidare le ragioni della loro esistenza.

In tali aziende (non imprese) la determinazione del valore che l'attività produttiva è in grado di creare – anche in relazione ai fini particolari per cui l'organizzazione è stata istituita – incontra difficoltà, tanto maggiori quanto più ci si allontana dalla logica dei costi e dei ricavi, rispettivamente sostenuti sui mercati di acquisizione dei fattori o conseguiti sui mercati di collocamento dei prodotti, e si entra in quella di fattori acquisiti o di prodotti ceduti gratuitamente o a prezzi non significativi (prezzi «politici»), su «mercati» particolari nei quali la competizione è indiretta o affievolita. A ben vedere, la scarsa economicità sovente attribuita alle aziende pubbliche, alle associazioni ed a talune fondazioni ha trovato la sua genesi *anche* nella difficoltà di cui sopra: la contabilità si è tradizionalmente limitata a verificare l'equilibrio finanziario tra entrate ed uscite (di competenza e di cassa), ma *non sono stati individuati strumenti utili a valutare i termini economici della gestione*, che non s'identificano solamente nei costi e nei ricavi misurati da uscite ed entrate monetarie. Il valore dei fattori consumati, infatti, è formato anche (per non dire «prevalentemente», in taluni casi) da beni o servizi ricevuti gratuitamente o «acquistati a prezzi politici»; il valore delle produzioni ottenute, inoltre, è formato anche da beni o servizi ceduti agli utilizzatori gratuitamente o «venduti a prezzi politici».

La difficoltà di determinare (quantitativamente) il valore dei fattori consumati nella vicenda produttiva ed il valore delle produzioni ottenute e collocate, tuttavia, non è ragione valida per dimenticare la finalità generale della creazione di valore.

Anche in tali aziende, infine, è necessario operare per la realizzazione di un equilibrio strategico.

6.6. Creazione di valore ed economicità

L'economicità, si è detto, è uno dei «caratteri distintivi» dell'essere azienda e può essere identificata, *in tale contesto e in una prima accezione*, come «permanente tensione all'efficacia strategica e all'efficienza operativa». L'efficacia dell'azione aziendale consiste nella capacità di cogliere scopi istituzionali, obiettivi di produzione vincenti. Questi, peraltro, vanno perseguiti con efficienza, cioè in modo da contenere il più possibile i consumi delle risorse utilizzate nella produzione.

Il soddisfacimento degli obiettivi sopra indicati dipende in larga misura dalla capacità dell'organizzazione di raggiungere un adeguato livello di composizione delle forze interne ed esterne alla propria economia.

L'efficacia, occorre precisare, non si identifica solamente nella capacità dell'azienda di realizzare obiettivi. Richiede, innanzitutto, la capacità di selezionare, con logica innovativa, obiettivi *che incontrino le attese degli utilizzatori* (e, cioè, di individuare livelli qualitativi e quantitativi di produzione atti a soddisfare le esigenze di coloro ai quali le produzioni sono destinate) e, successivamente, la capacità di realizzarli.

Con riferimento all'efficienza, poi, l'attenzione si concentra sul rapporto risultato-risorse. In proposito, l'attività aziendale appare volta al raggiungimento degli obiettivi prefissati con il minor impiego possibile di risorse o – se si preferisce – con l'ottenimento dei massimi rendimenti dall'insieme delle risorse utilizzate. Appare evidente che il criterio del rapporto ottimale tra risorse e risultati non può essere posto con riferimento ad ogni singola operazione, quanto – piuttosto – con riferimento all'insieme coordinato di operazioni, legate nello spazio e nel tempo da vincoli di complementarietà economica, che l'azienda compie in funzione degli obiettivi da realizzare.

Appare altresì evidente che efficacia ed efficienza si presentano come concezioni strettamente correlate, ove si pensi che la prima presuppone una cura particolare nello svolgimento di tutte le fasi nelle quali si articolano i processi produttivi, al fine di ottenere prodotti che, per qualità, quantità, tempi e costi, siano in grado di soddisfare le esigenze di coloro ai quali sono destinati. Il valore si deve creare in ciascuna delle differenti attività che caratterizzano la vicenda produttiva (catena o sistema del valore), dall'approvvigionamento delle risorse al collocamento delle produzioni ottenute[31].

I due concetti di economicità e di creazione di valore si collocano su livelli differenti se si fa riferimento all'economicità come tensione permanente all'efficacia e all'efficienza, ossia come «metodo per l'azione»*, mentre la creazione di valore è la finalità da cogliere attraverso l'azione aziendale.*

In una seconda accezione, l'economicità (altresì definita «produttività economica») è stata intesa come l'*attitudine dell'azienda ad offrire permanentemente adeguata remunerazione a tutti i fattori produttivi, sì da mantenerli stabilmente avvinti alla propria economia*[32].

Appare subito evidente che in siffatta accezione il carattere dell'economicità ha come prevalente riferimento l'impresa. Soprattutto in tale organizzazione produttiva, infatti, è possibile parlare di «adeguata remunerazione» dei fattori produttivi e della funzione di imprenditorialità, nella misura in cui, in una dimensione temporale di lungo periodo, si ottenga profitto e si assicuri una idonea ripartizione del valore aggiunto tra i protagonisti delle vicende produttive[33].

---

[31] «Una tensione all'economicità che faccia affidamento esclusivo o prevalente sull'efficacia della strategia, e non anche sull'efficienza della struttura e dei comportamenti operativi, è illusoria e non fa che alimentare una cultura dello spreco, destinata a compromettere la stessa efficacia strategica non appena le pressioni concorrenziali si facciano più intense e, nei casi di crisi, a vanificare i tentativi di risanamento indolore, condotti senza passare attraverso una ristrutturazione». V. Coda 1988, p. 261.

«Una strategia brillante, un prodotto di grande successo o una tecnologia rivoluzionaria possono farvi entrare in un mercato molto competitivo, ma solo una esecuzione efficace può mantenervici». G.L. Neilson, K.L. Martin, E. Powers 2010, p. 187.

[32] Si veda, innanzitutto: P. Onida 1989, p. 90 ss.; si veda, altresì: G. Ferrero 1960, pp. 83-85.

[33] «... *economicità non significa attitudine a perseguire il lucro* ... Correttamente

Parlare di economicità, in questa seconda accezione, significa riferirsi a contenuti che sono assai vicini a quelli che qualificano la finalità generale della creazione di valore.

6.7. Economicità e creazione di valore nei gruppi aziendali

Nell'attuale ambiente economico non sempre la competizione si svolge tra imprese, ma, con sempre maggior frequenza, *tra sistemi (o reti) di imprese che includono organizzazioni legate da vincoli di partecipazione (gruppi), oppure organizzazioni legate da vincoli contrattuali o da semplici rapporti di reciproca convenienza.* Si tratta di reti che sono nate dall'esplosione della monolitica impresa «fordista», costruite per creare valore e far emergere le sinergie attraverso il media dell'organizzazione.

Non è concepibile che le unità che operano all'interno di tali reti si possano muovere in assoluta autonomia, rifiutando od ignorando il disegno strategico perseguito dal sistema del quale sono parte integrante. Le singole unità, pur con i loro organi di governo, *non sempre sono soggetti capaci di esprimere autonoma volontà strategica:* tale ruolo può essere, almeno in parte, passato a coloro che, in modo più o meno partecipativo, *di fatto* governano tali reti che, nell'attuale fase di sviluppo dell'economia, sono le uniche strutture in grado di realizzare convenientemente disegni produttivi complessi.

Il tema è particolarmente importante con riferimento ai *gruppi aziendali*, in quanto caratterizzati dal più stringente legame partecipativo [34].

---

intesa, la redditività è invece soltanto *un astratto momento della economicità*, considerata con esplicito riferimento al capitale proprio o agli altri fattori produttivi che parimenti attendono totale o parziale rimunerazione sulla base dei redditi di periodo: in questo senso la «congrua «rimunerazione dei restanti fattori viene non già ignorata, bensì implicitamente ponderata». G. FERRERO 1965.

[34] Mentre nelle reti formate da imprese non legate da vincoli di partecipazione al capitale *l'adesione alla rete* (con tutti i problemi che potrebbe comportare) *è espressione di autonoma scelta strategica*, che può essere liberamente revocata ove cessi la convenienza a rimanere nella rete, nei gruppi aziendali il destino delle aziende partecipate è strettamente vincolato alla volontà ed alle scelte strategiche della *holding*.

Uno dei nodi principali che mi sembra di poter scorgere è quello del conflitto che si pone in essere tra gli organi di gestione e di controllo delle singole società appartenenti al gruppo e la «volontà dominante» che si manifesta nella *holding* ove ha sede naturale il «soggetto economico» del gruppo. La frattura tra il soggetto che indirizza la direzione strategica del gruppo (il «soggetto economico» nella *holding*, appunto) e quello che è chiamato ad eseguire tali direttive (il soggetto giuridico, nelle società controllate) non ha mancato di determinare, soprattutto negli ultimi anni, clamorose ed estese situazioni di conflitto in sede civile e penale.

Da un lato, l'esercizio del potere di direzione da parte della società che si pone al vertice del gruppo, proprio perché è espressione di un *comportamento di natura imprenditoriale*, deve necessariamente ispirarsi alla valutazione dell'interesse complessivo del gruppo e, quindi, orientarsi all'efficacia strategica dell'azione dell'intero gruppo. Tale valutazione potrebbe anche richiedere od imporre che si accordi preferenza alle esigenze di talune società del gruppo, sacrificandone altre.

Dall'altro lato, il fatto che ogni società del gruppo sia formalmente un *autonomo soggetto di diritto* comporta il rischio che l'esercizio del potere di direzione (da parte della *holding*) si traduca in scelte che, considerate dal punto di vista della società controllata, possono risolversi in pregiudizio, pur procurando, nel contempo, vantaggio ad altra società e all'intero gruppo.

Il tema non è nuovo. Nella dottrina economico-aziendale si è ampiamente dibattuto il problema del «ruolo» delle società partecipate facenti parte di un gruppo. Tali organizzazioni produttive sono state considerate alla stregua di «*dipendenze operative di altre imprese*», in quanto prive di due requisiti essenziali dell'essere «*aziende*»:

- la visione sistemica, che implica anche la circolarità tra obiettivi, operazioni e controllo;
- l'autonomia decisionale, anche (per non dire soprattutto) strategica.

Occorre, quindi, «... *tenere presente che il riconoscimento delle società come autonomo soggetto di diritto si giustifica e si spiega solamente nella logica del discorso giuridico, costituendo «espediente tecnico funzionale» alla creazione di un vincolo di destinazione sopra un patrimonio e alla limitazione del rischio correlato all'esercizio dell'attività solo a quel patri-*

monio che vi è destinato ...»[35]. Attraverso un sistema di relazioni di natura partecipativa tra una pluralità di società, i soci della *holding* finiscono per adottare un modello di organizzazione dell'impresa alternativo a quello della sua articolazione per «divisioni» o per «*business units*».

Nella misura in cui ciascuna società si costituisce come autonomo centro d'imputazione di rapporti giuridici, riemerge il problema dell'esercizio del potere di direzione e coordinamento dell'attività: proprio perché l'esercizio di tale potere, correlato al carattere unitario dell'attività del gruppo, «... *deve sempre misurarsi con le legittime esigenze dei singoli centri di imputazione in cui il fenomeno imprenditoriale, economicamente unitario, giuridicamente si fraziona*»[36].

Sotto il profilo della valutazione economica, i comportamenti delle singole imprese del gruppo non hanno necessariamente autonoma giustificazione, essendo orientati e condizionati dagli obiettivi e dalle scelte del soggetto economico, che «utilizza il gruppo» come struttura organizzativa per realizzare i propri disegni strategici. Appare, quindi, evidente che *il giudizio sull'efficacia strategica* non può essere espresso solamente con riferimento ai comportamenti delle singole imprese, bensì all'intera azione del gruppo; *l'efficienza operativa*, invece, dovrebbe necessariamente essere realizzata e verificata in ognuna delle unità che compongono il «sistema del valore» del gruppo[37].

---

[35] Cfr. G. Guizzi 2003, p. 235.

[36] Cfr. G. Guizzi 2003, p. 236.

[37] Sarà, quindi, possibile mantenere in esercizio unità operative destinate a realizzare sistematicamente un rapporto negativo tra ricavi e costi (ove l'attività svolta da tali unità si qualifichi come utile all'economia di altre unità o dell'intero gruppo), oppure dar vita ad operazioni infragruppo (trasferimenti di beni e servizi, cessioni di aziende o rami d'azienda, finanziamenti, ecc.) a prezzi interni di trasferimento non necessariamente allineati alle condizioni di mercato (creando benefici o danni alle differenti imprese coinvolte). Con riferimento a queste attività rimane fermo l'obbligo della *holding* di rispondere, assieme alle controllate, degli eventuali danni arrecati ai soci esterni o ai creditori di queste ultime società, qualora l'esercizio del potere di direzione e coordinamento arrechi pregiudizio alla redditività ed al valore della partecipazione e/o cagioni lesione all'integrità del patrimonio sociale delle partecipate. Si vedano, in tal senso, le disposizioni introdotte dalla legge di riforma delle società e, segnatamente, l'art. 2497 c.c.

L'azienda-gruppo (ossia, il sistema di società organizzate in forma di gruppo) *crea valore nel suo complesso, attraverso i processi produttivi posti in essere nelle unità operative, pur autonome sotto il profilo giuridico, ma costituite, governate e coordinate per realizzare un disegno strategico unitario.*

6.8. Osservazioni finali

L'azienda, dunque, vive in condizioni di equilibrio nella misura in cui è capace di «creare valore», nel senso in precedenza analizzato, per se stessa e per i suoi interlocutori sociali, in un'ottica di lungo periodo. La condizione di equilibrio economico, così espressa, presuppone la contestuale verifica degli equilibri finanziario, monetario e strategico complessivo.

La teoria dell'equilibrio, così rivisitata:

a) definisce un insieme finalità-condizioni valido per tutte le organizzazioni produttive che possono assumere i caratteri distintivi dell'essere «azienda»[38];
b) sintetizza il tipo di comportamento che da una significativa giustificazione all'esistenza dell'azienda e dovrebbe assicurarne la durabilità;
c) pone in evidenza il confine tra una conduzione «imprenditoriale», orientata alla continuità aziendale, ed una conduzione speculativa ed irresponsabile, orientata tipicamente al breve periodo[39];
d) nella concezione di equilibrio economico a valere nel tempo, sostituisce la logica della «creazione di valore», ben più articolata e

[38] «... possiamo affermare che l'economia aziendale ci sembra da intendere come una dottrina generale di sintesi e di asserzioni generalizzanti la quale analizza le condizioni di tendenziale equilibrio nelle aziende, qualunque sia la natura del soggetto loro ed il sistema economico nel quale esse operano». R. Ferraris Franceschi 2010, p. 148.

[39] Se è vero che solamente una conduzione «imprenditoriale» può condurre alla creazione di valore, è pur vero che, rovesciando il senso del discorso, non può esistere alcuna compatibilità tra creazione di valore e conduzione «speculativa».

complessa, alla logica del «reddito», che è stato sempre inteso come una mera somma algebrica tra ricavi e costi di produzione per negoziazioni in regime di scambi monetari [40];

e) non è (e non può essere) un equilibrio determinato esclusivamente da espressioni quantitative (costi, ricavi, reddito, flussi di entrate e di uscite), da conteggi relativi a grandezze aziendali. Si tratta, invece, di equilibri esprimibili anche, per non dire soprattutto, attraverso espressioni qualitative, che hanno a che vedere con i concetti di razionalità, soddisfazione e apprezzamento, coesione, impegno e coinvolgimento, grado di *leadership*, qualità della conoscenza, capacità innovative, flessibilità, ecc.
L'azienda virtuosa è quella che riesce a trovare un portafoglio equilibrato di posizionamenti e relazioni, tali da assicurare una compatibilità prospettica tra strutture aziendali e ambiente;

f) apre la discussione sulla necessità di determinare il «valore creato» nelle aziende che non operano necessariamente sul mercato (pubbliche amministrazioni, associazioni, fondazioni), per meglio valutarne le performance, atteso che, fino ad oggi, sono sempre esistiti problemi insuperati per la misurazione dei risultati economici e sociali da queste raggiunti o raggiungibili in prospettiva;

g) evidenzia i limiti (relativi) della contabilità finanziaria anche nelle imprese, per la determinazione del «valore creato» nel periodo preso in considerazione. Anche la contabilità finanziaria, infatti, utilizza costi e ricavi determinati sulla base di prezzi che non si sono formati necessariamente su mercati liberi e globali: possono intervenire i condizionamenti creati dalle asimmetrie normative dei differenti paesi e/o da diffusi comportamenti speculativi. La contabilità finanziaria, inoltre, non valorizza l'evoluzione della qualità degli elementi della formula imprenditoriale [41] (se non a posteriori

---

[40] Nessuno vieta di *riconsiderare* il concetto di «reddito», di allargarne la portata e di assegnargli un contenuto simile a quello di «valore creato». Il reddito, in tale ipotesi, potrebbe essere considerato come la differenza tra il valore delle risorse impiegate nella produzione ed il valore della produzione ottenuta.

[41] Com'è noto, tali «elementi» riguardano: i sistemi competitivi, i sistemi di prodotto, i sistemi di relazioni con gli interlocutori sociali, le strutture organizzative ed operative. La condizione di equilibrio strategico è strettamente correlata al-

e nella misura in cui tali elementi riusciranno a dare vita ad una combinazione capace di produrre reddito) e, quindi, non fornisce elementi per valutare la qualità del posizionamento strategico complessivo verso gli interlocutori sociali ed i mercati.
Si ribadisce il ruolo della contabilità finanziaria e del bilancio di esercizio per fornire un determinato livello di informazione esterna sulle condizioni economiche, finanziarie e patrimoniali dell'impresa, ma non si può in alcun modo pretendere che i risultati di bilancio siano significativi indicatori delle posizioni complessive di equilibrio dell'impresa, anche se tali risultati dovrebbero essere definiti in stretta connessione con le prospettive di creazione del valore, nel senso che non appare ragionevole dichiarare ed attribuire al periodo considerato una misura di reddito che non sia *correlata* al valore che l'organizzazione è capace di creare in una prospettiva di lungo periodo;

h) aiuta a comprendere, sempre con riferimento alle imprese, che *la determinazione del valore economico del capitale, essendo funzione della capacità dell'organizzazione di «creare valore» in prospettiva*, non può essere effettuata senza sottoporre ad attenta analisi la situazione attuale e le prospettive di evoluzione del posizionamento strategico dell'impresa, dello stato delle sue relazioni e della qualità delle sue strutture. Il valore che l'organizzazione produttiva è in grado di creare in prospettiva è strettamente correlato alla possibilità di verificare (mantenere e migliorare nel tempo) gli equilibri finanziario, monetario e strategico complessivo e tale possibilità, a sua volta, è legata non solo alla caratteristiche del settore ed alle propensioni dei mercati di riferimento, ma soprattutto alle *potenzialità aziendali*, ossia *alla qualità degli elementi della formula imprenditoriale dell'impresa*[42].

---

la «qualità» complessiva di tali elementi ed alla loro possibilità di evoluzione prospettica.

«Il bilancio non può compiutamente rilevare ... l'insieme di competenze, di conoscenze, di abilità maturate nel tempo che contribuiscono esse pure a formare il patrimonio aziendale (in senso lato), le quali per loro natura, sfuggono a una quantificazione e non si riflettono così, se non in parte esigua, sui valori di bilancio». G. Invernizzi, M. Molteni 1990, p. 50.

42 Possiamo ravvisare negli elementi che compongono la formula imprendito-

La teoria dell'equilibrio, così riproposta e fortemente condizionata da espressioni qualitative (livelli di conoscenza e capacità innovative, qualità delle relazioni interne ed esterne, ecc.) sembrerebbe essere meno rigorosa di quella precedente basata sulle relazioni tra quantità misurabili (ricavi, costi, flussi finanziari) inserite in equazioni e poste a sistema. Ma è sufficiente osservare come si è trasformata l'attività delle organizzazioni produttive all'interno dell'economia per poter affermare il contrario di ciò che appare ad una prima, superficiale lettura.

Ed infatti, la modalità attraverso le quali si sviluppano le attività produttive nelle organizzazioni non hanno più nulla in comune con quanto avveniva ai tempi non lontani del fordismo.

L'organizzazione monolitica, basata sulle teorie di Taylor, Ford e Fayol; la gerarchia, attraverso la quale transitavano verso l'alto o verso il basso le informazioni (ma rigorosamente all'interno delle funzioni o delle divisioni che avevano assunto il ruolo di «feudi» autonomi sotto il profilo informativo e di trasmissione della conoscenza); la lentezza con la quale si poteva rispondere al cambiamento, ruminando attraverso strati su strati di livelli decisionali; tutto ciò ha lasciato il posto a strutture di ben altro livello. L'organizzazione è diventata flessibile, è calibrata sulle esigenze dell'azienda, è aperta all'esterno; le informazioni attraversano diagonalmente la ridotta gerarchia; la conoscenza si diffonde all'interno e all'esterno nei sistemi rete; le risorse si collocano spazialmente là dove possono assumere valore, anche al di fuori della struttura [43].

---

riale le variabili che valgono a dare identità all'impresa, che l'Amaduzzi ha definito «*profili d'impresa (di economie interne)*». «I profili d'impresa si possono concretamente considerare come fattori di impulso o di crisi, da ricondurre, rispettivamente al favore o al disfavore sia di economie interne che di economie esterne». A. AMADUZZI 1990, n. 1/2.

Il Guatri farebbe riferimento alla qualità delle «*leve del valore*» di cui l'impresa dispone, esprimendo un concetto del tutto analogo a quello che chiama in causa la qualità degli elementi della formula imprenditoriale. L. GUATRI 2000.

[43] Per sintetizzare il cambiamento vale ricordare la provocazione di T. PETERS che, nei suoi «*papers*» su «*Le frontiere della competizione. Uomini e imprese*», Franco Angeli, Milano 2006, definisce la nuova organizzazione «*... flessibile, permeabile, adattabile, veloce: ogni persona viene «pagata» per essere indisciplinata, per non rispettare le barriere formali, per darsi da fare e impegnarsi completamente nell'azione rapida e nel miglioramento costante di tutto*».

Il rigore e la rigidità dei rapporti contrattuali a monte e a valle della produzione tendono ad essere sostituiti da rapporti di tipo partecipativo, molto più profondi ed imprevedibili ad un tempo. Le controparti contrattuali diventano «*partners*» con i quali programmare le strategie future (nel passaggio dalla catena al sistema e alla costellazione del valore) [44].

Il superamento dei confini coinvolge tanto la conoscenza, che si implementa nelle reti e nelle molteplici forme di cooperazione interaziendale, quanto le risorse che acquistano valore in una gamma di possibili collocazioni spaziali.

Certamente l'azienda fordista non aveva tra le sue priorità la salvaguardia ambientale; oggi il tema è diventato ineludibile e offre un ventaglio di possibili vie per la sua soluzione.

Proprio le modalità con le quali vengono costruiti i livelli di conoscenza, le strutture organizzative, le relazioni interne ed esterne con i soggetti e la società civile appaiono oggi determinanti per la possibilità di creare valore: la varietà di comportamenti che possono essere assunti nelle scelte gestionali consente di pervenire in vari modi al successo o espone l'organizzazione produttiva alle crisi ed ai rischi di insolvenza.

Una teoria dell'equilibrio, dunque, che si limitasse a porre relazioni matematiche tra costi, ricavi e flussi finanziari, senza valutare se e come l'azienda sta costruendo gli elementi e le strutture che oggi appaiono determinanti per raggiungere e mantenere l'equilibrio economico, ossia per creare valore in un'ottica di lungo periodo, sarebbe di gran lunga meno rigorosa di quella proposta [45].

---

[44] La congiuntura economica, tuttavia, rende attuali alcuni rischi che sono insiti nell'esternalizzazione di gran parte della produzione alle aziende fornitrici: le difficoltà dell'impresa *leader* tendono a ripercuotersi, talora pesantemente, sull'economia delle organizzazioni che partecipano al disegno produttivo.

[45] «La matematica ha determinate possibilità e determinati limiti: nessuna di queste possibilità deve essere trascurata, come non è lecito spingere la dimostrazione matematica oltre i limiti che segnalano la capacità interpretativa del numero nei confronti dei fenomeni di cui si occupa la scienza». E. GIANNESSI 1982, p. 7. In queste righe il Giannessi sintetizza i limiti dell'impiego della matematica nell'impostazione e nella soluzione dei problemi aziendali. Tali limiti sono particolarmente evidenti quando si pretende di impostare in equazioni matematiche l'insieme degli elementi, dei valori, delle potenzialità, ecc., che oggi condizionano la possibilità di mantenere l'equilibrio economico, ossia di creare valore in una prospettiva di lungo periodo.

Tale concezione di equilibrio non determina una condizione statica nella quale le aziende sarebbero costrette a rimanere. Al contrario, esige che si faccia ricorso alle infinite possibilità attraverso le quali gli equilibri economico, finanziario e strategico possono essere realizzati.

Molteplici, come si è detto, sono i possibili percorsi di una gestione imprenditoriale responsabile, unica è la finalità da realizzare in termini di creazione di valore nel tempo. Non dobbiamo, quindi, dimenticare che la varietà dei percorsi, le differenti modalità attraverso le quali si può generare conoscenza, gestire i rapporti interni ed esterni, guadagnare consensi, pur nella loro complessità e nel loro apparente disordine, debbono essere coordinati ed orientati, da chi esercita la direzione strategica, a creare valore in modo duraturo e responsabile.

Su queste considerazioni si innesta il tema della crescita sostenibile, che è diventato quasi ossessivo ed è certamente presente nelle aspirazioni di chi si occupa di economia. Occorre ribadire che la crescita dell'economia è strettamente correlata a quella delle organizzazioni produttive che abbiamo qualificato come «aziende».

Una gestione consapevole, che si ispira al mantenimento nel tempo degli equilibri aziendali, che «crea valore» nel senso precedentemente definito, che rifiuta comportamenti speculativi e dannosi, che è in grado di ripensare la propria responsabilità anche in relazione alla funzione che è capace di svolgere nel sistema sociale, è la condizione necessaria per orientare l'economia di un paese, di una regione, di un territorio verso una prospettiva di sviluppo che sia compatibile con il rispetto delle persone e dell'ambiente [46].

A tale condizione, tuttavia, dovrebbero accompagnarsi regole nuove, adeguate a mercati globali che travalicano i confini dei singoli paesi o delle comunità [47]; dovrebbe altresì crescere ed affermarsi una differente

---

[46] «Alla fine, poi, si scopre che quello che conta, nella modernità sostenibile, non è la meta verso cui si è diretti, *ma il viaggiare stesso*: la capacità di scoprire, rischiare, stare insieme per il significato di quello che si fa e non solo per la convenienza immediata». E. RULLANI 2010, p. 181.

[47] «... i poteri di regolazione «in ultima istanza» (fuori mercato), che una volta erano assegnati allo Stato nazionale, hanno oggi un'efficacia limitata perché l'economia globale si sviluppa in spazi che *attraversano* o *sorvolano* i confini nazionali, sottraendosi alla sovranità politico-istituzionale, esercitata a scala nazionale. Cosic-

cultura che riconosca il ruolo delle organizzazioni produttive e pretenda che in esse si sviluppino e si integrino valori e conoscenza.

La difficoltà di diffondere tale cultura appare evidente ove si pensi che non è per nulla pacifico e scontato, su scala globale, che le organizzazioni produttive debbano «creare valore» nel senso precedentemente indicato. Le teorie della creazione del valore per gli azionisti (che poi si traducono nella creazione di valore per il solo azionista di controllo e per i suoi manager, nel breve periodo) sono ancora dominanti; segnano ancora la via maestra nella quale si sviluppa il percorso strategico dei manager delle grandi *corporations* internazionali. Rimangono solamente i proclami per la responsabilità sociale delle organizzazioni, sovente vuoti di reali contenuti operativi.

---

ché, nella Terra di Nessuno che è regolata (si fa per dire) dal mercato globale, risultano strutturalmente *instabili* gli equilibri di volta in volta raggiunti dagli attori che si muovono sul terreno finanziario, competitivo, ambientale e nei molti altri campi in cui si genera un deficit di sostenibilità». E. RULLANI 2010, pp. 28, 29.

«... abbandonati a se stessi, non sorretti da opportune regolamentazioni, i mercati – soprattutto quelli finanziari – non obbediscono ai meccanismi virtuosi che molti considerano loro propri, ma tendono invece a incoraggiare manipolazioni e frodi. Più diventano sofisticati, più richiedono una disciplina attenta e capillare. Precisamente quello che oggi manca, o difetta, sulla scena internazionale, e in misura ancora più sconfortante su quella domestica». G. ROSSI 2003, p. 16.

«In seguito dovremmo adoperarci per elaborare un sistema giuridico e costituire dei tribunali internazionali che permettano di far funzionare l'economia globale, così come le leggi nazionali e i tribunali federali sovraintendono al funzionamento dell'economia dei singoli paesi». J.E. STIGLITZ 2006, p. 234.

«Il maggior rischio di contagio delle crisi finanziarie richiama direttamente il problema del deficit di *governance* nelle istituzioni internazionali. Quello che occorre è implementare un'effettiva cooperazione tra le autorità di regolamentazione nazionali. È un argomento tra i più importanti nell'agenda, poiché ci si rende chiaramente conto che non è possibile costruire un mercato finanziario globale senza un adeguato coordinamento della regolamentazione». L. BECCHETTI, L. PAGANETTO 2003, p. 64.

Capitolo 7

Le analisi della redditività e della struttura finanziaria dell'impresa

Matteo Cavalieri – Lucia Amalia Fazzari – Giovanna Lucianelli

7.1. Le analisi della redditività aziendale [1]

L'analisi della redditività richiede ulteriori misurazioni dei valori che possono trovare – nelle imprese – rappresentazione nel bilancio di esercizio. Attraverso la riclassificazione e la comparazione di tali valori è possibile analizzare la situazione economica dell'impresa per meglio indirizzare le scelte strategiche ed operative del *management* [2].

L'analisi può essere effettuata attraverso:

– la riclassificazione degli schemi di bilancio;
– la comparazione dei valori di bilancio;
– le analisi dei flussi finanziari,

---

[1] A cura di MATTEO CAVALIERI e LUCIA AMALIA FAZZARI.

[2] Sulle problematiche relative all'analisi di bilancio si vedano, tra gli altri: BERGAMIN BARBATO 1975; CARAMIELLO 1987; FERRERO-DEZZANI 1979; GABROVEC MEI 1980; PAGANELLI 1987; RANALLI 1984; ROSSIGNOLI 1978; TAMI 2001.

partendo dagli schemi del capitale e del reddito elaborati ai fini dell'assegnazione del reddito ad un periodo di vita dell'impresa.

La riclassificazione dello schema del reddito

Gli schemi del reddito e del capitale riferibili ad un periodo ennesimo della vita dell'impresa consentono – come descritto nel capitolo 3 – la determinazione della porzione di reddito assegnabile all'impresa in funzionamento in relazione ai processi produttivi compiuti nel periodo. Essi contengono informazioni utili per esprimere valutazioni sul reddito prodotto e sulla sua attendibilità, ma non risultano del tutto soddisfacenti ai fini dell'analisi della redditività aziendale.

Ciò conduce alla necessità di rielaborare gli stessi attraverso la riesposizione dei valori ivi contenuti in modo da ottenere informazioni atte a meglio soddisfare gli obiettivi di analisi. Tale processo prende il nome di *riclassificazione* ed è applicato ad entrambi gli schemi che compongono il bilancio (capitale e reddito) in relazione alle esigenze informative del management nel monitoraggio delle situazioni aziendali.

La rielaborazione degli schemi del reddito e del capitale rappresenta, infatti, la base informativa di partenza per la comparazione dei valori economici e finanziari dell'impresa e la determinazione dei c. d. «indici di bilancio».

La riclassificazione dello schema del reddito consente di comprendere il contributo offerto alla formazione dell'utile o della perdita dell'esercizio da gruppi omogenei di operazioni svolte durante il periodo ovvero dalle diverse aree gestionali in cui l'attività aziendale può essere suddivisa [3]. Ai fini dell'analisi di bilancio lo schema del reddito può essere rielaborato al fine di evidenziare:

- i valori riferibili alla realizzazione della *gestione caratteristica* o *tipica ovvero quella relativa alla realizzazione dell'oggetto dell'impresa*;
- i valori riferibili alla realizzazione della *gestione extra caratteristica che comprende le gestioni accessorie* – come definite al paragrafo 1.7

[3] Occorre osservare che, pur essendo la segmentazione delle attività in aree omogenee utile ai fini dell'analisi di bilancio, essa rappresenta una astrazione permeata di soggettivismo essendo gli elementi che concorrono a formare il reddito di esercizio strutturalmente legati tra di loro da vincoli inscindibili di complementarità.

della sezione II – ed altresì *la «gestione straordinaria»*, riferita ad attività di carattere eccezionale, non ripetitive.

Lo schema del reddito presenta, nell'ipotesi proposta, una struttura scalare "a ricavi e costo del venduto" nella quale l'utile (o la perdita) di esercizio risulta determinato dall'aggregazione dei risultati che le gestioni diverse realizzano.

+ *RICAVI OPERATIVI*
– *COSTI OPERATIVI*

REDDITO OPERATIVO
± *RISULTATO DELLE GESTIONI ACCESSORIE*
± *RISULTATO GESTIONE STRAORIDINARIA*

REDDITO LORDO
– *IMPOSTE DI ESERCIZIO*

REDDITO NETTO

Nello schema riportato le poste indicate assumono il seguente significato:

- *ricavi operativi*: essi rappresentano i ricavi di competenza economica relativi ai prodotti venduti nel periodo riferibili alla gestione caratteristica;
- *costi operativi (costo del venduto)*: essi rappresentano i costi di competenza economica dei fattori produttivi – a fecondità semplice e ripetuta – relativi ai prodotti venduti e consegnati nel periodo, riferibili alla produzione caratteristica. Risultano determinati da:
    - consumi dei fattori a fecondità semplice per realizzare la produzione venduta;
    - consumi dei fattori a fecondità ripetuta (ammortamenti);
    - costi futuri presunti relativi alla produzione tipica;
    - perdite future presunte relative a crediti e debiti di funzionamento riferibili alla gestione tipica;
- la differenza tra ricavi operativi e costi operativi determina il c.d. *reddito operativo* ovvero il risultato economico – al lordo delle imposte – delle attività messe in opera dall'impresa per lo svolgimento dell'oggetto sociale (gestione caratteristica).

Un valore del reddito operativo positivo evidenzia che le risorse recuperate a fronte della vendita dei prodotti risultano superiori ai costi sostenuti per la loro realizzazione;

- *risultato delle gestioni accessorie*: rappresenta il risultato netto ottenuto dalla differenza tra i ricavi ed i costi di competenza economica riferibili alle altre gestioni strumentali, complementari, marginali poste in essere dall'impresa. Esse comprendono, in una impresa industriale, tra le altre, la gestione di linee di prodotto complementari alla produzione tipica, la gestione immobiliare e la gestione finanziaria;
- *risultato della gestione straordinaria*: rappresenta il risultato netto ottenuto come differenza tra ricavi e costi di competenza economica riferibili ad operazioni non tipiche, che presentano carattere di eccezionalità e non ripetibilità nel tempo;
- la somma algebrica tra il valore del reddito operativo, il risultato delle gestioni accessorie ed il risultato della gestione straordinaria determina il *reddito lordo* ovvero il risultato dell'attività complessiva dell'impresa al lordo delle imposte;
- la differenza tra reddito lordo ed imposte determina il *reddito netto* ovvero il risultato economico della gestione che rappresenta la remunerazione del capitale di proprietà e della funzione di imprenditorialità.

Alcuni indicatori di redditività

Ai fini dell'analisi, occorre porre attenzione al contributo che ciascuna gestione, tipica, accessoria e straordinaria, fornisce alla realizzazione del risultato economico complessivo.

L'osservazione dei valori deve verificare se il risultato economico complessivo è influenzato in modo preponderante dal risultato delle gestioni accessorie e/o straordinarie. Tale ipotesi evidenzierebbe una situazione di rischio per l'impresa in quanto:

- se il contributo prevalente deriva dalle gestioni accessorie si può presumere che l'attività dell'impresa sta deviando rispetto all'oggetto sociale individuato;
- se il contributo prevalente deriva dalla gestione straordinaria vi è il

rischio che la redditività sia connessa ad eventi sporadici e, pertanto, non ripetibili.

In entrambi i casi vi è una situazione non fisiologica che richiede un approfondimento delle cause che l'hanno determinata. In particolare in considerazione che l'impresa è in funzionamento, l'analisi non può prescindere da un confronto temporale dei valori delle diverse gestioni e dallo studio dell'andamento del loro contributo alla determinazione del reddito netto.

L'analisi delle redditività aziendale richiede, oltre alla descritta riclassificazione, la costruzione di una serie di indicatori che mettano in relazione valori di diversa natura. I principali indicatori disponibili per lo studio della redditività sono:

– il ROE *(return on equity)* che evidenzia la redditività del capitale di proprietà (capitale netto di bilancio).

Esso si determina come rapporto tra il reddito netto ed il capitale netto di bilancio. Il ROE esprime la capacità dell'impresa di remunerare il capitale di proprietà e pertanto di mantenerlo avvinto alla sua economia.

$$ROE = \frac{Rn}{Cn} \qquad [1]$$

Rn = reddito netto;
Cn = capitale netto.

L'indicatore non è di per sé sufficiente ad esprimere giudizi circa la capacità dell'impresa di mantenere redditi netti positivi nel tempo remunerando congruamente tutti i fattori della produzione. Infatti, come illustrato in precedenza, il reddito netto può essere il frutto di gestioni accessorie e/o straordinarie i cui risultati potrebbero essere assoggettati a particolari rischi o, semplicemente, potrebbero non essere ripetibili nel tempo. Se obiettivo dell'impresa è la creazione del valore nel tempo per se stessa e per tutti i soggetti che hanno contribuito alla gestione, la sola valutazione della redditività del capitale di proprietà non risulta sufficiente a garantire che le condizioni espresse siano verificate;

– il ROI *(return on investment)* che evidenzia la redditività del capitale impiegato nella gestione caratteristica.

Esso si determina come rapporto tra il reddito operativo ed il capitale investito nella gestione caratteristica ove:

$$ROI = \frac{RO}{Ci - K} \qquad [2]$$

RO = reddito operativo;
Ci = capitale investito;
K = capitale investito nelle gestioni accessorie;
(Ci – K) = capitale investito nella gestione caratteristica.

Il ROI può essere considerato come un elemento di misurazione del livello di efficienza e di efficacia della gestione tipica e rappresenta un presupposto fondamentale della redditività globale; esso è uno dei requisiti necessari (ma non sufficienti) per il successo economico dell'azienda.

Un'azienda che presenta un elevato e stabile ritorno sugli investimenti tipici ha maggiore probabilità di riuscire a remunerare i finanziamenti ricevuti, sia a titolo di prestito sia di capitale di proprietà ed autofinanziare il proprio sviluppo. Resta comunque aperto il quesito, di tipo qualitativo, di come l'impresa sia riuscita a generare un'elevata redditività della gestione caratteristica e, problema non secondario, di quale sia l'orizzonte temporale che l'impresa ha posto alla base dei suoi piani strategici. Ancora una volta, insomma, si deve sottolineare come un'analisi svolta ponendo la propria attenzione esclusivamente agli indicatori (reddituali e patrimoniali), per quanto attenta ed approfondita possa essere, non sia in grado di cogliere tutte le leve del valore e pertanto di catturare gli elementi che possono enucleare la condizioni di equilibrio economico, unico vero obiettivo dell'organizzazione produttiva.

Volendo approfondire ulteriormente l'analisi reddituale, il ROI, a sua volta, è scomponibile in due indicatori analitici: la redditività delle vendite ed il tasso di rotazione del capitale investito.

Il ROS – *indicatore della redditività delle vendite* – è dato dal rapporto tra il reddito operativo ed i ricavi di vendita.

$$ROS = \frac{RO}{V} \qquad [3]$$

RO = reddito operativo;
V = ricavi di vendita.

Questo indice evidenzia la percentuale di ricchezza, al netto della copertura di tutti i costi della gestione tipica, che l'impresa è stata in grado di generare rispetto al valore delle vendite. Il suo valore risulta strettamente influenzato dalla dinamica dei mercati di sbocco e di approvvigionamento, nonché dalle scelte connesse al grado di rigidità della struttura produttiva.

Il tasso di rotazione del capitale investito è dato dal rapporto tra i ricavi di vendita ed il capitale investito.

$$\text{Tasso di rotazione} = \frac{V}{Ci} \qquad [4]$$

V = ricavi di vendita;
Ci = capitale investito.

Esso fornisce una misura approssimata della quantità di investimenti che vengono recuperati attraverso i ricavi nell'esercizio in corso. Un tale indicatore risulta determinante al fine di comprendere i tempi medi di recupero degli investimenti e, conseguentemente, è in grado di fornire indicazioni sulla rischiosità dell'attività tipica. Si ricorda, infatti, come un più lungo tempo di recupero esponga maggiormente l'impresa al rischio connesso all'obsolescenza diretta ed indiretta. L'indicatore in questione, inoltre, può essere visto anche come misuratore della velocità di realizzo delle risorse aziendali e pertanto, per tale ragione è interpretabile come dimensione finanziaria dell'efficacia[4].

---

[4] Ricordiamo, infatti che per efficacia si intende la capacità dell'impresa di realizzare produzioni che incontrino il favore degli utilizzatori. In tal senso la rapidità attraverso la quale l'attivo viene realizzato rappresenta una prima misura dell'apprezzamento dei terzi. Risulta però necessario, al fine di non commettere errori in tal senso, verificare anche che i prezzi ai quali le vendite vengono regolate siano remuneratori.

Il ROI può essere ottenuto, quindi, come prodotto dei due precedenti indicatori parziali con il seguente procedimento:

$$ROI = \frac{RO}{V} \cdot \frac{V}{Ci} \qquad [5]$$

RO = reddito operativo
V = ricavi di vendita
Ci = capitale investito

Una volta introdotti e descritti i principali indici di analisi della redditività dell'impresa risulta importate analizzare le relazioni che esistono tra di essi.

Un'impresa che presenta valori del ROI negativi o modesti ha, come già accennato in precedenza, maggiore probabilità di generare una modesta o scarsa redditività del capitale netto nel lungo periodo. Se, infatti, nel breve periodo l'impresa potrebbe riuscire a mantenere un valore costante del ROE grazie ai risultati accessori e/o straordinari, nel lungo periodo gli effetti di tali operazioni potranno difficilmente essere mantenuti.

Se con riferimento al risultato delle gestioni straordinarie l'irripetibilità è caratteristica intrinseca, un differente discorso meritano le gestioni accessorie. Queste ultime, infatti, potrebbero anche contribuire stabilmente al risultato complessivo d'impresa; tuttavia, in linea di principio, non essendo parte del *core-business* dovrebbero rimanere gestioni alienabili. La perdita di questo requisito, collegata con la necessità di sostenere il risultato economico, altrimenti insufficiente a garantire la continuità aziendale, genera un'inversione di ruoli.

È evidente a questo punto che la gestione tipica, che dovrebbe essere quella attorno alla quale ruota l'economia dell'impresa, non risulta in grado di garantire la remunerazione congrua di tutti i soggetti che partecipano all'attività della stessa: tale remunerazione, infatti, sarebbe affidata alle gestioni accessorie. In tali condizioni sarebbe probabilmente il caso di rivedere l'oggetto che definisce l'attività d'impresa.

Nell'ipotesi in cui tra le gestioni accessorie dovesse avere influenza particolare la gestione finanziaria, ci troveremmo di fronte ad un ulteriore pericolo collegato alla volatilità tipica di questi investimenti. In quest'ultima situazione, pertanto, oltre ad un'errata individuazione dell'oggetto sociale, ci troveremmo di fronte ad un'elevata aleatorietà della sopravvivenza aziendale.

Concentrando ora la nostra attenzione sul ROE, risulta evidente come questo sia condizionato dai risultati delle gestioni accessorie e della gestione straordinaria. In particolare il ROE risulta collegato al costo sostenuto dall'impresa per il capitale di prestito e, di conseguenza, all'assetto finanziario dell'impresa. Il ROE, quindi, aumenta con l'aumentare del ROI; diminuisce con l'aumentare del tasso medio dei finanziamenti ottenuti; è influenzato dal rapporto tra capitale di proprietà e capitale di prestito.

I legami sopraccennati possono essere sintetizzati nella seguente formula:

$$ROE = ROI + [\frac{MT}{MP} \times (ROI - i)] \qquad [6]$$

MT = mezzi attinti con vincolo di prestito
MP = mezzi attinti con vincolo di capitale di proprietà
i = tasso di interesse pagato sui finanziamenti ottenuti con vincolo di capitale di prestito.

È possibile osservare che il valore del ROE cresce con il crescere dell'indebitamento se il ROI è superiore al tasso di interesse dei finanziamenti, mentre esso diminuirà se il valore del ROI risulta inferiore al tasso di interesse sui finanziamenti. Infatti, se l'impresa presenta una redditività (ROI) superiore al tasso di interesse pagato sui finanziamenti attinti con vincolo di prestito, l'indebitamento (MT/MP) avrà un effetto moltiplicativo sulla redditività del capitale di proprietà (ROE) tanto più evidente quanto più tale indice supera l'unità.

Per contro, se la redditività del capitale investito (ROI) è inferiore al tasso di interesse pagato sui finanziamenti attinti con vincolo di prestito, il rapporto di indebitamento (MT/MP) produce effetti riduttivi sul ROE tanto maggiori al crescere del suo valore.

Il suddetto effetto prende il nome di effetto leverage o leva finanziaria[5];

---

[5] Con riferimento all'effetto della leva finanziaria, si vedano, tra gli altri: CATTA-

se il ROI è maggiore del tasso di finanziamento si parla di *leverage* positivo; in caso contrario si parla di *leverage* negativo.

La leva finanziaria è sicuramente una delle principali responsabili della crisi che sta ad oggi caratterizzando l'economia mondiale. L'eccessivo indebitamento verso il quale si erano spinte molte imprese negli anni immediatamente precedenti al manifestarsi della crisi, infatti, era fondamentalmente collegato alla redditività che le stesse riuscivano ad ottenere dallo sfruttamento della leva finanziaria positiva.

In situazioni di ciclo economico ascendente, infatti, la maggiore redditività del capitale investito nella gestione caratteristica, rispetto al costo del capitale preso a prestito, spinge le imprese verso un più elevato livello di indebitamento (si sviluppa negli imprenditori l'idea che sia conveniente «fare impresa con i soldi degli altri»).

Nel momento in cui il ciclo economico s'inverte, e con esso l'effetto della leva finanziaria, le imprese maggiormente indebitate sono le prime ad incontrare serie difficoltà. Il costo dell'indebitamento ed il peso delle rate in scadenza, infatti, diventano insostenibili quando il funzionamento della gestione caratteristica viene messo in crisi da una situazione congiunturale negativa, che si traduce nella riduzione dei ricavi, nell'aumento dei costi dei fattori produttivi e nella crescente difficoltà di accesso a nuovi prestiti per la carenza di liquidità nei mercati finanziari.

Da quanto brevemente delineato appare evidente come, per ottenere una visione chiara della situazione e delle prospettive aziendali, risulti necessario effettuare adeguate analisi e valutazioni sulla solidità patrimoniale dell'impresa stessa [6].

7.2. Il modello dell'*Economic Value Added (E.V.A.)* [7]

Tra i principali indicatori di performance a disposizione degli anali-

---

NEO 1979; CODA 1977; DI LAZZARO 1997; PAGANELLI 1977; WESTON, BRIGHAM 1974.

[6] Si rimanda alle considerazioni già svolte nel paragrafo 5.1 della sezione II del presente volume, nonché alle rielaborazioni ed alle analisi indicate nel paragrafo 7.3.

[7] Tratto da M. CAVALIERI 2004 (2), p. 35 ss.

sti di bilancio, l'E.V.A. è sicuramente uno di quelli che più si adatta alle nuove pressioni della globalizzazione che, aprendo le porte ai mercati dei capitali, richiede una sempre maggiore comparabilità internazionale degli investimenti. È proprio in quest'ambito che indicatori quali il R.O.E. ed il R.O.I., di gran lunga più utilizzati e diffusi nell'analisi finanziaria, conoscono i propri limiti. Il reddito, che costituisce il denominatore di entrambi i rapporti sopra mezionati, è infatti condizionato dai principi contabili adottati che ancora differiscono da Paese a Paese. Ulteriori diversificazioni si hanno per quanto riguarda i criteri d'imputazione dei costi di ricerca e sviluppo e dell'avviamento con introduzione di ulteriori elementi che, insieme agli effetti di eventuali politiche di bilancio, contribuiscono a distorcere il significato degli indicatori.

I cambiamenti incorsi in questi ultimi anni nel mondo delle aziende hanno inoltre evidenziato come, sempre più spesso, i fattori intangibili contribuiscano al processo di creazione del valore in misura più rilevante di quelli tangibili. «*La ricerca si è focalizzata pertanto nel riassumere in una unica formula la logica dello shareholder value, cioè di sintetizzare decisioni operative e decisioni di investimento, livello di rischio e di rendimento in un unico indicatore di performance. Su tale presupposto è stato sviluppato il modello del "reddito economico" (economic profit), denominato E.V.A.™ (Economic Value Added)*». (A. Tami 2001, p. 340).

La formula dell'E.V.A.™ rappresenta la differenza tra il rendimento ed il costo del capitale investito, come di seguito evidenziato:

$$EVA^{TM} = NOPAT - Wacc * CI \quad [7]$$

da cui:

$$EVA^{TM} = (NOPAT/CI - Wacc) * CI \quad [8]$$

in cui:

NOPAT = *Net Operating Profit After Taxes* (Reddito operativo normalizzato dopo le imposte);
Wacc = *Weighted Average Cost of Capital* (Costo medio ponderato del capitale);
CI = *Operating Investiments* (Capitale operativo investito);
NOPAT/CI altro non è che il rendimento del capitale investito.

Ci sembra importante sottolineare come:

a) l'*Economic Value Added* sia il frutto di ampi processi di rettifica e «normalizzazione»[8] e non sia basato sui semplici risultati contabili, spesso frutto di importanti distorsioni;

b) il Wacc comprenda al suo interno l'intero costo del capitale, inteso come costo sostenuto dalla società per il reperimento sui mercati del capitale di prestito e come «costo opportunità» per quello di proprietà (ovvero come rendimento degli investimenti alternativi aventi le stesse caratteristiche cui si rinuncia per investire nell'azienda oggetto di analisi) (A. Tami 2001, p. 340). Tale costo, dunque, tiene necessariamente conto delle attese degli investitori e del livello di rischio specifico dell'azienda.

Possiamo a questo punto ragionevolmente affermare che l'E.V.A. rappresenti il profitto, ossia la remunerazione dell'imprenditore. Tale valore è quanto resta dopo aver assicurato la retribuzione contrattualmente definita o prevista dal mercato per tutti gli altri fattori produttivi (risultato residuale).

L'E.V.A., dunque, è espressione del valore creato dall'impresa nel periodo, mentre il valore attuale della sommatoria degli E.V.A. futuri attesi (*Market Value Added*) rappresenta, laddove positivo, il *goodwill* e, laddove negativo, il *badwill* specifico dell'azienda.

Riteniamo importante sottolineare come l'E.V.A. possa essere utilizzato nei processi di valutazione del capitale economico effettuati mediante metodi misti, nei quali il valore economico del capitale si ottiene sommando al valore del capitale investito, calcolato a prezzi correnti, il *goodwill* (o *badwill*).

Occorre, tuttavia, rilevare che il procedimento per giungere al valore economico del capitale mediante l'utilizzo di tale indicatore non è immune dalle medesime difficoltà concettuali, che abbiamo già segnalato per il calcolo del capitale economico. Più precisamente, i veri problemi consistono nell'impossibilità di determinare con oggettività i valori prospettici attinenti al grado di rischio ed ai flussi di reddito che, pertanto, conservano la loro essenza di stime e congetture a carattere fondamentalmente soggettivo, legate alla presenza e alla qualità degli elementi del-

---

[8] Per l'analisi di tali processi, si veda: Giannetti, 2002, p. 245 ss.

la formula imprenditoriale [9], che debbono essere opportunamente indagati e sottoposti a valutazione critica.

Tornando poi al confronto tra E.V.A., R.O.E. e R.O.I., c'è da rilevare che mentre questi ultimi esprimono un dato spurio, che va depurato del rischio che caratterizza gli investimenti nell'impresa oggetto di valutazione, l'E.V.A. esprime un valore netto e, come tale, è frutto (e non dato di partenza) di logiche valutative. È, a nostro dire, un valore più completo e significativo in sé e non richiede ulteriori confronti per esprimere un accettabile contenuto informativo.

7.3. Le analisi della struttura finanziaria e della liquidità aziendale [10]

Le ulteriori riflessioni che vengono qui proposte in merito alle riclassificazioni degli investimenti e delle fonti di finanziamento, sono di estrema importanza non solo per elaborare degli indicatori utili a studiare le dimensioni dell'equilibrio aziendale ma, ancor prima, per organizzare i valori finanziari ed economici che compongono il capitale di funzionamento, in modo da ottenere *informazioni coerenti con gli obiettivi di analisi* della struttura patrimoniale e finanziaria.

Le rielaborazioni (dello schema) del capitale consentono una lettura immediata non solo dell'incidenza delle diverse classi di valori sul totale *(analisi della composizione degli impieghi e delle fonti)*, ma anche dell'ampiezza e del significato delle relazioni tra le diverse parti del sistema dei valori aziendali (*analisi della correlazione tra gli impieghi e le fonti*). In termini generali, l'obiettivo di analisi del capitale può essere quello di elaborare indicatori e relazioni che esprimano, a diversi livelli, la *solidità della struttura finanziaria dell'impresa e il grado di autonomia* (oppure di *dipendenza) finanziaria da terze economie.*

L'analisi può basarsi su due tipi diversi di indici, che alcune volte sono usati in modo alternativo, altre volte in modo complementare:

---

[9] Per gli elementi della formula imprenditoriale si veda la nota 41 del paragrafo 6.8, sezione II.

[10] A cura di GIOVANNA LUCIANELLI

1) gli indici-quozienti;
2) gli indici-differenze.

La riclassificazione degli investimenti rende infatti possibile una *lettura* sia *verticale* degli impieghi di capitale (il peso o incidenza di valori di investimento considerati sia separatamente che in modo aggregato sul totale) che *orizzontale* (l'andamento nel tempo degli investimenti), così come la rielaborazione dei valori relativi alle fonti di finanziamento permette di cogliere sia le relazioni *verticali* (il peso o incidenza di alcune fonti di finanziamento sul totale degli investimenti o dei finanziamenti) che quelle *orizzontali* (l'andamento nel tempo delle fonti dei mezzi investiti). Lo studio delle relazioni tra forme di acquisizione delle fonti e impieghi (attraverso l'elaborazione di appositi *indici di correlazione*) completa l'osservazione della situazione patrimoniale e finanziaria.

Al fine di sottolineare quali siano gli aspetti da non trascurare nell'analisi della dimensione attuale e prospettica di un'impresa in funzionamento, prenderemo in considerazione due modelli di riclassificazione del capitale: quello fondato sulla *funzione che gli investimenti e le fonti sono chiamati ad assolvere all'interno del sistema produttivo*, che separa i componenti attivi del capitale nelle classi di *capitale fisso* e *capitale circolante,* e quello fondato sul *criterio finanziario o della liquidità*, che riclassifica le voci dello schema del capitale in funzione della durata dell'investimento e dell'esigibilità del finanziamento.

Nel primo modello, che separa i componenti attivi del capitale nelle classi di *capitale fisso* e di *capitale circolante,* la *composizione degli investimenti* viene osservata con il fine di verificare la prevalenza di *condizioni di rischio derivanti dal loro grado di rigidità* (considerando il peso che il capitale fisso e il capitale circolante assumono sul totale degli impieghi). In via preliminare, si deve considerare che i possibili rapporti tra queste due differenti classi di investimenti dipendono dai vincoli di settore (un'impresa industriale avrà tendenzialmente un rapporto di composizione degli investimenti diverso da quello di un'impresa commerciale) e dai condizionamenti derivanti dalle politiche di gestione decise autonomamente dall'impresa (grado di automazione della produzione, dilazioni di pagamento concesse, ecc.). Ovviamente gli investimenti in capitale fisso (fattori a fecondità ripetuta, crediti di finanziamento e partecipazioni immobilizzate) sono quelli che in maggior misura conferiscono rigidità al capitale.

Il grado di «rigidità degli impieghi» si può ottenere rapportando il capitale fisso (A_f) al capitale investito (C_i); in tal caso la rigidità sarà tanto maggiore quanto più il risultato si avvicina ad 1:

$$\frac{A_f}{C_i} = \leq 1 \qquad [9]$$

Altrimenti, esso può essere elaborato come rapporto diretto tra le due grandezze, capitale fisso (A_f) e capitale circolante (A_c); in tale ipotesi l'indice può assumere anche valori superiori ad 1, rivelando così una rigidità proporzionale al crescere del valore assoluto di tale quoziente:

$$\frac{A_f}{A_c} = \leq \text{ oppure } \geq 1 \qquad [10]$$

La verifica della composizione dei finanziamenti viene invece normalmente effettuata studiando il rapporto tra capitale di proprietà (C_p) e il totale delle totale delle fonti di finanziamento (F_f):

$$\frac{C_p}{F_f} = \leq 1 \qquad [11]$$

Valori prossimi all'unità segnalano un elevato livello di autonomia o indipendenza finanziaria e normalmente esprimono una condizione favorevole all'equilibrio della struttura finanziaria dell'impresa.

In particolare, il grado di autonomia finanziaria viene normalmente osservato studiando il rapporto tra capitale di proprietà (C_p) e il capitale di terzi (C_t):

$$\frac{C_p}{C_t} = \leq \text{ oppure } \geq 1 \qquad [12]$$

Risulta evidente che valori elevati (maggiori o almeno prossimi all'unità) di questo indicatore rivelano la preferenza e la capacità dell'imprenditore di finanziarsi con capitale che possa mantenersi avvinto in modo permanente all'economia dell'impresa (per un'impresa di grandi dimensioni dimostra anche la capacità di attrazione del capitale da parte della stessa) e un certo grado di autonomia finanziaria. Valori prossimi allo 0 segnalano invece condizioni di «dipendenza finanziaria» che possono essere più o meno sostenibili, soprattutto in periodi di congiuntura sfavorevole.

L'interpretazione di questo rapporto si rivela in effetti particolarmente importante dal momento che si tratta di considerare contestualmente il vantaggio derivante da un elevato grado di autonomia finanziaria e quello derivante da un maggiore ricorso all'indebitamento quando il costo medio dei finanziamenti risulti essere inferiore rispetto alla redditività degli investimenti effettuati dall'impresa (effetto «leva finanziaria»).

Studiando la *correlazione* esistente tra impieghi e fonti del capitale è possibile verificare l'esistenza di condizioni di equilibrio tra la scadenza delle fonti e il tempo di recupero degli investimenti. In tal caso l'analisi si incentra generalmente sulle modalità di finanziamento del capitale fisso, del capitale circolante e sull'equilibrio finanziario a breve, espresso come differenza tra due componenti del capitale circolante lordo (disponibilità liquide immediate e crediti di funzionamento) e il passivo corrente (debiti di funzionamento e ricavi anticipati). Lo strumento che solitamente viene impiegato per l'osservazione di tali grandezze consiste nell'utilizzo di margini (indici-differenze) che esprimono le modalità di copertura degli impieghi.

Si descrivono di seguito i margini (indici-differenza) più significativi.

(a) Il *margine di struttura* (M_s) determinato allo scopo di analizzare le modalità di finanziamento del capitale fisso, come differenza tra capitale di proprietà (C_p) e capitale fisso (A_f):

$$M_s = C_p - A_f \qquad [13]$$

La situazione ottimale si ha nel caso in cui tale margine assume un valore positivo, in modo da assicurare non solo adeguata copertura agli investimenti che costituiscono la struttura dell'impresa, ma anche alle componenti del capitale circolante immobilizzate. Un valore negativo del margine di struttura, invece, metterebbe in evidenza che la copertura del fabbisogno finanziario durevole è affidata, almeno in parte, all'indebitamento (che comunque dovrebbe essere assunto come passivo consolidato, non certo a breve termine!), determinando una maggiore dipendenza dalle fonti esterne di finanziamento, che dovrebbero essere rinnovate periodicamente per garantire la sopravvivenza aziendale.

Si consideri, inoltre, che il *margine di struttura* andrebbe valutato congiuntamente con l'indice che esprime il *grado di autonomia finanziaria* (C_p/C_t) in precedenza illustrato, in quanto può accadere che un rapporto tra mezzi propri e di terzi, a prima vista adeguato, si riveli successivamente insoddisfacente, se il capitale di proprietà è insufficiente a coprire gli investimenti che costituiscono la struttura aziendale; viceversa, un rapporto di indebitamento apparentemente elevato (ovvero un basso grado di autonomia) può essere meno preoccupante, se l'entità dei mezzi propri è superiore rispetto al complesso delle attività del capitale fisso.

Una variante di questo margine (M_s^1) è quella che prende in considerazione il passivo consolidato (P_c) sommandolo al capitale di proprietà (C_p), per valutare complessivamente il grado di copertura del capitale fisso (A_f) con fonti a lunga scadenza:

$$M_s^1 = C_p + P_c - A_f \qquad [14]$$

Risulta evidente che valori negativi di questo margine rivelerebbero una situazione di squilibrio finanziario, con possibili ripercussioni sulla liquidità, dal momento che il capitale fisso sarebbe in tal caso finanziato in parte con il ricorso al passivo corrente;

Occorre al riguardo sottolineare che, se in linea generale si può affermare che gli investimenti dovrebbero trovare adeguate fonti di copertura in relazione ai loro tempi di recupero, non si può poi, in particolare, sostenere che gli investimenti del capitale circolante possano essere coperti dal passivo a breve, mentre gli investimenti in capitale fisso debbano essere finanziati dal capitale di proprietà e dal passivo consolidato (debiti di finanziamento e passività presunte). In questo modo, lo ricordiamo, non si terrebbe conto del fatto che *le componenti del capitale circolante sono gli investimenti più immobilizzati* (in quanto sono fisiologicamente necessari ad alimentare la normale attività dell'impresa) *e richiedono fonti di copertura appropriate, che siano disponibili e legate durevolmente all'economia dell'impresa (capitale permanente).*

Il margine di struttura, quindi, ponendo relazioni tra il capitale di proprietà (o il capitale di proprietà più il passivo consolidato) e l'attivo fisso, potrebbe essere un indicatore poco opportuno o, addirittura, fuorviante nel definire i rapporti fisiologici tra le tipologie di fabbisogno finanziario che gli investimenti determinano e le caratteristiche delle fonti idonee a finanziarle.

Come già rilevato, i rapporti tra caratteristiche del fabbisogno finanziario connesso agli investimenti e caratteristiche delle fonti di copertura di tale fabbisogno sono estremamente importanti per realizzare una struttura finanziaria equilibrata e flessibile. *Tali rapporti, tuttavia, devono essere posti tra investimenti e fonti riclassificati con differente logica rispetto a quella che separa il capitale fisso dal capitale circolante*[11].

(b) Il *margine* (M_d) *di disponibilità (o del capitale circolante netto)*, determinato per analizzare le modalità di copertura del capitale circolante, in termini di differenza tra le componenti del capitale circolante lordo [ovvero le disponibilità liquide immediate (D_l), i crediti di funzionamento (Cr_{fu}) e le scorte di fattori a fecondità semplice e di prodotti (S)] e le passività correnti (P_{corr}):

$$M_d = D_l + Cr_{fu} + S - P_{corr} \qquad [15]$$

Il valore assunto da tale margine dovrebbe essere positivo, anche se un valore positivo non garantisce una situazione di equilibrio finanziario a breve termine, quando crediti e debiti non sono classificati in relazione al tempo di recupero o di estinzione, ma in relazione alla *funzione* svolta nel processo produttivo e, pertanto, possono includere valori realizzabili nel lungo periodo;

(c) Il *margine di tesoreria* (M_t), determinato al fine di verificare la copertura degli impegni assunti nel breve termine (P_b) con le risorse liquide disponibili (disponibilità liquide immediate, L_i e differite, L_d):

$$M_t = L_i + L_d - P_b \qquad [16]$$

La situazione ideale, anche in questo caso e per ovvie ragioni, è quella in cui il margine assuma valore positivo. La liquidità è importante per-

---

[11] Si veda, in proposito, la trattazione svolta al paragrafo 5.1, sezione II del presente volume, cui facciamo rinvio.

ché concorre a determinare l'equilibrio finanziario nel breve periodo. Un'impresa con adeguata liquidità rivela l'attitudine ad adempiere i propri impegni verso terzi, sia tempestivamente (senza ritardi) che economicamente (a costi accettabili). Se il valore è negativo e di importo elevato si ha un chiaro segnale di rischio finanziario, in quanto si evidenzia un eccesso di indebitamento a breve.

Si tenga presente, però, che *l'elaborazione di questo margine presuppone la riclassificazione dei valori dello schema del capitale in funzione della durata degli investimenti (tempo di reintegro monetario) e dell'esigibilità dei finanziamenti (in altre parole, in funzione della loro scadenza) cioè in base al criterio finanziario o della liquidità.*

In particolare, tale riclassificazione può concretamente realizzarsi:

- secondo un criterio di liquidità crescente *(fixed first)* per gli investimenti e in termini di esigibilità crescente per le fonti, oppure:
- secondo un criterio di liquidità decrescente *(current first)* per gli investimenti e in termini di esigibilità decrescente per le fonti.

In genere, la *durata convenzionale* per distinguere i valori in base al breve o al lungo termine è considerata di un anno. In tale ottica, nella fase di rielaborazione del capitale, vengono inclusi tra le componenti del capitale circolante tutti quegli investimenti che si prevede siano recuperati in forma liquida entro un anno, mentre vengono considerati componenti del capitale fisso tutti quegli investimenti per i quali non si prevede la possibilità di reintegro monetario entro l'anno. Analogamente vengono considerati componenti del passivo corrente o a breve i finanziamenti che generano uscite nei prossimi 12 mesi (debiti di funzionamento e di finanziamento con scadenza entro l'anno) e passivo consolidato (o a medio-lungo termine) i finanziamenti durevoli dell'impresa, con tempi di rimborso complessivi superiori all'anno (debiti di funzionamento e di finanziamento); nel capitale di proprietà rimangono le risorse di pertinenza dei soci senza obbligo di restituzione e quindi, con scadenza non definita (capitale di conferimento e di risparmio).

In ultimo si tenga presente che si può elaborare una versione diversa di questo margine, che può essere chiamata margine o «indice di liquidità» (M_l) e che prende in considerazione solo la liquidità immediata per il confronto con il passivo a breve:

$$M_l = L_i - P_b \qquad [17]$$

Giova osservare che il valore assunto da questo indice difficilmente si avvicina all'unità, perché è improbabile e poco conveniente che un'impresa detenga liquidità tanto elevata da pareggiare la propria esposizione di breve periodo.

Bibliografia

Airoldi G., Brunetti G., Coda V. 1989 — Giuseppe Airoldi, Giorgio Brunetti, Vittorio Coda, *Lezioni di economia aziendale*, Il Mulino, Bologna.

Aldrich H.E. 1979 — H.E. Aldrich, *Organization and Environment*, Englewood Clifs, Prentice Hall.

Allegri V. 2004 — Vincenzo Allegri, *L'amministrazione e il controllo*, in V. Allegri, L. Calvosa et al., *Diritto Commerciale*, IV ed., Monduzzi, Bologna.

Amaduzzi A. 1930 — Aldo Amaduzzi, *Capitali fissi e circolanti nell'economia sociale. Immobilizzazioni e disponibilità, nei riguardi della destinazione dei beni, nell'economia aziendale*, in *Note di economia aziendale*, Tipografia Bertani, Savignano.

Amaduzzi A. 1943 — Aldo Amaduzzi, *Di una teoria delle condizioni di equilibrio d'impresa,* in RIREA.

Amaduzzi A. 1948 — Aldo Amaduzzi, *Il sistema produttivo dell'impresa nelle condizioni del suo equilibrio e del suo andamento*, nel volume «Studi di Economia aziendale» pubblicato in occasione della «Giornata di studio per ricordare Aldo Amaduzzi», Edizioni KAPPA, Roma.

Amaduzzi A. 1949 — Aldo Amaduzzi, *Conflitto ed equilibrio di interessi nel bilancio dell'impresa*, Cacucci, Bari.

Amaduzzi A. 1950, 1956 — Aldo Amaduzzi, *Il sistema dell'impresa nelle condizioni prospettiche del suo equilibrio*, Signorelli, Roma.

Amaduzzi A. 1966 — Aldo Amaduzzi, *Indagini sull'efficienza. Teoria dell'equilibrio nella dinamica aziendale. Pianificazione integrale di azienda*, nel vol. I degli «Studi di tecnica, organizzazione e Ragioneria», in memoria di G. Corsani, Editore Cursi, Pisa.

AMADUZZI A. 1966, 1972, 1978 ALDO AMADUZZI, *L'azienda nel suo sistema e nell'ordine delle sue rilevazioni*, Utet, Torino.

AMADUZZI A. 1981 ALDO AMADUZZI, *L'equilibrio delle imprese nella teoria e nella realtà contemporanea con riguardo al rapporto investimenti-finanziamenti*, nel volume «Bilancio di esercizio e amministrazione delle imprese» (Studi in onore di Pietro Onida), Giuffrè, Milano.

AMADUZZI A. 1990 ALDO AMADUZZI, *Il sistema degli studi aziendali sulla base dei principi,* in RIREA 1990, n. 1/2.

AMADUZZI ANTONIO 1970 ANTONIO AMADUZZI, *Il bilancio aziendale nella logica degli «insiemi»*, in Rivista dei Dottori Commercialisti, n. 2.

AMADUZZI ANTONIO 1985 ANTONIO AMADUZZI, *Economia Aziendale: principi, modelli, procedure*, Cacucci, Bari.

AMODEO D. 1956, 1976 DOMENICO AMODEO, *Le gestioni industriali produttrici di beni*, Utet, Torino.

AMODEO D. 1960 DOMENICO AMODEO, *Avviamento e riserva occulta: un accostamento*, in «Scritti di Ragioneria e Tecnica Economica» in onore di A. Ceccherelli, Firenze.

AMODEO D. 1964, 1970 DOMENICO AMODEO, *Ragioneria generale delle imprese*, Giannini, Napoli.

ANDREWS R.K. 1980 R. KENNETH ANDREWS, *The concept of corporate strategy*, R.D. Irwin, Homewood III.

ANSOFF H.I. 1980 H. IGOR ANSOFF, *Management strategico*, Etas Libri, Milano.

ANSOFF H.I. 1987 H. IGOR ANSOFF, *Organizzazione innovativa*, Ipsoa, Milano.

ARDEMANI E. 1968 EDOARDO ARDEMANI, *Considerazioni economico-aziendali sul valore aggiunto*, in Ricerche economiche, n. 3/4.

ARDEMANI E. 1978 EDOARDO ARDEMANI, *L'amministrazione delle imprese*, Giuffrè, Milano.

AZZINI L. 1954 LINO AZZINI, *Investimenti e produttività nelle imprese industriali*, Giuffrè, Milano.

AZZINI L. 1962 LINO AZZINI, *Le situazioni d'impresa investigate nella dinamica economica delle produzioni*, vol. I, *Le situazioni patrimoniali*, Giuffrè, Milano.

AZZINI L. 1974 — LINO AZZINI, *Autonomia e collaborazione tra aziende*, Giuffrè, Milano.

AZZINI L. 1975 — LINO AZZINI, *I gruppi aziendali*, Giuffrè, Milano.

BARAN P., SWEEZY P. 1968 — PAUL BARAN, PAUL SWEEZY, *Il capitalismo monopolistico. Saggio sulla struttura economica e sociale americana*, Einaudi, Torino.

BASSI A. 1979 — AMEDEO BASSI, *Dividendi e ristorni nelle società cooperative*, in Quaderni di Giurisprudenza Commerciale, n. 23, Giuffrè, Milano.

BAUMOL W.J. 1967 — WILLIAM J. BAUMOL, *Business Behaviour, Value and Growth*, Brace & World, Harcourt.

BAUMOL W.J. 1968 — WILLIAM J. BAUMOL, «*Entrepreneurship in Economic Theory*», in The American Economic Review.

BAUMOL W.J. 1972 — WILLIAM J. BAUMOL, *Strategia delle imprese e sviluppo economico*, Etas Kompass, Milano.

BECCHETTI L., PAGANETTO L. 2003 — LEONARDO BECCHETTI, LUIGI PAGANETTO, *Finanza etica. Commercio equo e solidale. La rivoluzione silenziosa della responsabilità sociale*, Donzelli Editore, Roma.

BERGAMIN BARBATO M. 1975 — MARIA BERGAMIN BARBATO, *Il valore segnaletico degli indici di bilancio in rapporto ai criteri seguiti per la loro determinazione*, in AA.VV., Indici di bilancio e flussi finanziari, Ets Libri, Milano.

BERGAMIN BARBATO M. 1991 — MARIA BERGAMIN BARBATO, *Programmazione e controllo in un'ottica strategica*, Utet, Torino.

BERTHALANFFY VON L. 1951 — LUDWING VON BERTHALAFFY, *Problems of General System Theory*, in Human Biology, vol. XXIII, n. 4.

BERTINI U. 1969 — UMBERTO BERTINI, *Introduzione allo studio dei rischi nell'economia aziendale*, C. Cursi, Pisa.

BERTINI U. 1977 — UMBERTO BERTINI, *Il sistema d'azienda. Schema di analisi*, Opera universitaria, Pisa (nuova edizione riveduta ed ampliata, Giappichelli, Torino, 1994).

BERTINI U. 1991 — UMBERTO BERTINI, *Scritti di politica aziendale*, Giappichelli, Torino.

BESTA F. 1932 — FABIO BESTA, *La ragioneria*, vol. I, ristampa della seconda edizione riveduta ed ampliata, Vallardi, Milano.

BONELLI F. 2003 — FRANCO BONELLI, *L'amministrazione delle S.p.A. nella riforma*, Relazione al Convegno di Genova, Ipsoa, Milano.

BORGONOVI E. 1979 — ELIO BORGONOVI, *L'impresa pubblica*, Giuffrè, Milano.

BORGONOVI E. 1995 — ELIO BORGONOVI, *Aziende non profit: problemi teorici, profili giuridici e politiche di indirizzo*, in AIDEA, Le aziende non profit tra Stato e mercato, Clueb, Bologna.

BORGONOVI E. 1996 — ELIO BORGONOVI, *Principi e sistemi aziendali*, Egea, Milano.

BRESCIANI TURRONI C. 1960 — COSTANTINO BRESCIANI TURRONI, *Corso di economia politica*, vol. I: Teoria generale dei fatti economici, quarta edizione, Giuffrè, Milano.

BRIGHAM E., WESTON F. 1972 — WESTON F., BRIGHAM E., *Finanza aziendale*, Il Mulino.

BRUNETTI G. 1979 — GIORGIO BRUNETTI, *Il sistema dei quozienti di blancio: alcuni caratteri strutturali e funzionali*, in AA.VV., Indici di bilancio e flussi finanziari, Etas Libri, Milano.

BRUNETTI G. 2010 — GIORGIO BRUNETTI, *La crisi odierna vista da un aziendalista*, in RIREA, n. 1/2.

BRUNI G. 1979 — GIUSEPPE BRUNI, *Le strutture di bilancio*, Isedi, Milano.

BRUSA L. 1986 — LUIGI BRUSA, *Le strutture organizzative d'impresa*, Giuffrè, Milano.

BUCCI G. 1976 — GUIDO BUCCI, *Utili e ristorni nelle imprese cooperative*, in Giurisprudenza Commerciale, Giuffrè, Milano.

CAFFERATA R. 1983 — ROBERTO CAFFERATA, *Pubblico e privato nel sistema delle imprese*, F. Angeli, Milano.

CAFFERATA R. 1986 — ROBERTO CAFFERATA, *L'equilibrio economico dell'impresa pubblica: posizioni a confronto*, in Economia delle imprese pubbliche, parte II, F. Angeli, Milano.

CAFFERATA R. 1987 — ROBERTO CAFFERATA, *Una interpretazione dialettica del rapporto tra organizzazione ed ambiente esterno*, in Finanza, Marketing e Produzione, Università Bocconi, giugno.

CAFFERATA R. 1996 — ROBERTO CAFFERATA, *Le organizzazioni non profit, i processi di privatizzazione e l'economia mista in Italia*, in Economia Pubblica, n. 5.

CAFFERATA R. 2009 (1) — ROBERTO CAFFERATA, *Management in adattamento. Tra razionalità economica e imperfezione dei sistemi,* Il Mulino, Bologna.

CAFFERATA R. 2009 (2) — ROBERTO CAFFERATA, *L'impresa che diventa sistema: una lettura nel duecentenario darwiniano*, Relazione tenuta al Convegno di Sinergie, Roma.

CAPALDO P. 1967 — PELLEGRINO CAPALDO, *Capitale proprio e capitale di credito nel finanziamento d'impresa*, Giuffrè, Milano.

CAPALDO P. 1968 — PELLEGRINO CAPALDO, *L'autofinanziamento nell'economia dell'impresa*, Giuffrè, Milano.

CAPALDO P. 1998 — PELLEGRINO CAPALDO, *Reddito, capitale e bilancio di esercizio*, Giuffrè, Milano.

CARAMIELLO C. 1968 — CARLO CARAMIELLO, *L'azienda nella fase terminale*, C. Cursi, Pisa.

CARAMIELLO C. 1969 — CARLO CARAMIELLO, *L'azienda di produzione*, Libreria universitaria coop. editrice, Pisa.

CARAMIELLO C. 1971 — CARLO CARAMIELLO, *Programmi e piani aziendali*, Isedi, Milano.

CARAMIELLO C. 1982 — CARLO CARAMIELLO, *Indebitamento delle imprese e effetto «leverage»*, in Banche e Banchieri, gennaio.

CASELLI L. 1966 — LORENZO CASELLI, *Teoria dell'organizzazione e processi decisionali nell'impresa*, Giappichelli, Torino.

CASELLI L. 1970 — LORENZO CASELLI, *L'impresa pubblica nell'economia di mercato*, Giuffrè, Milano.

CASELLI L. 2007 — LORENZO CASELLI, *Globalizzazione e bene comune. Le ragioni dell'etica e della partecipazione*, Edizioni Lavoro, Roma

CASSANDRO P.E. 1972 — PAOLO EMILIO CASSANDRO, *Il bilancio oggettivo dell'impresa*, in Rivista Dottori Commercialisti, n. 3.

CASSANDRO P.E. 1982 — PAOLO EMILIO CASSANDRO, *I gruppi aziendali*, Cacucci, Bari.

CASSANDRO P.E. 1982 — PAOLO EMILIO CASSANDRO, *Trattato di ragioneria: l'economia delle aziende ed il suo controllo*, Cacucci, Bari.

CASSESE S., MASSERA A. 1986 — SABINO CASSESE, ALBERTO MASSERA, *Tipologia di aziende di produzione pubbliche*, in Economia delle imprese pubbliche, Angeli, Milano.

CATTANEO M. 1959 — MARIO CATTANEO, *Le misurazioni di azienda*, Giuffrè, Milano.

CATTANEO M. 1963 — MARIO CATTANEO, *Le imprese di piccole e medie dimensioni*, Ist. Cisalpino, Milano-Varese.

CATTANEO M. 1969, 1970, 1973 — MARIO CATTANEO, *Economia delle aziende di produzione*, Etas Kompass, Milano.

CATTANEO M. 1979 — MARIO CATTANEO, *Analisi finanziaria e di bilancio. Teoria e tecnica della concessione del credito*, Etas Libri, Milano.

CATTURI G. 1990 — GIUSEPPE CATTURI, *Produrre e consumare: ma come? Verso l'ecologia aziendale*, Cedam, Padova.

CAVALIERI E. 1970 — ENRICO CAVALIERI, *Dimostrazioni sperimentali dei principi di economia aziendale e di ragioneria*, Bozzi, Genova.

CAVALIERI E. 1974 — ENRICO CAVALIERI, *Sulle relazioni tra modelli economico-aziendali e matematico-statistici*, Edigrafital, Chieti.

CAVALIERI E. 1981 — ENRICO CAVALIERI, *Sul tema della dimensione d'impresa*, Kappa, Roma.

CAVALIERI E. 1983 — ENRICO CAVALIERI, *Le riserve nell'economia delle imprese (Riserve di blancio, riserve operative, riserve di ricettività)*, Cedam, Padova.

CAVALIERI E. 1999 — ENRICO CAVALIERI, *Organizzazioni produttive, aziende e imprese: considerazioni di carattere istituzionale*, in RIREA, n. 2.

CAVALIERI E. 2008 — ENRICO CAVALIERI, *Il comportamento strategico d'impresa. Variabilità, strutture e rischio*, Giappichelli, Torino.

CAVALIERI M. 2004 (1) — MATTEO CAVALIERI, *Ratei e risconti in economia aziendale. Osservazioni critiche*, in RIREA, n. 7/8.

CAVALIERI M. 2004 (2) — MATTEO CAVALIERI, *La determinazione del valore economico del capitale d'impresa. Uno sguardo oltre i metodi*, in RIREA, Roma.

CAVALIERI M. 2009 — MATTEO CAVALIERI, *Finalità e governance nelle imprese. Considerazioni critiche sulle modalità di creazione del valore*, Giappichelli, Torino.

CAVAZZONI G. 1988 — GIANRANCO CAVAZZONI, *Il controllo di gestione*, Giappichelli, Torino.

CECCHERELLI A. 1970 — ALBERTO CECCHERELLI, *Il linguaggio dei bilanci*, ottava edizione, Le Monnier, Firenze.

CHECKLAND P. 1981 — PETER CHECKLAND, *System thinking, sistem practice*, J. Wiley & Sons, Chichester/New York.

CODA V. 1963 — VITTORIO CODA, *Introduzione alle valutazioni dei capitali economici d'impresa*, Giuffrè, Milano.

CODA V. 1967 — VITTORIO CODA, *Proprietà, lavoro e potere di governo dell'impresa*, Giuffrè, Milano.

CODA V. 1968 — VITTORIO CODA, *I costi di produzione*, Giuffrè, Milano.

CODA V. 1977 — VITTORIO CODA, *Uno schema di analisi della redditività*, in AA.VV., Studi di ragioneria, organizzazione e tecnica economica. Studi in memoria del prof. Alberto Riparbelli, vol. I, Cursi, Pisa.

CODA V. 1978 — VITTORIO CODA, *Fisiologia e patologia del finalismo d'impresa*, in Aggiornamenti sociali, febbraio.

CODA V. 1980 — VITTORIO CODA, *Il concetto di «reddito operativo», nell'analisi economica dell'impresa*, in Rivista dei Dottori Commercialisti, settembre.

CODA V. 1988 — VITTORIO CODA, *L'orientamento strategico dell'impresa*, Utet, Torino.

COLLETTI N. 1954 — NICOLA COLLETTI, *Il numero in economia aziendale*, Abbaco, Palermo.

COPPA R. 1979 — ROSAMARIA COPPA, *Significatività dell'equazione economica e del bilancio di esercizio nell'impresa di oggi*, in RIREA, n. 9/10.

CORSO A. 1969 — ARMANDO CORSO, *Oltre standard e direct costing. Nuove frontiere per la contabilità industriale: «i criteri di profitto»*, Quaderni di R.O., n. 7, Airo, Roma.

CORTICELLI R. 1979 — RENZO CORTICELLI, *La Crescita dell'azienda. Armonie e disarmonie di gestione*, Giuffrè, Milano.

CORTICELLI R. 1995 — RENZO CORTICELLI, *L'azienda, economia e socialità*, in Rivista italiana di ragioneria ed economia aziendale, gennaio, Roma.

COSSAR L. 1980 — LIVIO COSSAR, *Il «profitti e perdite» a costi e ricavi integrali della produzione del periodo. Artt. 23 e 24 della IV Direttiva CEE*, in AA.VV., La contabilità delle imprese e la IV Direttiva Cee, Etas Libri, Milano.

COTTINO G. 1999 — GASTONE COTTINO, *La legge Draghi e le società quotate in borsa*, Utet, Torino.

CYERT R.M., MARCH J.G. 1970 — RICHARD M. CYERT, JAMES G. MARCH, *Teoria del comportamento dell'impresa*, Angeli, Milano.

DECIMORE C.D. 1970 — C.D. DECIMORE, *Flexible break-even analysis*, in Problemi di gestione, n. 10.

DE DOMINICIS U. 1976 — UBALDO DE DOMINICIS, *Lezioni di ragioneria generale, Capitale, costi, ricavi e reddito*, vol. III, Bologna.

DE DOMINICIS U. 1981 — UBALDO DE DOMINICIS, *Di alcuni problemi controversi in materia di riserve nelle imprese*, nel volume «Studi di tecnica economica, organizzazione e ragioneria», scritti in memoria di Gaetano Corsani, Cursi, Pisa.

DEL VECCHIO G. 1961 — GUSTAVO DEL VECCHIO, *Economia generale*, Utet, Torino.

DEMATTÉ C. 1988 — CLAUDIO DEMATTÉ, *Economia d'azienda e management*, in Economia e Management, marzo.

DEMATTÉ C. 1999 — CLAUDIO DEMATTÉ, *La grande questione: a chi spetta governare l'impresa*, in Economia e Management, n. 1.

DE MINICO L. 1929 — LORENZO DE MINICO, *Ordinamento del capitale nelle imprese*, Guf, Napoli.

DE MINICO L. 1935 — LORENZO DE MINICO, *Elasticità e relazioni dinamiche dei costi nelle imprese industriali*, A. Rondinella, Napoli.

DE MINICO L. 1946 — LORENZO DE MINICO, *Lezioni di ragioneria. I fondamenti economici della rilevazione del reddito*, Pironti, Napoli.

DEZZANI F., FERRERO G. 1979 — GIOVANNI FERRERO, FLAVIO DEZZANI, *Manuale delle analisi di bilancio*, Giappichelli, Torino.

DI LAZZARO F. 1997 — FABRIZIO DI LAZZARO, *Le leve del profitto nelle imprese e nei gruppi*, Giuffrè, Milano.

DONALDSON G., HUNT P.H., C.M. WILLIAMS, 1972 — P.H. HUNT, C.M. WILLIAMS, G. DONALDSON, *Finanza per la direzione*, Etas Kompass, Milano.

DONOVAN A.J., GLENN H.W. 1947 — JOHNSON A. DONOVAN, WILLIAM H. GLENN, *Insiemi e operazioni*, Zanichelli, Bologna.

D'ORIANO R. 1984 — RAFFAELE D'ORIANO, *Aziende e soggetti nel rap-*

porto tra economia d'azienda e pensiero organizzativo, Cedam, Padova.

DRAGHI M. 1998 — MARIO DRAGHI, *Corporate Governance e competitività*, in Economia e Management, n. 6.

DUNCAN R.B. 1972 — ROBERT B. DUNCAN, *Characteristics of Organizational Environments and Perceived Environmental Uncertainty*, in Administrative Science Quarterly, settembre.

EARLY J.S. 1957 — JAMES S. EARLY, *Discussion*, in The American Economic Review, maggio.

FERRANDO P.M. 1994 — PIER MARIA FERRANDO, *Fattori produttivi e risorse aziendali*, in AA.VV., Complementi di economia aziendale, Giappichelli, Torino.

FERRARIS FRANCESCHI R. 1978 — ROSELLA FERRARIS FRANCESCHI, *L'indagine metodologica in economia aziendale*, Giuffrè, Milano.

FERRARIS FRANCESCHI R. 1984 — ROSELLA FERRARIS FRANCESCHI, *Finalità dell'azienda e condizioni di funzionamento*, Seu, Pisa.

FERRARIS FRANCESCHI R. 1994 — ROSELLA FERRARIS FRANCESCHI, *Il percorso scientifico dell'economia aziendale, saggi di analisi storica e dottrinale*, Giappichelli, Torino.

FERRARIS FRANCESCHI R. 1998 — ROSELLA FERRARIS FRANCESCHI, *Problemi attuali dell'economia aziendale in prospettiva metodologica*, Giuffrè, Milano.

FERRARIS FRANCESCHI R. 2010 — ROSELLA FERRARIS FRANCESCHI, *Tratti caratteristici e possibili fattori di sviluppo dell'economia aziendale contemporanea*, nel volume «Il percorso scientifico dell'economia aziendale. Saggi di analisi storica e dottrinale» II ed., Giappichelli Editore, Torino.

FERRERO G. 1960, 1968 — GIOVANNI FERRERO, *Istituzioni di economia d'azienda*, Giuffrè, Milano.

FERRERO G. 1965, 1967 — GIOVANNI FERRERO, *Le determinazioni economico-quantitative d'azienda*, Giuffrè, Milano.

FERRERO G. 1972 — GIOVANNI FERRERO, *L'analisi di bilancio*, Giuffrè, Milano.

FERRERO G. 1980 — GIOVANNI FERRERO, *Impresa e management*, Giuffrè, Milano.

FERRERO G. 1981 — GIOVANNI FERRERO, *Finanza Aziendale*, Giuffrè, Milano.

FERRERO G., DEZZANI F. 1979 — GIOVANNI FERRERO, FLAVIO DEZZANI, *Manuale delle analisi di bilancio*, Giuffrè, Milano.

FERRERO G.C. 1984 — GIAN CARLO FERRERO, *Strategia d'impresa e strutture organizzative di marketing*, Eicg, Genova.

FERRIA CONTIN F. 1984 — F. FERRIA CONTIN, *Finanza aziendale*, Franco Angeli, Milano.

FRAJESE A. 1968 — ATTILIO FRAJESE, *Introduzione elementare alla matematica moderna*, Le Monier, Firenze.

FREEMANN E. 1984 — E. FREEMANN, *Strategic Management: A stakeholder Approach*, Pitman, London.

FRUCCI G. 1980 — GIOVANNI FRUCCI, *Discrezionalità manageriale e comportamento dell'impresa a partecipazione statale*, in «AA.VV., Le partecipazioni statali: obiettivi e realizzazioni», Angeli, Milano.

FURLAN S. 1973 — S. FURLAN, *Guida pratica all'impiego del direct costing*, Angeli, Milano.

GABROVEC MEI O. 1980 — ONDINA GABROVEC MEI, *Il «profitti e perdite» con costi e ricavi della produzione venduta nel periodo*, in AA.VV., La contabilità delle imprese e la IV Direttiva CEE, Etas Libri, Milano.

GABROVEC MEI O. 1980 — ONDINA GABROVEC MEI, *Le analisi di bilancio condotte con le tecniche dei rapporti e dei flussi di fondi*, Cluet, Trieste.

GABROVEC MEI O. 1995 — ONDINA GABROVEC MEI, *Etica e ricerca economica. Il modello del valore aggiunto*, Centro Universitario Etica e Scienza, quaderno n. 14, Trieste.

GALBRAITH J.K. 1957 — JOHN KENNETH GALBRAITH, *Market Structure and stabilization Policy*, in The Review of Economics and Statistics, maggio.

GALBRAITH J.K. 1968 — JOHN KENNETH GALBRAITH, *Il nuovo stato industriale*, Einaudi, Torino.

GALGANO F. 1974 — FRANCESCO GALGANO, *La società per azioni. Le altre società di capitali. Le cooperative*, Zanichelli, Bologna.

GALGANO F. 2004 — FRANCESCO GALGANO, Governance *della S.p.A. nella riforma di diritto societario*, in Atti del Convegno A.N.T.I. tenuto a Bologna il 19 marzo 2004 su «Prime esperienze e considerazioni in tema di riforma societaria e tributaria».

GALLINARO S. 1986 — SILVANA GALLINARO, *Il costo del capitale nelle imprese pubbliche*, in Economia delle imprse pubbliche, F. Angeli, Milano.

GIANNESSI E. 1955 — EGIDIO GIANNESSI, *Il «Kreislauf» tra costi e prezzi, come elemento determinante delle condizioni di equilibrio del sistema d'azienda*, Colombo Cursi, Pisa.

GIANNESSI E. 1960 — EGIDIO GIANNESSI, *Le aziende di produzione originaria*, vol. I, Le aziende agricole, Colombo Cursi, Pisa.

GIANNESSI E. 1969 — EGIDIO GIANNESSI, *Considerazioni critiche intorno al concetto azienda*, in «Scritti in onore di G. Dell'Amore, saggi di discipline aziendali e sociali», vol. I, Giuffrè, Milano

GIANNESSI E. 1980 — EGIDIO GIANNESSI, *I precursori*, quarta edizione, Giuffrè, Milano.

GIANNESSI E. 1981 — EGIDIO GIANNESSI, *Possibilità e limiti della programmazione*, Opera Universitaria, Pisa.

GIANNESSI E. 1982 — EGIDIO GIANNESSI, *L'equazione del fabbisogno di finanziamento nelle aziende di produzione e le possibili vie della sua soluzione*, ristampa, Giuffrè, Milano.

GIANNESSI E. 1993 — EGIDIO GIANNESSI, *Considerazioni introduttive sul metodo storico*, pubblicazione postuma a cura di Rosella Ferraris Franceschi, Giuffrè, Milano.

GIANNETTI R. 2002 — RICCARDO GIANNETTI, *Dal reddito al valore. Analisi degli indicatori di creazione del valore basati sul reddito residuale*, Giuffrè, Milano.

GUATRI L. 1950 — LUIGI GUATRI, *I rendimenti*, Giuffrè, Milano.

GUATRI L. 1953 — LUIGI GUATRI, *Brevi note metodologiche su alcune misurazioni di azienda*, La Goliardica, Milano.

GUATRI L. 1954 — LUIGI GUATRI, *I costi d'azienda. Metodologie per il calcolo e l'analisi dei costi di produzione nell'industria, nell'agricoltura, nel commercio e nella banca*, Giuffrè, Milano.

GUATRI L. 2000 — LUIGI GUATRI, *Il giudizio integrato di valutazione. Dalle formule al processo valutativo*, Egea, Milano.

GUATRI L., VICARI S. 1994 — LUIGI GUATRI, SALVATORE VICARI, *Sistemi d'impresa e capitalismi a confronto*, Egea, Milano.

GUIZZI G. 2003 — GIUSEPPE GUIZZI, *Partecipazioni qualificate e gruppi di società*, in *Diritto delle società di capitali (Manuale breve)*, Giuffrè, Milano.

GUTENBERG E. 1974 — ERICH GUTENBERG, Grundlagen der Betriebswirtschaftslehre, Bd. 1: *Die Produktion*, 21. Aulage, Berlin Heidelberg, New York, Springer Verlag.

HUNT P.H., WILLIAMS C.M., DONALDSON G., 1972 — P.H. HUNT, C.M. WILLIAMS, G. DONALDSON, *Finanza per la direzione*, Etas Kompass, Milano.

INVERNIZZI G., MOLTENI M. 1990 — GIORGIO INVERNIZZI, MARCO MOLTENI, *Analisi di bilancio e diagnosi strategica*, Etas, Milano.

ITAMI H. 1988 — H. ITAMI, *Le risorse invisibili*, Isedi, Milano.

JAEGER P.G. 2000 — P.G. JAEGER, *L'interesse sociale rivisitato (quarant'anni dopo)*, in *Giurisprudenza commerciale*.

KANTER MOSS R. 2010 — R. KANTER MOSS, *I giganti imparano a cambiare*, nel volume «Strategie di successo per il XXI secolo», Harvard Business Review Italia, Il Sole 24 ore, Milano, gennaio.

KENNEDY R.D., MCMÜLLEN S.Y. 1962 — R.D. KENNEDY, S.Y. MCMÜLLEN, *Finantial Statements. Form, Analyses and Interpretation*, R.D. Irwin, Inc, Homewood.

LACCHINI M. 1988 — MARCO LACCHINI, *Strategia aziendale, elementi di teoria*, Giappichelli, Torino.

LAWRENCE P.R., LORSCH J.W. 1973 — PAUL R. LAWRENCE, JAY W. LORSCH, *Organization and Environment*, Graduate School of business Management, Division of Research, Boston.

LORSH J.W., LAWRENCE P.R. 1967 — PAUL R. LAWRENCE, JAY W. LORSH, *Organization and Environment*, Graduate School of business Management, Division of Research, Boston.

LOZANO J. 2001 — JOSEP LOZANO, *La «Business Ethics»: un nuovo modo per condurre gli affari?,* in «Etica, economia e principi di giustizia» (a cura di Giancarlo

Mazzocchi e Andrea Villani), Franco Angeli, Milano.

MARCH J.G., CYERT R.M. 1970 JAMES G. MARCH, RICHARD M. CYERT, *Teoria del comportamento dell'impresa*, Angeli, Milano.

MARCH J.G., SIMON H.A. 1971 JAMES G. MARCH, HERBERT A. SIMON, *Teoria dell'organizzazione*, Edizioni di Comunità, Milano.

MARCH J.M. 1974 J.M. MARCH, *Footnotes to organizational change*, in Administrative Science Quarterly, giugno.

MARCHINI I. 1966 ISA MARCHINI, *La pianificazione strategica a lungo termine*, Giappichelli, Torino.

MARCHINI I. 1971 ISA MARCHINI, *Risultati e riserve nelle cooperative agricole*, Bozzi, Genova.

MARCHINI I. 1977 ISA MARCHINI, *Il bilancio delle imprese cooperative e la dimostrazione del reddito prodotto*, in Quaderni di Giurisprudenza Commerciale, n. 19, Giuffrè, Milano.

MARRIS R. 1964 ROBIN MARRIS, *Theory of Managerial Capitalism*, Macmillan.

MARSHALL A. 1959 ALFRED MARSHALL, *Principi di economia*, Utet, Torino.

MARTIN KARLA L., NEILSON GARY L., POWERS E. 2010 L. MARTIN KARLA, L. NEILSON GARY, ELIZABETH POWERS, *Come attuare le strategie con successo*, nel volume «Strategie di successo per il XXI secolo», Harvard Business Review Italia, Il Sole 24 ore, Milano, gennaio.

MASINI C. 1959 CARLO MASINI, *La dinamica economica dei sistemi dei valori d'azienda: valutazioni e rivalutazioni*, Giuffrè, Milano.

MASINI C. 1979 CARLO MASINI, *Lavoro e risparmio. Economia d'azienda*, Utet, Torino.

MASSARI M. 1983 M. MASSARI, *Gli strumenti per le analisi finanziarie*, in AA.VV., Trattato di Finanza Aziendale, F. Angeli, Milano.

MASSERA A., CASSESE S. 1986 SABINO CASSESE, ALBERTO MASSERA, *Tipologie di aziende di produzione pubbliche*, in Economia delle imprese pubbliche, Angeli, Milano.

MATACENA A. 1979 ANTONIO MATACENA, *Introduzione allo studio del bilancio di esercizio delle imprese*, Clueb, Bologna.

MILORY R., WALDEN R.E. 1960 R. MILORY, R.E. WALDEN, *Accounting Principles*, Prentice Hall, Inc., Englewood Cliff, New Jersey.

MINTZBERG H. 1994 HENRY MINTZBERG, *The rise and fall of strategic planning*, New York, Prentice Hall, Toronto.

MISES VON L. 1959 VON LUDWING MISES, *L'azione umana*, Utet, Torino.

MOLTENI M. 2008 *Responsabilità sociale di impresa e creatività imprenditoriale,* nel volume «Responsabilità sociale d'impresa e nuovo umanesimo» (a cura di Emilio Bettini e Flaviano Moscarini), San Giorgio Editore, Genova.

MOLTENI M., INVERNIZZI G. 1990 MARCO MOLTENI, GIORGIO INVERNIZZI, *Analisi di bilancio e diagnosi strategica*, Etas, Milano.

MONTGOMERY C.
PORTER M.E. 1993 CYNTHIA MONTGOMERY, MICHAEL E. PORTER, *Introduzione a «Strategia»*, Il Sole 24 Ore, Milano.

NEILSON GARY L., MARTIN KARLA L.,
POWERS E. 2010 L. NEILSON GARY, L. MARTIN KARLA, ELIZABETH POWERS, *Come attuare le strategie con successo*, nel volume «Strategie di successo per il XXI secolo», Harvard Business Review Italia, Il Sole 24 ore, Milano, gennaio.

NORMANN R. 2002 RICHARD NORMANN, *Ridisegnare l'impresa. Quando la mappa cambia il paesaggio*, Etas, Milano.

NUTI A. 1989 ANTONIO NUTI, *Costi di produzione e decisioni aziendali*, Cedam, Padova.

OCCHIPINTI P. 1970 P. OCCHIPINTI, *Finanza aziendale*, Etas Kompass, Milano.

ONIDA P. 1951 PIETRO ONIDA, *Elementi di ragioneria con particolare riferimento all'impresa. Corso di lezioni*, Giuffrè, Milano.

ONIDA P. 1951 PIETRO ONIDA, *Le discipline economico-aziendali. Oggetto e metodo*, seconda edizione riveduta, Giuffrè, Milano.

ONIDA P. 1961 PIETRO ONIDA, *Il diritto del socio al dividendo nel suo significato economico*, in «Saggi di economia aziendale e sociale in memoria di Gino Zappa», vol. III, Giuffrè, Milano.

ONIDA P. 1971, 1973 — PIETRO ONIDA, *Economia d'azienda*, Utet, Torino.

PADRONI G. 1979 — GIOVANNI PADRONI, *Struttura organizzativa e condizioni di economicità*, Giuffrè, Milano.

PAGANELLI O. 1977 — OSVALDO PAGANELLI, *Analisi di bilancio*, Clueb, Bologna.

PAGANETTO L., BECCHETTI L. 2003 — LUIGI PAGANETTO, LEONARDO BECCHETTI, *Finanza etica. Commercio equo e solidale. La rivoluzione silenziosa della responsabilità sociale*, Donzelli Editore, Roma.

PENROSE E. 1973 — EDITH PENROSE, *Teoria dell'espansione dell'impresa*, Angeli, Milano.

PETERS T. 2006 — TOM PETERS, *Le frontiere della competizione: uomini e imprese*, Franco Angeli, Milano.

PISONI P., PUDDU L. 1979 — PIERO PISONI, LUIGI PUDDU *Impresa e ambiente: uno schema di studio*, in Rivista dei Dottori Commercialisti, settembre-ottobre.

PIVATO G. 1967 — GIORGIO PIVATO, *L'efficienza delle imprese pubbliche*, Giuffrè, Milano.

PODDIGHE F. 1984 — FRANCESCO PODDIGHE, *La fase istituzionale*, Cursi, Pisa.

POPPER K.R. 1970 — KARL R. POPPER, *Logica della scoperta scientifica*, Einaudi, Torino.

PORTER M.E. 1980 — MICHAEL E. PORTER, *Competitive Strategy*, The Free Press, New York.

PORTER M.E. 1987 — MICHAEL E. PORTER, *Il vantaggio competitivo*, Edizioni Comunità, Milano.

PORTER M.E. MONTGOMERY C. 1993 — MICHAEL E. PORTER, CYNTHIA MONTGOMERY, *Introduzione a «Strategia»*, Il Sole 24 Ore, Milano.

POWERS E., MARTIN KARLA L., NEILSON GARY L. 2010 — ELIZABETH POWERS, L. MARTIN KARLA, L. NEILSON GARY, *Come attuare le strategie con successo*, nel volume «Strategie di successo per il XXI secolo», Harvard Business Review Italia, Il Sole 24 ore, Milano, gennaio.

PUDDU L., PISONI P. 1979 — LUIGI PUDDU, PIERO PISONI, *Impresa e ambiente: uno schema di studio*, in Rivista dei Dottori Commercialisti, settembre-ottobre.

RANALLI F. 1984 — FRANCESCO RANALLI, *Sulla capacità informativa delle strutture di bilancio*, Cedam, Padova.

RANALLI F. 1988 — FRANCESCO RANALLI, *Il bilancio di esercizio: caratteristiche e postulati*, Clua, Pescara.

RANCI P. 1992 — PIPPO RANCI, *Partecipazioni statali, due osservazioni in margine al saggio di P. Saraceno*, in Economia e politica industriale, giugno.

RAPPAPORT A. 2006 — ALFRED RAPPAPORT, *Ways to Create Shareholder Value*, in Harvard Business Review, London, settembre.

RICE A.K. 1974 — ALBERT K. RICE, *L'impresa ed il suo ambiente*, F. Angeli, Milano.

ROBBINS L. 1953 — LIONEL ROBBINS, *Saggio sulla natura e l'importanza della scienza economica*, Utet, Torino.

ROSSI G. 2003 — GUIDO ROSSI, *Il conflitto epidemico*, Adelphi Edizioni, Milano.

ROSSI G., STABILINI A. 2003 — ROSSI G., STABILINI A., *Virtù del mercato e scetticismo delle regole: appunti a margine delle riforma di diritto societario*, in *Rivista delle società*.

ROSSIGNOLI B. 1978 — ROSSIGNOLI B., *I quozienti di bilancio*, in AA.VV., Analisi finanziaria per fidi bancari. Testi e casi.

RUGIADINI A. 1979 — ANDREA RUGIADINI, *Organizzazione d'impresa*, Giuffrè, Milano.

RULLANI E. 1968 — ENZO RULLANI, *L'antieconomia dell'inflazione: un contributo alla lettura della crisi industriale*, in Economia e politica industriale, dicembre.

RULLANI E. 1996 — ENZO RULLANI, *Il ruolo dei servizi nella realtà dell'impresa moderna*, relazione tenuta all'8° Convegno di Sinergie, Napoli.

RULLANI E. 2010 — ENZO RULLANI, *Modernità sostenibile. Idee, filiere e servizi per uscire dalla crisi*, Marsilio Editori, Venezia.

RUOZI R. 1971 — ROBERTO RUOZI, *Note sul fabbisogno finanziario delle imprese*, in Rivista dei Dottori Commercialisti, maggio-giugno.

SAITA M. 1993 — MASSIMO SAITA, *Introduzione alle scienze economico aziendali*, Elemond università e azienda, Milano.

SARACENO P. 1972 — PASQUALE SARACENO, *Il governo delle aziende*, L.U.E., Venezia.

SARACENO P. 1975 — PASQUALE SARACENO, *Il sistema delle imprese a partecipazione statale nell'esperienza italiana*, Giuffrè, Milano.

SARACENO P. 1978 — PASQUALE SARACENO, *La produzione industriale*, L.U.E., Venezia.

SARACENO P. 1981 — PASQUALE SARACENO, *Il sistema delle partecipazioni statali*, in Economia e politica industriale, marzo.

SCHALEMBACH E.1961 — SCHALEMBACH E., *Le bilan dynamique*, Dunod, Parigi.

SCHIUMA L. 1997 — LAURA SCHIUMA, *Controllo, governo e partecipazione al capitale*, Cedam, Padova.

SCIARELLI S. 1985 — SERGIO SCIARELLI, *Il sistema d'impresa*, Cedam, Padova.

SELLERI L. 1977 — LUIGI SELLERI, *Il fondo di dotazione degli enti pubblici di gestione*, Giuffrè, Milano.

SIBILIO PARRI B. 1983 — BARBARA SIBILIO PARRI, *Motivazioni e forme di intervento dello Stato nell'economia delle aziende con particolare riferimento al sistema delle partecipazioni statali*, Cedam, Padova.

SIDREA 2009 — SIDREA, *L'oggetto degli studi di Economia Aziendale*, in Atti del I Convegno Nazionale su «La Ragioneria e l'Economia aziendale: dinamiche evolutive e prospettive di cambiamento», (Siena 8-9 maggio 2008), Franco Angeli, Milano.

SOLOMON E. 1972 — EZRA SOLOMON, *Teoria della finanza aziendale*, Il Mulino, Bologna.

SORCI C. 1971 — CARLO SORCI, *Considerazioni sulla relativa validità di una distinzione ancora persistente in tema di autofinanziamento*, negli «Annuali della Facoltà di Economia e Commercio dell'Università di Palermo», n. 3.

SORCI C. 1972 — CARLO SORCI, *Il diagramma di redditività: particolari aspetti di validità e di limiti rappresentativi*, negli «Annuali della Facoltà di Economia e Commercio dell'Università di Palermo», n. 1, Abbaco, Palermo.

SPRANZI A. 1972 — ALDO SPRANZI, *Calcolo dei costi e decisioni aziendali*, Etas Kompass, Milano.

SPRANZI A. 1986 — ALDO SPRANZI, *Il calcolo dei costi nelle imprese industriali*, Giuffrè, Milano.

STADLER C. 2010 — CHRISTIAN STADLER, *I quattro principi di un successo duraturo*, nel volume «Strategie di successo per il XXI secolo», Harvard Business Review Italia, Il Sole 24 ore, Milano, gennaio.

STERPI S. 1966 — SEVERINO STERPI, *Un contributo alla revisione della teoria dell'impresa, con particolare riferimento all'analisi dell'inflazione*, Giuffrè, Milano.

STIGLITZ JOSEPH E. 2006 — JOSEPH E. STIGLITZ, *La globalizzazione che funziona*, Giulio Einaudi Editore, Torino.

SUPERTI FURGA F. 1974 — FERDINANDO SUPERTI FURGA, *Il fabbisogno nelle imprese industriali*, Giuffrè, Milano.

SUPERTI FURGA F. 1975 — FERDINANDO SUPERTI FURGA, *Proposizione per una teoria positiva del sistema d'impresa. Teleologia e logica operativa*, Giuffrè, Milano.

SWEEZY P., BARAN P. 1968 — PAUL SWEEZY, PAUL BARAN, *Il capitale monopolistico. Saggio sulla struttura economica e sociale americana*, Einaudi, Torino.

SYLOS LABINI P. 1967 — PAOLO SYLOS LABINI, *Oligopolio e progresso tecnologico*, Einaudi, Torino.

TAMI A. 2001 — ALESSANDRA TAMI, *Dalla banca al mercato. Il bilancio di esercizio nel rapporto con gli investitori*, Franco Angeli, Milano.

TESSITORE A. 1968 — ANTONIO TESSITORE, *Il concetto di impresa cooperativa in economia d'azienda*, Libreria Universitaria, Verona.

TESSITORE A. 1973 — ANTONIO TESSITORE, *Obiettivi di gestione e risultati economici nelle imprese cooperative*, in Rivista dei Dottori Commercialisti.

TURATI C. 1998 — CARLO TURATI, *L'organizzazione semplice. La sfida alla complessità inutile,* Egea, Milano.

VACCÀ S. 1983 — SERGIO VACCÀ, *L'ambiente come forza produttiva*, in Politica ed Economia, ottobre.

VACCÀ S. 1986 — SERGIO VACCÀ, *L'economia delle relazioni tra imprese, dall'espansione dimensionale allo sviluppo di reti esterne*, in Economia e politica industriale, settembre.

VIANELLO 1907 — VIANELLO, *Istituzioni di Ragioneria generale*, Piero, Napoli.

VICARI S., GUATRI L. 1994 — SALVATORE VICARI, LUIGI GUATRI, *Sistemi d'imprese e capitalismi a confronto*, Egea, Milano.

VIGANÒ E. 1975 — ENRICO VIGANÒ, *L'analisi quantitativa di bilancio condotta su alcuni bilanci di imprese italiane*, in AA.VV., I bilanci delle imprese italiane, Giannini, Napoli.

VIGANÒ E. 2000 — ENRICO VIGANÒ, *Il concetto generale di azienda,* nel volume «Azienda. Contributi per un rinnovato concetto generale» (a cura di E. Viganò), Cedam, Padova.

VISCONTI D. 2010 — DIEGO VISCONTI, *I valori che guidano il cambiamento*, commento al saggio di R. Moss Kanter, «I giganti imparano a cambiare», nel volume «Strategie di successo per il XXI secolo», Harvard Business Review Italia, Il Sole 24 ore, Milano, gennaio.

VITALE M. 1973 — MARCO VITALE, *Impresa, responsabilità sociale, etica manageriale*, in Notizie di Politeia, anno XIX, n. 72.

VOLPATO M. 1971 — MARIO VOLPATO, *I prezzi ombra come fattore di decisione*, in Nuovi studi e modelli di ricerca operativa, Utet, Torino.

WEBER M. 1958 — MAX WEBER, *Die Objektivitaet sozialwissenschaftlicher und sozialpolitischer Erkenntnis*, traduzione italiana: Il metodo nelle scienze storico-sociali, Einaudi, Torino.

WESTON F., BRIGHAM E. 1974 — FRED WESTON, EUGENE BRIGHAM, *Finanza aziendale*, Il Mulino, Bologna.

WILLIAMS C.M., HUNT P.G., DONALDSON G., 1972 — C.M. WILLIAMS, P.H. HUNT, G. DONALDSON, *Finanza per la direzione*, Etas Kompass, Milano.

WILLIAMSON O.E. 1963 — OLIVER E. WILLIAMSON, *Managerial Discretion and Business Behaaviour*, in The American Economic Review.

WILLIAMSON O.E. 1970 — OLIVER E. WILLIAMSON, *Un modello di comportamento razionale*, in «AA.VV., Teoria del comportamento dell'impresa», Angeli, Milano.

WILLIAMSON O.E. 1996 — OLIVER E. WILLIAMSON, *I meccanismi del governo*, Angeli, Milano.

ZAN L. 1992 — LUCA ZAN (a cura di), *Strategic management, materiali critici*, Utet, Torino.

ZAPPA G. 1946 — GINO ZAPPA, *Scritture doppie, conti e bilanci di aziende commerciali*, Giuffrè, Milano.

ZAPPA G. 1950 — GINO ZAPPA, *Il reddito d'impresa*, Giuffrè, Milano.

ZAPPA G. 1956, 1957 — GINO ZAPPA, *Le produzioni nell'economia delle imprese*, tomo primo e secondo, Giuffrè, Milano.

ZAPPA G. 1962 — GINO ZAPPA, *Aziende di consumo*, Giuffrè, Milano.

ZEITZ G. 1980 — GERALD ZEITZ, *Interorganizational Dialectis*, in Administrative Science Quarterly, marzo.

Indice delle tavole

Indice delle appendici

Indice delle letture

INDICE ANALITICO

Ristampa effettuata nel mese di luglio 2020
nella Rotolito S.p.A. – Via Sondrio, 3
20096 Pioltello (MI)